全汉昇 著

全漢昇全集

上海市"十四五"重点出版物出版规划项目

中国经济史论丛

上册

上海学术·经济学出版中心
上海财经大学出版社

图书在版编目(CIP)数据

中国经济史论丛. 上册 / 全汉昇著. -- 上海 : 上海财经大学出版社, 2025. 1
(全汉昇全集)
ISBN 978-7-5642-3976-3/F•3976

Ⅰ.①中… Ⅱ.①全… Ⅲ.①中国经济史-文集 Ⅳ.①F129-53

中国版本图书馆 CIP 数据核字(2022)第 100859 号

本书由上海市促进文化创意产业发展财政扶持资金资助出版

□ 责任编辑　徐贝贝
□ 封面设计　桃　夭

中国经济史论丛（上册）
全汉昇　著

上海财经大学出版社出版发行
（上海市中山北一路 369 号　邮编 200083）
网　　址:http://www.sufep.com
电子邮箱:webmaster@sufep.com
全国新华书店经销
苏州市越洋印刷有限公司印刷装订
2025 年 1 月第 1 版　2025 年 1 月第 1 次印刷

710mm×1000mm　1/16　31.75 印张(插页:2)　471 千字
定价:158.00 元

编委会

主　编
杨永汉　张伟保

编辑委员会
杨永汉　张伟保　郑润培
陈俊仁　赵善轩　罗志强

学术顾问
赵　潜　王业键　黎志刚
许倬云　陈慈玉　何汉威
朱荫贵　李金强　郑永常

总 序

全汉昇先生献身于中国经济史研究逾60年,他的学术贡献深受同道重视。他毕生孜孜不息,从20世纪30年代开始,筚路蓝缕,穷研史料,挖掘新问题,开拓新领域;并且毕生不断地吸取西方经济史研究的新观念与新成果。同时尽心提携后进,可说他大力带动了中国经济史研究的新风气,开拓了新视野,提升了研究水准。

固然在长达60多年的学术生涯中,他所钻研的议题随时间的流转与工作地点的改变而异,但治学态度始终如一,并且有其连贯性。如果以他所研究的时代来划分:1949年以前,他的研究范围上溯汉末,下及元代,而以唐宋经济史为主;此年以后专注于明清近代经济的探讨。如以他工作的地点来观察,则1949~1965年主要是在中国台湾地区任教,1965~1995年在中国香港地区任教。他所研究的议题包括货币经济、物价、财政、城市、经济组织、交通运输、国内商业、国际贸易以及近代工业化等,成果丰硕。全先生登上历史研究的舞台时,适值中国社会经济史研究的兴起并走向黄金时代,当时学界展开了20世纪20年代末期到30年代的中国社会史论战。他以踏实严谨的态度研究唐宋经济史,指出汉末以后到唐代中叶以前的中古时期很明显地可自成一个阶段,与此时期以前及以后是不同阶段的社会,此点有力地反驳了社会停滞论者。而在全球化议题被广泛关注的今日,我们重新检视他对近代中国经济史的贡献,发现他的国际贸易与工业化研究是下意识地反省此现象,就此意义而言,其研究可以说具有前瞻性。

他在1935年毕业于北京大学历史学系,因陈受颐主任的推荐,得以进入"中央研究院"历史语言研究所。大学时期,他已经开始其研究生涯的第一阶段,他当时深受政治系陶希圣教授及"中央研究院"历史语言研究所所长、史学系傅斯年教授的影响。陶希圣教授讲授中国社会经济史,全先生跨系修读,对其极具兴趣,感到这门学问亟待开发的新领域甚多,遂决定以此为终生志业。傅斯年教授治学求博求深,教导学生认真搜罗史料,不尚空言,这种务实求真的治学态度,日后遂成为全先生的治学方针。他的中古经济史研究可以说是陶希圣与傅斯年两位师长学风的结合。

全先生的学术生涯在1944年面临转折。该年他蒙傅斯年和"中央研究院"社会科学研究所陶孟和两位所长的提拔,获派到美国哈佛大学、哥伦比亚大学和芝加哥大学3所著名学府进修,向 Abbott P. Usher、Shepherd B. Clough、John U. Nef 等经济史大师学习,汲取西洋经济史学界的新观念、新方法与新成果,并且与西方经济史学家建立了联系渠道,奠定了日后中西学术交流的基础。其中,John U. Nef 的 *The Rise of the British Coal Industry* 一书,详细地分析了英国煤矿业的兴起与当地交通运输、资本、技术等因素的关系,亦论及煤矿业及其相关的钢铁业在英国资本主义发展过程中所扮演的举足轻重的角色。他当时深受此书的启发,又觉得日本于明治维新以后,短短70年的经济发展,即能脱胎换骨,威胁美、英两国,究其原因,工业化乃是日本踏上侵略亚洲之途的动力。并且他远离当时贫困的家园,亲身体验美国富庶的物质文明,不免感慨万分,所以开始推敲近代中国工业化迟缓的问题,并以《唐宋政府岁入与货币经济的关系》(1948年)一文,为其中古史研究划下终止符。

来台湾以后,他一方面从汉阳铁厂着手,钻研近代中国工业化的问题;另一方面在《社会科学论丛》《财政经济月刊》等期刊撰文,论述西方先进国家的工业化、日本与"二战"前后远东的经济,以及台湾的工业化问题。同时,全先生与 Dr. Arthur F. Raper、台湾大学社会系陈绍馨教授等人,率领一群台大经济系学生,针对台湾的城市与工厂,做了详尽的调查工作。这可以说是一向埋首于故纸、古书中的全先生,生平唯一的一次田野调查工作。1954年,根据当时田野工作而以中、英两种文字出版了《台湾之城市与工业》,这本书应有助于学界对第二次世界大战后初期台湾地区经济的了解。

1961年9月,全先生第三度到美国,两年的时间里先后在芝加哥大学、华盛顿大学和哈佛大学访问。当时他看到了1903～1909年间在美国克利夫兰（Cleveland）出版的《1493～1898年的菲律宾群岛》这一重要史料，开启了他从中国、菲律宾、西班牙的三角贸易关系来论析美洲白银与中国丝绸贸易的研究之门。1965年11月，全先生到香港后，身处国际贸易明珠，更深深地感受到了16世纪以来东西方经济交流在中国经济史上的重要性。此后在香港30载，他将中西贸易与明清时期的金属货币制度（银两和铜钱兼充市场交易的媒介和支付的工具）相联结，从银铜等币材的供给面思考，希企完成他自30岁以来对中国货币史的体系化研究。他因此厘清了同时期中国与西班牙、葡萄牙、荷兰、日本等国的贸易关系，扩大了中国经济史的视野。他有关明清时期中国国际贸易与金银比价方面的论文多达25篇，可谓研究生涯晚期最珍贵的结晶，也为后进开拓了新课题。

全先生于1967年和1971年先后在香港的《新亚学报》和台北的《"中央研究院"历史语言研究所集刊》，分别发表《宋明间白银购买力的变动及其原因》和《自宋至明政府岁出入中钱银比例的变动》两篇学术论文，他经由论述白银成为货币的过程，联结了早期的唐宋经济史研究和晚期的明清经济史研究。而1987年于台北出版的《明清经济史研究》一书中，则指出自明清以来输入大量白银，却不进口机器等物，是中国工业发展落后的一个因素。亦即他所关注的明清白银流入问题，不仅和他的货币经济与物价史研究有关，也关系到他的中国工业化研究。易言之，在长达60多年的学术生涯中，全先生最关注的议题，虽然因时因地而有所改变，但依然可见其延续性。

全先生的研究课题所跨越的时间，自汉代而迄抗战前夕，可谓源远流长，据初步统计其出版品，共有专著9种、论文116篇、书评10篇，以及杂著9篇，其内容有专精者，亦不乏博通之类。已故哈佛大学杨联陞教授曾经题诗称誉全先生："妙年唐宋追中古，壮岁明清迈等伦；经济史坛推祭酒，雄才硕学两超群。"可以说具体系统地勾勒了他在学术上的重要贡献。

全先生自北京大学毕业以后，终身服务于"中央研究院"历史语言研究所。他刚进史语所时，只知遵照傅斯年先生"闭门读书"的指示，却因此养成习惯，"上穷碧落下黄泉，动手动脚找东西"，找资料和写论文乃成为他一生中的工作与兴趣。或许因为不善于言辞表达，除非必要，他很少开口；然而全先生先后在台湾大学、香港中文大学和新亚研究所等讲授了50载的中国经济史,也曾在台湾大学经济系教授西洋经济史,培育了不少人才。他上课时常用一些有趣的名言,例如以"月明桥上看神仙",描写江南的繁华,让人留下深刻的印象。1980年他更应日本基金会之邀,前往东洋文库、东京大学和京都大学讲学半年。第二次世界大战后70多年来,中国的研究条件大大地改善,现今中国经济史研究的面貌,与全先生拓荒时已不能同日而语,但毫无疑问,他在这一领域所灌注的心血,是我们晚辈所永远铭记的。

全先生的著作曾经在香港地区、台湾地区和北京分别出版,一些早期期刊上的论文往往很难入手,不易阅读。此次承蒙杨永汉、张伟保、郑润培、陈俊仁、赵善轩和罗志强等诸位学长组成编辑委员会,费尽心血收集所有论著及其相关书评、杂文等,交由上海财经大学出版社编排印刷简体字版,编委会并尽心尽力校对全集,力求完美,实属可贵。家属谨致由衷的谢忱,衷心期盼全集的问世能让生活在全球化时代的现今学子重新审视历史上国际贸易、货币金融与工业化等议题的重要性与关联性。

陈慈玉
2022年4月23日

许倬云先生《全汉昇全集》序

奉读来函,应邀为全汉昇先生大作的全集作序。一时之间,感慨甚深。全先生是我的前辈,在史语所中属于第二代。他那一代,劳师贞一、严师归田以及全先生三人被称为史语所历史组的"三杰"。他们三人各有成就,也可以说在自己的领域里,都是领军人物。现在他们三人都走了,而居然要我第三代的人撰序,原本是不敢当的。可是,仔细一想,我这第三代的人竟已是92岁了。哪里再去找一个他们的同辈人,为我的长辈撰序呢?

言归正传,全先生一生的撰述,是从他还没有从北京大学毕业时,就加入了《食货》杂志的阵营。当时有全先生、杨联陞先生和武仙卿先生,他们从中国历史发展的实际形态,以矫正当时流行的"为主义而治学"的浮夸之风。这一务实治学的习惯,终其一生不变。从北大毕业后,他由北大的陈受颐教授推荐,进入"中央研究院"史语所工作。史语所的所长傅孟真先生很清楚全先生的治学经历,欣然接受:"你的治学方法和史语所非常吻合。在这里,你会如同在自己家里一样,希望我们终身合作。"

全先生的著作,正如他的学生和儿媳陈慈玉所说,可以分成三个阶段。

第一个阶段是在史语所,他不单继续了《食货》杂志时期研究经济制度的线索,而且在这个范围之内,从秦汉研究到唐宋,累积了许多研究成果,包括交通、市场、货币、生产、税收及国际关系等不同的现象。他终于肯定地指出,在汉代几乎走向"货币经济"的时代,中间有个转折,出现了东汉以后以至于南北朝甚至于唐代初期的,以实物交换品为基础的"自然经济"。然后他肯定唐代中期以后延伸到宋代的这段时期,是中国"货币经济"完全确立的阶段。

第二个阶段,到了台湾,他继续在大陆时已经开始思索的问题:中国在近代化的过程中,如何开始踏上工业化的途径? 他的研究,从汉冶萍公司开始。因为这个厂是中国第一个现代大规模生产重要资源的工厂。他考察到制度中官督商办的利弊,也指出如果官家办厂,好处是可以投入大量的资金,不需要从民间筹款,这对于工业化起步是比较方便的一个步骤。在这一个阶段,他讨论的课题,实际上扩大到工业开展的不同形式;而且指出,即使以设立钢铁厂而论,也必须考虑到许多投入的资源——水、燃料、制造机件的原料等。而在产出方面,也要想到运销的问题,找到市场在何处,如何与人竞争等。其中两端之间,还必须考虑到组织管理的制度,工厂技术人员的招聘和训练,以及一般劳工的聘雇和照顾。因此,他在这个阶段的工作,实际上是着重于之后中国走向现代化的经济时,这些全面的思考必须早日着手。

在 20 世纪 50 年代末期,全先生应李济之先生之邀,在李先生代理"中央研究院"院长的任期,担任总干事。两年之后,胡适之先生回台,担任院长。胡先生挽留他继续以总干事的职位辅助院务。可是,不久之后,他应芝加哥大学之聘赴美研究,也就终于离开了行政职务回到研究工作。

第三个阶段,他在美国不仅在芝加哥大学做研究,同时还访问好几所其他大学的经济系,与当时各处的经济学专家切磋学问。1965 年,他应聘在香港担任中文大学新亚书院教授,其后更获聘为新亚书院校长。在香港时期,他有非常安定的研究环境,也能用到香港各处保留的国际贸易资料,于是他的研究主题就进入"中国历史上的国际贸易"这一课题。

他研究过中国明代的贸易,牵扯到当时"倭寇"和海盗等各种贸易性质,然后逐渐进入三角贸易的研究,讨论西班牙银元,中国的丝绸、瓷器,美国的市场以及中国和日本之间各种不同产品的交换,而且涉及日本和中国如何在这个过程中进行银铜的交换。这许多复杂的关系,使他理解了:任何区间贸易,都会走到接近于全球化的大市场。在这个过程中,他也研究过明代国内市场各地区之间的交换和贸易。当时他就指出,很难有小地区之间直接双向交换的市场,任何这一类的交换都会被卷入更大地区的复杂商业流通。他指出的现象,确实是西方经济史研究中一个很重要的项目。但是那些研究通常是从西洋国家全球性的殖民行为后,逐渐扩散而造成的全球市场化。以至于在 20 世纪后半期,国际经济行为中肯定了全球化的必然性。而那个时候,才出现了 WTO(世界贸易组织)。

全先生终身研究致力于这三个现象,而这三个现象实际上又是互相关联的。他的研究工作,涵盖面之广阔,深入面之透彻,使全先生的著作成为中国经济史研究的典范。他的一生都在训练学生,成为专家后,分别在各处工作。他的影响,还会继续由这些弟子们提升。

言念及此,想到全先生谈话的音容,一口广东国语,使他言辞不能完全顺畅,但是句句触动人心,结合成一串的逻辑思考。我今天能够得此荣幸为长者的全集撰写序文,不仅是荣幸而已,也是由此寄托第三代弟子对两代师长的思念和感激。

许倬云谨序

2022 年 3 月 31 日,于匹兹堡

序

作者从事中国经济史的研究，曾经先后写成论文、书评数十篇，分别登载于各学术期刊上，不免过于分散，而其中有许多篇早已绝版，更不容易看到。因此，有不少朋友希望把它们印成论文集，以便参考之用。

本书所收的论文及书评，主要根据原来的单行本影印而成，故原封不动，并没有加以增订。谬误之处在所难免，敬请读者指正。作者都非常感谢！

全汉昇

1972 年 7 月 21 日

目 录

唐宋时代扬州经济景况的繁荣与衰落	1
北宋物价的变动	30
北宋汴梁的输出入贸易	91
宋代南方的虚市	216
宋金间的走私贸易	226
南宋初年物价的大变动	248
南宋稻米的生产与运销	279
南宋杭州的消费与外地商品之输入	311
宋末的通货膨胀及其对于物价的影响	342
自宋至明政府岁出入中钱银比例的变动	375
元代的纸币	387
明季中国与菲律宾间的贸易	439
明清间美洲白银的输入中国	457
自明季至清中叶西属美洲的中国丝货贸易	474

唐宋时代扬州经济景况的繁荣与衰落

一、绪　　论

中古时代分裂了好几百年的中国社会,到了隋唐时代,又复衍变成大一统的帝国。再经过长时间的休养生息,到了开元天宝年间,即公元 8 世纪的上半叶,这个大一统帝国的社会经济便一反过去的衰落状况,而表现出欣欣向荣的景象。[①] 这种盛况空前的经济繁荣,除却给予国内各地以新鲜气象外,同时更造成扬州的无限的繁荣。可是,好景不常,扬州的幸运并没有永远地维持下去;经过一百多年的繁荣,到唐末以后,由于种种的机缘,扬州的经济景况便忽然衰落下去,以后经过五代十国,到了宋代,再也不能够复兴起来。对于扬州这一种变动,宋人洪迈已经注意到,他的《容斋随笔》卷九"唐扬州之盛"条说:

> 唐世盐铁转运使在扬州,尽斡利权,判官多至数十人,商贾如织。故谚称"扬一益二";谓天下之盛,扬为一而蜀次之也。杜牧之有"春风十里珠帘"之句。张祜诗云:"十里长街市井连,月明桥上看神仙。人生只合扬州死,禅智山光好墓田。"王建诗云:"夜市千灯照碧云,高楼红袖客纷纷。如今不似时平日,犹自笙歌彻晓闻。"徐凝诗云:"天下三分明月夜,二分无赖是扬州。"其盛可知矣。自毕师铎、孙儒之乱,荡为邱墟。杨行密复葺之,稍成壮藩。又毁于显德。本朝承平百七十年,尚不能及唐之什一。今日真可酸鼻也![②]

[①] 例如《通典》卷七说:"至(开元)十三年,封泰山,米斗至十三文,青齐谷斗至五文。自后天下无贵物。两京米斗不至二十文,面三十二文,绢一匹二百一十文。东至宋汴,西至岐州,夹路列店肆待客,酒馔丰溢,每店皆有驴赁客乘,倏忽数十里,谓之驿驴。南诣荆襄,北至太原、范阳,西至蜀川凉府,皆有店肆以供商旅。远适数千里,不持刃。"

[②] 按杜牧诗见于《全唐书》第八函第七册《赠别》;张祜诗见《全唐书》第八函第五册《纵游淮南》;王建诗见《全唐诗》第五函第五册《夜看扬州市》;徐凝诗见《全唐诗》第七函第十册《忆扬州》。

不过作者认为洪迈这段文字对于扬州盛衰景况的描述，还嫌不够；对于扬州盛衰原因的探讨，更是不充分。本文之作，即在详细探讨扬州繁荣与衰落的情况及其原因。

二、唐代扬州繁荣状况

自隋炀帝开运河，南北交通改进后，位于长江运河交叉点上的扬州即已相当繁荣。隋炀帝曾经几次南幸扬州[1]，可见那时候扬州的物质生活已经相当舒服。到了中唐，由于上述当日社会经济的繁荣，扬州经济的发展更是远在全国各地之上。如《旧唐书》卷一八二《秦彦传》说：

> 江淮之间，广陵（即扬州）大镇，富甲天下。

又《新唐书》卷二二四下《高骈传》说：

> 扬州雄富冠天下。

又《资治通鉴》卷二五九"景福元年七月"条说：

> 先是扬州富庶甲天下，时人称"扬一益二"。

由于财力的雄富，当日扬州遂成为一个非常繁华的大都会。关于此点，除上面《容斋随笔》所述外，《太平广记》卷二七三"杜牧"条引《唐阙文》也说：

> 扬州，胜地也。每重城向夕，倡楼之上，常有绛纱灯万数，辉耀罗烈空中。九里三十步街中，珠翠填咽，貌若仙境。[2]

此外，唐代诗人对于当日扬州繁荣的状况，更常常在他们的作品中加以描述。现在作者就《全唐诗》所载，依次抄录如下。第三函第七册韦应物《广陵遇孟九云卿》：

> 雄藩本帝都……华馆千里连。

第五函第八册权德舆《广陵诗》：

---

[1] 《隋书》卷三《炀帝纪》。
[2] 于邺《扬州梦记》（《唐代丛书》）同。

广陵实佳丽,隋季此为京。八方称辐凑,五达如砥平。大旆映空色,笳箫发连营。层台出重霄,金碧摩颢清。交驰流水毂,迥接浮云軑。青楼旭日映,绿野春风晴。喷玉光照地,颦蛾价倾城;灯前互(一作"频")巧笑,陌上相逢迎;飘飖翠羽薄,掩映红襦明;兰麝远不散,管弦闲自清。……

第六函第一册陈羽《广陵秋夜对月即事》:

霜落寒空月上楼,月中歌吹(一作"饮唱")满扬州。相看醉舞倡楼月,不觉隋家陵树秋。

第八函第一册李绅《宿扬州》:

夜桥灯火连星汉,水郭帆樯近斗牛。

第八函第三册姚合《扬州春词》三首:

广陵寒食天,无雾复无烟。暖日凝花柳,春风散管弦。园林多是宅,车马少于船。莫唤游人住,游人困不眠。

满郭是春光,街衢土亦香。竹风轻履舄,花露腻衣裳。谷鸟鸣还艳,山夫到亦狂。可怜游赏地,炀帝国倾亡。

春风荡城郭,满耳是笙歌。

第八函第七册杜牧《扬州》:

街垂千步柳,霞映两重城。天碧台阁丽,风凉歌管清。纤腰间长袖,玉佩杂繁缨。拖轴诚为壮,豪华不可名!

《题扬州禅智寺》:

谁知竹西路,歌吹是扬州。

第十函第四册罗隐《广陵开元寺阁上作》:

红楼翠幕知多少,长向东风有是非。

《江都》:

淮王高谶动江都(即扬州),曾忆狂生亦坐隅。九里楼台牵翡翠,两行鸳鹭踏真珠。歌听丽句秦云咽,诗转新题蜀锦铺。……

第十函第八册杜荀鹤《送蜀客游维扬》:

> 见说西川景物繁,维扬景物胜西川。青春花柳树临水,白日绮罗人上船。夹岸画楼难惜醉,数桥明月不教眠。送君懒问君回日,才子风流正少年。

第十函第九册韦庄《过扬州》:

> 当年人未识干戈,处处青楼夜夜歌。花发洞中春日永,月明衣上好风多。……

第十一函第五册李中《广陵寒食夜》:

> 广陵寒食夜,豪贵足佳期。紫陌人归后,红楼月上时,绮罗香未歇,丝竹韵犹迟。……

总括这些记载,再加上《容斋随笔》所述,关于唐代扬州繁荣的状况,我们可以得到下列的印象。就财富说,扬州是当日全国最有钱的都会,俗语有"扬一益二"之称。就买卖说,扬州有很热闹的夜市,其灯火的辉煌,可以上映碧云。说到物质生活的享受,那更是任何其他地方所不及。在居住方面,那里有高楼大厦、十里珠帘;在饮宴方面,那里有山珍海错、佳肴美酒。如果你想游玩,那里有的是园林亭榭、名花画舫,而月明桥上更可以看到神仙。如果你想娱乐,那里有的是婉转的歌喉、婆娑的舞态,而装饰漂亮的青年歌女更足以使人流连忘返。总之,在当日的全国各地中,扬州的物质生活是最值得留恋的。就是天上的月亮,人们也觉得扬州的较为好看;而死后的归宿,也以埋葬在扬州为佳。

三、唐代扬州繁荣的因素

唐代扬州繁荣的状况,已如前述。这里我们要问:当日扬州为什么会这样繁华?关于此点,洪迈《容斋随笔》所说,语焉不详。现在作者从经济史的观点出发,试加解释如下:

(一) 国内贸易的发达

唐代扬州繁荣的第一个因素是国内贸易的发达。扬州位于长江和运河的交叉点上,为南北交通要冲,水运非常便利,实是全国货物最理想的集散地。王溥《唐会要》卷八六说:

> 广陵当南北大冲,百货所集。

又《全唐文》卷四九六权德舆《杜公淮南遗爱碑》说扬州:

> 控荆衡以沿泛,通夷夏之货贿。四会五达,此为咽颐。

因此,当日扬州有很多富商大贾。《太平广记》卷二九〇"吕用之"条引《妖乱志》说:

> 时(唐末乾符年间以前)四方无事,广陵为歌钟之地,富商大贾,动逾百数。①

又"诸葛殷"条引《妖乱志》说:

> 有大贾周师儒者,其居处花木楼榭之奇,为广陵甲第。②

又李肇《国史补》卷中说:

> 扬州有王生者,人呼为王四舅,匿迹货殖,厚自奉养,人不可见。扬州富商大贾,质库酒家,得王四舅一字,悉奔走之。

这些商人多以扬州为中心来与其他地方贸易。《太平广记》卷三四五"孟氏"条引《潇湘录》说:

> 维扬万贞者,大商也,多在于外,运易财宝,以为商。③

又同书卷二七〇"周迪妻"条说:

> (周)迪善贾,往来广陵。④

---

① 罗隐《广陵妖乱志》同。
② 罗隐《广陵妖乱志》同。
③ 郑贽《才鬼记》略同。
④ 《新唐书》卷二〇五《列女传》同。

又《全唐诗》第一函第五册刘驾《贾客词》说：

> 贾客灯下起,犹言发已迟。高山有疾路,暗行终不疑。寇盗伏其路,猛兽来相追,金玉四散去,空囊委路歧。扬州有大宅,白骨无地归。少妇当此日,对镜弄花枝。①

这些以扬州为根据地的商人,有赴长安做买卖的：

> 扬州桥边少妇,长安城(一作"市")里商人。三年不得消息,各自拜鬼求神。②

有赴江西做买卖的：

> 大艑高帆一百尺,新声促柱十三弦。扬州市里商人女,来占江西明月天。

说到唐代扬州国内贸易的商品,现今可考见的,以下列数项为最发达：

(1) 盐。唐代淮南沿海一带出产的食盐,多先集中于扬州,然后由扬州分配给各地。当日盐铁使常驻于扬州,有时且兼任扬州节度使。③ 经管这种买卖的盐商,自然也以扬州为根据地。上引《容斋随笔》曾说："唐世盐铁转运使在扬州,尽斡利权,判官多至数十人,商贾如织。"④这里说的商贾,当然以盐商为多。又《唐会要》卷八八也说：

> 其月(长庆元年三月),盐铁使王播奏："扬州白沙两处纳榷场,请依旧为院。"又奏请诸盐院粜盐,付商人,请每斗加五十文,通旧二百文价。……并从之。⑤

这些盐有贩往西江销售的：

> 盐商妇,多金帛,不事田农与蚕绩。南北东西不失家,风水为乡船作宅。本是扬州小家女,嫁得西江大商客。绿鬟富去金钗多,皓腕肥来银

---

① 《全唐诗》第九函第六册同。
② 《全唐诗》第一函第六册,第五函第五册,王建《江南三台词》。
③ 《唐会要》卷八七,《旧唐书》卷四九《食货志》。
④ 《全唐诗》第十二函第八册《盐铁谚》略同。
⑤ 《旧唐书》卷四八《食货志》略同。

钏窄。前呼苍头后叱婢,问尔因何得如此? 婿作盐商十五年,不属州县属天子。每年盐利入官时,少入官家多入私。官家利薄私家厚,盐铁尚书远不知。……①

又有老远运往长安出售的:

京师盐暴贵,诏取三万斛,以赡关中。自扬州四旬至都。人以为神。②

(2)茶。中国人饮茶的风气,到了唐代已很盛行;陆羽《茶经》之作,是其明证。这时茶多产于南方各地③,而江西浮梁出产的茶尤为有名。④ 这些地方的茶,多先集中于扬州,然后沿着运河北上,销售于北方各地。因此,扬州在当日便成为茶的集散市场,在那里常常住有不少的茶商。如《资治通鉴》卷二五四"中和二年四月"条说:

(吕)用之,鄱阳茶商之子也,久客广陵,熟其人情。

又《太平广记》卷二九〇"吕用之"条引《妖乱志》说:

吕用之……父璜,以货茗为业,来往于淮浙间。时四方无事,广陵为歌钟之地,富商大贾,动逾百数。璜明敏善酒律,多与群商游。用之年十二三,其父挈行,既慧悟,事诸贾皆得欢心。

至于集中扬州的茶向北销售的证据,可以下引一事为例:

(杨)行密遣押牙唐令回持茶万余斤如汴宋贸易。(朱)全忠执令回,尽取其茶。扬汴始有隙。⑤

(3)珠宝。在唐代扬州的国内贸易中,珠宝的买卖也占很重要的位置。《旧唐书》卷八八《苏环传》说:

扬州地当冲要,多富商大贾珠翠珍怪之产。

---

① 白居易《白氏长庆集》卷四,《全唐诗》第七函第一册《盐商妇》。
② 《新唐书》卷一四九《刘晏传》。
③ 陆羽《茶经》。
④ 《全唐诗》第七函第三册白居易《琵琶行》:"商人重利轻别离,前月浮梁买茶去。"
⑤ 《资治通鉴》卷二五七"光启三年八月"条。

又《全唐诗》第三函第七册韦应物《广陵行》说：

> 雄藩镇楚郊……宝货益军饶。①

又《太平广记》卷四一九"柳毅"条引《异闻集》说柳毅从其他地方把珍宝运往扬州宝肆出卖云：

> 唐仪凤中，有儒生柳毅者，应举下第，将还湘滨。……毅因适广陵宝肆，鬻其所得珍宝。百未发一，财已盈兆。故淮右富族，咸以为莫如。

（4）药。《太平广记》卷一七"裴谌"条引《续玄怪录》说裴谌卖药于扬州云：

> 谌曰："……吾与山中之友市药于广陵，亦有息肩之地；青园桥东有数里樱桃园，园北车门，即吾宅也。子公事少隙，当寻我于此。"

又同书卷二三"冯俊"条引《原仙记》说某道士在扬州买药，贩往六合云：

> 唐贞元中，广陵人冯俊以佣工资生，多力而愚直，故易售。常遇一道士于市，买药置一囊，重百余斤，募能独负者，当倍酬其直。俊乃请行。至六合，约酬一千文，至彼取资。

可见扬州在唐代又是药料的集散地，其贸易也很发达。

（5）木材。唐代扬州的木料业，也很发达。如《太平广记》卷三三一"杨溥"条引《纪闻》说江西一带出产的木材，运往扬州售卖云：

> 豫章诸县尽出良材。求利者采之，将至广陵，利则数倍。天宝五载，有杨溥者，与数人入林求木。……

（6）锦。当日的锦，以产于四川者为最有名，称为"蜀锦"。这些锦多利用长江的水道交通线，由四川运往扬州出卖。上引《全唐诗》第十函第四册罗隐《江都》，曾说扬州有"蜀锦"。又同书第八函第七册杜牧《扬州》也说：

> 蜀船红锦重。

总括上述，我们可知唐代扬州国内贸易的发达。经营这种贸易的人，每

---

① 又见于《韦苏州集》卷九。

年都得到巨额的利润;上引各种记载常常说到当日扬州商人的富有,这自然是商业利润很厚的结果。复次,下述一事虽然荒诞不经,但我们亦可由此察知当日扬州商业利润之大:

> 广陵法云寺僧楚珉,常与中山贾人章某者亲熟。章死,楚珉为设斋诵经。数月,忽遇章于市中。楚未食,章即延入食店,为置胡饭。既食,楚问:"君已死,那得在此?"章曰:"然。吾以小罪未能解免,今配为扬州掠剩鬼。"复问:"何谓掠剩?"曰:"凡市人买贩,利息皆有常数。过数得之,即为余剩。吾得掠而有之。……"①

扬州国内贸易的利润既然那么大,在那里做这种买卖的商人每年遂替扬州赚到不少的钱。这笔巨额的收入,是构成唐代扬州繁荣的一个重要因素。

(二) 国际贸易的发达

唐代扬州繁荣的第二个因素是国际贸易的发达。扬州虽然不是海滨的港口,但在唐代的国际贸易很发达。因为当日由海外来华的船舶,可以直驶扬州。《全唐诗》第十一函第二册李洞《送韦太尉自坤维除广陵》说:

> 隔海城通舶,连河市响楼。

例如,日本仁明朝来华的海船,是直驶扬州的②;同时,唐僧鉴真之赴日本,也是由扬州乘船前往的。③ 此外,由南海来华的外国商船,除驶往广州及福建外,还有向北直驶扬州的:

> 南海蕃舶,本以慕化而来,固在接以仁恩,使其感悦。如闻比年长吏,多务征求,嗟怨之声,产于殊俗。况朕方宝勤俭,岂爱瑕琛?深虑远人未安,率税犹重,思有矜恤,以示绥怀。其岭南福建及扬州蕃客,宜委节度观察使常加存问。除舶脚收市进奉外,任其来往流通,自为交易,不得重加率税。④

---

① 徐铉《稽神录》卷三。
② 圆仁《入唐求法巡礼行记》卷一。
③ 元开《唐大和上东征传》。
④ 《全唐文》卷七五唐文宗太和八年上谕。

复次，当日南洋各国的商船虽以驶往广州贸易为多，但这些外货之运销于北方各消费地，须先沿着北江（在广东北部）、赣江及长江等水道北上，集中于南北交通要冲的扬州，然后才能利用运河的水路交通线，分配于北方各地：

> 唐代商胡大率麇聚于广州。广州江中"有婆罗门、波斯、昆仑等船，不知其数，并载香药珍宝，积载如山。其舶深六七丈。师子国、大石国、骨唐国、白蛮、赤蛮等往来居住，种类极多"（元开《唐大和上东征传》）。是以黄巢攻陷广州，犹太教、火袄教以及回回教、景教等异国教徒被难者至十二万人。唐代由广州向中原，大都取道梅岭以入江西，而集于洪州；故《太平广记》中屡及洪州之波斯胡人。至洪州后，或则沿江而下取道大江，或则东趣仙霞，过岭循钱塘江而东，以转入今日之江苏。……至江苏后则集于扬州，由此转入运河以赴洛阳。是以扬州之商胡亦复不少……由洛阳然后再转长安。故唐代之广州、洪州、扬州、洛阳、长安，乃外国商胡集中之地也。①

因此，扬州虽然离海颇远，其国际贸易却非常发达。

关于唐代扬州国际贸易的发达，我们可从该地波斯、阿拉伯等外国商人之多，得到一些消息。《旧唐书》卷一一〇《邓景山传》说：

> （田）神功至扬州，大掠居人资产，鞭笞发掘略尽。商胡大食、波斯等商旅死者数千人。②

又同书卷一二四《田神功传》说：

> 上元元年……至扬州，大掠百姓商人资产，郡内比屋发掘略遍。商胡波斯被杀者数千人。③

又《资治通鉴》卷二二一"乾元元年十二月"条说：

> （田）神功入广陵……大掠，杀商胡以千数。

---

① 向达《唐代长安与西域文明》，第三三页。
② 《新唐书》卷一四一《邓景山传》略同。
③ 《新唐书》卷一四四《田神功传》略同。

复次,唐代诗人在他们的作品中也常常咏及扬州商胡的生活。如《全唐诗》第四函第四册杜甫《解闷》云:

> 商胡离别下扬州,忆上西陵旧驿楼,为问淮南米贵贱,老夫乘兴欲东游。

又同书第十二函第八册崔涯《嘲妓》①云:

> 虽得苏方木,犹贪玳瑁皮。怀胎十个月,生下昆仑儿。②

说到当日扬州国际贸易的商品,当以珠宝及贵重药品为多;因为这些商品无论是由外国输入,还是向外输出,都须远涉重洋,从而须负担一笔巨额的运费,而这一大笔运费只有价值大而体积重量小的奢侈品才能负担得起。我们在《太平广记》中常常能发现商胡在扬州买卖珍珠的故事,如卷四〇二"守船者"条引《原化录》云:

> 苏州华亭县有陆四官庙。元和初,有盐船数十只于庙前。守船者夜中雨过,忽见庙前光明如火……前视之,乃一珠径寸,光耀射目。此人得之……至扬州胡店卖之,获数千缗。问胡曰:"此何珠也?"胡人不告而去。

又卷四〇二"李勉"条引《集异记》说:

> 司徒李勉,开元初,作尉浚仪。秩满,沿汴将游广陵。行及睢阳,忽有波斯胡老疾杖策诣勉曰:"异乡子抱恙甚殆,思归江都。知公长者,愿托仁荫,皆冀不劳,而获护焉?"勉哀之,因归登舻,仍给馔粥。胡人极怀惭愧,因曰:"我本王贵种也。商贩于此,已逾二十年。家有三子,计必有求吾来者。"不日,舟止泗上,其人疾亟,因屏人告勉曰:"吾国内顷亡传国宝珠,募能获者,世家公相。吾炫其鉴,而贪其位,因是去乡而来寻。近已得之,将归,即富贵矣。其珠价当百万。吾惧怀宝越乡,因剖肉而藏焉。不幸遇疾,今将死矣!感君恩义,敬以相奉。"即抽刀决股,珠出而

---

① 原注云:"涯久游维扬,有诗名。每题诗倡肆,立时传诵,声价因之增减。无不畏之。"
② 范摅《云溪友议》同。

绝。勉遂资其衣衾,瘗于淮上;掩坎之际,因密以珠含之而去。既抵维扬,寓目旗亭,忽与群胡左右依随,因得言语相接。傍有胡雏,质貌肖逝者。勉即询访,果与逝者所叙契会。勉即究问事迹,及亡胡之子,告瘗其所。胡雏号泣,发墓取而去。

又卷四一二"任顼"条引《宣室志》说:

> 唐建中初,有乐安任顼者……居深山中……得一径寸珠于湫岸草中,光耀洞澈,殆不可识。顼后持至广陵市。有胡人见之,曰:"此真骊龙之宝也!而世人莫可得。"以数千万为价而市之。

复次,当日扬州的外国商人又常买卖其他珍宝。如《太平广记》卷三三"韦弇"条引《神仙感遇传》说:

> 明年复下第,东游广陵。胡商诣弇以访其宝。出而示之。胡人拜而言曰:"此玉清真人之宝,千万年人无见者。信天下之奇货矣!"以数十万金易而求之。

又同书卷四〇三"玉清三宝"条引《宣室志》说:

> 杜陵韦弇,字景昭,开元中……东游至广陵,因以其宝集于广陵市。有胡人见而拜曰:"此天下之奇宝也!虽千万年,人无得者。君何得而有?"弇以告之,因问曰:"此何宝乎?"曰:"乃玉清真三宝也。"遂以数千万为直而易之。弇由是建甲第,居广陵中为豪士。

此外,名贵药品也是当日扬州国际贸易的商品。《太平广记》卷二二〇"句容佐史"条引《广异记》说:

> 句容县佐史,能啖鲙至数十斤,恒食不饱。县令闻其善啖,乃出百斤。史快食至尽,因觉气闷。久之,吐出一物,状如麻鞋底。县令命洗出,安鲙所,鲙悉成水。累问医人术士,莫能名之。令小吏持往扬州卖之,冀有识者。诫之:若有买者,但高举其价,看至几钱。其人至扬州,四五日,有胡求买。初起一千,累增其价至三百贯文。胡辄还之,初无酬酢。人问胡曰:"是句容县令家物。君必买之,当相随去。"胡因随至

句容。县令问:"此是何物?"胡云:"此是销鱼之精,亦能销人腹中块病。人有患者,以一片如指端,绳系之,置病所,其块即销,我本国太子少患此病,父求愈病者赏之千金。君若见卖,当获大利。"令竟卖半与之。

由上所述,可知唐代扬州国际贸易发达的情形。根据上述各种记载中提及国家贸易商品价格之高,及做这种买卖的人日常生活的富裕,我们可以推知当日扬州这种贸易利润之大。因此,由于国际贸易的发达,扬州每年遂赚到不少的钱,从而造成它本身高度的繁荣。

(三) 工业的发达

唐代扬州繁荣的第三个因素是工业的发达。扬州的工具,由于原料来源的方便以及技术的进步,在全国工业中占有重要的地位。当日扬州房屋相当拥挤,工场或工厂的密集是其中一个主因。[①] 至于工业的种类,现今可考见的,约如下述:

(1) 铜器业。大约是因为铜的供给之利便和铸造技术的精良,扬州的铜器工业非常发达。其出品非常有名,在进贡给"中央"政府的物品中要占一个重要位置。[②] 当天宝年间,长安广运潭落成,政府在那里开物产展览会的时候,扬州铜器更是大出其风头:

> (韦)坚预于东京汴宋取小斛底船三二百只,置于(广运)潭侧。其船皆署牌表之。若广陵郡船,即于柁背上堆积广陵所出锦、镜、铜器、海味。……先是人间戏唱歌词曰:"……潭里船车闹,扬州铜器多。"……及此潭成,陕县尉崔成甫以坚为陕郡太守凿成新潭,又致扬州铜器,翻出此词,广集两县官,使妇人唱之,言:"……潭里船车闹,扬州铜器多。……"[③]

在扬州制造的各种铜器中,青铜镜尤为有名。它的制作很精巧,连皇帝也喜

[①]《旧唐书》卷一四六《杜亚传》云:"扬州侨寄衣冠,及工商等,多侵衢造宅,行旅拥弊。"
[②]《新唐书》卷四一《地理志》。
[③]《旧唐书》卷一〇五《韦坚传》。

欢使用,故也是扬州进贡物品之一。张𬸦《朝野佥载》卷三说:

> 中宗令扬州造方丈镜,铸铜为桂树,金花银叶。帝每常骑马自照,人马并在镜中。①

又李肇《国史补》卷下说:

> 扬州旧贡江心镜,五月五日扬子江中所铸也。

又段成式《酉阳杂俎》前集卷三说:

> 内库中……一古镜,鼻盘龙……是扬州所进。……此镜五月五日,于扬子江心铸之。

又《太平广记》卷二三一"李守泰"条引《异闻录》说:

> 唐天宝三载五月十五日,扬州进水心镜一面,纵横九寸,青莹耀日,背有盘龙,长三尺四寸五分,势如生动。

又《旧唐书》卷一四《德宗纪》载大历十四年六月:

> 己未,扬州每年贡端午日江心所铸镜……皆罢之。

除上贡外,这些铜镜又为一般士女所爱好,故不愁没有销路。如《太平广记》卷三三四"韦栗"条引《广异记》云:

> 韦栗者,天宝时为新淦丞。有少女十余岁,将之官。行上扬州,女向栗:"欲市一漆背金花镜。"栗曰:"我上官艰辛,那得此物?待至官,与汝求之。"……秩满……北归至扬州,泊河次,女将一婢持钱市镜。行人见其色甚艳,状如贵人家子,争欲求卖。……

因此,唐代诗人也常常咏及扬州的铜镜。《全唐诗》第三函第七册韦应物《感镜》云:

> 铸镜广陵市,菱花匣中发。

又同书第六函第六册张籍《白头吟》云:

---

① 《太平广记》卷二三一"唐中宗"条同。

> 扬州青铜作明镜,暗中持照不见影。

(2) 制帽业。在扬州制造的毡帽,因品质好及式样精美,销路甚广,当日首都人士多喜戴此帽。《太平广记》卷一五三"裴度"条引《续定命录》云:

> 是时(宪宗时)京师始重扬州毡帽。

又同书卷一五七"李敏求"条引《河东记》云:

> 太和初,长安旅舍中……(柳)谓敏求曰:"此间甚难得扬州毡帽,他日请致一枚。"

又《全唐诗》第一函第六册李廓《长安少年行》也说长安少年"划戴扬州帽"。

(3) 丝织业。唐代扬州的丝织业,也相当发达;其出口为锦、绫、纻等物。《通典》卷六说:

> 广陵郡贡蕃客锦袍五十领,锦被五十张,半臂锦百段,新加锦袍二百领……独窠细绫十匹……

又《唐六典》卷三说扬州贡品中有"细纻"一项;《新唐书》卷一三四《韦坚传》说扬州的特产中有"锦、铜、官端、绫绣"等物。

(4) 制糖业。蔗糖的制造法,唐太宗遣使自印度摩伽佗国传入后,即诏于扬州煎蔗仿造。《唐会要》卷一〇〇说:

> 西蕃胡国出石蜜,中国贵之。太宗遣使至摩伽佗国取其法,令扬州煎蔗之汁,于中厨自造焉。色味逾于西域所出者。

又《新唐书》卷二二一上《西域传》说:

> 摩揭它,一曰摩伽陀,本中天竺属国。……太宗遣使取熬糖法,即诏扬州上诸蔗,拃沈如其剂,色味逾西域远甚。

可见扬州实是蔗糖工业的中心。

(5) 造船业。《全唐文》卷一七三有张鷟《五月五日,洛水竞渡船十只,请差使于扬州修造,须钱五千贯,请速分付》一文,可见该地造船业也是很发达的。

(6) 家具业。扬州的家具,制造得非常精巧,故销路甚好。徐铉《稽神录》卷三说:

> 广陵有贾人,以柏木造床几什物百余事,制作甚精,其费已二十万。载之建康,卖以求利。……

总括上述,我们可知扬州在唐代是一个重要的工业中心,出品精良,销路甚广。这些工业产品在各地市场上既然能够吸引不少的主顾,因此每年替扬州赚到的钱一定很多。这一大宗金钱的收入,无疑是构成唐代扬州繁荣的一个重要因素。

(四) 金融业的发达

唐代扬州繁荣的第四个因素是金融业的发达。当日扬州国内外贸易的发展,使扬州的商业资本有大量的蓄积。这一大笔商业资本的蓄积,对于金融业的发展是一种很好的鼓励。因此,如下面所述,当日在扬州做大买卖的药行老板和经营国际贸易的波斯商胡,在该地的金融界中都占有很重要的位置。

说到唐代扬州金融业的发达情况,最使我们注意的是类似现今银行的存款取款制度的存在。不过这时金融界还没有发展到像现今银行那样的使用存折的支票;存户只利用某种物品来支取款项,而且有认物不认人的习惯。如《太平广记》卷一六"张老"条说:

> 张老……奉金二十条,并与一故席帽曰:"兄若无钱,可于扬州北邸卖药王老家取一千万,持此为信。"遂别。……韦自荷金而归……五六年间,金尽。……乃往扬州,入北邸,而王老者方当肆陈药。韦前曰:"叟何姓?"曰:"姓王"。韦曰:"张老令取钱一千万,持此帽为信。"王曰:"钱即实有,席帽是乎?"韦曰:"叟可验之。岂不识耶?"王老未语,有小女出青布帏中曰:"张老常过,令缝帽顶。其时无皂线,以红线缝之。线色手踪,皆可自验。"因取看之,果是也。遂得载钱而归。

又同书卷二三"张李二公"条引《广异记》说:

> （张）谓李曰："君欲几多钱而遂其愿？"李云："得三百千，当办已事。"张有故席帽，谓李曰："可持此诣药铺问王老家张三，持此取三百千贯（'贯'字疑衍）钱，彼当与君也。"遂各散去。……遂持帽诣王家求钱。王老令送帽问家人。其女审是张老帽否，云"前所缀绿线犹在"。李问："张是何人？"王云："是五十年前来茯苓主顾，今有二千余贯钱在药行中。"李领钱而回。

又同书卷一七"卢李二生"条引《逸史》说：

> 后李生知橘子园，人吏欺隐，欠折官钱数万贯，羁縻不得东归，贫甚。偶遇（过？）扬州阿使桥，逢一人，草屩布衫，视之乃卢生。生昔号二舅。李生与语……二舅……曰："公所欠官钱多少？"曰："二万贯"。乃与一拄杖，曰："将此于波斯店取钱！"……波斯见拄杖，惊曰："此卢二舅拄杖，何以得之？"依言付钱。遂得无事。

作者一时尚未找到关于当日扬州金融业者对各种实业放款的确切记载。不过，如上述，扬州金融业巨子的王老既然同时是药铺的老板，我们可以推知，他接受主顾的存款以后，一定不会把这许多钱放在家里，而是会直接或间接地利用其来经营各种实业。

最后，唐代扬州的金融业者又经营黄金的买卖或兑换。在那里有一个黄金市场，国内外的黄金多运往买卖或兑换，从而金价的涨落亦取决于此。如圆仁《入唐求法巡礼行记》卷一说日本留学僧圆仁等在扬州市上出卖砂金[①]云：

> （开成三年十月）十四日，砂金大二两，于（扬州）市头令交易。市头秤定一大两七钱，七钱准当大二分半，价九贯四百文。

又赵璘《因话录》卷三说卢仲元由洛阳运金百两往扬州出卖云：

> 范阳卢仲元，家于寿之安丰。其妻清河崔氏……崔氏兄即有薄田百亩，在洛城之东。……常躬耕，得金一瓶，计百两，不言于人，密埋于居室内。临终，其妻李氏以家贫子幼，身后冻馁为忧。崔屏人，语妻以埋金之

---

① 按日本产金与唐贸易时，常向唐输入。见加藤繁《唐宋时代金银的研究》（日文本），页五四三。

事,指其记处,戒云:"慎勿言于人。他日卢郎中来,可告也。"未几,卢赴调,经洛中。……李氏乃密遣所使之谨厚者,持金付之。卢遂罢选,持金鬻于扬州。时遇金贵,两获八千。……

唐代扬州的金融业既然那么发达,每年为扬州赚到的钱自然不少。因此,扬州以金融中心的资格而赚到的钱,也是构成它繁荣的一个重要因素。

(五) 运输业的发达

唐代扬州繁荣的第五个因素是运输业的发达。扬州位于长江和运河的交叉点,为南北交通的要冲,是一个天然的转运中心,运输业当然发达。《全唐文》卷七八八蒋伸《授李珏扬州节度使制》云:

> 维扬右都,东南奥壤。包淮海之形胜,当吴越之要冲。阛阓星繁,舟车露委。

这时由南方各地转运往首都长安的物品,都须先集中于扬州,然后由扬州沿运河北上。《新唐书》卷五三《食货志》说:

> 广德二年,废句当度支使,以刘晏颛领东都、河南、淮西、江南东西转运、租庸、铸钱、盐铁,转输至上都。……凡漕事亦皆决于晏。晏……随江、汴、河、渭所宜。……江船不入汴,汴船不入河,河船不入渭。江南之运积扬州,汴河之运积河阴,河船之运积渭口,渭船之运入太仓。岁转粟百一十万石,无升斗溺者。

又《资治通鉴》卷二二六"建中元年七月己丑"条说:

> 晏以为江、汴、河、渭,水力不同,各随便宜,造运船,教漕卒。江船达扬州,汴船达河阴,河船达渭口,渭船达太仓。其间缘水置仓,转相受给。自是每岁运谷,或至百余万斛,无升斗沉覆者。

扬州在唐代既然是南北转运的重要中心,故转运使常驻在扬州[①],以便

[①] 见上引《容斋随笔》卷九"唐扬州之盛"条。又《唐会要》卷八七亦说:"顺宗即位……以杜佑判度支盐铁转运使,治于扬州。"

就近管理一切运输业务。而扬州附近河道的深浅,更深为政府所注意,以便随时改进,俾得增加运输的效能。《旧唐书》卷一七上《敬宗纪》载宝历二年正月:

> 丙申,盐铁使王播奏:"扬州城内旧漕河水浅,舟船涩滞,输不及期程。今从阊门外古七里港开河,向东屈曲,取禅智寺桥,东通旧官河,计长一十九里。……"从之。

又同书卷一六四《王播传》说:

> 时扬州城内官河水浅,遇旱即滞船。(播)乃奏……开河……开凿稍深,舟航易济。……而漕运不阻。后政赖之。

唐代扬州的运输业既因交通方便而发达,当地运输业者每年因此而赚得的运费自然很可观。这一笔巨额运费的收入,当然也是构成唐代扬州繁荣的一个重要因素。

四、唐末以后扬州衰落状况

由上述我们可知,唐代扬州的繁荣绝对不是偶然的,而是有它繁荣的因素,或经济的基础。这些繁荣的因素为国内外贸易、工业、金融业及运输业的发达,扬州每年因此而赚到的钱,数量非常之大。故扬州能雄富冠天下,其市面的繁荣、物质生活的舒适,在当日全国各地中都要数它第一。

然而,好景不常,扬州的繁华却不能永久地继续下去,它的末日终于要来临了。扬州的繁荣,在中唐以后至唐末以前的一百多年内,即约自公元8世纪中叶至9世纪下半叶,可说是达到了最高峰;唐末以后,繁荣时期即宣告终止,而转入恐慌和衰落的命运。

关于唐末以后扬州的衰落状况,上引《容斋随笔》卷九"唐扬州之盛"条也曾经略为提到:

> 自毕师铎、孙儒之乱,荡为邱墟。杨行密复葺之,稍成壮藩。又毁于显德。本朝承平百七十年,尚不及唐之什一。今日真可酸鼻也!

现在我们首先探索洪迈所说唐末毕师铎等乱后扬州荡为邱墟的情形,其次研究五代后周显德年间扬州被毁的状况,最后则对唐末以后扬州衰落的因素作一个彻底探讨。

唐末扬州繁荣的破坏,其直接原因为兵燹之大规模的降临。这时毕师铎、秦彦、孙儒及杨行密等军阀的混战,使扬州由天堂变为地狱,昔日的繁华在兵火中完全陷入毁灭的命运。如《旧唐书》卷一八二《秦彦传》说:

> 江淮之间,广陵大镇,富甲天下。自(毕)师铎、秦彦之后,孙儒、(杨)行密继踵相攻。四五年间,连兵不息,庐舍焚荡,民户丧亡。广陵之雄富扫地矣。

又《新唐书》卷二二四下《高骈传》说:

> 扬州雄富冠天下。白师铎、行密、儒迭攻迭守,焚市落,剽民人,兵饥相仍,其地遂空。

又《资治通鉴》卷二五九"景福元年七月"条说:

> 先是扬州富庶甲天下,时人称"扬一益二"。及经秦、毕、孙、杨兵火之余,江淮之间,东西千里,扫地尽矣。

又崔致远《桂苑笔耕集》卷一四《上都昊天观声赞大德赐紫谢遵符充淮南管内威仪指挥诸宫观制》说:

> 但以桂苑繁华,扬都壮丽,既见星坛月殿,处处荒摧,难期鹤驾霓胜,时时降会。

又《稽神录》卷五说:

> 伪吴杨行密初定扬州,远方(一作"坊")居人稀少,烟火不接。

对于扬州这种激剧的变动,唐末诗人也常常加以凭吊。《全唐诗》第十函第四册罗隐《江都》说:

> 淮王高宴动江都,曾忆狂生亦坐隅。九里楼台牵翡翠,两行鸳鹭踏真珠,歌听丽句秦云咽,诗转新题蜀锦铺。惆怅晋阳星折后,世间兵革地

荒芜!

又同书第十函第九册韦庄《杂感》说:

> 莫爱广陵台榭好,也曾芜没作荒城!

又宋王观《芍药谱》(《说郛》卷七〇)也说:

> 维扬东南一都会也,自古号为繁盛。自唐末乱离,群雄据有,数经战焚,故基废迹,往往芜没而不可见。

经过唐末军阀们恶战的大破坏以后,再过几十年,到了后周显德年间,扬州又复惨遭兵燹的浩劫。《资治通鉴》卷二九二载显德三年二月:

> 乙酉,韩令坤奄至扬州。……唐东都营屯使贾崇焚官府民舍,弃城南走。

又同书卷二九三"显德四年十二月庚午"条说:

> 帝(周世宗)遣铁骑左厢都指挥使武守琦将骑数百趣扬州。至高邮,唐人悉焚扬州官府民居,驱其人南渡江。后数日,周兵至城中,余癃病十余人而已。

又《新五代史》卷六二《南唐世家》说:

> (李)景遣人焚扬州,驱其士庶而去。

又马令《南唐书》卷四《嗣主书》载保大十五年:

> 夏四月己巳,天子班师,乱兵焚扬州,民皆徙江南。

又陆游《南唐书》卷二《元宗纪》载保大十五年十二月:

> 帝知东都①必不守,遣使焚其官私庐舍,徙其民于江南。

扬州自再受这次兵火的破坏后,城郭面目全非,周世宗只好于废墟上另外建筑新城。《旧五代史》卷一一八《世宗纪》载显德五年二月:

---

① 按南唐以扬州为东都,见同书卷一《烈祖纪》。

> 丁卯,驻跸于广陵。诏发扬州部内丁夫万余人城扬州。帝以扬州焚荡之后,居民南渡,遂于故城内就东南别筑新垒。

又《宋史》卷二五一《韩令坤传》说:

> 扬州城为吴人所毁,(周世宗)诏发丁壮别筑新城,命令坤为修城都部署。

不过新城的规模却远不及旧城那么宏伟,只是旧城东北隅的一座小城而已。《资治通鉴》卷二九四载显德五年二月:

> 丁卯,至扬州。命韩令坤发丁夫万余,筑故城之东南隅,为小城以治之。①

五代以后,便是宋代。入宋以后,扬州仍旧气息奄奄,逃避不了衰落的命运。如《宋史》卷二五七《李处耘传》云:

> 贼平,以处耘知扬州。大兵之后,境内凋弊。

又徐铉《徐骑省集》卷二六《扬府新建崇道宫碑铭》云:

> 广陵大藩,四海都会,制度之盛,雄视诸侯。土德既微,三灾斯□(今上御名)。②井邑屡变,城郭仅存。

这都是北宋初年的情形。其后,到了宋真宗时,王禹偁上疏说:

> 臣比在滁州……城池颓圮,铠仗不完。及徙维扬,称为重镇,乃与滁州无异。③

更往后,欧阳修有感于扬州盛衰的不常,为诗以吊之。《居士集》卷一三《和原父扬州六题》云:

> 十里楼台歌吹繁,扬州无复似当年。古来兴废皆如此,徒使登临一

---

① 关于扬州城前后大小之不同,《嘉庆重修一统志》卷九七亦云:"按《甘泉县志》,唐时扬州城西据蜀冈,北抱雷陂,其城甚大。《梦溪笔谈》所云,'城南北十五里一百一十步,东西七里三十步'是也。至周,韩令坤所筑之小城……在唐城东南隅。"
② 按《徐骑省集》刊于绍兴年间,所讳当为宋高宗御名的"构"字。
③ 《宋史》卷二九三《王禹偁传》。

> 慨然！访古高台半已倾,春郊谁从彩旗行！

以上是北宋扬州衰落的状况。再向后,到了南宋,扬州有时残破到没有什么买卖。《宋会要·食货》四一云:

> 绍兴三年五月十四日,都省言:"扬州……累经残破,目今并无客贩。……"

那里的房子更坏得可怜,全是些容易着火的茅舍。《宋史》卷四六五《郑兴裔传》说:

> (乾道年间)移知扬州。……民旧皆茅舍,易焚。

总括上文,可知唐末以后扬州一反过去繁荣的状况,而转入衰落的命运。自唐末以后,扬州的朱门大厦,多半变为茅舍;扬州的亭台楼阁,完全毁作邱墟。昔日千灯照碧云的夜市,如今看不见了;以前笙歌彻晓闻的音乐,如今听不到了。至于雄富甲天下的财富,完全烟消云散;酣歌妙舞的生活,也告销声匿迹。此外,高楼的红袖,十里的珠帘,也都无影无踪了。把唐末以后扬州这一幕的景象与唐代相比较,简直是两个世界!

五、唐末以后扬州衰落的因素

现在我们要问:唐末以后的扬州为什么会有这样激剧的变动？关于此点,洪迈的答案是兵燹的破坏,而上引各文也有同样的意见。作者对于这样的解释,认为只是皮毛之见;事实上,扬州自唐末以后的衰落,还须寻求更彻底的解释。

事情是最明显不过的。唐末以后扬州衰落的直接因素固然是兵燹的破坏;可是,如果这是唯一的或根本的因素,那么,兵燹终止以后,经过相当时日的休养生息,扬州还是可以复原的。然而事实却并非如此。上引《容斋随笔》曾说:"本朝承平百十七年,(扬州)尚不及唐之什一。今日真可酸鼻也！"为什么经过宋代一百七十年的承平时期,扬州仍旧赶不上唐代繁荣的十分之一呢？因此,除兵燹外,作者认为须寻求一个彻底的解释。

据作者观察，唐末以后扬州之所以长期衰落，主因为构成唐代扬州繁荣的五个重要因素的消失，兵燹的破坏只是其衰落的导火线。

原来唐代扬州赖以繁荣的国内外贸易、工业、金融业及转运业等，自唐末以后，不复像以前那样发达，而是衰落下去。它们之所以衰落，与宋代真州的兴起有密切的关系。

真州即今之江苏仪征县，与扬州同样位于运河和长江的交叉点上，与长江的距离比扬州还要近些。因为有了这样优良的位置，自唐末扬州屡受兵燹的破坏以后，真州便乘机抢夺了扬州的运输业、国内贸易、金融业及造船业，一天比一天繁荣起来。它在唐代还只是一个小镇，名白沙镇；到了五代，升为迎銮镇；到了宋初，升为建安军；到了宋真宗大中祥符六年，更升为真州；到了政和七年，又赐名仪真郡。①

宋代由南方各地运往首都汴京的物品，先分别集中于真、扬、楚、泗四州，然后由这些地方向北运输。② 在这几个转运地点中，真州的运输业更远较其余三地为发达。《宋史》卷八八《地理志》说：

> 真州当运路之要。

又楼钥《攻媿集》卷五四《真州修城记》云：

> 真之为州未远也。……而实当江淮之要会，大漕建台，江湖米运，转输京师，岁以千万计。维扬、楚、泗，俱称繁盛，而以真为首。

又胡宿《文恭集》卷三五《真州水闸记》云：

> 维迎銮之奥区，乃濒江之剧郡。……南逾五岭，远浮三湘，西自巴峡之津，东洎瓯闽之域，经涂咸出，列壤为雄。……万艘衔尾，岁乃实于京师。

因此宋代发运使常驻在真州，以便就近管理运输业务。③《居士集》卷四〇《真州东园记》说：

---

① 《嘉庆重修一统志》卷九六"仪征县"条。
② 《宋史》卷一七五《食货志》。
③ 《宋史》卷一六七《职官志》说发运使职务之一为"漕淮、浙、江、湖六路储廪，以输中都"。

> 真为州,当东南之水会,故为江淮两浙荆湖发运使之治所。

又《宋史》卷二九九《许元传》云:

> 发运使治所在真州。

同时,真州的堆栈与舟船特别多,而当地人口更多以航运为业。沈括《长兴集》卷二五《开封府推官金部员外郎刘志铭》云:

> 真(州)阻大江,敖仓舟楫之所凑者,于东南为盛。其俗少土著,以操舟通买卖为业。

此外,由于宋代政府对于真州附近水道交通的注意与改良,我们也可察知真州转运业的重要与发达。《宋史》卷九六《河渠志》说:

> (崇宁二年)十二月,诏淮府开条遇明河,自真州宣化镇江口,至泗州淮河口。

> (宣和三年)宦者李琮言:"真州乃外江纲运会集要口,以运河浅涩,故不能速发。按南岸有泄水斗门八,去江不满一里。欲开斗门,河身去江十丈,筑软坝引江潮入河,然后倍用人功车畎,以防水运。"从之。

又同书卷九十《河渠志》云:

> (淳熙)十年,淮南漕臣钱冲之言:"真州之东二十里,有陈公塘。……大中祥符间,江淮制置发运,置司真州,岁藉此塘灌注,长河流,通漕运。其塘周回百里,东西北三面倚山为岸,其南带东则系前人筑叠成堤,以受启闭。废坏岁久。……凡诸场盐纲粮食漕运使命往还舟舰,皆仰之以通济,其利甚博。本司自发卒贴筑周迴塘岸,建置斗门、石䃭各一所。……"

又沈括《梦溪笔谈》卷一二云:

> 淮南漕渠筑埭以畜水,不知始于何时。……天圣中,监真州排岸司右侍禁陶鉴始议为复闸节水,以省舟船过埭之劳。是时工部郎中方仲荀、文思使张纶为发运使副,表行之,始为真州闸。岁省冗卒五百人,杂费百二十五万。运舟旧法,舟载米不过三百石。闸成,始为四百石船。

> 其后所载浸多,官船至七百石,私船受米八百余囊,囊二石。自后北神、召伯、龙舟、茱萸诸堰相次废革,至今为利。予元丰中过真州江亭后废壤中,见一卧石,乃胡武平《水闸记》,略叙其事,而不甚详具。

宋代真州转运业的发达以及扬州降为次要的转运中心,实是当日扬州运输业大部分给真州抢夺去的证据。

其次,唐末以后扬州的国内贸易也被真州抢夺了去。扬州商业自唐末以后的衰落,上面已经屡次提及。反之,真州的国内贸易,则一天比一天发达起来。《文恭集》卷三五《真州水闸记》说真州:

> 据会要而观来,大聚四方之俗。操奇货而游市,号为万商之渊。

又袁燮《絜斋集》卷一三《黄公(度)行状》云:

> 仪真,商旅所萃。

在当日真州的国内贸易中,茶盐两种买卖尤为发达。《宋会要·食货》三二云:

> 高宗建炎元年五月十八日,发运使梁杨祖言:"茶盐旧系太府寺都茶榷货务印造钞引给卖,以赡中都。……询访真州系两淮浙江外诸路商贾辐凑去处。……其东南茶盐,乞选委通晓财利官提领,依太府寺等处印造,于真州置司给卖。"诏梁杨祖差兼提领茶盐事,工部员外郎杨渊同提领。

按宋代政府在真州设有榷货务,以经营茶的专卖。[①] 至于淮南一带出产的盐,更须先集中于真州,然后由真州运销于长江流域各消费地。《宋会要·食货》四六云:

> (太平兴国)九年十月,盐铁使王明言:"江南诸州载米至建安军[②],以回船般盐至逐州出卖……"

又《宋史》卷一八二《食货志》云:

---

① 《宋史》卷一八三《食货志》。
② 真州在宋初名建安军,见上文。

> 明道二年，参知政奉王随建言："淮南盐初甚善。自通、泰、楚运至真州，自真州运至江、浙、荆湖……"

又《攻媿集》卷五四《真州修城记》云：

> 真之为州未远也。……中兴以来……山阳、通、泰之盐，溯江而上，商贾辐辏，犹为淮堧大郡。

又包恢《敝帚稿略》卷四《真州分司记》云：

> 厥今东南，实在煮海，利权总在白沙。① 以其号为淮海一都会要冲也，出于斯，纳于斯，敛于斯，散于斯，其来无尽，其去无穷。……南濒大河，则造河停船坞，以便商贾。……以盐事与商贾交易之场……

宋代真州茶盐等国内贸易的发达，显然是扬州的买卖被它抢去的缘故。

再次，关于宋代真州金融业发达的状况，现在作者虽然尚未找到文书上的记载，但有实物可作证据。"中央博物院"筹备处藏有上刻"真州"两字的金条。按真州是宋真宗大中祥符六年才改的名称；而真州在宋代的国内贸易既然那么发达，其商业资本的蓄积一定很可观。因此，由这种金条的遗留来推论宋代真州金融业的发达，大约是不会距离事实太远的。反之，关于宋代扬州金融业的材料，作者却一点也没有找到。这想是宋代金融中心由扬州移往真州所致。

最后，关于工业方面，唐代扬州的造船业也给真州抢夺了去。《宋史》卷一七五《食货志》载熙宁七年十二月：

> 又令真、楚、泗州各造浅底舟百艘，分为十纲入汴。

又李焘《续资治通鉴长编》卷三○五载元丰三年六月己未：

> 诏真、楚、泗州各造浅底船百艘，团为十纲，入汴行运。

真、楚、泗三州虽然同为造船中心，但三地中真州和扬州的距离最近，后者的造船业当然以被它抢去者为多。

---

① 真州在唐代为白沙镇，见上文。

总之,唐末以后,长江和运河间国内贸易、运输业、金融业及造船业等由扬州移往真州,对于扬州的繁荣当然是很大的打击。当然,作者认为唐末以后扬州之所以长期衰落,真州的兴起实是一个最重要的因素,因为构成唐代扬州繁荣的几个因素大部分被真州抢夺去了。

此外,造成唐代扬州繁荣的工业,除造船业移往真州外,其余也一天比一天衰落。就铜器制造业来说吧,在宋代的北方是"太原铜器名天下"[①];在南方是"临川、隆兴、桂林之铜工,尤多于诸郡。姑以长沙一郡言之,乌山铜炉之所六十有四,麻潭鹅羊山铜户数百余家"[②]。反之,扬州铜器在唐代长安广运潭上的物产展览会中虽然风头十足,自唐末以后我们却很少听到与它有关的消息。至于丝织品,宋代杭州的出产,更是应有尽有;除大别为绫、罗、锦、纻、纱、绢等数种外,在每一种之下又有许多样式的不同。[③] 唐末残破以后的扬州的丝织品哪里是敌手?后者在市场上当然是因为竞争不过而衰败下去了。

最后,扬州既然离海较远,不是位置最好的对外贸易港,当唐末以后市区屡经残破、河道无人注意的时候,外国商船当然不会再来光顾,而另外停泊于离海较近的港口[④]了。因此,唐末以后扬州的国际贸易遂自然而然地衰落下去。

总括上述,可知唐末以后扬州的衰落,主要因为造成它在唐代繁荣的几个重要因素的消失,至于兵燹的破坏只是其衰落的导火线。说到扬州赖以繁荣之因素的消失,当以真州的兴起为最重要,因为真州把扬州的运输业、国内贸易、金融业及造船业抢夺过去了。至于扬州其余的工业,如铜器制造及丝织业等,也因敌不过其他地方的出口而凋弊,国际贸易则因地理条件的不适宜而衰落。

---

① 《宋史》卷二八一《毕仲游传》。
② 《宋史》卷一八〇《食货志》。
③ 吴自牧《梦粱录》卷一八《丝之品》。
④ 宋代江阴及华亭(今上海前身)国际贸易的发达当与扬州的凋弊有关;因为这两个港口离海很近,外国商船驶来也很便利。关于当日江阴国际贸易的繁盛,参考《王安石诗集》卷二三《予求守江阴未得酬昌叔忆江阴见及之作》、《攻媿集》卷一《送袁和叔尉江阴》,及《絜斋集》卷一七《赵公墓志铭》;关于华亭,参考《宋会要·职官》四四宣和七年八月四日条,孙觌《鸿庆居士集》卷三四《朱公墓志铭》。

六、结　　论

　　总括上文，我们可知扬州的经济景况自唐至宋有很激剧的变动。在唐代，扬州是当日最繁荣的一个都市，其财力的雄富，夜市的热闹，以及物质生活的舒适，均为全国各地所望尘莫及。可是，自唐末以后，扬州的繁荣时期即告终止，而陷于长期衰落的命运。这时草房代替了昔日的朱门大厦，废墟代替了以前的亭台楼阁。千灯照碧云的夜市，不复举行；笙歌彻晓闻的音乐，不再演奏。至于财富的锐减、人烟的稀少，更是不在话下。

　　唐宋间扬州的经济景况为什么会有这样大的变动？关于此点，洪迈《容斋随笔》以为是由于兵燹的破坏。作者深觉他这个答案不能令人满意，有再寻求更彻底解释的必要。唐末以后扬州虽然屡受兵燹的破坏，可是如果这是扬州衰落的唯一的或最重要的因素，那么，当兵燹终止，经过长期的休养生息以后，扬州的繁荣也是可以恢复的。然而事实却不是这样。如洪迈所说，扬州经过宋代一百七十年的太平时期以后，其盛况尚赶不上唐代的十分之一。很明显，扬州之所以有这种变动，除兵燹外，一定还有其重要的或根本的因素。

　　原来唐代扬州之所以繁荣，其主要因素为国内外贸易、工业、金融业及运输业的发达。扬州每年因此而赚到的钱数量很大。这一大宗金钱的收入，当然大有助于它的繁荣。可是，自唐末以后，随着真州的兴起，扬州的倒霉日子可要来临了。真州和扬州同样位于长江和运河间的交叉点上，但因距长江更近，故位置更较扬州为好。当唐末扬州屡遭兵燹以后，真州便乘机把扬州赖以繁荣的国内贸易、运输业、金融业及造船业抢夺了去，而自己繁荣起来。此外，扬州没有被真州抢去的买卖，如造船业以外的工业和国际贸易等，也因敌不过其他新兴的工业中心及离海较近的国际贸易港的竞争，而衰落下去。因此，兵燹的破坏只是扬州衰落的导火线，构成唐代扬州繁荣的国内外贸易、工业、金融业及运输业之凋弊，才是唐末以后扬州衰落的主要因素。

　　民国二十九年(1940年)十二月初稿，三十一年(1942年)一月改订毕

北宋物价的变动

一、概　　说

物价一涨一落的变动与人民经济生活有很密切的关系。物价上升时,出卖商品的商人以及生产商品的农民和工业者,莫不喜气洋洋,因为这是他们发财的机会;同样,随物价上涨而工资上涨的不固定收入者,当然也很高兴。在另一方面,一般消费者及固定收入者可要困难了;因为物价的上升,足以迫使他们降低原来的生活水平,以致过去能够享用的物品,以后不能享用,或须大量减少。反之,如果物价下降,在一般消费者和固定收入者看来,这是最好不过的现象;因为他们可趁着这个价廉物美的机会买到许多物价上涨时所不能购买的物品,在日常生活上自然要宽裕得多了。至于运销商品的商人、生产商品的农民和工业者,当物价低落的时候,不但无利可图,有时甚至要亏本,可要愁眉不展了。物价升降既然给予人民经济生活以这样深刻的影响,因而在经济史上的重要性是不应被忽略的。

在北宋160多年的时期(960—1127年)中,从大体上看,物价的变动可分为四个时期:(1) 宋初的物价下降期,约由北宋开国至真宗末年(960—1022年);(2) 西夏战事发生后的物价上涨期,约相当于仁、英二宗时代(1023—1067年);(3) 王荆公新法实行后的物价下降期,约相当于神、哲二宗时代(1068—1100年);(4) 北宋末年的物价上涨期,约相当于徽、钦二宗时代(1101—1127年)。现在分别叙述如下。

二、宋初物价的下落

在北宋开国以后的60多年内,物价长期下降。这时物价之所以下降,我们可从物品的供求状况及货币的流通数量来加以观察。

就物品的供求关系说,宋初各地市场多半呈现出供过于求的状态。这时承继着五代乱离之后,人口比较稀少,对于物品的需要自然不大。如范仲淹《范文正公政府奏议》卷上《答手诏条陈十事》说:

> 皇朝之初,承五代乱离之后,民庶凋弊,时物至贱。

又《宋会要稿·食货》四①载熙宁二年十一月十九日司马光的话云:

> 昔太宗平河东②……当是时,人希物贱。③

这时因需要减少而下降的物价,由于物品供给的增大,下降得更为厉害。宋初的皇帝,如太宗及真宗等,都很努力于农业生产的发展。如《宋史》卷一七三《食货志》说太宗对于农事的注意云:

> 初农时,太宗尝令取畿内青苗观之。听政之次,出示近臣。是岁畿内菽粟苗皆长数尺。帝顺谓左右曰:"朕每念耕稼之勤。……"端拱初(988年),亲耕籍田,以劝农事。

按亲耕籍田之礼,自中唐以来,即已废止。如今宋太宗把它恢复过来,这在农业生产的奖励上颇有意义。《太宗皇帝实录》卷四三载雍熙五年(988年)正月:

> 甲戌,次东郊。是夜宿于斋室。乙亥,日未明三刻,上亲缮神农氏坛,以后稷氏配焉。次诣耕耤田,行三推之礼。有司板奏礼毕。上顾谓侍臣曰:"朕志在劝农,恨不能终千亩,岂止以三推为限乎?"遂耕数十步。侍臣固请乃止。……旧制:天子孟春吉亥缮先农于东郊,亲耕耤田。东晋南迁,此礼废坠。唐贞观中,太宗始耕于千亩。至元和五年,宪宗以河朔师旅之后,物力凋耗,将行而复止。自是历五代二百余祀,不复举行。上以承平既久,乃诏有司参酌典故,行三推之礼,所以示劝农而兴坠典也。

此外,下引一故事也可看出太宗对于农事的注意。《太平治迹统类》卷三载淳

---

① 以下简称《宋会要》。
② 事在太平兴国四年(979—980年)。参考《宋史》卷四《太宗纪》。
③ 《续资治通鉴长编拾补》卷六同。

化二年(991年):

> 三月己巳,上以岁旱蝗,手诏吕蒙正等曰:"天谴如是,盖朕不德之所致也。卿等当于文德殿前筑一台,朕将暴露其上。三日不雨,卿等共焚朕,以答天谴。"蒙正等匿诏书。翌日而雨,蝗尽死。

这可以与唐太宗吞吃蝗虫的故事①前后互相辉映!其次,说到宋真宗对于农业生产发展的努力,我们可从两方面来看:第一是耕地面积的增加。当日有许多旷土被开辟为耕地。如《宋史》卷一七三《食货志》云:

> 自景德(1004—1008年)以来,四方无事,百姓康乐,户口蕃庶,田野日辟。

又《续资治通鉴长编》②卷六七载景德四年十一月戊寅:

> 上谓(王)钦若等曰:"近有西北使还者,言顺安军西至定州,旷土尽垦辟,苗稼丰茂,民无差扰,物价甚贱。……"③

第二是耐旱的外国稻种之输入,以便旱时也能生长。《宋会要·食货》一载:

> 大中祥符五年(1012年)五月,遣使福建州,取占城稻三万斛分给江、淮、两浙三路转运使,并出种法,今(令)择民田之高仰者,分给种之。……真宗以三路微旱,稻悉不登,故以为赐。仍揭榜示民。④

由于上述政府种种的努力,宋初各地的农业生产非常丰富。《太平治迹统类》卷二载端拱元年(988年)二月丙午:

> 上(太宗)谓宰相曰:"累年以来,百物丰阜。自京师达于四方,并无灾沴,万谷顺成。……"

又《续通鉴长编》卷七七载大中祥符五年正月乙酉:

> 上曰:"河东仍岁丰穰,储蓄尤广。……"

---

① 见拙著《唐代物价的变动》,《集刊》第十一本第一分。
② 以下简称《续通鉴长编》。
③ 《太平治迹统类》卷五同。
④ 详见拙著《南宋稻米的生产与运销》,《集刊》第十本第三分。

又同书卷七八载同年八月丙午：

> 河东转运使言："所部大稔。"

又同书卷八五载大中祥符八年八月：

> 庚寅，知汝州秘书监杨亿言："部内秋稼甚盛，粟一本至四十穗，麻一本至九百角。"

此外，下引各文关于农产丰收的记载也很多。当日各地物品既然供过于求，其价格自然要下降了。

除上述外，宋初各地货币的紧缩，也是当日物价下落的原因。如《宋会要·食货》三九说：

> （景德四年）八月十四日，出内库钱五十万贯付三司市菽麦。时宰相言："今岁丰稔，菽麦甚贱，钱多为富民所蓄，谷贱伤农，请官为敛籴以惠民。"故也。①

> （大中祥符）五年五月，出内藏库钱百万贯付三司敛籴军粮，以实边郡。是岁诸州言岁丰谷贱，咸请博籴。帝虑伤农，即诏三司使丁谓规划以闻。谓言莫若和市，而诸州积镪数少，故出禁钱以佐用度。②

由于上述的原因，宋初物价非常低廉。王栐《燕翼贻谋录》卷二说：

> 国初……物价甚廉……

又《范文正公政府奏议》卷上《答手诏条陈十事》说：

> 皇朝之初，……时物至贱。……当物价至贱之时，……

这都是刚开国时的情形。到了太宗时代，物价也是一样下降。《宋会要·食货》五三说：

> 太宗淳化三年（992年）六月，诏："京畿大穰，物价至贱。……"

又《续通鉴长编》卷三三载淳化三年：

---

① 《续通鉴长编》卷六六同。
② 《续通鉴长编》卷七八略同。

> 六月庚申,有蝗自东北来,蔽天,经西南而去。……是夕大雨,蝗尽殪。时京畿大穰,物价至贱。①

再往后,到了真宗时代,物价也很便宜。《宋会要·食货》三九说:

> 真宗咸平四年(1001年)五月,诏:"陕西今岁物价甚贱……"
>
> (大中祥符五年)六月十七日,帝谓宰臣王旦等:"环、庆等州言,物价皆减贱。"
>
> 二十日,帝谓王旦等曰:"诸道皆奏丰稔,京东州郡物价尤贱。……"
>
> 九年七月,令陕西州军秋稼登稔去处,官籴粮斛,无使伤农。初……宰臣奏曰:"物贱伤农,请行平籴。"故也。

又同书《刑法》二载大中祥符九年:

> 六月二十七日,诏以物价至贱,令小民无得轻弃食物;违者重寘其罪。

又《续通鉴长编》说:

> (大中祥符元年十月)乙卯,次回銮驿。京东西、河北、陕西、淮南、江南等转运司并言:"……物价至贱。"(卷七〇)
>
> (三年四月丁巳)上曰:"数岁丰稔,物价甚贱。……"(卷七三)
>
> (九年八月丁亥)王旦等曰:"今稍沾时雨,亦未妨农事,物价甚贱。……"(卷八七)

当宋初一般物价因农产丰收等原因而下落的时候,谷米的价格尤为低廉。《宋会要·食货》三九说:

> 太祖建隆元年(960年)正月,诏:"河北频年丰稔,谷价甚贱。……"

又同书《食货》四一说:

> 太祖建隆中,河北谷贱,添价散籴,以惠贫民。

又《续通鉴长编》卷一载建隆元年正月丁未:

---

① 《太平治迹统类》卷三,《文献通考》卷二一略同。

> 又以河北仍岁丰稔,谷价弥贱,命高其价以籴之。①

这都是太祖时的情形。到了真宗时代,谷价也很便宜。《宋会要·食货》三九说:

> (景德三年八月)十六日……帝以岁稔,谷籴颇贱,议优其价值,以时收敛,庶惠农民……
>
> (大中祥符二年)十月,江、淮发运使言:"淮南、江、浙、荆湖诸州军年谷大稔,谷食至贱。"诏委所在吏增价收籴,以惠农民。

又同书《食货》五四及六二载大中祥符六年:

> 十一月三日,帝谓王旦等:"言事者云:江、淮大稔,所在积稻粟,仓庾不能储。"旦等请下州郡与葺廪舍。帝曰:"近闻民间粒食仓贱,可依例增价收籴,以惠农民。……"

又《续通鉴长编》说:

> (咸平四年五月戊子)诏:"陕西岁稔,谷价甚平。……"(卷四八)
>
> 是岁(景德二年)江、浙大穰,谷价尤贱。(卷六一)
>
> (大中祥符五年六月)诸州言岁丰谷贱,咸请博籴。(卷七八)

这种谷价低廉的状况,直至仁宗初年仍旧存在。《宋会要·食货》三九说:

> (天圣)六年(1028年)六月,诏令三司于在京榷货务支拨钱二十万贯与京西转运司分擘收籴斛斗;以岁丰谷贱故也。

又《续通鉴长编》卷一一七载景祐二年(1035年)十月辛亥:

> 诏:"河北比岁大稔,谷贱伤农。……"

又同书卷一一九载景祐三年十一月:

> 壬辰,诏诸路转运司:"今岁丰谷贱……"

除谷价外,当日其他农产品的价格也很低廉。《续通鉴长编》卷四九载咸

---

① 曾巩《元丰类稿》卷四九《边籴》略同。

平四年十月己亥：

> 上（真宗）又曰："……环、庆今秋大熟，薪刍尤贱，差慰意也！"

又同书卷六六载景德四年八月丁未：

> 时宰臣言："今岁丰稔，菽麦甚贱……"

现在让我们看看宋初以货币表示出来的物价低落的情况。就米价说，太宗时代的河东（相当于今之陕西）只卖十余文一斗。《宋会要·食货》四载司马光的话云：

> 昔太宗平河东，轻民租税。而戍兵益众，命和籴粮草以给之。当是时，人希物贱，米一斗十余钱，草一围八钱。民皆乐与官为市，不以为病。①

岭南一带的米价更为便宜，只卖四五文钱一斗。《宋会要·食货》五七说：

> （淳化）二年四月，诏："岭南管内诸州官仓米，先每岁粜之，斗为钱四五，无所直。……"

四川米价比较贵一些，但也不过卖三十六文一斗；这推测是四川行使铁钱，钱值较低的缘故。韩琦《安阳集》卷五〇《张公（咏）神道碑铭》说：

> 时②米斗直钱三十六。

又范镇《东斋记事》卷三也说：

> 张尚书咏在蜀时，米斗三十六文……

到了真宗时代，各地米价每斗贱时只卖七八文，贵时也不过二三十文。《宋史》卷七《真宗纪》说：

> （景德四年十二月）诸路丰稔，淮、蔡间麦斗十钱，粳米斛二百。③
> 是岁（大中祥符元年）……诸路言岁稔，米斗七八钱。

---

① 《续通鉴长编拾补》卷六同。
② 指太宗咸平年间（998—1004年）张咏知益州时。
③ 《续通鉴长编》卷六六及《太平治迹统类》卷五略同。

又《续通鉴长编》卷六九说：

> 是月（大中祥符元年七月）襄、许、荆南、夔、归、峡等州，米斛钱三百，麦斗钱十二。

至于河东的米价，也较太宗时便宜，每斛只卖一百文，即每斗十文。《宋会要》三九载大中祥符五年：

> 十二月十二日，遣常参官于麟、府州置场和市军粮。时河东丰稔，米斛百钱……故有是命。

其次，说到麦及粟的价格。在太宗端拱年间（988—990年），汴京只卖十文钱一斗。《续通鉴长编》卷三〇载端拱二年：

> 夏四月，国子博士李觉上言曰："……近岁以来，都下粟麦至贱，仓库充牣，露积红腐，陈陈相因，或以充赏给，斗直十钱。……"

在真宗时代，每斗约卖数文至三十文，这要因时因地而异。《续通鉴长编》说：

> 是月（大中祥符元年正月），襄、邓州粟斛钱三百，菽麦三十钱。（卷六八）
>
> （十月丙午）行在三司使丁谓言："自京至泰山，金帛粮草，咸有羡余。又民间以官司无所配率，刍藁每围不及三五钱，粟麦每斗不及十钱。"（卷七〇）
>
> （十一月）癸未，上谓王旦等曰："近览边奏，皆言今岁物价甚贱，刍藁三钱易两围，麦粟斛百余钱。……"（卷七〇）
>
> 是（二年）秋……京师粟斗钱三十。（卷七二）
>
> （四年正月）癸未，代州言："粟斗十余钱。"（卷七五）

又上引《宋史·真宗纪》曾说"淮、蔡间麦斗十钱"；《续通鉴长编》卷六九曾说"襄、许、荆南、夔、归、峡等州……麦斗钱十二"。

再次，我们要说到谷价。在真宗末年及仁宗初年，京西（今河南西部）一斗谷只卖十文钱。《宋会要·食货》三九载乾兴元年（1022年）：

> 十一月，京西转运司言："谷价每斗十钱，恐太贱伤农。乞下三司及

早市籴。"

又《宋史》卷九《仁宗纪》载天圣六年(1028年)：

> 十一月戊午,京西言："谷斗十钱。"①

最后,关于宋初用作牲畜饲料的草的价格,也可考见一二；大约以每围卖三五文的时候为多,最贱时三文可买两围。《续通鉴长编》说：

> (大中祥符二年四月己亥)镇、定州言："刍藁围直五钱……"(卷七一)

> (三年八月)癸酉,陈尧叟言："河中府管内秋苗茂盛,亏价至贱,刍一围四钱。"(卷七四)

又上引《宋会要·食货》四曾说,太宗时,河东"草一围八钱"；《续通鉴长编》卷七〇说,真宗时汴京泰山间"刍藁每围不及三五钱",边地"刍藁三钱易两围"。

以上都是北宋最初几十年农产物价格低廉的状况。复次,关于当日布帛价格低廉的情形,我们也可考见一二。当日山东绢价为每匹只卖八百文,绸则六百文一匹。《宋会要·食货》六四说：

> 大中祥符九年,内帑发下三司预市绸绢。时青、齐间绢匹直八百,绸六百。官给钱率增二百,民甚便之。②

四川绢价更为便宜,每匹只卖三百文。《东斋记事》卷三说：

> 张尚书咏在蜀时③……绢匹三百文。

又《建炎以来朝野杂记》甲集卷一四说：

> 闻诸父老,川陕四路大抵以税钱三百文折绢料一匹,此东平间实直也。

关于北宋初年物价下落的情况,已如上述。这里,作者还要讨论的是在当日一般物价下落的时候,国民生计要受到什么影响？对于此点,需要分两

---

① 《续通鉴长编》卷一〇六同。
② 《续通鉴长编》卷八六,李心传《建炎以来朝野杂记》甲集卷一四略同。
③ 咸平年间。

方面来说。就消费者方面说,这是最好不过的事情,因为物价便宜,大家都可以丰衣足食。如《范文正公政府奏议》卷上《答手诏条陈十事》说:

> 皇朝之初……当物价至贱之时,俸禄不辍,士人之家,无不自足。

就是收入有限的人,也可以养家,而不至于冻馁。王栐《燕翼贻谋录》卷二说:

> 国初士大夫俸入甚微薄。簿尉月给三贯五百七十而已。县令不满十千,而三之二又复折支茶盐酒等,所入能几何!所幸物价甚廉,粗给妻孥,未至冻馁,然艰窘甚矣。

可是,就生产者方面说,这却应该是最"不景气"的事情,因为物价下落时,生产者出卖物品,无利可图,有时甚至要亏本。上引各文多有谷贱伤农的记载,便是例证。上述太祖、太宗、真宗三朝之物贱时代,却为史书称为民丰物阜者,大概因为五代十国纷乱之局面初定,比较地旷人稀,干戈既弭,垦田遂广,物虽廉而产量多,故买者虽觉其乐,生产者亦不过觉其苦。例如上次大战结束二三年后英法物价之下落,形成英国之恢复金本位,法国之大量吸收黄金,自美国源源而来,即物贱而民丰国富之实例。

三、西夏战争爆发后物价的上涨

北宋物价的变动,到了仁宗时代(1023—1063年),过去几十年物价低落的时期便宣告终止,而改换为物价上涨的时期了。这时物价之所以上涨,西夏战事的爆发是其中一个主要的原因。

西夏赵元昊于景祐元年(1034年)背叛中国,于康定(1040—1041年)至庆历(1041—1049年)间在西北边大举入寇。结果,当日国内物资的供求状况以及货币的发行数量都发生了激剧的变化。

本来,在西夏战事爆发的前几年,由于旱灾的严重,农产常常失收,物品的供给已不很充分。如《续通鉴长编》卷一〇五载天圣五年(1027年)九月庚戌:

> 太常博士秘阁校理国史院编修官谢绛上疏曰:"……今年苦旱,百姓疫死,田谷焦槁,秋成绝望。……"

又同书卷一一二"明道二年(1033年)二月庚子"条说:

> 先是南方大旱,种饷皆绝,人多流亡困饥……

及西夏战事爆发,这种物品供给不足的状况更为严重。在陕西方面,因为直接受到战争的破坏,物品出产自然有限,从而影响到物价的昂贵。如《包孝肃奏议》卷七《请出内库钱帛经逐路籴粮草》云:

> 臣今蒙恩,改授陕西。缘西鄙用事以来,关中生聚,凋残尤甚,物货踊贵。①

复次,在当日的大后方,即国内各地,因为战时的需要,人民多去农为兵,农业生产更要大受打击。《宋史》卷一七三《食货志》说:

> 景祐初,患百姓多去农为兵,诏大臣条上兵农得失。

又《续通鉴长编》卷一六一载庆历七年:

> 三司使张方平言:"……向因夏戎阻命,始籍民兵。俄命刺之,以补军籍。遂于陕西、河北、京东西增置保捷、武卫、宣毅等军。既而又置宣毅于江、淮、荆湖、福建等路。凡内外增置禁军约四十二万人,通三朝旧兵且百万;乡军、义勇、州郡厢军、诸军小分剩员等,不列于数。连营之士日增,连亩之民日减。迩来七年之间,民力大困。天下耕夫织妇,莫能给其衣食。……"

除此以外,再加上当日水旱等天灾,物品的供给更要因农产失收而大减。如《包孝肃公奏议》卷一《七事》云:

> 臣伏见近岁以来,灾异备至,天象谪见,地理倾震,蝗虫为孽,水旱作沴,连绵三数年未已。而河北最甚,其次利州、江东西、两浙、河东路,循环皆被大患矣。

又同书卷五《请速除京东盗贼》云:

> 臣窃见江、淮、两浙、京东、河北,累年以来,旱涝相继,物价涌贵,民

---

① 《续通鉴长编》卷一六〇系此文于"庆历七年四月庚戌"条。

食艰阻。

其中尤以旱灾为最严重。《忠献韩魏王家传》(不著撰人)卷四云：

> 是(庆历三年)冬大旱,河中、同、华等十余州军,物价翔贵,饥民相率东徙出关。①

又欧阳修《河东奉使奏草》卷上《再乞减配银状》②云：

> 伏缘河东州军,昨来只是泽、潞两州二麦大熟,晋、绛、并、汾、石、隰等处系种麦地分,并只熟及三五分,其秋稼寻遭夏旱,垂欲焦死。近方得雨,只可救得四五分。见今物价甚高,民间窘急,无异凶岁。

又宋祁《景文集》卷二八《乞开治郫河》③云：

> 臣自到任后,并值二年干旱。去年自六月放竭陂水,只是救灌得侧近一二千顷。是以寿州米价踊贵,官私妨阙。

又胡宿《文恭集》卷七《论罢上元放灯》④云：

> 今东南数路,灾旱甚广,谷价翔踊,民食饥乏。

又《包孝肃公奏议》卷七《请支义仓米赈给百姓》云：

> 臣访闻江、淛、荆湖等路,自去秋亢旱,田苗一例灾伤,即目米价甚高,民食不足。

总之,自西夏战事爆发后,位于前方的陕西直接受到战争的影响,大后方的百姓则多去农为兵,再加上水旱等天灾的打击,各地方市场上物品的供给自然要大减了。这当然是要影响到物价的上涨的。

其次,就需要方面说,因为战争本来就是对于物资的大消耗,战事发生后市场上对于物品的需要自然增大。当日政府往往以征发或课税的形式来吸取物资,以满足战争的要求;这自然要影响到物品需要的增大,从而促使物价

---

① 《续通鉴长编》卷一四五,《太平治迹统类》卷九同。
② 庆历四年欧阳修奉使河东时所作。文载《欧阳文忠公文集》卷一一五。
③ 原注:"案《历代名臣奏议》,系庆历二年祁知陈州时上。"
④ 约在仁宗时,参考《宋史》卷三一八本传。

上涨。如吕陶《净德集》卷三三《送张景元诗序》说：

> 举天下财赋之出，蜀最多焉。……数十年间，供亿日益繁，泉币日益轻，物估日益涌。而乃务足经费者，以半价市缯帛，按户而敛，岁无虑四十万。康定中，兵兴于西，馈军之费又三十余万。地产有常，而赋重于昔。物值日涌，而半价之敛增。齐民无聊，窃自愤叹。间或乘以饥旱，则沟壑之委，可为寒心！

又《范文正公政府奏议》卷上《答手诏条陈十事》①云：

> 贫弱之民，困于赋敛，岁伐桑枣，鬻而为薪。劝课之方，有名无实。故粟帛常贵，府库日虚。

又《包孝肃公奏议》卷七《请差灾伤路分安抚》云：

> 兼又官中配籴，民间之蓄，尽输入官。官籴既多……米价斗一百文。……今则民间之蓄尽为军储矣。

不但如此，当日国内的人口又有不少的增加。如文彦博《文潞公文集》卷一四《乞选差川峡州郡知州》（庆历六年）云：

> 臣窃以西川近年以来，生齿繁庶，比祥符中数倍。

人口增加，市场上对物品的需要自亦增加。因此，当日的物价要上涨。

上述仁宗时代物价上涨的原因，是专从物品的供求方面说的。复次，当日战时货币政策的实施，也影响到物价的上涨。自西夏战事爆发后，国家经费的开支很大。为了要筹措庞大的战费，政府遂实行货币贬值政策。这政策的内容是：（1）铸大铜钱，以一文当小铜钱十文行使；（2）铸大铁钱，亦当十文行使；（3）铸小铁钱。可是大铜钱法定的价值（即面值）虽然是十文，事实上只消用三文小铜钱的原料便可制造。人们看见销毁小铜钱来改铸大铜钱，可得巨额的利润，遂多私铸。大小铁钱所用的原料，较铜钱为贱，私铸更有利，故私铸的数量也不比大铜钱为少。这时公私所铸的钱既多，钱值大跌，物价遂上涨。复次，大钱的面值既然与它的实值相差太远，钱的价值便要大跌，

---

① 《续通鉴长编》卷一四三系于"庆历三年九月丁卯"条。

北宋物价的变动

从而以这种价值低跌的钱表示出来的物价,自然亦要增强了。《续通鉴长编》卷一六四"庆历八年六月"条说:

> 初陕西军兴,移用不足。知商州皮仲容(康定元年十二月)始献议采洛南县红崖山、虢州青水冶青铜,置阜民、朱阳二监以铸钱。既而陕西都转运使张奎(庆历元年五月,奎为陕西都漕),知永兴军范雍(庆历元年五月,雍知永兴军兼漕事)请铸大(《宋史·食货志》多一"铜"字)钱,与小钱兼行,大钱一当小钱十。奎等又请因晋州积铁铸小钱(元年九月)。及奎徙河东(二年十月),又铸大铁钱于晋、泽二州,亦以一当十,以助关中军费。未几,三司奏罢河东铸铁钱。而陕西复采仪州竹尖岭黄铜,置博济监,铸大钱(据《实录》,在四年)。朝廷因敕江南铸大铜钱,而江、池、饶、虢州又铸小铁钱,悉辇至关中(江、池、饶三州,见元年十一月;虢州未见,当是范雍所议)。数州钱杂行。大约小铜钱三,可铸当十大铜钱一,以故民间盗铸者众。钱文大乱,物价翔踊,公私患之。于是奎复奏晋、泽、石三州及威胜军(《实录》云在五年)日铸小铁钱,独留用河东。而河东铁钱既行,盗铸钱者获利十之六,钱轻货重,其患如陕西。①

其中关于大钱行使后对于物价的影响,苏辙《栾城三集》卷六《策问论》亦云:

> 问:大泉直十行于世,仅十年矣。物重而泉轻,私铸如故,百物踊贵,民病之久矣。

复次,关于铁钱之影响到物价的上涨,记载尤多。《宋史》卷三〇四《曹颖叔传》云:

> 为陕西都转运使。自庆历铸大铁钱行陕西,民盗铸不已。……颖叔曰:"铁钱轻而货重……"

又王巩《随手杂录》云:

> 陕西……家家收蓄铜钱,轻用铁钱。由是钱贱而物加贵。②

又《文潞公文集》卷一七《奏陕西铁钱事》(至和二年,1055—1056年)云:

---

① 《宋史》卷一八〇《食货志》,《太平事迹统类》卷二九及《文献通考》卷九略同。
② 《四库全书总目提要》卷二七云:"《随手杂录》凡三十三条,中惟周世宗事一条,南唐事一条,吴越事一条,余皆宋事,止于英宗之初。"

> 陕西私铸铁钱,虽严行禁捕,抵法者甚众,终不能止绝。盖以铁本至贱,获利甚厚。以致见行钱货,薄恶者多,物价增长。

又《河东奉使奏草》卷上《乞罢铁钱札子》云:

> 臣今相度大小铁钱,其可废者有五。……用之既久,币轻物贵。惟奸民盗铸者获利。而良民与官中常以高价市贵物。是官私久远害深,其可罢四也。

由于上述物品的求过于供,及战时货币贬值政策的实行,仁宗时代的物价遂一反过去的低落状况而上涨。当仁宗初年,西夏战事还未爆发的时候,由于上述农产失收,物价已呈现出上涨的趋势。《续通鉴长编》云:

> (天圣元年正月癸未)盐铁判官俞献卿亦言:"天下谷帛日益耗,物价日益高,欲民力之不屈,不可得也。今天下谷帛之直,比祥符初增数倍矣。……是以物价益高,民力益困也。……"(卷一〇〇)
>
> (四年十二月)丁丑,诏:"京城物价翔贵……"(卷一〇四)
>
> (明道二年十二月)戊申……吕夷简曰:"……民间物贵……"(卷一一三)

到了西夏战事爆发后,这种物价上涨的趋势更为明显。当日全国各地的物价,或粮价,都莫不上涨。如关于汴京粮价及物价的上涨,《太平治迹统类》卷三九载康定元年十二月:

> 丙辰,诏:"以京城谷贵,发廪粟一百万斛,减价出粜,以济贫民。"

又《续通鉴长编》卷一六五载庆历八年十一月:

> 壬戌,以畿内物价翔贵,于新城外置十二场,出米,裁其价以济贫民。

又《欧阳文忠公文集》卷一一一《乞罢上元放灯札子》(嘉祐四年,1059—1060年)云:

> 今自立春以来,阴寒雨雪,小民失业,坊市寂寥。寒凉之人,死损不少。薪炭食物,其价增倍。[1]

---

[1] 《续通鉴长编》卷一八九"嘉祐四年正月丁酉"条同。

复次,关于山东物价的上涨,董煟《救荒活民书》卷三"富弼青州赈济行道"条载《晓示流民许令诸般采取营运事指挥》云:

> 今年……诸郡物价数倍于常时。……兼日来累据诸处申报,以斛斗不住增长价例,乞当司指挥当州县城郭乡村百姓,不得私下擅添物价,所贵饥民易得粮食。……庆历八年十月日告谕。

关于河北物价的昂贵,《范文正公尺牍》卷中《与韩魏公》云:

> 岁饥物贵,河朔流民,尚在村落,因须救济。

关于陕西谷价的昂贵,《宋会要·食货》五三云:

> 庆历四年正月,诏:"陕西谷价翔贵,其令转运司出常平仓米减价以市贫民。"①

关于陕西物价的昂贵,《续通鉴长编》卷一七四载皇祐五年(1053年)五月丁巳:

> 诏:"邠州……物价翔贵。其下户,令转运司户贷米一石以济之。"

现在让我们进一步看看当日物价实际上涨的情形。为便利计,先说米价。当日米的价格,因地而异。在江、淮一带,当仁宗天圣年间的时候,每斗卖钱七十文至一百文。《宋会要》云:

> 天圣四年(1026年)闰五月二日,三司言:"荆湖、江、淮南四路州军米价,每斗或七十至百文足。……"(《食货》三九)

> 闰五月,臣僚上言:"经过荆湖、江、淮四路州军,体问逐州在市米价,或七八十,有至百文足者。……"(《食货》四二及四六)

这和真宗时代每斗跌到七八文的米价比较起来,当然是昂贵得多了。但这还不算是最贵的,在明道元年(1032年)江、淮间因旱蝗失收,其中一些地方更上涨至几百文一斗。刘敞《公是集》卷五一《先考益州府君行状》云:

> 明道元年,江、淮大旱,蝗虫起,扬、楚间尤甚。……是岁米一斗数百钱。

---

① 《续通鉴长编》卷一四六"庆历四年正月丁丑"条略同。

及庆历三年,江、淮米价比前低廉,但每斗仍卖六七十文至一百文省。①《范文正公政府奏议》卷上《答手诏条陈十事》云:

> 今江、浙之米,石不下六七百文足,至一贯文省。②

《包孝肃公奏议》卷七《请差灾伤路分安抚》亦说此时前后江、淮的米卖一百文一斗,但没有注明详确年月:

> 臣窃闻江、淮、两浙、荆湖南北路,近岁旱涝相继,粒食踊贵。……迨今五月不雨,秋苗悉已枯槁,米价斗一百文。

到了皇祐二年(1050—1051年),两浙的米价腾贵到一百二十文一斗。吴曾《能改斋漫录》卷二云:

> 范蜀公记:范文正治杭州,二浙阻饥,谷价方涌,斗钱百二十。公遂增至斗百八十。众不知所为。公仍命多出榜沿江,具述杭饥及米价所增之数。于是商贾闻之,晨夜争进唯恐后,且虞后者继来。米既辐凑,遂减价还至百二十。③

又《救荒活民书》卷二亦云:

> 昔范仲淹知杭州,二浙阻饥,谷价方涌,斗计百二十文。

再过两年,到了皇祐四年,东南各地(亦即江、淮一带)的米价,据李觏《李直讲文集》卷二八《寄上孙安抚书》所载,有低至五十文一斗的,也有贵至二百三十文一斗的,大约因地而异:

> 皇祐四年十一月十三日,丁忧人李觏谨再拜奉书安抚密学谏议节下。……大抵东南土田美田,虽其饥馑之岁,亦有丰熟之地。比来诸郡各自为谋,纵有余粮,不令出境。昨见十程之内,或一斗米粜五六十价,或八九十,或一百二三十,或二百二三十价。鸡犬之声相闻,而舟楫不许

---

① 即七十七文。罗大经《鹤林玉露》卷一云:"《五代史》:汉王章为三司使,征利剥下。缗钱出入元以八十为陌。章每出钱伯必减其三。至今七十七为官省钱者,自章始。"
② 《续通鉴长编》卷一四三系于"庆历三年九月丁卯"条。
③ 据沈括《梦溪笔谈》卷一一,知此饥年为皇祐二年。

上下,是使贱处农不得钱,贵处人不得食,此非计也。

复次,当日河北的米价,上涨得更为厉害,每斗卖钱七百文至一千文。《皇朝类苑》卷二一引《东斋记事》①云:

> 河北入中粮草,旧用见钱。庆历八年后,以茶、盐、香药、见钱为四说(下引《忠献韩魏王家传》作"税",待考),缘边用之;茶、盐、香药为三说,近里州军用之。商旅不时得钱,贱市交钞,而贵籴粮斛。由是物价翔贵,米斗七百,甚者至千钱。

又《忠献韩魏王家传》卷四亦云:

> 河北自庆历八年,沿边始废见钱入中,而以茶、盐、香药、见钱作四税,近里州郡即依康定二年敕作三税。由是便籴州军积滞文(上引《东斋记事》作"交")钞至多,商贾不行;又为富室贱价收畜,转取厚利。以至谷价增贵,米斗七百,甚至千钱。

其次,我们要说到麦价。当日河南一带的小麦,以卖五六十文一斗的时候为多。《包孝肃公奏议》卷七《请免陈州添折见钱》云:

> 见今市上小麦,每斗实价五十文。

又陈襄《古灵先生文集》卷一六《知河阳县乞抛降和籴小麦价钱状》②云:

> 臣窃见本州每岁抛降和籴小麦万数,多是过时收籴。每一斛官支价钱不下九十文以上,至一百二十文,比之民间麦熟之时所直市价,常多三四十文。……每小麦一斛,依麦熟时民间价例,止于六十文。

这固然比当日的米价便宜,但如果和真宗时代曾一度下降至几文钱一斗的麦价比较起来,可说是腾贵得多了。

复次,关于当日的粟价,也可考见一二。据《范文正公政府奏议》卷上《奏乞差官陕西祈雨》,知陕西粟价为百五十文一斗:

---

① 《东斋记事》有《墨海金壶》本及《守山阁丛书》本,但二者关于此事的记载,都不及《皇朝类苑》所引那么完备。
② 同书卷二六载叶祖洽《古灵先生行状》云:"皇祐三年,改著作佐郎,知孟州河阳县。"

> 今来关中大旱,永兴、同、华、陕、虢以来无二三分秋苗,粟米每斗一百五十文足。

在杭州方面,诗人甚至有"百金易斗粟"的记录。强至《祠部集》卷一《闻杭饥》(皇祐二年)云:

> 客从吾乡来,告我岁大歉。百金易斗粟……

此外,当日军需品的价格,由于战时需要的增大,上涨的程度也很厉害。《范文正公政府奏议》卷上《奏为置官专管每年上供并军须杂物》云:

> 臣窃见兵兴以来,天下科率,如牛皮、筋、角、弓弩材料、箭干、枪干、胶鳔、翎毛、漆、蜡一切之物,皆出于民,谓之和买。多非土产之处,素已难得。既称军须,动加刑宪。物价十倍,吏辱百端。……

又《宋会要·食货》二三云:

> 皇祐元年十月,遣三司户部副使包拯往陕西与转运司议盐法。后拯权三司使,乃言:"……方军兴之际,至于翎(翎)、毛、筋、角、胶、漆、铁、炭、瓦、木、石、灰之类,并得博易。猾商贪贾,乘时射利,与官吏通为弊,以邀厚价。凡椽木一对,定价一千,取盐一席。……"

这都是就军用器材的价格说的。又当日军服所用的羊皮,价格也很昂贵。《续通鉴长编》卷一二八载康定元年九月辛酉:

> 赐陕西军士羊裘。初言者以塞下苦寒,请以羊裘赐战士。三司计一裘用五羊皮,听军士自制;其薄毛者给次边。既而配率诸路,每一羊皮至直五六千,督取严急,民甚苦之。

复次,当日军用马匹食用的草料,价格也向上涨。《河东奉使奏草》卷下《乞减放逃户和籴札子》云:

> 自兵兴数年,粮草之价,数倍踊贵。

又《范文正公政府奏议》卷下《奏乞免关中支移二税却乞于次边入中斛斗》云:

> 臣窃见陕西数年以来……一路食物草料,时常踊贵。

又《续通鉴长编》卷一四六"庆历四年二月乙未"条云：

> 并边务诱人入中刍粟，皆为虚估，腾踊至数倍。

又《宋史》卷一八四《食货志》云：

> 皇祐二年……乃下诏曰："比食货法坏，刍粟价益倍。……"

最后，当日盐、银、绸、绢的价格也随着一般物价的上涨而上涨。如《续通鉴长编》卷一五八"庆历六年五月戊子"条说四川的情形云：

> 初盐课听以五分折银、绸、绢。盐一斤，计钱二十至三十。银一两，绸绢一匹，折钱九百至一千二百。后尝诏以课利折金帛者从时估，于是梓州路转运司请增银、绸、绢之直。下三司议。以为银、绸、绢直视旧虽增至三千以上，然盐直亦非旧比，认于市，斤为钱百四十。……

关于仁宗时代物价腾贵的情形，已如上述。至于仁宗以后的英宗时代（1064—1067年），因为时间甚短，而社会上又不见发生什么足以促使物价一反过去变动趋势的因素，物价的升降想仍以继续仁宗时代的趋势为多。

除此以外，作者还要略加讨论的，是当日物价上涨下国民生计的情形。在当日物价腾贵的时候，以固定收入为生的公务员及一般消费者，因为他们手中持有的货币的购买力要大大降低，生活非常艰苦，连衣食也不得温饱。如范仲淹《范文正公集补编论职田不可罢》(天圣八年)云：

> 今物贵与昔不同……官吏衣食不足。

又《祠部集》卷一《闻杭饥》云：

> 客从吾乡来，告我岁大歉。百金易斗粟，富者头屡撼。饿殍相枕藉，亿口尽虚颔。……

又《欧阳文忠公文集》卷一一一《乞罢上元放灯札子》云：

> 今自立春以来……寒冻之人，死损不少。薪炭食物，其价增倍。民忧冻饿，何暇遨游？

可是,就一般出卖货物的商人说,却非常有利,因为他们可以趁着这个物价上涨的机会来大发其财。如上引《宋会要·食货》二三曾说:"猾商贪贾,乘时射利,与官吏通为弊,以邀厚价。"便是例证。

四、王荆公新法实行后物价的下落

(一) 引言

北宋物价的变动,到了神宗熙宁年间(1068—1078年),便一反西夏战事爆发以来上涨的趋势,而另外改换一个相反的方向,即跌落。如苏辙《栾城集》卷二〇《私试进士策问》说:

> 问:古者为货泉以权物之轻重。今所在铸钱,数日益多,制日益少,可谓钱轻矣。然而金、帛、米、粟,价日益贱,而钱之行于市者日益少,有钱重之弊。夫当重者反轻,而当轻者反重,其说安在?将救其失,其术何以?

这种钱重物轻的情形,是西夏战争以来所没有的。

(二) 物价下落的原因

1. 王荆公新法的实行

这时物价之所以下跌,原因有种种的不同,其中最重要的一个是王荆公募役及青苗等新法的实行。因此,现在先要把这两种新法的内容略述一下,然后再进一步讨论它们与当日物价下落的关系。

北宋人民对于国家的义务,除缴纳赋税外,还要提供徭役。徭役的名称及职务以下列四类为主:(1) 衙前——主管官物;(2) 里正、户长、乡书手——课督赋税;(3) 耆长、弓手、壮丁——逐捕盗贼;(4) 承符、人力、手力、散从——官给使令。至于徭役负担的种类与轻重,则按照人户等第的高低来规定。这种差役制度,从北宋初年即开始推行;但时间久了,在实行上便发生不少的流弊。例如,社会上有权有势的人,可以免除全部的或部分的徭役;投机取巧的人,则可以设法避役:

> 承平既久,奸伪滋生。命官形势,占田无限,皆得复①役衙前;将吏得免里正、户长。而应役之户,困于繁数,伪为券售田于形势之家,假佃户之名,以避徭役。……民避役者,或窜名浮图籍,号为出家,赵州至千余人。

但剩下的无权无势的老百姓,可要倒大霉了。国家的徭役是有一定数额的,当日社会上既然有好些人免役或避役,那么老百姓所负担的徭役遂无形中繁重起来:

> 先是三司使韩绛言:"闻京东民有父子二丁将为衙前役者,其父告其子曰:'吾当求死,使汝曹免于冻馁。'遂自缢而死。又闻江南有嫁其祖母,及其母析居,以避役者。又有鬻田减其户等者,田归官户不役之家,而役并于同等见存之户。……"

为了革除这种徭役负担的不公平以及提供徭役的麻烦,在宋神宗推心置腹的信任下,王荆公遂于熙宁二年颁布他的著名的募役法,其要点如下:

> 凡当役人户,以等第出钱,名免役钱。其坊郭等第户,及未成丁、单丁、女户、寺观、品官之家,旧无色役,而出钱者,名助役钱。凡敛钱,先视州若县应用雇直多少,随户等均取。雇直既已用足,又率其数增取二分,以备水旱欠阁;虽增,毋得过二分;谓之免役宽剩钱。②

复次,在北宋中叶,当每年春天青黄不接人民需款甚急的时候,兼并之家便乘机大做其高利贷的买卖,以吮吸民众的膏血。为着要减除这些高利贷压迫下的民众的痛苦,王荆公遂于同年制定青苗法,规定以诸路常平广惠仓钱谷作资本,于每岁春天青黄不接的时候贷给民众,而分别于夏秋农产收成时由借者归还,取息二分。《宋史》卷一七六《食货志》云:

> 熙宁二年,制置三司条例司言:"诸路常平广惠仓钱谷,略计贯石可及千五百万以上,敛散未得其宜,故为利未博。今欲……以见钱依陕西青苗钱例,愿预借者,给之。随税榆纳斛斗,半为夏料,半为秋料。内有

---

① "复"是"免"的意思。
② 以上所述,约据《宋史》卷一七七《食货志》。

请本色,或纳时价贵,愿纳钱者,皆从其便。如遇灾伤,许展至次料丰熟日纳。非惟足以待凶荒之患,民既受贷,则兼并之家不得乘新陈不接以邀倍息。……"诏可。

又郑侠《西塘先生文集》卷六《上王荆公书》云:

青苗之法,本以民之穷乏,尝以新陈不接之际,每倍其息,以贷于人,故官为出常平钱以贷之,而只取二分之息。所以抑兼并而苏贫乏,莫善于此。

王荆公所创立的募役、青苗两法的内容,已如上述。现在我们要进而探讨它们对于当日物价的影响。

募役法之影响于物价的变动,我们可从两方面观察:

第一,过去政府向人民征取徭役,如今不要徭役,改征钱币来代替。这种由徭役改为钱币的变动,实是人类经济生活史上的一种进步,因为这是由自然经济演化为货币经济的主要特征。可是,事实上,当日的货币经济除在一些大都市占有势力外,在好多偏僻的农村中实在没有什么地位,因为那里货币的流通是很少的:

穷乡荒野,下户细民,冬至节腊,荷薪刍入城市,往来数十里,得五七十钱,买葱茹盐醯,老稚以为甘美,平日何尝识一钱?①

如今王荆公却要全国一律以钱币代替徭役来缴纳给政府,结果市场上的钱币便因需要增大而价值提高,从而物价便相反下降。复次,政府向人民征收的钱币,除足够用来另外雇人充役外,又加征十分之二,称为免役宽剩钱。这种免役宽剩钱之蓄积于国库内,数量越来越多;反之,在外面流通的钱币,则越来越少。因此,货币紧缩的结果,钱币便因流通数量减少而价值增大,从而影响到物价的下降。

第二,青苗法的实行,和当日物价的下跌也很有关系。固然,当青黄不接,政府贷款给民众的时候,市场上钱币的流通量反而增加,是不至于促使物价下降的。但当夏秋间农产收成,一般民众都急着要把青苗钱本息归还给政府的时候,情形可完全不同了。这时正是农产品刚刚收成之后,人民只有农

---

① 张方平《乐全集》卷二五《论免役钱札子》,《续通鉴长编》卷二七七"熙宁九年秋"条。

产品,并没有钱,因此都要把农产品转卖出去,以便换钱来归还青苗钱的本息。大家既然都争着出售农产品,农产品的市价便要因供给的激增而大为跌落。此外,政府因贷款而得到的息钱,大量的蓄积起来,也足以影响到市面上钱币流通的减少和物品价格的下降。

关于上述的说明,例证甚多。如司马光《温国文正公文集》卷四五《应诏言朝政阙失事》云:

> 此六者之中,青苗免役钱为害尤大。夫力者民之所生而有也,谷帛者民可耕桑而得也;至于钱者,县官之所铸,民不得私为也。自未行新法之时,民间之钱固已少矣。富商大贾藏镪者或有之。彼农民之富者……未尝有积钱巨万于家者也。其贫者……亦有未尝识钱者矣。是以古之用民者,各因其所有而取之,农民之役不过出力,税不过谷帛。及唐末兵兴,始有税钱者。故白居易讥之曰:"私家无钱炉,平地无铜山。"言责民以所无也。今有司为法则不然。无问市井田野之民,由中及外,自朝至暮,唯钱是求。农民值丰岁,贱粜其所收之谷以输官,比常岁之价或三分减二,于斗斛之数或十分加二,以求售于人。若值凶年,无谷可粜,吏责其钱不已,欲卖田则家家卖田,欲卖屋则家家卖屋,欲卖牛则家家卖牛。无田可售,不免伐桑枣,撤屋材卖其薪,或杀牛卖其肉,得钱以输官。……今货益重,物益轻,年虽饥,谷不甚贵,而民倍困。为国计者,岂可不思其故哉,此皆敛钱之咎也。①

又同书卷四七《乞罢免役状》云:

> 又农家所有,不过谷帛与力。自古赋役,无出三者。自行新法以来,青苗、免役及赋敛多责见钱。钱非私家所铸,要须贸易外求。丰岁谷贱,已自伤农。况迫于期限,不得半价;尽粜所收,未能充数;家之糇粮,不暇更留。……此农民所以重困也。又钱者流通之物,故谓之泉布。比年以来,物价愈贱,而闾阎益困。所以然者,钱皆聚于官中,民间之钱,货重物轻,借使有人鬻薪籴米,米价虽贱,薪价亦贱,故也。②

---

① 《续通鉴长编》卷二五二"熙宁七年四月甲申"条同。
② 《续通鉴长编》卷二五五"元丰四年四月庚寅"条,《宋会要·食货》六五,《宋史》卷一七七《食货志》略同。

又张方平《乐全集》卷二六《论钱禁铜法事》云：

> 自比年以来，公私上下，并苦乏钱，百货不通，万商束手。又缘青苗助役之法，农民皆变转谷帛，输纳见钱，钱既难得，谷帛益贱。人情窘迫，谓之钱荒。①

又同书卷二六《论率钱募役事》云：

> 伏见近制募役之法，令人户等第输钱。夫钱者人君之所操，不与民共之者也。……率钱募役一法，为天下害实深。……且举应天府为例。……大体古今赋役之制，自三代至于唐末五代，未有输钱之法也。今乃岁纳役钱七万五千；散青苗钱八万三千六百余贯，计息钱一万六千六百有零贯。此乃岁输实钱九万二千余贯。每年两限，家至户到，科校督迫，无有已时。天下谓之钱荒，搜索殆尽。……钱不可得，谷帛益贱。②

又同书卷二五《论免役钱札子》云：

> 自古田税，谷帛而已。……今以一陈州言之……乃岁支苗钱六万七千余贯，计息钱一万三千三百贯有零；岁纳役钱四万七千余贯。此乃常赋之外，岁输实钱六万余千。以陈之户口，不敌诸州之一县。率是以准天下之所输，可见尔。……民间货布之丰寡，视官钱所出之少多。官钱出少，民用已乏，则是常赋之外，钱将安出？……故天下之民，皇皇无所措手足，谓之钱荒。③

又苏辙《栾城集》卷三五《画一状》云：

> 且夫钱者官之所为，米、粟、布、帛者民之所生也。……今青苗、免役皆责民出钱，是以百物皆贱，而惟钱最贵。欲民之无贫，不可得也。

又同书卷三五《陈州为张安道论时事》云：

---

① 《续通鉴长编》卷二六九"熙宁八年十月壬辰"条同。
② 《续通鉴长编》卷二七七"熙宁九年秋"条略同。
③ 同上注。

北宋物价的变动

青苗、助役、保甲三者之弊,臣不复言矣。何也?言事者论其不可,非一人也。百姓……贱卖田宅……非一家也。陛下其亦知之矣。

又苏轼《经进东坡文集事略》卷三一《乞不给散青苗钱斛状》云:

元祐元年(1086年)八月四日,朝奉郎试中书舍人苏轼状:……臣伏见熙宁以来,行青苗、免役二法,至今二十余年,法日益弊,民日益贫,刑日益烦,盗日益炽,田日益贱,谷帛日益轻。细数其害,有不可胜言者。①

上引关于王荆公新法促使物价下落的记载,是就募役、青苗二法一同说的。复次,当日又有好多专门讨论募役法影响到物价下降的文字,兹引述于下。陈襄《古灵先生文集》卷一三《论役法状》②云:

臣闻方今政有害于民者,无甚于役法,使民岁出佣钱,以资应募之人。……出钱人户,非是乐输。行之数年,民力已困。上等厚有赀力之家,犹可出备。自余中产已下,多是农民,惟以薄业为生,别无营入,能自足于衣食者,盖有数矣。今来户户率缗,既有定额,无由蠲免,岁时输入,官司敦迫,谷益贱而钱益贵,常有逋负督责之忧。

又刘挚《忠肃集》卷三《论助役十害疏》云:

夏秋二熟,农人惟有丝、绢、麦、粟之类。而助法皆用见钱,故须随时货易,逼于期会,价必大贱。③

又同书卷五《论役法疏》云:

始者以繇役不得其平,农民劳费,故命有司议所以均弛之。而有司不深惟其故,乃一划祖宗差役旧敕,为官自雇人之法,率户赋钱以充雇直,曰助役,又曰免役。……古人有言:"平地无铜矿,农家无钱炉。"今所输必用钱,而地土所出,惟是帛、丝、谷、粟。幸岁丰收成,而州县逼迫,不免贱价售之,无以养其私。……今天下钱日益重,货日益轻,民日益困

---

① 《续通鉴长编》卷三八四"元祐元年八月己丑"条及《宋会要·食货》五同。
② 上于熙宁年间。见《四库全书总目提要》卷二九。
③ 《续通鉴长编》卷二二四"熙宁四年六月庚申"条同。

又《温国文正公文集》卷四九《乞罢免役钱依旧差役札子》云：

> 自古农民所有，不过谷帛与力。凡所以供公赋役，无出三者，皆取诸其身而无穷尽。今朝廷立法曰："我不用汝力，输我钱；我自雇人。"殊不知农民出钱难于出力。何则？钱非民间所铸，皆出于官。上农之家，所多有者，不论庄田、谷、帛、牛具、桑、柘而已，无积钱数百贯者。自古丰岁谷贱，已自伤农，官中更以免役及诸色钱督之，则谷愈贱矣。②

又《续通鉴长编》卷二二四载熙宁四年六月庚申：

> 杨绘又言："助役之法，朝廷之意甚善，其法亦甚均，但亦有难行之说。……民难得钱，一也。……且农民惟知种田尔，而钱非出于田者也。民宁出力，而惮出钱者，钱，所无也。今乃岁限其出钱之数。苟遇丰岁，虽获多，而贱卖，犹未足输官也。……"

又《宋会要·食货》六五载熙宁四年：

> 七月六日，诏御史中丞杨绘、御史刘挚分析所奏差役利害以闻。先是绘言……至是检正中书五房公事同判司农寺曾布言："……言者则以谓纳见钱则丝、帛、粟、麦必贱。……"故有是诏。

及元祐初年，司马光执政，尽罢熙宁新法，但募役法没有完全废除，事实上政府仍旧准许人民出钱免役。《文献通考》卷二一云：

> 按元祐初温公入相，诸贤并进用，革新法之病民者如救眉燃。青苗免役其尤也。然……至于役法，则诸贤之是熙宁而主雇募者居其半，故差雇二者之法杂然并行，免役六色之钱又复征取。

又《续通鉴长编》卷三九七载元祐二年三月辛巳：

> 殿中侍御史孙升言："……伏惟陛下自临御以来……深知免役法困

---

① 《续通鉴长编》卷三六四"元祐元年正月戊戌"条同。
② 《续通鉴长编》卷三六五"元祐元年二月乙丑"条，《宋会要·食货》一三及六五略同。

民,而为害于天下,故自元祐之初,发德音诏四方,复行祖宗百年旧法,罢去出钱免役,尽依熙宁元年以前条贯施行。令下之日,四方民庶莫不鼓舞。然自去年九月中旬以来,复议城郭五等以上出钱;今年正月以后,又使乡村三百贯以上,减半免役。一年之间,诏令凡三易矣。……"

故元祐初年以后,物价仍因役钱的征收而下降。如《续通鉴长编》卷四三五载元祐四年十一月壬申:

> 龙图阁学士知杭州苏轼言:"……雇役之法,自第二等以上人户,岁出役钱至多。行之数年,钱愈重而谷帛愈轻,田宅愈贱。……"

上引各种记载,主要目的是证明募役法中以钱代役的规定使得钱的需要增大,价值提高,从而影响到物价的下降。复次,由于政府之蓄积多量的免役宽剩钱及青苗息钱①,钱在市面上的流通量遂大为减少,同时物价则随之下跌。如《栾城集》卷三七《乞借常平钱置上供及诸州军粮状》云:

> 臣闻自古经制国用之术,以为谷帛民之所生也,故敛而藏之于官;钱币国之所为也,故发而散之于民。其意常以其所有,易其所无,有无相交,而国用足焉。……自熙宁以来,民间出钱免役,又出常平息钱。官库之钱,贯朽而不可较。民间官钱,搜索殆尽。市井所用,多私铸小钱,有无不交,田无蚕妇力作而无所售。常平役钱山积,而无救饥馑。盖自十余年间,积成此弊,于今极矣。朝廷近日虽已减损常平,罢放免役,使民休息;然而积钱于官,无宣泄之道,民无见钱,百物益贱。②

又《续通鉴长编》卷三八四载元祐元年八月丁亥:

> 户部尚书李常建言:"伏见现今常平坊场免役积剩钱共五千余万贯,散在天下州县,贯朽不用,利不及物。窃缘泉货流通,乃有所济。平民业作,常苦币重。方夏蚕毕功,秋稼初敛,丝、帛、米、粟,充满廛市,而坐贾蓄家,巧以贱价取之,曾不足以酬其终岁之勤苦,未免饥寒之患,良可悯也!……今积钱至五千万贯,而坐视农夫红女,贱易谷帛,而未免饥寒,

---

① 又名常平息钱,因为政府是以诸路常平广惠仓钱谷作资本来贷放青苗钱的。
② 《续通鉴长编》卷三七七"元祐元年五月乙丑"条同。

殆非仁术也。……"

其中关于役钱蓄积之影响于物价的下落,记载尤多。吕陶《净德集》卷一《奏乞放免宽剩役钱状》云:

> 自熙宁六年施行役法以来,至今四年,臣本州四县已有宽剩钱四万八千七百余贯,今岁又须科纳一万余贯。以成都一路计之,无虑五六十[①]万。推之天下,现今约有六七百万贯文。宽剩在官,岁岁如此。科出不已,民间何以送纳?况今泉币绝乏,货法不通,商旅农夫,最受其弊。盖是现钱大半入官,市井少有转用。
>
> 贴黄:臣伏见二年以来,川中见钱绝少,物价减半[②]。

又华镇[③]《云溪居士集》卷一八《役法论》云:

> 免役之弊,皆曰:……役用之外,更谋宽剩。百物不用,必收见缗。布帛、米、粟,贱货速售,利失倍蓰。

又《经进东坡文集事略》卷三一《辩试馆职策问札子》云:

> 元祐二年正月十七日,翰林学士朝奉郎知制诰苏轼札子奏:"……免役之害,掊敛民财,十室九空,钱聚于上,而下有钱荒之患。"[④]

又《宋会要·食货》一三及六五载:

> (元祐元年)二月初一日,中书舍人苏轼言:"……臣伏见熙宁中尝行募役法,其法以系官田,如退滩户绝役纳之类,及宽剩钱,买民田,以募役人,大略如边郡弓箭手。……曾未半年,此法复罢。……臣谓此法之行,有五利。……今者谷贱伤农,民卖田常苦不售。若官与卖,田谷皆重,农可少舒,其利三也。钱积于官,常苦币重。若散以买田,则货币稍均,其利四也。……"

又《续通鉴长编》卷三九三载元祐元年十二月戊申:

---

① 原作"千",兹从《宋史·食货志》改正。
② 《宋史》卷一七七《食货志》略同。
③ 元丰二年(1078—1079年)进士。
④ 《续通鉴长编》卷三九四"元祐二年正月庚午"条同。

> 诏诸路元丰七年已前坊场免役剩钱,除三路全留外,诸路许留一半,余召人入便……先是侍御史王岩叟言:"……国家自聚敛之吏倚法以削天下缗钱,出私室而归公府者,盖十分而九。故物日益以轻,钱日益以重,而民日益以困。……缗钱一入于公,而无复通流于外,故……物轻之弊,天下犹共以为病也。今四方之远,又有甚者焉。臣闻福建一路羡余免役钱,见在一百八十余万。夫以区区八州之地,穷陋狭隘,而十余岁间,敛而藏之官者,积数如此。则民之有无,不问可知矣。既民之所有者已空,又官之所藏者不出,而群众相生养之道则必待乎此,则势将何如?……"贴黄称:"臣举福建一路以为言,则诸路所藏,大约可见。如以臣言为可采,伏望诏有司并议之,以救天下钱重物轻之弊。"于是从其言而降此诏。

又同书卷三九四载元祐二年正月辛巳:

> 殿中侍御史孙升言:"……为国者不取民之力,而取民以钱,则货殖百物无以售,而民至于困极也。……钱蓄积于上,则终无所蕃滋。为国者不藏于民,而聚之于府库,此财力所以耗竭,上下所以怨也。……今东南民间所用无完钱,皆乌旧缺边;而乡村所出谷帛,贱无人售;城郭人户比十五年的破家者十七八,皆因纳钱免役之患。此上下所共知,非臣一人之私言也。……"

又同书卷四六二载元祐六年七月辛巳:

> 御史中丞赵君锡言:"……比岁以来,物力凋弊……诸路钱货在官者,大抵数千万贯,率常壅滞不发。……民间钱货无从而得。所以艰难困匮,反甚于前,不足怪也。况谷贱则贵籴……矧当今日钱重物轻之际,行之尤切时宜。……"

此外,关于青苗法之影响于价物的下落,记载尚多。兹引述于下。

郑侠《西塘先生文集》卷六《上王荆公书》云:

> 青苗之法,本以……抑兼并而苏贫乏……及贪暴之吏,急于散而取赏,则……至于收成之际,又不稍缓其期。谷米未及干,促之已急,而贱

粜于市。

又《净德集》卷三《奏乞权罢俵散青苗一年以宽民力状》云：

> 臣伏以青苗之法……及至敛纳……鸡、犬、牛、羊，贱鬻于市。

又《栾城集》卷三八《申三省请罢青苗状》云：

> 小民无知，不计后患，闻官中支散青苗，竞欲请领。……及至纳官，贱卖米粟，浸及田宅，以致破家。①

又《栾城后集》卷一五《民赋叙》云：

> 至于熙宁青苗之法，凡主客户得相保任，而贷其息，岁取十二。出入之际，吏缘为奸。请纳之劳，民费自倍。凡自官而及私者，率取二而得一。自私而入公者，率输十而得五。钱积于上，布帛、米、粟，贱不可售。

又《温国文正公文集》卷五四《乞趁时收籴常平斛斗白札子》云：

> 熙宁之初，执政以旧常平法为不善，更籴本作青苗钱散与人户，令出息二分，置提举官以督之。丰岁则农夫粜谷，十不得四五之价。……钱货愈重，谷直愈轻。②

又《续通鉴长编》云：

> （元祐元年五月）乙酉，监察御史上官均言："……自行（青苗）法以来，钱币日寡，民用日困。……及其敛也，迫于期会，必至贱卖谷帛，而苟免刑责。……"（卷三七八）

> （六月）乙卯，监察御史上官均言："……无知之民，恃青苗之散，诱一时之利，往往侈用妄费，不图难偿之后患。迫而敛之，贱卖谷帛，破产失业者，固非一二。前日之弊是也。……"（卷三八一）

综括上述，可知自熙宁年间王荆公的募役、青苗等新法实行后，钱在各地市场上的流通量便日见减少，以致影响到物价的下落。

---

① 《续通鉴长编》卷三八四"元祐元年八月庚寅"条同。
② 《续通鉴长编》卷三八四"元祐元年八月丁亥"条同。

2. 货币的紧缩

本来自熙宁初年王荆公新法实行后,当日的流通界即已呈现货币紧缩的状态。关于此点,上面已经说过。这种因募役、青苗等新法而生的货币紧缩,当加上其他因素的影响的时候,情形更为严重。现在要讨论的货币紧缩,是就新法以外其他因素所引起的情形说的。

当时的货币紧缩,有一个专门名词来表示,叫作"钱荒"。据当日人的意见,钱荒情形之所以发生,主要原因为:(1)钱币的流出国外;(2)钱币的销毁作器。当日有好多外国商品输入中国,故钱币有大量的流出;同时,人们如果利用钱币中所含的铜作原料来制造工业品,可以赚到巨额的利润,故钱多被销毁作器。如《乐全集》卷二六《论钱禁铜法事》云:

> 国朝故事,诸监所铸钱悉入于王府,岁出其奇羡,给之三司,方流布于天下。然自太祖平江南,江、池、饶、建置炉鼓铸,岁至百万缗。积百年之所入,宜乎贯朽于中藏,充足于民间矣。乃自比年以来,公私上下,并苦乏钱,百货不通,万商束手。……钱既难得,谷帛益贱。人情窘迫,谓之钱荒。府库例皆空虚,人户又无居积。不知岁所铸钱,今将安在?此事实系安危之体,宜明利害之原。夫铸钱禁铜之法旧矣,累朝所行,令敕具载。钱出中国界及一贯文,罪处死。……而自熙宁七年颁行新敕,删去旧条,削除钱禁。以此边关重车而出,海舶饱载而回。闻缘边州军钱出外界,但每贯量收税钱而已……今自广南、福建、两浙、山东,恣其所往,所在官司公为隐庇,诸系禁物私行买卖,莫不载钱而去。钱本中国宝货,今乃与四夷共用。又自废罢铜禁,民间销毁,无复可辨,销镕十钱,得精铜一两,造作器物,获利五倍。如此,则逐州置炉,每炉增课。是犹畎浍之益,而供尾闾之泄也。大为之防,民犹逾焉。若又废之,将何惮矣?盖自弛禁,数年之内,中国之钱日以耗散。更积岁月,外则尽入四夷,内则恣为销毁,坏法乱纪,伤财害民,其极不可胜言矣。①

又同书卷二六《论率钱募役事》云:

---

① 《续通鉴长编》卷二六九"熙宁八年十月壬辰"条同,《宋史》卷一八〇《食货志》节录此文。

> 天下谓之钱荒……而又弛边关之禁,开卖铜之法。外则泄于四夷,内则恣行销毁。鼓铸有限,坏散无节。钱不可得,谷帛益贱。①

又《忠肃集》卷五《乞复钱禁疏》云:

> 天下诸路监冶所铸,入于王府,岁亡忧数十百万缗。自国朝以来,积而至此,其数几何?谓宜公私沛然有余裕矣。然今都内之藏,既不闻于贯朽,而民间乏匮时,或谓之钱荒,此何谓也?其故大者,在泄于四夷而已。……而又至于销毁法钱。……然则既泄之,又坏之,欲钱之充溢不可校,如古之盛,理宜无有也。

沈括则更加上第三个原因,即人民于不信任盐钞之后,改藏多量的钱,无形中降低了钱的流通速度。《续通鉴长编》卷二八三"熙宁十年六月"条说:

> 上(宋神宗)尝问公私钱币皆虚,钱之所以耗者安在?(沈)括对曰:"……铜禁既开,销钱以为器者,利至于十倍。则钱之在者,几何其不必器也。臣以谓铜不禁,钱且尽,不独耗而已。异日富家备寇攘水火之败,惟畜盐钞,而以藏镪为不利;钞之在民者以万计。今钞法数易,民不坚信;不得已而售钞者,朝得则夕贸之。故钞不留,而钱益不出。臣以谓钞法不可不坚,使民不疑于钞,则钞可以为币,而钱不待益而自轻矣。……钱利于流借。十室之邑,有钱十万,而聚于一人之家,虽百岁,故十万也。贸而迁之,使人飨十万之利,遍于十室,则利百万矣。迁而不已,钱不可胜计。……四夷皆仰中国之铜币,岁阑出塞外者不赀。议者欲榷河北之盐,盐重则外盐日至,而中国之钱日北。京师百官之饔饩,他日取羊牛于私市者,惟以百货易之;近岁以疥疾干没之为蠹,一切募民之饩,牵于京师。虽革刍牧之劳,而牛羊之来于外国,皆私易以中国之实钱。如此之比,泄中国之钱于北者,岁不知其几何。……"

由于上述的原因,神宗、哲宗时代各地遂发生钱荒的现象。关于各地钱荒的情形,除分见于上引各文外,《乐全集》卷二六《论讨岭南利害九事》亦云:

---

① 《续通鉴长编》卷二七七"熙宁九年秋"条同。

东南六路……农民困于输钱,工商窘于射利,谓之钱荒,人情日急。

其中尤以两浙的钱荒为最厉害。郑獬《郧溪集》卷一二《乞罢两浙路增和买状》①云:

两浙累年以来,大乏泉货,民间为之钱荒。

又《续通鉴长编》卷四三五载元祐四年十一月甲午:

(苏)轼又言:"……浙中自来号称钱荒,今者尤甚。百姓持银、绢、丝、绵入市,莫有顾者。质库人户,往往昼闭。……"

复次,关于江南、荆湖各地钱荒的情形,《栾城集》卷三七《论发运司以糶籴米代诸路上供状》云:

江、湖诸路自来皆系出米地分,而难得见钱。旧日官岁籴米,钱散于民,故农不大伤,无钱荒之弊。今发运司以所籴米代供,而责钱于诸路,诸路米无所售,而敛钱以偿发运司,则钱日益荒,而农民最病。此东南之大患也。

关于岭南的钱荒状况,费衮《梁溪漫志》卷四云:

其(苏轼)在惠州也②……坡以为岭南钱荒,乞令人户纳钱与米,并从其便。

总之,除募役及青苗等新法的实行外,由于钱币的流出国外、销毁作器及大量收藏,钱在市场上的流通量遂告锐减,形成货币紧缩的现象。根据货币数量学说,这当然要影响到物价的下落。

3. 物品供给的增加

神宗熙宁年间以后物价下落的第三个原因是物品供给的增加。关于此点,可分两项来说:

第一是耕地面积的增加。如《宋会要·食货》七〇载政和三年(1113年):

九月二十八日,京西路计度转运使王璹言:"本路唐、邓、襄、汝等州,

---

① 内言上于知杭州时,知作于熙宁年间。参考《宋史》卷三二一本传。
② 苏轼于哲宗绍圣年间(1094—1098年)知惠州。见《宋史》卷三三八本传。

治平以前，地多山林，人少耕殖。自熙宁中，四方之民辐辏，开垦环数千里，并为良田。……"

好些土地既然被开垦成良田，物品的生产额自要大为增加。

第二是农产的丰收。在神宗、哲宗两代，各地农业的生产，好些年都是丰收，歉收的次数甚少；因此，物品便因供给的增大而价格下降。如《宋会要·食货》三九云：

（熙宁十年）十一月下五日，三司言："陕西以今岁秋田倍丰，物斛至贱。……"

（元丰五年）七月二十四日，河东转运司言："岁事甚丰，粮草价贱。……"①

（绍兴四年）九月四日，三省言："闻怀卫州今岁丰稔，米谷价贱……"②

又《续通鉴长编》云：

（熙宁四年十二月）辛酉，上批："河北便籴司减军粮数至多。当此丰年物贱之际，实为可惜。……"（卷二二八）

（六年十二月）戊寅，新权发遣淮南西路提点刑狱陈枢言："熙宁五年，苏、湖大稔，米价视淮南才十之五。……"（卷二四八）

（九年十月）戊子，陕西转运使皮公弼言："本路今岁极丰，而常平多积钱。愿借百万缗，乘贱计置。……"（卷二七八）

（元丰元年九月）丙戌，环庆路计议措置边防徐禧言："陕西路至并边，丰稔异常，物价至贱。……"（卷二九二）

（二年十月）辛丑，权发遣司农寺都丞吴雍言："淮、浙连岁丰稔，谷贱。……"（卷三〇〇）

（三年八月乙卯）司农寺言："近差主簿韩宗良往淮、浙起发粮斛。缘逐路今岁秋熟，物价甚贱。……"（卷三〇七）

（五年六月）乙亥，发运司奏："夏麦大稔……"上批："……趁麦价贱，

---

① 《续通鉴长编》卷三三七"元丰五年七月丁卯"条同。
② 《续通鉴长编》卷四九一"绍圣四年九月甲寅"条同。

沿河收籴充用。……"(卷三二七)

(六年八月)丁亥,权河北缘边安抚司李谅言:"今岁沿边秋稼倍稔,宜乘此价贱,广储蓄实边。……"诏措置河北籴便司:"如比去岁籴价贱三分之一,即于缘边以时广籴。"(卷三三八)

(元祐二年六月壬辰)户部言:"淮南、河北、京东、京西府界,今岁夏麦丰熟,谷价甚贱。……"(卷四〇二)

(四年六月癸亥)御史中丞傅尧俞言:"臣伏见今岁诸路蚕麦并熟处甚多,其价随而过贱。……"(卷四二九)

又吕南公①《灌园集》卷四《山中即事寄上知县宣德》云:

> 一钱重丘山,斗粟轻粪土。昔闻丰年乐,今识丰年苦。东家米粒白如银,西家稻束大如鼓,再三入市又负归,殷勤减价无售主。……但愿令尹住三年,钱重物轻犹可过。

又同书卷一《初酿》云:

> 岁稔谷价卑,家家有新酿。

又《净德集》卷三《奏为缴连先知彭州日三次论奏榷买川茶不便并条述今来利害事状》②云:

> 幸而屡岁丰熟,粮食顿贱,可以度日。

又同书卷一〇《与十弟书》云:

> 岁稔物贱,不觉食贫。

又范祖禹《范太史集》卷一五《论常平札子》③云:

> 臣愚欲乞速降指挥:诸路提刑司,乘今秋丰稔谷贱之时,尽以所有之钱增价收籴,使不至于甚贱伤农。

又同书卷同《再论常平札子》云:

---

① 熙宁元祐间人。见《灌园集》卷首《提要》。
② 作者吕陶于熙宁十年知彭州。见本文。
③ 《续通鉴长编》卷四三〇系于"元祐四年七月丙申"条。

> 臣访闻诸路，今秋可望大熟。民间不唯速欲得钱，必至甚贱。又小民不为远虑，一熟则轻贱五谷，粒米狼戾。

总之，神宗及哲宗时代物品的供给，由于耕地面积的扩大和连年农产的丰收，要比前代增加得多。当日市场上物品的供给既然增加，物价自然要下跌。

(三) 物价下落的情况

由于上述募役、青苗等新法实行后钱币价值的增大、货币的紧缩以及物品供给的增加，熙宁初年以后物价的变动，遂一反西夏战争以来物价上涨的趋势，而向下跌落。

关于当日物价下落的情形，让我们先看看米价的变动。在江、淮一带，熙宁八年苏州米价为每斗五十文。《续通鉴长编》卷二六七载熙宁八年八月戊午，吕惠卿说：

> ……苏州，臣等皆有田，在彼一贯钱典得一亩，岁收米四五斗。然常有拖缺。如两岁一收，上田得米三斗。斗五十文，不过百五十文。

在同一时间，江、淮有些地方的米价，因为失收，曾上涨至八十文上下一斗。同书同卷载熙宁八年八月丙申：

> 诏："闻淮南、江东、两浙路灾伤州军，米价踊贵。其令发运司勘会斗钱八十以上处，留上供米，毋过百万石；诚市价于民，斗毋过八十。"

其后，到了元丰二年，黄州的米只卖二十文一斗。《经进东坡文集事略》卷四五《答秦太虚书》云：

> (黄州)外县斗米二十，有水路可致。……鱼蟹不论钱。[1]

及元祐元年，各地米价仍只卖二十至五十文一斗。《温国文正公文集》卷四九《乞罢免役钱依旧差役札子》云：

> 平时一斗直钱者不过直四五十，更急则直三二十矣。[2]

---

[1] 苏轼于元丰二年被贬为黄州团练副使。见陈均编《皇朝编年纲目备要》卷二〇。
[2] 《续通鉴长编》卷三六五"元祐元年二月乙丑"条，《宋会要·食货》一三及六五同。

及元祐四年,浙江一带水旱失收,曾贵至八九十文一斗。《续通鉴长编》卷四五一"元丰五年十一月"条说:

> 先是浙西钤辖苏轼言:"……去年浙西数郡,先水后旱……去岁杭州米价每斗至八九十。……"

又同书卷四三五载元祐四年十一月甲午:

> (苏)轼又言:"浙西七州军冬春积水,不种早稻。及五六月水退,方插晚秧,又遭干旱,早晚俱损,高下共伤。民之艰食,无甚今岁。见今米斗九十足钱。小民方冬,已有饥者。……"

再后一年,苏、杭米价每斗卖钱六十文至一百文。《续通鉴长编》卷四五一说:

> (元祐五年)九月戊辰,(苏)轼又言:"本司勘会八九月间,杭州在市米价每斗六十文足。至十一月,长至九十五文足。其势方踊贵间,因朝旨宽减转运司上供额斛三分之一,即时米价减落。……今来在市米,见今已是七十五文足。……"
>
> 戊寅,轼又言:"……苏、湖、常、秀,大段灾伤。……见今访闻苏州在市米价已是九十五文足。……"
>
> 十月壬子,轼又言:"见今浙西诸郡,米价虽贵,然不过七十文足。……"
>
> 是月壬子,轼又言:"……见今苏、湖、杭、秀等州米价日长。杭州……每斗不下六十七至七十足钱。……"
>
> (十一月)先是浙西钤辖苏轼言:"……至五六月间,浙西数郡大雨不止,太湖泛溢,所在害稼。六月初间,米价复长。七月间,斗及百钱足陌。……"

及元祐六年,在江、淮间米价最高的地方,米一斗卖钱七十文至七十七文。《续通鉴长编》卷四五六载元祐六年三月乙酉:

> 龙图阁学士前知杭州苏轼言:"……淮南、宿、亳等州灾伤,米价高处七十七文。江东米价高处七十文。……"

可见当日江、淮一带的米价,虽在失收的时候,也以每斗卖钱百文以下的时候为多；至于低廉时节，每斗更只卖钱二三十文。复次，当日四川的米价，也有下降的趋势。在熙宁年间，每斗卖钱一百多文。《净德集》卷一《奏乞放免宽剩役钱状》①云：

> 臣伏见二年以来，川中见钱绝少，物价减半。……米每石一贯二三百文。

又赵抃《赵清献公集》卷一《奏状乞减省益州路民间科买》云：

> 近岁米贱，每一斗只直大钱二百至一百三四十文以下。

及元祐年间，更低跌到六七十文或七八十文一斗。《净德集》卷四《奉使回奏十事状》②云：

> 蜀中比年米谷极贱……米一石直七八百文……

又《忠肃集》卷五《乞体量成都漕司折科税米奏》（元祐年间）云：

> 臣风闻成都路……民间米每斗六七十文……

再次，在汴京方面，熙宁年间每斗米价也多半在一百文以内，超过一百文的时候甚少。郑侠《西塘先生文集》卷一《开仓粜米》云：

> 自（熙宁六年）三月初十日以来，闻知市易司抵当米往支。十一日以后，闻米价日有增长，自八十五文一斗，增至二十五日，米一斗一百五文。准三月二十七日敕，京城差官，于诸寺舍粜米，当时米价顿减。至三月三十日，在市米价斗七十五文。

又《续通鉴长编》卷二五一载熙宁七年三月甲子：

> 时米价斗钱百五十，已诏司农寺以常平米三十二万斛，三司米百九十万斛，平其价至斗百钱，至是又减十钱，并至官场出粜。民甚便之。③

又同书卷二六五引《吕惠卿日录》云：

---

① 原注：熙宁十年二月十日。
② 作于元祐年间。见《宋史》卷三四六《吕陶传》。
③ 《太平治迹统类》卷一二略同。

> （熙宁）八年九月十六日,进呈罢运米令市易俵放文字。余曰:"元初只见在京八十价籴了米,司农寺以一百价赊籴了米。……"

此外,当日河北及陕西的米价也相当平稳,每斗多半卖钱一百文以下。如《忠献韩魏王家传》卷八云:

> 至是（熙宁三年）秋……公慨然上疏曰:"……兼去岁河朔丰熟,常平仓所籴白米,每斗不过七十五文至八十五文省以来,自前年分,少有似此价贱之时。……"①

又《宋史》卷一七六《食货志》云:

> （熙宁）三年,判大名府韩琦言:"……去岁河朔丰稔,米斗不过七八十钱。……"

这和西夏战事爆发后每斗卖钱七百甚至一千的河北米价比较起来,当然是便宜得多了。其次,陕西的米价也曾贵至一百文一斗。《温国文正公文集》卷四三《乞不添屯军马》云:

> 况去年（熙宁三年）陕西经夏大旱,入秋霖雨,五谷例皆不熟。……即今每斗白米价钱一百文足……

但在平时则以七十余文一斗的时候为多,同书卷四四《奏为乞不将米折青苗状》云:

> （陕西）向去夏秋五谷,有丰有俭,其谷麦之价,固难豫定。今将陈色白米,每斗细作见钱七十五文。

其次,当日的麦价也很低廉。在元丰年间京西（今河南西部一带）的麦只卖三十文一斗。《续通鉴长编》卷三四八载元丰七年八月戊辰:

> 御史蹇序辰言:"闻京西麦斗钱不过三十……"

至于陕西,则"小麦每斗四十文足"②。

---

① 《宋会要·食货》四略同。
② 《温国文正公文集》卷四四《奏为乞不将米折青苗状》。

复次,我们要说到当日银、绢的价格。在四川,银一两,绢一匹,都卖钱一千五百文左右。吕陶《净德集》卷一《奏乞放免宽剩役钱状》云:

> 臣伏见二年以来,川中见钱绝少。物价减半。银每两,绢每匹,各只值一贯四五百文。

其中关于银价,同书同卷《奏具置场买茶旋行出卖远方不便事状》云:

> 臣窃职蜀州熙宁八年银每两……市价一贯六百文;九年银每两……市价一贯四百文。

关于绢价,同书卷四《奉使回奏十事状》云:

> 蜀中比年……绢一匹乃为钱千四五百。

又《忠肃集》卷五《乞体量成都漕司折科税米奏》云:

> 臣风闻成都……绢价每匹一贯七八百文。

这与庆历年间每匹三千文以上的四川绢价相比,实在便宜得多。至于两浙的绢,每匹约卖钱一千文至一千二三百文。郑獬《郧溪集》卷一二《乞罢两浙路增和买状》①云:

> 今民间输绢一匹,费钱一贯二三百文足。

又《续通鉴长编》卷四三二载元祐四年八月乙丑:

> 知杭州苏轼言:"……续据右司理院勘到:颜章、颜益招为本家有和买绸绢三十七匹。章等为见递年例,只是将轻疏糊药绸绢纳官。今年本州为网运估剥数多,以此指挥,要纳好绢。章等既请和买官钱,每匹一贯,不合将低价收买昌化县疏糊药短绢纳官。……"

由此可知当日银、绢的价格都比庆历年间便宜得多。

最后,当日土地的价格也和其他物价那样,有下落的趋势。《净德集》卷二《奏乞相度逐界坊场放免欠钱状》云:

---

① 郑氏于熙宁年间知杭州时所上。参考《宋史》卷三二一本传。

北宋物价的变动

> 承买场务之家，抵产物业，元价高大。为近年物轻币重，田宅既减价，今虽拘收在官，出场之际，必不依得元估。官司仍于欠人身上，理纳余钱，极为骚扰。谓如抵产一处，元估一千贯，今只直七百贯，即更令纳三百贯之类。①

至于实在的价格，在熙宁年间苏州一带的田地，大约一贯钱可以典得一亩。②

(四) 物价下落的影响

这里我们要讨论一下：当神宗及哲宗时代物价低落的时候，国民生计要受到什么影响？

在当日物价低落的情形下，一般消费者都很喜欢；因为他们用很少的货币便可买到许多物品，在日常生活上是最舒适不过的。如上引《净德集》卷三《奏为缴连先知彭州日三次论奏榷买川茶不便并条述今来利害事状》云：

> 幸而屡岁丰熟，粮食顿贱，可以度日。

又《灌园集》卷一《初酿》云：

> 岁稔谷价卑，家家有新酿。

物价便宜到家家都有酒喝，一般消费者自然是非常高兴的。

可是，在生产者方面，物价下落的影响却非常之坏。如上引《乐全集》卷二六《论讨岭南利害九事》云：

> 东南六路……农民困于输钱，工商窘于射利，谓之钱荒，人情日急。

又黄裳③《演山集》卷四六《钱重物轻》云：

> 钱重而物轻，在粟帛也伤农，在器械也伤工。……惟工与农，独受其弊焉。……下贻工农之戚戚。

可见在当日物价低落的情形下，无论是工商业者还是农民，都要因为利润降低

---

① 《续通鉴长编》卷三九四"元祐二年正月辛酉"条同。
② 见前引《续通鉴长编》卷二六七熙宁八年八月戊午吕惠卿语。
③ 元丰五年进士。

而收入大减,甚至要亏本。而在当日人的文字中,关于农民因物价低落而受苦的记载尤多,兹抄录如下。上引《西塘先生文集》卷六《上王荆公书》云:

> 至于收成之际……贱粜于市。而囊之利十,今不售其五六。质钱于坊郭,则不典而解。其甚者至于无衣褐而典解。

又《云溪居士集》卷一八《役法论》云:

> 布、帛、米、粟,贱货速售,利失倍蓰。

又《灌园集》卷四《山中即事寄上知县宣德》云:

> 一钱重丘山,斗粟轻粪土。昔闻丰年乐,今识丰年苦。东家米粒白如银,西家稻束大如鼓,再三入市又负归,殷勤减价无售主。刀机纵在屠伯瘦,杯勺长闲垆妇去。了无蹊径近甘肥,只有呻吟厌寒暑。相传城邑尚牢落,村野萧然安足数。鄙夫自分为儒生,坎壈薄佑来蚕耕。言章自昔枉用力,债簿几许能除名?连旬暴露颜面黑,弥月菜茹肠肚青。原田常恐不遇岁,及此遇矣尚何成?昨日邻翁咨种播,相与竹下团团坐,共嗟衰暮值艰难,未觉丰登胜饥饿。……

又《文献通考》卷一四载元祐八年:

> 兵部尚书苏轼上言:"……臣顷在黄州,亲见累岁谷熟,农夫连车载米入市,不了盐酪之费。所蓄之家,日夜祷祠,愿逢饥荒。……"

又《续通鉴长编》卷三八四载元祐元年八月丁亥:

> 户部尚书李常建言:"……农夫红女,贱易谷帛,而未免饥寒。……"

此外,上引各文中常有谷贱伤农的记载,兹从略。

五、北宋末年物价的上涨

(一) 物价上涨的原因

神宗熙宁初年,新法实行后物价下降的趋势,到了哲宗晚年(即元符年间,1098—1100 年)渐渐终止;到了徽、钦两宗时代,物价遂改为上涨。这时物价之所以上涨,主要原因有两个,即货币的贬值与物品供给的不足。兹分述如下。

1. 货币的贬值

北宋末年,政府因为要补救经费开支的不足,采取货币贬值政策。最先是在陕西一带发行铁钱,其后则在各地发行当十钱及夹锡钱。关于这三种钱币发行的经过及其对于物价的影响,兹分别叙述于下。

当熙宁、元丰年间,在陕西各地市场上,铁钱与铜钱一样流通,二者的价值也没有多大差别。到了元祐年间,政府在陕西多铸铁钱,结果铜钱日少、铁钱日多,从而铁钱的价值日渐低落。兹将元祐年间以后每千铜钱换得的铁钱数量,列表如下:

年　　　月	每千铜钱换得的铁钱数量
元祐三年(1088—1089年)	1 020文
元祐六年(1091—1092年)	1 200文
绍圣元年(1094—1095年)	1 250文
绍圣四年(1097—1098年)	1 400文
元符二年(1099年)二月至七月	1 600文①

当日铁钱的价值既日渐低落,以铁钱表示出来的物价遂相反上涨。《续通鉴长编》卷五一二"元符二年七月癸卯"条说:

> (吕)惠卿言:"……自元祐、绍圣以来,铁钱日益轻,故米价日长。……"

> 尚书省札子:"勘会陕西路每岁所铸铁钱贯数不少。近岁以来,铜钱太重,铁钱太轻。……窃虑岁久,转更钱轻物重。须议指挥,令诸路经略安抚司,限半月密切具利害合如何措置,可以称提铁钱稍重,物价稍轻。……"

到了徽宗崇宁二年(1103年)二月,由于左仆射蔡京的提议,政府令陕西

---

① 以上均据《续通鉴长编》卷五一二"元符二年七月癸卯"条。

铸当十钱,以一文当小钱十文,行使于陕西、四川及河东以外的其他地方。其后,不独陕西,江、淮、荆、浙、汴京、徐州、卫州、韶州、梧州及福建等地,也普遍铸造当十钱。① 这种钱虽然在市场上等于十文钱行用,它的成色却很低,只有三文小钱那么重。《通鉴长编纪事本末》卷一三六说:

> (崇宁)四年四月癸酉,尚书省言:"崇宁监铸御书当十钱,每贯重一十四斤十两,用铜九斤七两二钱,铅四斤一十一两六钱,锡一斤九两二钱。除火耗一斤五两,每钱重三钱,十钱重三两。"

又朱彧《萍州可谈》卷二云:

> 崇宁初,行当十大钱,秤重三小钱。

因此,当日政府铸造的当十钱,因面值与实值的差额而得的利润,在两倍以上。《通鉴长编纪事本末》卷一三六云:

> (崇宁二年)十二月癸卯,初令江、池、饶、建、舒、睦、衡、鄂州八钱监依陕西样铸当十钱。江、淮、荆、浙等二路发运司言:"……目今诸州军官库见管当二大钱甚多。乞将当二大钱改铸当十大钱,四文可得三文,约四十万贯实计三百万贯。……"从之。

> (三年)四月丙寅,户部言:"舒、衡、睦、鄂、韶、梧州六监,岁铸小钱共额一百五十三万。……今欲并行改铸当十钱。除一切费用外,可得见钱四百八十万五千余贯,以助本部经费。仍自崇宁四年为始。"诏从所乞。

这种因铸钱而得的超额的利润,对于人们是一个很大的诱惑;故政府鼓铸不久,私人便大规模地私铸起来。结果,一方面因为钱币数量的激增,其他方面因为钱币成色的低下,钱值便一天比一天下跌,物价则一天比一天上涨。《通鉴长编·纪事本末》卷一三六云:

> (崇宁四年)十一月丙辰,尚书省言:"私铸当十钱,利重,不可禁。深虑民间物重钱滥……"

> (五年春)监察御史沈畸言:"……谁为当十之议?不知事有召祸,法

---

① 杨仲良《通鉴长编纪事本末》一三六,《文献通考》,卷九。

有起奸。游手之民,一朝鼓铸,无故有数倍之息,何惮而不为?虽日斩之,其势不可遏也。往往鼓铸不独闾巷细民,而多出于富民士大夫之家。曾未期岁,而东南之小钱尽矣。钱轻故物重,物重则贫下之民愈困。……"十月丁丑,诏:"访闻当十钱私钱甚多,盖是官司禁戢不谨,公然容纵,物价暴长,细民不易。……"

(政和元年)五月丁卯,降札子:"累据臣僚上言钱法之弊,内一项:其当十钱,官铸例重三钱,私铸来皆锲薄沙镴。既作当十钱行使,即有虚钱,几及两倍。遂致物价高,奸民冒禁。公私受弊,首尾十年。……"

戊辰,手诏:"……比者建议之臣,不深计利病,轻于变法。① 行之数年,钱益轻;物益重,公私受害,不可胜言。……"

又《宋史》卷一八〇《食货志》云:

政和元年,诏:"钱重则物轻,钱轻则物重,其势然也。……往岁图利之臣,鼓铸当十钱,苟济目前,不究悠久,公私为害。用之几十年,其法日弊而不胜。奸猾之民规利,冒法销毁当二小平钱,所在盗铸。滥钱益多,百物增价。……"

又周行己②《浮沚集》卷一《上皇帝书》云:

臣窃计自行当十以来,国之铸者一,民之铸者十;钱之利一倍,物之贯两倍。是国家操一分之柄,失十分之利;以一倍之利,当两倍之物。……是以比岁以来,物价愈重,而国用愈屈。……夫盗铸当十,得两倍之利。利之所在,法不能禁也。自行法以来,官铸几何,私铸几何矣。官铸虽罢,私铸不已也。私铸不已,则物价益贵,刑禁益烦。

又朱翌《猗觉寮杂记》卷下云:

崇宁铸当十钱……自此盗铸遍天下,不可禁。物价踊贵。

与当十钱同时发行的,还有夹锡钱。这也是蔡京执政时开始铸造的。最

---

① 按即指铸当十钱而言。
② 元祐六年进士。

初造于陕西,其后广、惠、康、贺、衡、鄂、舒等州也相继铸造。其成色远不如过去的铜钱那么好①,但在市场上行使的时候,夹锡钱一文却等于铜钱二文使用。② 因此,实值与面值既然相差太远,夹锡钱的价值自要下跌。看见夹锡钱被人拒用或低折行使,政府遂以法律惩治。如《宋史》卷一八〇《食货志》云:

> 夹锡钱既复通行,钱轻不与铜等,而法必欲其重,乃严擅易抬减之令。凡以金、银、丝、帛等物贸易,有弗受夹锡,须要铜钱者,听人告论,以法惩治。市井细民朝夕鬻饼饵熟食以自给者,或不免于告罚。
>
> 知阌乡县论九龄俄坐以铜钱一估夹锡钱七八,并知州王寀,转运副使张深俱被劾。

可是,单靠法律来维持成色低下的钱币的价值,实在没有多大的效果;故夹锡钱的价值还是下跌,物价则上涨。《宋史》卷一八〇《食货志》云:

> 时(政和元年)关中钱甚轻,夹锡欲以重之,其实与铁钱等。物价日增,患甚于当十。

又《宋会要·职官》四三载政和六年:

> 四月二十六日,诏:"推行夹锡钱,本以惠四方。行之累年,制作不精,加杂错易坏,公私病之。遂使恶钱流布,钱轻物重,不胜其弊。……"

又《浮沚集》卷一《上皇帝书》云:

> 又况夹锡未有一分之利,而物已三倍之贵。是以比岁以来,物价愈重,而国用愈屈。

其后东南各地的夹锡钱都运往陕西,结果陕西钱值更轻,物价更贵。李纲《梁溪全集》卷一四四《御戎论》云:

> 自东南夹锡钱罢不行,悉运于陕西,物价翔踊,而钱益轻,凡二十而当一。……不为之制,则物重钱轻,其弊无穷。

---

① 每缗用铜8斤、黑锡4斤、白锡2斤。
② 以上据《通鉴长编纪事本末》卷一三六,《宋史》卷一八〇《食货志》。

由此可知,北宋末年货币贬值政策的具体表现为铁钱、当十钱及夹锡钱的发行。这三种钱币开始发行的时间和流通的地点,虽然并不相同,但对物价上涨的影响,则完全一样;因为它们的实值与面值都相差很远,而私铸的数量也很多。

2. 物品供给的不足

北宋末年物价上涨的第二个原因,是物品供给的不足。当日物品供给之所以不足,主要原因是农产的失收。当时全国各地农产的收成都不是很好,故价格很贵。如《续通鉴长编》卷五一八载元符二年十一月辛未:

> 泾原路经略使章楶既应诏发遣兵将赴熙河,即具奏曰:"……今来自关以西,以至沿边鄜延、环庆、泾原、秦凤路,连值夏秋不熟,斛斗不收,价比旧日三四倍高贵。……"

这是西北的情形。又《宋会要·食货》五九云:

> (崇宁二年)十月十四日,诏:"两湖、杭、越、温、婺等州秋田不收……致人户渐至逃移,贼盗滋多,物价增长①,细民不易。……"②
> (大观三年)九月六日,诏:"东南路比闻例有灾伤,斛斗踊贵。……"

这是东南的情形。又《宋会要·食货》一七云:

> (宣和)七年正月二日,诏:"在京小民日用之物,多自外贩。比缘外方荒歉流移,物来稍小,其价甚贵,细民艰食。……"

这是中原的情形。至于当日促使物价上涨的农产失收之所以发生,有由于水灾的。如《宋会要·食货》五九云:

> (政和六年)十一月三日,诏:"两浙州军秋水害田,物价翔踊。……"
> 同日(八年七月二十九日),镇江府言:"自六月以来,霖雨连绵,浑没民田,米价踊贵。……"
> (宣和六年)八月十九日,诏:"两浙路州县违法闭籴,邀阻客人,米价翔

---

① 《宋会要·食货》七〇作"倍"。
② 同书《食货》七〇略同。

又同书《食货》五七云：

> 宣和元年二月十八日，尚书左丞范致虚言："……窃以灾伤路分广远，自江、淮、荆、湖、两川，各被水患，物价腾踊。……"
>
> （六年）十月二十七日，诏："浙西诸郡夏秋水灾，谷贵艰食，民户流移。……"

又方勺《泊宅编》卷七云：

> 政和六年，江、浙大水，秋籴贵，饿莩盈路。

又李新《跨鳌集》卷一九《上皇帝万言书》云：

> 元符三年五月十一日，兴元府南郑县丞李新谨昧死百拜，上书皇帝陛下。……顷者河北水灾，啮地千里。……自雍以西，米斗千钱。而京东西物价翔涌。

又同书卷二〇《再上家提举手书》云：

> 自去岁霖雨，虽薄害稼，而上户所入，仍蹈故常，场圃未举，而谷价已小涌矣。

又同书卷二八《谢雨文》云：

> 去岁淫雨，而秋亡所敛，故自春徂夏，物价轩涌，迨今不少低。

复次，有由于旱灾的。如孙觌《鸿庆居士文集》卷四二《霍公（端友）行状》云：

> （大观）三年，除大司成，兼实录修撰，迁礼部侍郎。……公……又言："伏读明诏，以荆湖、江、淮、闽、浙七路人罹旱灾，谷价翔踊，诏州县发仓廪振贫乏，甚大惠也。……"

又李朴《丰清敏公遗事》云：

> 改守越。① 适岁蝗，谷价腾踊。民病食。公发廪振之。

---

① 事在徽宗时。参考《宋史》卷三二一《丰稷传》。

此外，又有由于兵灾的。如晁说之《昆山文集》卷一《元符三年应诏封事》云：

> 关中兵不解甲，今又七八年矣。饥馑相仍，米斗千钱不可得。

又范纯仁《范侍郎公遗文》①议进筑非便（建中靖国元年五月）云：

> 窃惟两路（河东、陕西）凋残，困于进筑。……大兵之后，洊有凶年。虽去岁夏秋，两经丰穰，而物价未甚减小。

除农产失收外，当钦宗靖康元年，汴京为金兵围攻的时候，因为对外交通断绝，物品供给更为不足，从而物价更为昂贵。如徐梦莘《三朝北盟会编》卷三〇载靖康元年正月：

> 十八日甲申，大风雪。时围闭旬日，城中食物贵倍平时。

又《宋会要·食货》一七及《职官》二七云：

> 钦宗靖康元年四月十四日，诏："都城物价未平，来者尚少。……"

（二）物价上涨的情况

由于上述货币的贬值和物品供给的不足，北宋末年物价便向上高涨。人们之所以反对蔡京的政治设施，当日物价的上涨是其中一个主要原因。《三朝北盟会编》卷五〇"靖康元年七月二十一日"条说：

> 陈朝老书曰："……以蔡京之所为，求其所欲，其为害岂特一方与当年，盖将遍四方之广，覃万世之远而未艾也。厥今天下何如哉？
> ……钱与物俱重，而无术以平之。其他害国蠹民，误上罔君，未可以指数。……"

而汴京物价的昂贵，大约也是在蔡京执政的时候开始的。《萍洲可谈》卷一云：

> 兴国贾公自京师归，余问物价贵贱。贾曰："百物踊贵，只一味士大夫贱。"盖指奔竞者。尝闻蔡元长因阁门下见客簿，有一朝士每日皆第一

---

① 见《范忠宣公集》。

名到。如此累月,元长异之。召与语,可听,遂荐用至大官。

在北宋末年一般物价上涨声中,粮价的上涨更是普遍于各地。如《宋会要·食货》二〇云:

> 宣和七年二月七日,尚书省言:"……诸路……米麦近来价高……"

其中关于江南米价的昂贵,《宋会要·食货》五七亦云:

> (大观)三年八月十七日,诏:"常、润州米价踊贵,可量发常平斛斗赈济人民。"

关于四川米价的上涨,《宋会要·食货》五七及五九云:

> (宣和)五年正月四日,臣僚言:"闻蜀……比年……米直渐增。……"

关于岭南米价的腾贵,苏轼《东坡志林》卷一云:

> 元符二年,儋耳米贵,吾方有绝粮之忧。

至于各地米价上涨的实在情形,兹就一时所能考见的,分述如下:

(1) 淮南——在宣和年间,每斗米约卖钱二百五十文至三百文。《宋会要·食货》四载:

> (宣和四年)六月二十三日,权货务奏:"伏见……内外米斛价例比旧增添数倍……熙、丰以前,每硕米价不过六七百……今来价每硕二贯五至三贯……并据提举淮南等路盐事朱百药等状……比年以来,柴米价贵……"

现在把北宋初年以来江、淮一带的米价列表于下,并绘图,以示北宋江、淮米价变动的大概情形①:

时　　间	每斗米价(文)	地　　点
景德四年(1008年)十二月	20	淮、蔡
大中祥符元年(1008年)七月	30	襄、许、荆南、夔、归、峡
同年九月	7~8	诸路(自然包括江、淮在内)

---

① 表中米价所根据的文献,已分见于本文各章节,兹从略。

续表

时　　间	每斗米价(文)	地　　点
天圣四年(1026年)五月	70～100	荆、湖、江、淮
庆历三年(1043年)九月	60～77	江、浙
皇祐二年(1050—1051年)	120	浙
皇祐四年(1052年)十一月	50～230	东南
熙宁八年(1075年)八月	50～80	苏州50,江、淮、浙80
元丰二年(1079—1080年)	20	黄州
元祐元年(1086—1087年)	20～50	各地
元祐四年(1089—1090年)	80～90	杭州
元祐五年(1090—1091年)	66～100	苏、杭
元祐六年(1091—1092年)	70～77	江、淮
宣和四年(1022—1023年)	250～300	淮

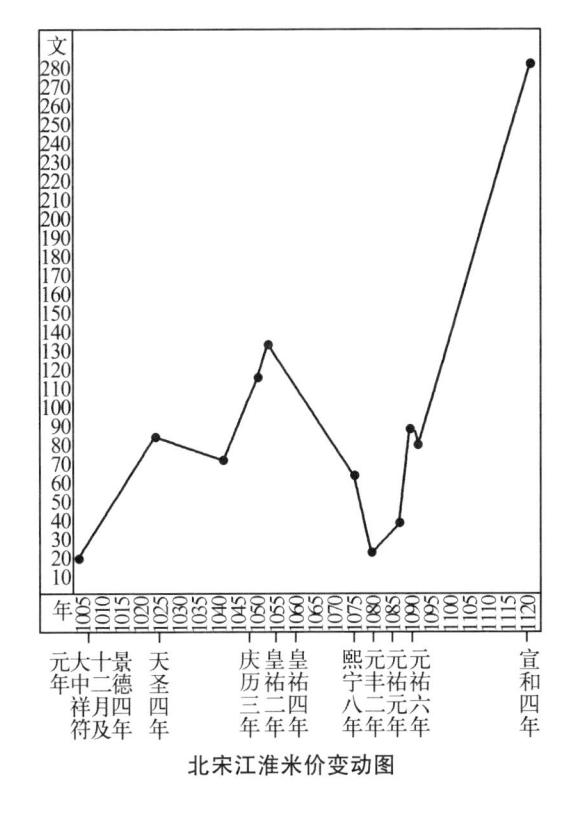

北宋江淮米价变动图

（2）西北——在哲宗元符二年左右，陕西渭州及延安府等地的米价为每斗数百文。《续通鉴长编》卷五一二"元符二年七月癸卯"条说：

> 今且以渭州言之。昔日米麦每斗不过百钱，今日每斗三百文以上。新边城寨收籴，有至五六百文者。
>
> 见今延安府官籴米价五百二十文足，市新米七百八十文足，陈米七百二十文足。

其后每斗更贵至一千文或一千文以上。上引《跨鳌集》卷一九《上皇帝万言书》曾说："自雍以西，米斗千钱。"《嵩山文集》卷一《元符三年应诏封事》曾说关中"米斗千钱不可得"。又《范侍郎公遗文议进筑非便》说：

> 如鄜延路新城堡砦，今（建中靖国元年）春籴买米，犹有至一贯四百文省。则一方艰食，可以概见。

又《续通鉴长编拾补》卷二三"崇宁三年四月辛酉"条引赵挺之《手记》云：

> 然当时（崇宁初）运粮入中，不计价值之贵。鄜廊米斗不下三四贯足。

（3）汴京——当靖康年间，金兵围攻汴京及汴京陷落的时候，当地与外面交通断绝，米价飞涨，有时卖一千二百文一斗。《三朝北盟会编》卷七六"靖康二年正月十八日"条说：

> 自帝蒙尘以来，雪雨不止，物价日翔。米斗一千二百。

有时卖二千文一斗。陈东《靖炎两朝闻见录》卷上云：

> 先自城陷日，物直踊贵。上（钦宗）出城又甚。小民饿死道路，动以千计。米斗二千。

有时卖二千四百文一斗。《三朝北盟会编》卷九九云：

> 秘书少监赵旸与姚太守书曰："……然都城已破，敝城中冻饿死者不可计。米麦至二十四贯一斛。……"

有时更贵到三千文一斗。同书卷九六云：

> 吴兴沈良《靖康遗录》曰："……自城破后，物价大贵。米升三百……"

又辛弃疾《南烬纪闻录》载：

>（靖康元年十二月）十九日，京师雪深数尺，米斗三千。

（4）京东——在宣和年间，京东（今河南东部及山东一带）的米价卖至一千文一斗。陈东《陈修撰集》卷一《登闻检院上钦宗书》（宣和七年十二月二十七日）云：

>去岁京东①盗起，斗米千钱。民兵缺食，中外忧之。

（5）河北——在徽宗初即位时，米每斗约卖三四百文。《宋会要·食货》五九载元符三年：

>十二月三日（时徽宗已即位），臣寮言："河北滨□等数州，昨经河决，连亘千里，为之一空……是以至今米斛不下三四百钱。……"

除米价外，当日麦、粟的价格也很昂贵。如《通鉴长编纪事本末》卷一四三载宣和五年二月丙戌：

>（赵）良嗣曰："承平时，年（斗字之误）粟不过百钱。今兵火凋残之余，盖十倍矣。……"

这是粟价上涨的情形。至于麦价，在大观、政和间，河南一带约卖百多文一斗。《宋会要·食货》七〇云：

>同日（政和元年三月二十九日），户部奏："京西路……数年以来，物价滋长。……大观以来，小麦孟州温县实直为钱一千二百……颖川汝阴县为钱一百一十二……"

及靖康年间，金国兵临城下时，麦价更贵，有时卖一千文一斗②，有时更上涨至二千四百文一斗。③

随着粮价的增贵，用米粮制造的酒也因成本的提高而价格上涨。《宋会要·食货》四九载：

---

① 原作"东京"，兹从《续通鉴长编拾补》卷五一"宣和七年十二月甲子"条所引陈东书改正。
② 《三朝北盟会编》卷七六"靖康二年正月十八日"条。
③ 上引《三朝北盟会编》卷九九。

> (政和三年)二月十七日,淮南转运司奏:"近来本路米斛价高,糯米尤甚,全少利息。窃见提举学事司于酒价上增添钱收充学费,乞比附于见今酒价上,每升更添二文。……"从之。

此外,其他食料的价高,在靖康年间的汴京,腾贵得更为厉害。如《三朝北盟会编》云:

> 自帝蒙尘以来,雪雨不止,物价日翔。……驴肉一斤一千五百,羊肉一斤四千,猪肉一斤三千。(卷七六)

> 吴兴沈良《靖康遗录》曰:"……自城破后,物价大贵。……猪肉一斤六贯,羊肉一斤八贯,牛马肉至二万,亦无得者。……"(卷九六)

> 秘书少监赵旸与姚太守书曰:"……都城……肉一斤两贯三百,菜数茎三四百文。……"(卷九九)

复次,当日服用品的价格也上涨。如《宋会要·食货》三八云:

> (大观)二年三月四日,上批:"……方今绢价倍高……"

至于实在的绢价,我们只知道崇宁二年常州的绢每匹为一千文多点。《宋会要·食货》二六云:

> (绍兴)八年二月二十八日,尚书省送到知常州无锡县李德邻札子,"窃见本县每岁起发夏税绸绢一万五千四百八匹,除诸乡税产户下合纳绸绢一寸以上,并税户盐钱折纳,并催本色,计一万一千五百一匹外,有三千九百七匹,系崇宁二年本州均敷下本县认纳。盖当时县令不谨其始,却将下户募脚盐钱每二百二十文折纳绢九尺。……"①

无为军则每匹卖一千四五百文。《续通鉴长编拾补》卷一八"建中靖国元年八月壬子"条引《九朝编年备要》云:

> 且以无为军言之,民间买绢一匹,须用一贯四五百文足。

此外,北宋末年金银的价格也上涨。在徽宗时代,银的产量渐渐减少。

---

① 按当日四十二尺为一匹。以此推算,知一匹绢卖钱一〇二七文左右。

《宋会要·食货》六四云：

> （建炎）四年正月二十九日，诏：……户部侍郎叶份言："福建路……宝瑞场……自崇、观以来，坑井渐降，银价又高。……"

但人们对金银的需要日渐增加。《燕翼贻谋录》卷二云：

> 祖宗立国之初，崇尚俭素，金银为服用者鲜……金银之价甚贱。……况承平日久，侈费益甚，沿袭至于宣、政之间乎？是宜价日增而未已也。

故金银便因求过于供而价格上涨。及钦宗靖康年间，金人围汴，大规模地搜索金银，金银价格更为昂贵。这时金每两约卖钱二万文至三万五千文；银则卖一千五百文至二千五百文。《三朝北盟会编》卷三二载靖康元年正月二十七日：

> 圣旨："朝廷近为大金围攻京国，方讲议和，须犒金银币帛数目，金银最为紧急。……可自今月二十七日为始，应京城畜金之家所有之数，或以埋藏，或以寄附，并限两日尽数赴元丰库、大观库、左藏库、榷货市易务、都茶场送纳。金每两价钱二十贯，银每两一贯五百文。先次出给凭由公据，候事定支还。……"

又同书卷八三"靖康二年二月二十四日"条云：

> 《遗史》曰："……开封府……又以官钱高价收买，置十数场。金每两三十五贯，银每两五①贯五百文。……"

又《靖炎两朝闻见录》卷上载靖康元年十二月：

> 十九日，督金银甚紧。……又诏许纳金银人计直给还茶盐钞，金每两准三十千，银每两准两贯三百文。②

又同书卷上云：

---

① 疑是"二"字之误。参考下引各文。
② 《靖康纪闻》略同。

是日(靖康二年二月二十一日)督责金银尤峻。……官司犹惧其未能多集,乃于四壁置场数十处,堆垛官钱以收买。金每两三十五贯,银每两二千五百。多有赴场卖者。……官司收所买金银,日不下千万两,并节次解赴军中。①

又丁特起《靖康纪闻》载靖康二年正月十三日榜云:

金每两三十五千,银每两二千五百省……官为收买。

最后,我们还要提及的,是当日房租、运费及工资变动的情形。这时一般物价既然上涨,房租、运费及工资等自然要跟着上涨。关于此点,我们虽然没有得到详细记载的材料,但其上涨的趋势可在下引两段文字中得到证明。《宋会要·刑法》二载大观元年:

八月十二日,诏:"在京有房廊屋业之家,近来多以翻修为名,增添房钱,往往过倍。日来尤甚。使编户细民,难以出办。……"

又《续通鉴长编》卷五一二"元符二年七月癸卯"条说:

(吕)惠卿言:"……铸钱铁、炭、人工、粮食增贵……刍粟百物既贵,故官中和顾脚乘人工之直,比旧亦皆数倍。……今铁钱脚乘贵,虽铸得钱般运至边上,不足偿脚乘之费。……"

由此可知,在北宋末年一般物价上涨声中,食料、服用品及金银的价格都莫不上涨,而房租、运费及工资等也随着昂贵起来。固然,各种物价上涨的程度,由于地点及物品种类的不同,差别很大;但它们都要比以前昂贵,是我们可以断言的。

(三) 物价上涨的影响

现在我们要进而探讨北宋末年物价上涨的影响。

当日的生产者,尤其是售卖货物的商人,在这个物价上涨的时候,利润最大,正好乘机大发其财。如《续通鉴长编拾补》卷二三"崇宁三年四月辛酉"条

---

① 《靖康纪闻》略同。

引赵挺之《手记》云：

> 然当时入中，不计价值之贵。……富商大室，坐收百倍之利。

又同书卷二五载：

> （崇宁四年十一月）癸亥，诏付王仲千："陕西……物重钱轻，遂致富商坐邀厚利。刍粟踊贵，职此之由。……"

又同书卷五一载宣和七年十二月甲子：

> 太学生陈东等伏阙上书，乞诛蔡京、王黼、童贯、梁师成、李邦彦、朱勔六贼曰："……李邦彦据有西城所钱物。去岁京东盗起，米斗千钱，兵民阙食，中外忧之。彦乃发钱数千万往淮、浙买米，运至京东，以规厚利。……"

可是，在这个物价上涨的时候，受苦的人却远较上述得利的人为多。首先，当日靠固定收入为生的人，如公务员与军人等，因为薪俸所得的钱币数量并没有随物价的上涨而按比例增加，好多日用必需品都买不起，生活非常之苦。如《梁溪全集》卷一四四《御戎论》云：

> ……陕西，物价翔踊，而钱益轻，凡二十而当一。官兵之俸，其数如是。月得俸一千者，才可以为铜钱之数五十。欲其衣食足而勇于公斗，不可得也。

又《续通鉴长编》卷五一二载元符二年七月癸卯：

> （吕）惠卿言："……今一贯只当五百文用……官员军人所得俸入亦然，则是无罪而月常夺半俸。禄重者固不足言，使臣选人，无以自给，岂无怨咨。此钱轻之害七也。……"

又同书卷五一六载元符二年闰九月戊子：

> 吕惠卿言："……穷边物贵地寒，戍兵已截襟抽絮以自给。"

又《宋会要·职官》五八载：

> （靖康元年）七月十五日，诏："近降指挥，外任官职田权借一年。颇闻

> 三路物重钱轻,妻孥不得温饱,难以养廉,河北、河东、陕西路可并免借。"

复次,当日一般消费者,由于钱币购买力的降低,好多商品无法买来享用,生活程度要大大降低,有时甚至要忍饥挨饿。《续通鉴长编》卷五一八载元符二年十一月辛未:

> 章楶……奏曰:"……今来自关以西……斛斗不收,价比旧日三四倍高贵。人民饥饿,不免流移,渐有遗弃儿女,道路之间,往往有之。……"

又《宋史》卷一八〇《食货志》说:

> 政和元年,钱轻物重,细民艰食。

又《泊宅编》卷七说:

> 政和六年,江、浙大水,秋籴贵,饿莩盈路。

又《宋会要·食货》五七及五九说:

> 宣和元年二月十八日,尚书左丞范致虚言:"……江、淮、荆、湖、两川……物价腾踊,方春正多饥殍……"
>
> (六年)十月二十七日,诏:"浙西诸郡……谷贵艰食,民户流移。……"

又《三朝北盟会编》卷三〇载靖康元年正月:

> 十八日甲申……(汴京)城中食物贵倍平时。穷民无所得食,冻饿死者相藉。

又《南烬纪闻录》载靖康元年十二月:

> 十九日,京师……米斗三千。贫民饥饿,布满街港,死者盈路。

此外,当日政府因税收而得的钱币,在物价上涨的时候,其购买力远较以前为低;因此,政府税收所得的钱币数量虽然仍旧一样,其真正的收入实要锐减。如《续通鉴长编》卷五一二载元符二年七月癸卯:

> (吕)惠卿言:"……茶、盐、酒税之类,每岁所得钱有定额。今一贯只当五百文用,则见税额暗亏其半。此钱轻之害六也。……"

总之，当北宋末年物价上涨的时候，从事物品买卖的商人固然有利；但靠固定收入为生的公务员与军人、一般消费者，以及政府本身，蒙受到不少的弊害。

六、结　论

总括上述，我们可知北宋160多年物价的变动，可分为四个时期：

第一个时期是宋初的60多年，即太祖、太宗及真宗时代。这时由于物品供过于求，及货币紧缩，物价非常低廉。当日物价最低的纪录载于《宋史·真宗纪》，内说大中祥符元年诸路米价便宜到七八文钱一斗；又《宋会要·食货》五七也说，淳化年间岭南的米只卖四五文钱一斗。

第二个时期约相当于仁、英二宗时代，一共40多年。这时物价之所以一反过去下降的趋势而上涨，主要原因是西夏战争的爆发。仁宗康定、庆历年间，由于西夏赵元昊大举寇边，陕西前线的耕地直接受到战争的破坏，大后方的国内各地则因民众多去农为兵，物品的生产量亦告大减。在另一方面，因为战争本来就是对于物资的大消耗，物品的需要却大大增加。因此，当日各地市场上的物品有求过于供的现象。复次，自战事爆发后，政府战费开支很大；为补救收支的不平衡，政府遂实行货币贬值政策，即大规模铸造大铜钱、大铁钱及小铁钱，利用这些钱币面值与实值的差别来从中取利。可是，这种因铸钱而得的超额的利润，却无形中引诱人们从事私铸。这样一来，一方面由于物品的求过于供；另一方面由于钱币的贬值与增多，当日物价遂上涨。根据当时人的记载，可知当日米粮、绢、银及军需品的价格都很昂贵。至于腾贵得最厉害的物品，当推河北沿边的米，在庆历年间曾贵到一千文钱一斗。

第三个时期相当于神、哲二宗时代，共30多年。这时各地的物价，和西夏战事爆发以来上涨的情形完全不同，其变动的趋势为下降。当日物价之所以下降，主要原因为王荆公募役、青苗等新法的实行。这两种新法都开始实行于熙宁二年。前者规定政府不复要人民直接提供徭役，而改征钱币来代替。后者规定政府在每年青黄不接的时候贷款于民，而由人民于夏秋收成时归还本利，利息为二分。这两种改革在当日社会上都是很激剧的变动。因为在当日占人口绝大多数的农民，只有农产品，没有钱，如今他们都要以农产品换钱来缴纳给政府,结果农产品充斥市上,因供过于求而价格大跌。同样,当农产收成的时候,曾向政府借青苗钱的民众,都须急于以农产品换钱来归还本利,这当然也要影响到农产品价格的下落。复次,就钱币流通数量上说,因为政府的府库中蓄积着多量的免役宽剩钱及青苗息钱,钱在市场上的流通量自要大减,从而物价遂跟着下降。此外,当日因钱流出国外、销毁作器及被人蓄藏而发生的钱荒现象,以及因耕地垦辟和农产丰收而发生的物品过剩现象,也是神、哲二宗时代物价下落的因素。

第四个时期为北宋末叶徽、钦二宗时代,共20多年。这时物价又一反王荆公新法实行以来下降的趋势,而上涨。当日政府因为要筹措经费,实行货币贬值的政策,即先后大量铸造实值远赶不上面值的铁钱、当十钱及夹锡钱。政府因铸这些钱而得的巨额利润,很容易引起人们的贪婪,结果私铸的钱便激增起来。因此,钱币便因实值远不及面值与数量的增加而价值下跌,从而影响到物价的上涨。复次,当日因水旱之灾而发生的农产失收,以及汴京被金人围攻时对外交通的断绝,也足以令到物价昂贵。至于物价上涨的情形,除西北边境因供求关系及钱币增多而特别上涨外,靖康年间金人兵临城下时的汴京,由于与外地交通的隔绝,物价更贵得惊人。

以上都是北宋物价变动的情形及其原因。复次,每次变动对于人民生活的影响,我们也可以看见一二。在宋初及王荆公新法实行后两个物价下落的时期中,消费者自然是最高兴不过的,因为他们可以只花很少的钱币便买到多量的物品。同样,靠固定收入为生的人,生活也过得很舒服,不至于要忍饥挨饿。可是,在另一方面,我们却常常听见工商业者的诉苦和谷贱伤农的怨声。至于在西夏战事爆发后及北宋末年两个物价上涨的时期内,一般生产者,尤其是出售货物的商人,自然乘机大发其财。可是,大多数的消费者和靠固定收入为生的公务员与军人,因为手中持有的钱币的购买力大减,好些物品买不起,生活非常清苦,有时甚至有冻馁之虞。

民国二十九年(1940年)十月初稿,三十一年(1942年)五月重写

北宋汴梁的输出入贸易

一、概　　说

(一) 唐五代汴梁商业的发展

要探讨北宋汴梁的商业情况,首先须明了它的过去。故现在先把唐五代汴梁商业的发展情况略述一下。

汴梁,即今河南的开封,在唐代名叫汴州。及五代,除后唐仍名为汴州外,成为梁、晋、汉、周的都城。北宋亦在那里建都,名叫汴京,又名东京,或曰东都。

汴梁较早的商业情况,因为文书记载有缺,不太清楚。现在所知道的,自从隋炀帝开运河——汴河是其中的一段——以来,汴梁因为位在汴河的旁边,而又接近黄河,交通非常便利,从而商业也就发展起来。《旧唐书》卷一九〇《齐浣传》说汴梁的水陆交通情况云:

> 河南,汴为雄郡。自江、淮达于河、洛,舟车辐辏。

又同书卷一三一《李勉传》云:

> 汴州水陆所凑,邑居庞杂,号为难理。

其中关于水路交通,《旧唐书》卷一〇五《韦坚传》亦说:

> 坚预于东京、汴、宋取小斛底船三二百只,置于(广运)潭侧。

在汴梁可一次提出几近百只的船来应用,其水路交通的便利可知。至于陆路交通,《通典》卷七亦说:

> (两京)东至宋、汴,西至岐州,夹路列店肆待客,酒馔丰溢。每店皆有驴赁客乘,倏忽数十里,谓之驿驴。

又《河东记》(引自《图书集成·艺术典》八〇八)亦记载汴州西的店肆对于陆行客旅招待得周到云：

> 唐汴州西有板桥店。店娃三娘子者，不知从何来。寡居三十余，无男女，亦无亲属。有舍数间，以鬻粲为业。而甚富家赀，多有驴畜。往来公私车乘有不逮者，辄贱其估以济之。人皆谓之有道。故远近行旅多归之。元和中，许州客赵季和将诣东都，过是宿焉。……

因为唐代汴梁的水陆交通是这么便利，商业自然也发展起来。这由寄生在商人身上的流氓的出现，可以想见。《太平广记》卷二六三引《朝野佥载》云：

> 唐李宏，汴州浚仪人也。凶悖无赖，狠戾不仁。每高鞍壮马，巡坊历店。吓庸调租船纲典，动盈数百贯。强贷商人巨万，竟无一还。商旅惊波，行纲侧胆。任正理为汴州刺史，上十余日，遣手力捉来，责情决六十。杖下而死。工商客生，酬饮相欢。远近闻之，莫不称快。

在这许多商人中，以经营茶业的为多。《全唐诗》载王建《寄汴州令狐相公》云：

> 水门向晚茶商斗，桥市通宵酒客行。

此外又有海商。同书载王建《汴路即事》云：

> 草市迎江货，津桥税海商。

又王谠《唐语林》卷一云：

> 崔枢应进士，客居汴半岁，与海贾同止。其人得疾既笃，谓崔曰："荷君见顾，不以外夷见忽。今疾势不起，番人重土殡，脱殁，君能终之乎？"崔许之曰："某有一珠，价万缗。得之能蹈火赴火，实至宝也。敢以奉君。"崔受之曰："吾一进士，巡州邑以自给，奈何忽蓄异宝？"伺无人，置于枢中，瘗于阡陌。

由此可见唐代汴梁的茶及海外贸易都是相当发达的。

到了五代，除后唐外，汴梁是当时的都城。因为是政治中心，从外边流入了不少的人口——至少多了一大批"中央"政府的公务员，对于消费的商品的

北宋汴梁的输出入贸易

需要从而加大,商业便愈加发展。那时朱温对待商人,感情相当好。《旧五代史》卷一三三《高季兴传》云:

> 高季兴……幼隶于汴之贾人李七郎。梁祖以李七郎为子,赐姓,名友让。梁祖尝见季兴于仆隶中,其耳面稍异,命友让养之为子。

他的干部军队是由富商豪家子弟组织成功的。同书卷六四《王晏球传》云:

> 梁祖之镇汴也,选富家子有材力者置之帐下,号曰"厅子都"。(原注"《清异录》:宣武厅子都尤勇悍。其弩张一大机,则十二小机皆发。用连珠大箭,无远不及。晋人极畏此。")

又《新五代史》卷二五《周德威传》云:

> "神威""龙骧""拱宸"等军,皆梁精兵。人马铠甲,饰以组绣金银,其光耀日。晋军望之,色动。(周)德威勉其众曰:"此汴、宋佣贩儿,徒饰其外耳,其中不足惧也。其一甲之直数十千,得之适足为吾资。无徒望而爱之,当勉以往取也。"[①]

由此可知当日的汴梁政府是很奖励商业的。那时汴梁与洛阳间的贸易,相当旺盛。《宋史》卷二七七《许骧传》云:

> 许骧,字允升。世家蓟州。祖信,父唐,世以财雄边郡。后唐之季,唐知契丹将扰边……遂潜赍百金而南。未几,晋祖革命,果以燕、蓟赂契丹。唐归路遂绝。当拥商赀于汴、洛间,见进士缀行而出,窃叹曰:"生子当令如此!"因不复行商,卜居睢阳,娶李氏女。……

汴梁的官吏竞开邸店(邸店的意义,见下文)以取利。《旧五代史》卷九〇《赵在礼传》云:

> 在礼历十余镇(汴梁是其中之一),善治生殖货,积财巨万。两京及所莅藩镇,皆邸店罗列。

又《新五代史》卷四五《袁象先传》云:

[①] 参看《食货半月刊》第一卷第十期陶希圣先生《五代的都市与商业》。

象先平生所积财产数十万,邸店数千间。

关于汴梁的输入商品,现在所能考见的,有从回鹘来的玉与马以及从淮南来的茶。《五代会要》卷二八云:

先是晋、汉已来,回鹘每至京师,禁民勿私市易。其所有宝货,皆中卖入官。私下市易者罪之。至是,(周)太祖命除去旧法。每回鹘来者,私下交易,官中更不禁诘。由是玉之价值十损七八。(《旧五代史》卷一三八《回鹘传》有相似的记载)

显德二年,(回鹘)又遣使朝贡,献玉并硇砂等物,皆不纳。所入马,量给价钱。(同上)

又《旧五代史》卷一〇七《史宏肇传》云:

宏肇都辖禁军,警卫都邑,专行刑杀,略无顾避。……军司孔目吏解晖性狡而酷。凡有推劾,随意锻炼。人有抵军禁者,被其苦楚,无不自诬以求死所。都人遇之,莫敢仰视。……有燕人何福殷者,以商贩为业。尝以十四万市得玉枕,遣家僮及商人李进卖于淮南,易茗而回。家僮无行,隐福殷货财数十万。福殷责其偿。不伏,遂杖之。未几,家僮诣宏肇上变,言:"契丹主之入汴也,赵延寿遗福殷赍玉枕阴遗淮南,以致诚意。"宏肇即日遣捕福殷等系之。解晖希旨,榜掠备至。福殷自诬。连罪者数辈。并弃市。妻女为宏肇帐下分取之,其家财籍没。(又见于《册府元龟》卷四八八)

至于汴梁的输出商品,有玉枕、书籍、铜镜等。汴梁之输出玉枕,已见上引《旧五代史·史宏肇传》。至于书籍之输出,《爱日斋丛钞》(撰人佚)卷一云:

《通鉴》:"后唐长兴三年二月辛未,初令国子监校定九经,雕印卖之。"……又云:"唐明宗之世,宰相冯道、李愚请令判国子监田敏校定九经,刻板印卖。朝廷从之。后周广顺三年六月丁巳,板成,献之。"由是虽乱世,九经传布甚广。

按后唐都洛,其后晋、汉、周复都于汴。九经的雕印,既然是由"中央"政府的官吏——判国子监——直接主理,那么,雕印的地点也一定随政治中心之转移而转移,即初时雕印于洛,其后完成于汴了。所以这里说的"九经传布甚广",当然是从汴梁贩运出去的。又《旧五代史》卷一四六《食货志》说汴梁官铸铜镜行销至各地云:

> 晋天福二年,诏禁一切铜器。其铜镜今后官铸造,于东京置场货卖。许人收买,于诸处兴贩去。

又《五代会要》卷二七云:

> 显德二年九月一日敕:"……其铜镜令官中铸造,于东京置场货卖。许人收买,于诸处兴贩。……"

由此可知五代汴梁的输入贸易,以原料(如玉)、饮食料(如茶)及军用品(如马)为主;至于输出贸易,则以工业品(如玉枕、书籍、铜镜)为主。

五代汴梁的商业,虽因成为政治中心而比较发达,但仍然要受很大的限制。首先,地方不安全,时有兵乱,商业往往受其影响。如张舜民《书墁录》云:

> 自唐末五代,每至传禅,部下分别剽劫,莫能禁止,谓之靖市。虽至王公,不免剽劫。太祖陈桥之变,即与众誓约,不得惊动都人。入城之日,市不改肆。灵长之祐,良以此乎!

汴梁不独朝代交替时有兵乱,就是平时也有。《旧五代史》卷三八《明宗纪》载天成二年十月:

> 辛丑诏曰:"……应汴州城内百姓,既经惊劫,宜放二年屋税。……"

这里所说的"惊劫",同书卷七四《朱守殷传》有较详细的记载:

> 天成初,授河南尹,判六军诸卫事。加侍中,移汴州节度使。车驾将巡幸,外议喧然,初以为平吴,又云制置东诸侯。守殷乃生云梦之疑,遂杀都校马彦超、副使宋敬。守殷驱市人闭壁以叛。明宗途次京水,闻之,亲统禁军,倍程直抵其垒。长围夹攻,缒城甚众。守殷力屈,尽杀其族,引颈左右尽其命。王师入城,索其党,尽诛之。

复次,那时汴梁政府的政治力量所能达到的地方,非常有限。汴梁对于原料和饮食料的取给,及它本身出产的工业品的行销,只能限于这一些地方。在此以外,汴梁政府不能直接控制的地方,那就只好听从当地军事领袖的自由支配,而望洋兴叹了。割据湖南的马殷,一方面垄断当地出产的茶的输出,他方面统制外来商品的输入,使商业利润全归于己,是一个最明显的例子。《旧五代史》卷一三三《马殷传》云:

> 总制二十余州,自署官吏,征赋不供,民间采茶,并抑而买之。又自铸铅铁钱。凡天下商贾所赍宝货入其境者,只以土产铅铁博易之,无余。遂致一方富盛,穷极奢侈。贡奉朝廷,不过茶数万斤而已。于中原卖茶之利,岁百万计。

又《新五代史》卷二六《李严传》云:

> 蜀法严禁以奇货出剑门;其非奇物而出者,名曰"入草物"。(剑门是由四川至汴梁经由的地方。)

可见四川比较精致而贵重的产物,即所谓"奇货"或"奇物",根本就没有出现于汴梁市场的希望。所以同书卷六一说当时:

> 山川亦绝,风气不通。

又欧阳修《居士集》卷六《京师初食车螯》说当时汴梁因与各地不通,各地的精美食品不能输入汴梁,故饮食甚坏云:

> 五代昔乖隔,九州如剖瓜。东南限淮海,邈不通夷华,于时北州人,饮食陋莫加。鸡豚为异味,贵贱无等差。

按欧阳修是《新五代史》的作者,他这几句话当然是有史实作根据的。

汴梁商业这种黯淡的情景,到五代末周世宗时却露出一线曙光。周世宗出征各地,在军事上节节胜利,为后来北宋的统一奠定了巩固的基础。《新五代史》卷一二《周本纪》说:

> 世宗区区五六年间,取秦、陇、平淮右,复三关。威武之声,震慑夷夏。

其中尤以政治力量影响到淮南,对于汴梁商业的前途有莫大的关系。淮南是汴河出长江的交通要道。如果这地通行无阻,江、淮等大生产地便可借汴河而与汴梁连接起来。这对于汴梁的经济发展非常有利。朱温，如上述，是注重商业的人，自然也看到此点——固然，唐代取江、淮之粟以供两京的漕运，也是他所注意的——所以他好几次要把军事势力伸张到淮南去。可是，不幸得很，每次战争的结果，胜利都属于割据淮南的杨行密（见《旧五代史梁太祖纪》及卷一三四《杨行密传》）。所以五代汴梁的商业大受影响。及周世宗攻下淮南，情势才急转直下。再加以他伸张势力于其他各地，汴梁所消费的原料和饮食料的生产地，及所生产的工业品的销场，遂增加了许多。这样一来，汴梁的商业遂有空前的发展。这由当时发生的两件事实，可以证明：

第一，是汴梁外城的建筑。《五代会要》卷二六说：

> 显德二年诏曰："惟王建国，实曰京师。度地居民，固有前则。东京华夷辐辏，水陆会通。时向隆平，日增繁盛。而都城因旧，制度未恢。诸卫军营，或多窄狭。百司公署，无处兴修。加以坊市之中，邸店有限。工商外至，络绎无穷。僦赁之资，增添不定。贫乏之户，供办实多。而又屋宇交连，街衢湫隘，入夏有暑湿之苦，居常多烟火之忧。将便公私，须广都邑。宜令所司于京城四面，别筑罗城。……"
>
> 三年正月，发畿内及滑、曹、郑之丁夫十余万，筑新罗城。乃使曹州节度使韩通都部署夫役。

关于新筑外城的名称及大小，《宋会要·方域》一云：

> 新城周回四十八里二百三十三步。……国朝以来，号曰国城，亦曰外城，又曰罗城。

按同书云："旧城周回二十里一百五十五步。"可见新筑外城比旧城大了许多。这只要一看《事林广记》所载《宋东京外城图》[①]，便可明白。汴梁在这时之所以要建筑这么大的外城，一方面固然由于政治的关系，另一方面也是起于经济的原因。上引显德二年诏中说："诸卫军营，或多窄狭。百司公署，无处兴

---

① 原书未见。日本人加藤繁先生在《宋代の都市发达に就いこ》（载《桑原博士还历记念东洋史论丛》）一文之前，载有此图。

修。"这是说,因为周世宗时已具统一的规模,汴梁成为一个比较大的帝国的政治中心,政治组织扩大,办公的房屋增多,所以原有的地方不够用。同时,因为政治组织扩大,公务员大增,所以旧城的住宅不够用,需要向外扩张。此外,因为从外边流入了无数的工商业者,他们工作或贸易的地方("坊市之中,邸店有限。工商外至,络绎无穷"),及居住的房屋,都成问题,所以有建筑外城的必要。二者之中,经济的原因尤可注意。因为商人外至太多,原有的地方容纳不下,旧来的市镇或堡垒因而向外扩张,在中古的欧洲也是常有的事(Henri Pirenne, *Medieval Cities*, Chap. Ⅵ),如 Marseilles 城的周围,在 11 世纪初年,曾经扩大过(p.147)。又如 Ghent' Bruges, St. Omer 及其他好些地方,在 12 世纪初年,因为商人越来越多,原有地方不够,只好扩充地盘,建设新教区给他们居住(p.153)。因此,汴梁之建筑外城,其经济的原因最可注意;至于它之所以还有政治的原因,这是因为汴梁除了是商业都市外,同时又是政治中心。

第二,由于官吏之建造大规模的堆栈,也可看出当时汴梁商业的繁荣。释文莹《玉壶清话》卷三云:

> 周世宗显德中,遣周景大浚汴口,又自郑州导郭西濠达中牟。景心知汴口既浚,舟楫无壅,将有淮、浙巨商贸粮斛,贾万货临汴。无委泊之地。讽世宗乞令许京城民环汴栽榆柳,起台榭,以为都会之壮。世宗许之。景率先应诏,踞汴流中要,起巨楼十二间。方运斤,世宗辇辂过,因问之。知景所造,颇喜,赐酒犒其工;不悟其规利也。景后邀巨货于楼,山积波委。岁入数万计。今据尚存。

王辟之《渑水燕谈录》(《知不足斋丛书》本)卷九(《稗海》本作卷一〇)亦说:

> 周显德中,许京城民居起楼阁。大将军周景威先于宋门内临汴水建楼十三间。世宗嘉之,以手诏奖谕。景威虽奉诏,实所以规利也。今所谓"十三间楼子"者是也。景威子莹,国初为枢密使。

按《宋史》卷二六八《周莹传》说莹之父名景。而这里说"景威子莹"。所以这里说的"周景威"实即是《玉壶清话》中的"周景"。

北宋汴梁的输出入贸易

周世宗以后，便是北宋。周世宗统一全国所未竟的功业，到了北宋，太祖、太宗便把它完成起来。如山西（北汉）、四川（后蜀）及长江以南各地，都是到北宋才直接隶属汴梁政府的（见《宋史》卷一至五《太祖纪》、《太宗纪》及卷四七八至四八三各《世家》）。这样一来，汴梁能够与之自由通商的地方便增加了许多。这时，汴梁不独与国内各地贸易，而且因为汴梁政府能直接控制的东南海滨有好几个对外贸易港，如广州、泉州、明州等，遂因这些港口的媒介，而与海外各地贸易。所以汴梁的商业，到了我们正要研究的北宋时期，可以说是达到黄金时代。

（二）汴梁的消费与生产

一座城市的输入贸易的内容及数量，与该城市的消费很有关系。同样，它的输出入贸易的内容及数量，与它的生产也很有关系。所以在探究北宋汴梁的输出入贸易以前，要把它的消费与生产先行考察一下。

欲知某城市的消费情形，须先明了该城市的消费者——人口。北宋汴梁究竟一共有多少人口，是一个不易解答的问题。《宋史》卷八五《地理志》云：

> 开封府，崇宁户二十六万一千一百一十七，口四十四万二千九百四十。……县十六。

汴梁是开封的府城，再加上十六县，才有四十多万的人口。这似乎是太少。一户还不到两个人，这是不可思议的一回事。这想是单就税丁而言，税丁以外的人没有包括在内。又晏殊《元献遗文补编》卷三《丁巳上元灯夕》提及汴梁的人口云：

> 百万人家户不扃，管弦灯烛沸重城。

这是作诗时极言其多的一种概括的数目。又丁特起《靖康纪闻》云：

> （三月）十二日，金使移文索金、银、表段又峻。……先是金人索在京户口数目，开封府报以七百万户。军中询李若水，亦以此对。金人无厌之欲，见京城户口之众，至是乃令将坊巷人户等第敷配。意欲于七百万

>户中,尽行敷配,所得不可胜计也。开封府奉行,莫敢论辨。乃以见在人户,随高下配之,欲敷原数。……

这么大的一个数目,太没有相信的价值了。工业革命后,世界最大的都市也不过几百万人口,还没有用近代机械作生产工具的北宋汴梁,哪里会有七百万户那么多?

不过,汴梁的人口确数,虽然一时不易考出,汴梁在北宋时是人口最密集的一个都市,却是不能否认的。因为汴梁在北宋时成为统一帝国的政治中心,从外边流入大量的人口。《宋史》卷二六五《吕蒙正传》云:

> 上(太宗)语之曰:"五代之际,生灵凋丧。……当时谓无复太平之日矣。朕躬览庶政,万事粗理。每念上天之贶,致此繁盛。乃知理乱在人。"蒙正避席曰:"乘舆所在,士庶走集,故繁盛如此。……"(《续资治通鉴长编》卷三五有相似的记载)

这些因"乘舆所在"而"走集"的"士庶"中,有一部分是"中央"政府的公务员,是可以推知的。此外,流入汴梁的人口可分为数种:

(1) 亡国的士民——《续通鉴长编》卷三八载至道元年九月参知政事张泊的话云:

> 今……以亡国之士民,集于辇下。比汉、唐京邑,繁庶十倍其人矣。

又明李濂《汴京遗迹志》卷二十载杨侃《皇畿赋》云:

> 太祖以神武独断,太宗以圣文诞敷,平江表,破蜀都,下南越,来东吴,北定并、汾,南取荆、湖。是故七国之雄军,诸侯之陪臣,随其王公,与其士民,小者十郡之众,大者百州之人,莫不去其乡党,率彼宗亲,尽徙家于上国。何怀土之不闻?甲第星罗,比屋鳞次。坊无广巷,市不通骑。……

又《宋史》卷四七八至四八三各《世家》亦记有亡国士民迁居汴梁,可参看。

(2) 到汴谋生的职业者——如孟元老《东京梦华录》卷五说外地人迁居于汴,以便做买卖云:

或有从外新来邻左居住,则有借借动使,献遗汤茶,指引买卖之类。

又如张师正《括异志》卷一说陈靖徙家京师卖药云:

> 陈靖,字唐臣,巨野人。……隐于叶山。……值岁荒,徙家京师,卖药自给。

以上偏于商人方面。此外,外地的术士、医生及洗衣妇等也多数赴汴谋生,因为那里主顾多、生意好。如何莲《春渚纪闻》卷二说成都的术士入汴谋生云:

> 谢石润夫,成都人。宣和间,至京师,以相字言人祸福。求相者但随意书一字,即就其字离析而言,无不奇中者。(又见于洪迈《夷坚志再补》)

又如《宋史·方技传》说各地的医生入汴谋生云:

> 沙门洪蕴本姓蓝,潭州长沙人。……年十三,诣郡之开福寺沙门智巴,求出家,习方技之书。后游京师,以医术知名。(卷四六一)
>
> (钱)乙始以颅颅方著名,至京师,视长公主女疾。(卷四六二)
>
> 僧智缘,随州人,善医。嘉祐末,召至京师,居于相国寺。每察脉,知人贵贱祸福休咎;诊父之厌,而能道其子吉凶,所言若神。士大夫争造之。(同上)

又《夷坚支庚》卷六亦说外地医生入汴谋生云:

> 徐问真道人者,潍州人。嘉祐治平间,多游京师。嗜酒狂肆,能啖生葱鲜鱼。以指为针,以土为药,治病绝有验。欧阳公在政府时,尝苦足疾,求其拯疗。徐教公汲引气血,自顶至踵。用其言而愈。

又《夷坚丁志》卷九说某妇人入汴洗衣以自给云:

> 杜生屏人曰:"颇忆前年中秋夜所在乎?"(张颜)曰:"忘之矣。"杜曰:"吾能言之。君是年部江西米纲,以中秋月至独树湾横泊。月色正明,君杖策登岸,百步许,得地平旷,方命酒赏月。俄而骤雨,令仆夫取雨具。怒其来缓,致衣履沾湿,抛所执柱斧掷之,中额。仆回舟谓妻曰:'我为主公所击,已中破伤风,恐不得活。然无所赴诉即死。汝切勿以实言,但云

痁疾发作。此去乡远,万一不汝容,何以生存? 宜垦白主公,乞许汝子母附舟入京,犹得从人浣濯以自给。'言终而亡。……"

(3) 避役徙汴的富民——《续通鉴长编》卷一一六载景祐二年正月:

戊申,诏京东、西、陕西、河北、河东、淮南六路转运使,检察州县,毋得举户鬻产徙京师,以避徭役。

又同书卷一二○载景祐四年十一月:

辛丑,诏河北转运司:"如闻城邑上户,近岁多徙居河南或京师,以避徭役。恐边郡浸虚。宜令本路禁止之。"

(4) 流民——同书卷八九载天禧元年三月:

辛酉,以怀、卫流民至京,令三司作粥糜济之。

又赵抃《赵清献公集》卷二《奏状乞赈救流移之民》云:

臣窃闻旬日以来,大段有府界并河北、京东路流移之民入京城乞丐,或假途以过。扶老携幼,累累满街。艰困饥殍,深可伤悯。

此外,因为北宋行"中央"集权制,政治中心的汴梁,驻有大量的军队,以便控制各地。这对于汴梁人口的密集,有很大的关系。朱弁《曲洧旧闻》卷九云:

艺祖养兵止二十万。京师十万余,诸道十万余。使京师之兵足以制诸道,则无外乱。合诸道之兵足以当京师,则无内变。内外相制,无偏重之患。

这是北宋初年的情形。其后,汴梁驻兵更多。《续通鉴长编》卷三八载至道元年九月张泊的话云:

今带甲数十万,战骑称是,萃于京师。

北宋汴梁人口的拥挤,表现在居民的分布上。这时,汴梁因为民居稠密,甚至有钱也买不到土地来修盖屋宇。《宋会要·方域》四载宣和二年:

十月二十八日,御史中丞臣翁彦国奏:"伏见比年以来,臣僚有被眷异者,不唯官职之超蹐,锡赉之便蕃,多遂赐第者。臣闻蒙赐之家,则必

> 宛转踏逐官屋,以空闲为名,或请酬价兑买百姓物业,实皆起遣。名居大者亘坊巷,小者不下拆数十家。一时驱迫,扶老携幼,暴露怨咨,殊非盛世所宜有。今太平岁久,京师户口日滋,栋宇密接,略无容隙。纵得价钱,何处买地?……"

因此,周世宗建筑外城后,才五十年左右,汴梁的市区又复扩大,连附郭也包括进去。《宋会要》云:

> 大中祥符元年十二月,置京新城外八厢。真宗以都门之外,居民颇多,旧例惟赤县尉主其事,至是特置厢吏,命京府统之。(《兵》三,又见《续通鉴长编》卷七。)

> 二年三月九日,开封府言:"准诏以都城之外,人户、军营甚多,相度欲置都虞候管辖。从之。"(《方域》一)

所以《梦华录》卷五云:

> 以其人烟浩穰,添十万众不加多,减之不觉少。

这句话似乎不算夸大。

汴梁有这么多的人口,其消费之大,可以想见。例如饮食方面,汴梁经营此业的商店,不独种类多,而且数量大。《梦华录》云:

> 大凡食店大者,谓之分茶。……更有川饭店……更有南食店……又有瓠羹店……更有插肉、拨刀、炒羊、细物料、棋子、馄饨店,及有素分茶,如寺院斋食也。(卷四)

> 其余坊巷院落,纵横万数,莫知纪极。处处拥门,各有茶坊、酒店、勾肆饮食。(卷三)

这些饮食商店,规模很大:

> 凡饼店有油饼店、胡饼店。……自五更,桌案之声,远近相闻。唯武成王庙前海州张家,皇建院前郑家最盛。每家有五十余炉。(卷四)

而且买卖又好:

> 大抵诸酒肆、瓦市,不以风雨寒暑,白昼通夜,骈阗如此。(卷二)

这样一来,汴梁对于食料的消耗,当然是很可观的。例如:

> 其杀猪、羊作坊,每人担猪羊及车子上市,动即百数。(卷三)

又《续通鉴长编》卷七六载大中四年十二月辛亥:

> 上封者言:"京城杀禽鸟、水族,以供食馔,其数甚广。……"

以上说北宋汴梁的消费,偏重于数量方面。至于实质方面,更有可观。当时汴梁的消费者,大多有很强的购买力。这可大别为三类:

(1) 宫廷阶级——他们有全国的赋税作为经济基础,当然富有。所以购买一切新奇物品,价格多少,在所不顾。《梦华录》卷一云:

> 东华门外市井最盛,盖禁中买卖在此。凡饮食、时新花果、鱼、虾、鳖、蟹、鹑、兔、脯腊、金、玉、珍玩、衣着,无非天下之奇。……其岁时果、瓜、蔬菜新上市,并茄瓠之类,新出每对可直三五十千。诸阁分争以贵价取之。

(2) 达官——如张邦基《墨庄漫录》卷一载宰相:

> 王黼将明盛时,搜求四方瑰奇之物,以充玩好。

这当然是富有,才能够这样的。故许翰《襄陵文集》卷九《上蔡太师书》云:

> 今观中都巨室之所藏,富于一郡。

(3) 富商——《靖康纪闻》云:

> 京师,天下富商大贾所聚。

这些富商大贾是很阔绰的。《续通鉴长编》卷八五载大中祥符八年十一月己巳:

> (真宗)谓辅臣曰:"咸平中,银两八百,金五千。今则增踊逾倍,何也?"王旦等曰:"国家承平岁久,兼并之民,徭役不及,坐取厚利。京城资产百万者至多;十万而上,比比皆是。然则器皿之用,畜藏之货,何可胜算?……有时增价之由,或恐以此。"

例如酒店商人孙赐,比宫廷还要富有。魏象先编《丞相魏公谭训》卷十云:

> 一日,上(太宗)使于奉宸库取真珠,择其圆者为数珠。不足,妃侍傍曰:"妾父(孙赐)好畜异物,愿令一使往问之。"孙默记曰:"数年前,有一行头寄真珠一箧为信,云绝大,未尝开也。"乃引使于藏私帑室尘埃中取得之。元未启封。发视,乃喜,赐银百星。一日,上置晏。西蜀进酴醾,种方开。上与妃、后赏玩。孙妃曰:"妾家亦有。"试遣问之。乃进十合。上大骇,以为窃禁中种。使往视之,则其种大于禁中数倍矣。

汴梁这许多大消费者,有的是财富,当然要求他们生活上的舒适。因此,奢侈之风大盛。《宋会要·刑法》二载:

> (景祐)三年二月十三日,太常少卿直昭文馆扈偁言:"近岁士庶之家,侈靡相尚。居第服玩,僭拟公侯。珠玑金翠,照耀衢路。约一袭衣,千万钱不能充给。乞差近臣议定制度,以分等威。"诏曰:"如闻辇毂之间,士民之族,罔遵矩度,争尚纷华。服玩僭奢,室屋宏丽。……"(《续通鉴长编》卷一一八有相似的记载)

又司马光《温国文正公文集》卷二三《论财利疏》云:

> 臣窃见陛下天性恭俭……然左右侍御之人,宗戚贵臣之家,第宅园囿,服食器用,往往穷天下之珍怪,极一时之鲜明。惟意所欲,无复分限。以豪华相尚,以俭陋相訾。愈厌而好新,月异而岁殊。

又《梦华录序》云:

> 举目则青楼画阁,绣户珠帘。雕车竞驻于天街,宝马争驰于御路。金翠耀目,罗绮飘香。新声巧笑于柳陌花衢,按管调弦于茶坊酒肆。八荒争凑,万国咸通。集四海之珍奇,皆归市易。会寰区之异味,悉在庖厨。

汴梁因为盛行着奢侈之风,遂成为奢侈发展的中心点。陈舜俞《都官集》卷二《敦化》五云:

> 今夫诸夏必取法于京师。所谓京师则何如?百奇之渊,众伪之府。异服奇器,朝新于宫庭,暮仿于市井,不几月而满天下。

例如《东南纪闻》（撰人佚）卷三云：

> 宣和之季，京师士庶兢（竞？）以鹅黄为腰腹围，谓之腰上黄。妇人便服，不施衿纽，束身短制，谓之不制衿。始自宫掖，未几而通国皆服之。

这样一来，汴梁所消费的商品，不论价格多少，在品质上力求精美，是可以不言而喻的了。所以国内外出产的贵重商品，在汴梁的市场上不愁找不到主顾。不仅如此，因为奢侈风气太盛，消费商品的数量也特别加多。这从汴梁时髦样式老是改变的一点上看去，很易明白。上引司马光《论财利疏》，内言："愈厌而好新，月异而岁殊。"可见汴梁的时髦样式，差不多时时刻刻都在改变中。又《宋会要·刑法》二载：

> （大观四年）闰八月八日，给事中蔡薿奏："臣观辇毂之下，士庶之间，侈靡之风，曾未少革。……雕文篆组之日新，金珠奇巧之相胜。……"

例如，袁褧《枫窗小牍》卷上云：

> 汴京闺阁妆抹凡数变。崇宁间，少尝记忆，作大鬓方额。政、宣之际，又尚急扎垂肩。宣和已后，多梳云尖巧额，鬓撑金凤。小家至为剪纸衬发，膏沐芳香。花靴弓履，穷极金翠。一袜一领，费至千钱。

我们可以想象到，当时髦样式老是改变的时候，昨天穿的衣服，今天虽未破坏，却以为不够摩登，不穿了，再缝新的。这样，商品消费的数量当然大增。

以上说北宋汴梁的消费。因为汴梁的消费是大量而奢侈，满足这种需求的方法，除本都市的工业生产以外，唯有取给于外。所以从外地输入汴梁的商品，不但数量众多，而且品质精美。

现在请进而一述北宋汴梁的生产。这时汴梁的生产，以工业制造为主。政府对于汴梁的工业，非常注意。《宋会要·食货》六四云：

> 太祖乾德五年十月，命水部郎中于继徽监视绫锦院。朝廷平蜀，得绫锦工人，乃于国门创置机杼院，始命继徽领焉。
>
> 太宗太平兴国六年，废湖州继绫务。工二十人，送京师。女工五十八人，悉纵之。

又《续通鉴长编》卷八云：

> 先是平蜀得锦工数百人。（乾德五年）冬十月丙辰朔，置绫锦院以处之，命常参官监焉。

按四川是绫锦的著名产地，费著有《蜀锦谱》；湖州是两浙的丝织中心。北宋政府把这两地的丝织工人输入汴梁，不是没有意义的。在以前，使用技术的能力依附在工人的身上。如果某地欲振兴谋种工业，而本地又没有熟识这种工业技术的工人的话，从外边输入这种工人便有其必要了。例如在法国，"Louis XI答应永远免除任何从希腊或意大利移居到他的国家的丝织工人的赋税。Colbert用各种方法来贿赂、吸引瑞典的矿工、铁工，威尼斯的玻璃工，以及能以法国工人所用羊毛的三分之二织成好布，而且一天工作所得的成绩大于法国工人一星期工作所得的荷兰布工。"（G. Ronard and G. Weulersse, *Life and Work in Modern Europe*, p.167）所以，北宋政府把四川、湖州的丝织工人输入汴梁，其目的在于发展汴梁的丝织工业，可无疑义。政府对于丝织工业是这样的关注，对于其他工业当然是不会疏忽的。因此，汴梁工业非常发达，能利用种种废物作原料，以制造物品。《丞相魏公谭训》卷十云：

> 祖父为省判，判剥马案。行众争取死马，而不取驼牛。以谓马肉耐久，埋之烂泥地中，经宿出之如新，为脯腊，可敌獐鹿。皆税居曹门，邻巷皆货之醎豉者。早行，其臭不可近。晚过之，香闻数百步。多马肉为之。
>
> 祖父又言："常步至门外，见臭河中浸弊草破履，皆将为滚子者。京师无弃物，所以人人粗给。"

按曹门是汴梁的工业地带，虽然原料不好，其出品却甚精美。《括异志》卷一云：

> 天圣末，泊明道中，京师市井坊巷之人，凡物之美嘉者，即曰："曹门好。"物之高大者，即曰："曹门高。"耆壮童稚，无不道者。

此外，由于外国遣使入汴，向政府乞求工匠，也可见出当时汴梁工业的发达。《宋会要·蕃夷》五云：

景德元年四月，宗寿遣使以良玉名马来贡，且言："本州（沙州）僧惠藏乞赐师号。龙兴、灵图二寺修像，计金十万箔，愿赐之！"又乞铸钟匠，及汉人之善藏珠者，至当道传授其术。诏赐惠藏师号，量给金箔，余不许。

汴梁的工业，除上述外，还有好些种：

(1) 印刷——叶梦得《石林燕语》卷八云：

今天下印书，以杭州为上，蜀本次之，福建最下。京师比岁印板，殆不减杭州，但纸不佳。

由此可见汴梁的印刷工业是很不错的。当时国子监掌印种种书籍，称为监本，《宋史》卷一六五《职官志》云：

淳化五年，判国子监李志言："国子监旧有印书钱物所，名为近俗，乞下为国子监书库官。"始置书库监官，以京朝官充。掌印经史群书，以备朝廷宣索，赐予及出鬻，而收其直，以上于官。

关于国子监印行的种种书籍，见王国维《五代两宋监本考》（《王忠悫公遗书内编》）。

(2) 造墨——《负暄杂录》（《说郛》卷一八）云：

元祐间，潘谷造墨，苏、黄诸公皆称之。

按潘谷是当时汴梁的有名墨工。何薳《墨记》（或作者之《春渚纪闻》卷八）云：

潘谷卖墨都下。元祐初，余为童子，侍先君居武学，在舍中。谷尝至，负墨筐，而酣咏自若。每笏止取百钱。或就而乞，探筐取断碎者与之，不吝也。其用胶亦不过五十两之制，遇湿不败。后传谷醉饮郊外，经日不归。家人求之，坐于枯井而死，体皆柔软。疑其解化也。

(3) 织造——《梦华录》卷三云：

（相国寺）两廊，皆诸寺师姑卖绣作、领抹、花朵、珠翠、头面、生色、销金、花样、幞头、帽子、特髻、冠子、条线之类。

又江休复《江邻几杂志》云：

> 近岁都下裁翠纱帽直一千,至于下俚耻戴。

(4) 冶铸——《梦华录序》云:

> 冶铸则立成鼎鼐。

(5) 瓷器——《负暄杂录》云:

> 宣、政间,京师自置窑烧造,名曰官窑。

北宋汴梁的工业,当然不限于这几种。此外一定还有好些是文书记载所缺,或一时考查不出的。这种种工业的生产,对于汴梁的输出入贸易很有关系。除供给本城市的消费外,汴梁生产的工业品大多运往各地销售;因而充实输出贸易的内容。同时,工业品制造所需的原料,大多来自外地,所以在汴梁的输入贸易中,原料占一个重要的地位。

(三) 汴梁的交通

北宋汴梁的对外交通,以水道为主,陆道为辅。其路线大致如《宋史》卷一七五《食货志》所述:

> 江南、淮南、两浙、荆湖路租籴,于真、扬、楚、泗州置仓受纳,分调舟船,溯流入汴,以达京师。置发运使领之。诸州钱帛、杂物、军器上供亦如之。陕西诸州菽粟,自黄河三门沿流入汴,以达京师。亦置发运司领之。
>
> 粟、帛自广济河而至京师者,京东之十七州。
>
> 由石塘惠民河而至京师者,陈、颖、许、蔡、光、寿六州。皆有京朝官廷臣督之。
>
> 河北卫州东北有御河达乾宁军,其运物亦廷臣主之。
>
> 广南金、银、香药、犀、象、百货,陆运至虔州,而后水运。
>
> 川、益诸州金帛及租市之布,自剑门列传置分,辇负担至;嘉州水运达荆南,自荆南遣纲吏运送至京师。

这些交通路线,绝不限于漕运,商货也可通行无阻。如《宋会要·食货》四六说商船由惠民,广济二河入汴云:

> 嘉祐二年十一月十三日，三司使张方平言："……至于惠民、广济二河，皆所以致四方之货食，以会京邑。舳舻相接，赡给公私。……"

又江少虞《皇朝类苑》卷六二引《杨文公谈苑》说，连接广济河及汴梁的五丈河，

> 岁运京东诸州刍粟五十万斛，商旅交凑。

又如《宋会要·方域》一六说：

> 惠民河与蔡河一水，即闵河也。建隆元年，始命右领军卫将军陈承昭督丁夫导闵水，自新郑与蔡水合贯京师，南历陈、颍，达寿春，以通淮右。舟楫相继，商贾毕至，都下利之。

又欧阳修《居士集》卷一○《朱家曲》附注云：

> 朱家曲，自许县北门，上赤坂冈，分道西行，入小路三十里，有村市临古河。商贾之贩京师者，舟车皆会此。居民繁杂，宛然如江乡。予以事偶至此，宿旅邸。明日遂赴京师。

按许县即许州，如上引《食货志》所说，是惠民河经流之地。这里说由许县附近至汴梁的"古河"，当即是惠民河，或惠民河的支流。

汴梁所赖以与外地交通的河道中，以汴河为最重要。大消费地的汴梁，由于汴河的媒介，不独可与大生产地的江、淮直接连接，而且可与东南沿海的港口及大生产地的四川间接连接起来。这对于汴梁经济的发展是有无限帮助的。《宋史·河渠志》云：

> 汴河……岁漕江、淮、湖、浙米数百万石，及至东南之产，百物之宝，不可胜计。（卷九三）

> （元祐）四年冬，御史中丞梁焘言："……为今之计，仍复为汴口。……汴口复成……通江、淮八路商贾大舶，以供京师之饶。"（卷九四）

按江、淮一带，自唐代以来，生产极富。[①] 北宋时，李觏甚至说，天下（意指汴梁）不可无江、淮，江、淮却可无天下。《李直讲文集》卷二八《寄上富枢密

---

① 见陶希圣先生《唐代经济景况的变动》（《张菊生先生七十生日纪念论文集》）。

书》云：

> 靚江南人，请言南方事。当今天下根本，在于江、淮。天下无江、淮，不能以足用。江、淮无天下，自可以为国。何者？汴口之入，岁常数百万斛。金钱布帛，百物之备，不可胜计。而度支经费，尚闻有阙。是天下无江、淮，不能以足用也。吴楚之地，方数千里。耕有余食，织有余衣，工有余财，商有余货。铸山煮海，财用何穷？水行陆走，馈运而去；而不闻有一物由北来者。是江、淮无天下，自可以为国也。

又《宋史》卷九三《河渠志》载至道元年九月张洎的话云：

> 汴水横亘中国，首承大河，清引江、湖，利尽南海。半天下之财赋，并山泽之百货，悉由此路而进。（又见《续通鉴长编》卷三八）

按广州在当时是中国对外贸易最大的港口。海外各地的商品，多半由此输入。由广州至汴梁，除走经湖南、湖北那条陆路外，如上引《食货志》所说，由江西过长江以入汴，是当时最常走的路。所以这里说的"利尽南海"，指的是汴梁借汴水而与海外发生贸易关系。此外，汴梁与四川（四川生产之富，见《宋史》卷八九《地理志》）的交通，如上引《食货志》所说，有经由剑门的陆路，及经长江入汴的水路。但水运便于陆运，这是显而易见的事实。在没有铁道以前，水运也快于陆运。所以汴河对于汴梁与四川的交通，非常有用。如苏东坡由汴梁回四川，是经由汴河的。《东坡文集》卷五四《菩萨阁记》云：

> 治平四年，先君没于京师。轼自汴入淮，溯于江，载是四板（上有吴道子画）以归。

又如司马光说四川冷金笺输入汴梁，也是经由此路的。

汴河对于汴梁经济发展的重要，又可从另外一些事实来看。后周周景很有远识，见汴河正在浚深，以为汴梁商业不久即可突飞猛进，便大作其投机事业，建筑大规模的堆栈。其后果获厚利。这是前面说过的。到了北宋，汴梁政府鉴于汴河的重要，对它有无限的关心。这从下列一事，可以看出。《宋史》卷九三《河渠志》云：

淳化二年六月,汴水决浚仪县。帝(太宗)乘步辇出乾元门。宰相枢密迎谒。帝曰:"东京养甲兵数十万,居人百万家,天下转漕,仰给在此一渠水。朕安得不顾?"车驾入泥淖中行百余步。从臣震恐。殿前都指挥使戴兴叩头恳请回驭,遂捧辇出泥淖中。诏兴督步卒数千塞之。日未旰,水势遂定。帝始就次太官进膳。亲王近臣,皆泥泞沾衣。

此外,又可以从反面的事实来观察汴河对于汴梁的功用。北宋告终,淮以北亡于金,淮以南仍属于宋,汴河遂不复能好好地利用,回到杨行密割据淮南时代的情形。固然,这时两国也在盱眙军等边境地方设立榷场,以便贸易。但因政治上互相对立,双方有好些货物不准输出①,所以汴河的功能究竟不能尽量发挥。这样一来,汴梁的经济当然要大受打击。范成大《揽辔录》云:

旧京自残破后,创痍不复。炀王亮徙居燕山,始以为南都。独崇饰宫阙,比旧加壮丽。民间荒残自若。新城内大抵皆墟,至有犁为田处。旧城内粗布肆皆苟活而已。四望时见楼阁峥嵘,皆旧。宫观寺院,无不颓毁。

二里至东京,金改为南京。入新宋门,即朝阳门也,金改曰宏仁门。弥望悉荒墟。……过大相国寺,倾檐缺吻,无复旧观。

这与孟元老《梦华录》所描写的繁盛情形比较一下,简直是两个世界!汴梁经济之所以这样凋零,固然还有其他方面的原因,但汴河不能好好地为它服务,是其中一个主要原因,是不能否认的。这只要举出一点事实,便可明白。我们知道,都市的人口甚多,但本身没有粮食的出产;它所赖以维持的粮食,完全取于粮食的大生产地。所以北宋汴梁的粮食,差不多完全仰给江、淮一带,而所赖以运输的水道是汴河。到了宋、金对立的时候,北宋禁止江、淮等地的粮食出口,汴河水上便不再像北宋时那么热闹,金占据下的汴梁所赖以维持的粮食便一无所得了。所以这时汴梁的经济衰退得很厉害;金国虽然占有汴梁,但再也不能像北宋那样在那里建都。这不过只举粮食的一端而已。若从

---

① 见加藤繁先生《宋と金国との贸易に就いて》(《史学杂志》第四十八编第一号)。

其他方面来看，这时汴河也是不能完成它对汴梁的任务，所以汴梁那么衰落。由此可见汴河与汴梁经济发展的关系。

汴梁对外交通既多赖水道，其交通工具当然是以船为主了。周邦彦《汴都赋》说当时汴河水上商船的热闹情况云：

> 舳舻相衔，千里不绝。越舲吴艚，官艘贾舶，闽讴楚语，风帆雨楫，联翩方载，钲鼓镗铃。

其中关于吴船航行于汴河，朱长文《吴郡图经续记》卷上亦云：

> 若其舟航往来，北自京国，南达海徼，衣冠之所萃聚，食货之所丛集，乃江外之一都会也。

又苏轼《和苏子由中秋见月》诗（《集注分类东坡诗》卷六）云：

> 何人舣舟临古汴？千灯夜作鱼龙变。曲折无心逐浪花，低昂赴节随歌版。（坡：是夜贾客船中放水灯。）

元丰年间，政府设有官船，专门由泗州运货入汴。《宋史》卷一八六《食货志》载元丰二年：

> 导洛通汴司请置堆垛场于泗州。贾物至者，先入官场，官以船运至京，稍输船算。

又《宋会要·食货》一七载：

> （元丰）三年三月二十四日，都大提举导洛通汴司宋用臣言："近泗州置场堆垛商货，本司船承揽般载，将欲至京。乞以通津水门外顺成仓为堆垛场。"从之。

政府设立官船的目的，在于禁止纲船附载商货入汴，以免纲运受阻。《宋会要·方域》一六载：

> （元丰二年）十月四日，都大提举导洛通汴司言："汴河纲船，久例附载商货入京，致重船留阻。兼私载物重四百斤以上，已抵重刑。今落水，汴不致湍猛。欲自今商货至泗州，官置场堆垛，不许诸纲附载，本司置船

运载至京,令输船脚钱。"从之。

按纲船私运商货至汴,在元丰以前是常有之事;因为有种种机会避免课税,获利甚大。《宋史》卷一七五《食货志》云:

> 至太平兴国初,两浙既献地,岁运米四百万石。所在雇民挽舟。吏并缘为奸,运舟或附载钱、帛、杂物输京师,又回纲转输外州。

又《宋会要》云:

> (大中祥符二年)四月,江淮发运使李溥言:"粮纲舟卒,随行有多少物货,经历州县,悉收税算,望与蠲免。"从之。(《食货》一七,又见《续通鉴长编》卷七一)

> (治平)四年十月十七日,准江淮等路发运使沈立言:"……乞约束应系纲运,今后不得大段搭载私物,及有税物到京,并尽数送纳税钱。如违犯,并依条断遣。……"(《食货》四二及四七)

可是官船运货入汴,实行的时期甚短。哲宗即位,这种办法即被废除。《宋史》卷一八六《食货志》云:

> 自哲宗即位,罢导洛物货场。绍圣四年,蓝从熙提举京城所,欲复其事,令泗州及京师、洛口各置堆垛场,并请复面市牛羊圈。诏下尚书省。久之,遂寝。至是,提举汴河隄岸王宪复言之,且请假温、明州运船给用。命太府少卿郑仅同详度。明年,竟诏勿行。

所以元祐七年,苏轼请求复许纲船附载货物入汴。《东坡文集》卷三六《论纲梢欠折利害状》云:

> 祖宗以来,通许纲运揽载物货。既免征税,而脚钱又轻。故物货流通;缘路虽失商税,而京师坐获富庶。自导洛司废,而淮南转运司阴收其利。数年以来,官用窘逼,转运司督迫诸处税务,日急一日,故商贾全然不行,京师坐至枯涸。今若行臣此策,东南商贾,久闭乍通,其来必倍。则公私数年之后,必复旧观。

据《宋史》卷三三八本传,苏轼的提议,结果为政府采用。故纲船载货入汴的情形，直至北宋末年仍旧那样，甚至变本加厉。《宋会要·食货》四三及四七载建炎二年正月：

> 十八日，发运司梁杨祖言："……契勘发运司见行粮纲船例，若四五百料以来，于法许载二分私物。体访得粮纲往往沿路留滞。盖缘押纲自买船只，仅及千料以上，谓之随纲座船，并行般运，增添只数，各装官物，十分揽载私货。至如入汴，多致阻浅。……"

（四）汴梁的市场

王明清《玉照新志》卷二载李元叔《广汴都赋》云：

> 阅夫阛阓，则九市之富，百廛之雄。越商海贾，朝盈夕充。乃有犀、象、贝、玉之珍，刀、布、泉货之通，冠、带、衣履之巧，鱼、盐、果、蓏之丰。懋迁化居，射利无穷。

又周邦彦《汴都赋》云：

> 顾中国之阛阓，丛赀币而为市。议轻重以奠贾，正行列而平肆。竭五都之环富，备九州之货贿。何朝满而夕除？盖趋赢而去匮。萃驵侩于五均，扰贩夫于百隧。次先后而置叙，迁有无而化滞。抑强买之乘时，摧素封之专利。售无诡物，陈无窳器。欲商贾之阜通，乃有廛而不税。销卓、郑、猗、陶之殖货，禁乘坚策肥之拟贵。道无游食以无为，矧敢婆娑而为戏？其中则有安邑之枣，江陵之橘，陈、夏之漆，齐、鲁之麻，姜桂藁谷，丝绵布缕，鲐鲝鰶鲍，饢盐醢豉。或居肆以鼓炉橐，或鼓刀以屠狗彘。又有翳无间之琅玕，会稽之竹箭，华山之金石，梁山之犀象，霍山之珠玉，幽都之筋角，赤山之文皮，与夫沈沙栖陆，异域所至，殊形妙状，目不给视。无所不有，不可殚纪。

由此可见北宋汴梁市场交易的旺盛，及各地商品的众多。

汴梁的市场，由于买卖时间的不同，可分为下列三种：

（1）在每日之某一定时间内开市的——《梦华录》云：

> （潘楼）街北曰潘楼酒店。其下每日自五更市合买卖书画、珍玩、犀

玉。至平明,羊头、肚肺、赤白腰子、奶房、肚胘、鹑、兔、鸠、鸽野味、螃蟹、蛤蜊之类讫,方有诸手作人上市买卖零碎作料。饭后,饮食上市,如酥密食、枣锢、澄沙团子、香糖果子、蜜煎雕花之类。向晚卖河娄头面、冠、梳、领抹、珍玩、动使之类。(卷二)

其中在五更开市的,名叫"鬼市子":

> 潘楼……又东,十字大街,曰从行裹茶坊。每五更,点灯博易,买卖衣服、图画、花环、领抹之类,至晓即散。谓之鬼市子。(卷二)

在晚上开市的名叫"夜市"。《宋会要》六七云:

> 太祖乾德三年四月十三日,诏开封府:"令京城夜市至三鼓已来,不得禁止。"

又《梦华录》卷三:

> 夜市,北州桥又盛百倍。车马阗拥,不可驻足。(卷三)

又蔡绦《铁围山丛谈》卷四云:

> 天下苦蚊蚋。都城独马行街无蚊蚋。马行街者,京师夜市酒楼极繁盛处也。蚊蚋恶油,而马行人物嘈杂,灯火照天,每至四更鼓罢,故永绝蚊蚋。

(2) 在每月之某几天开市的——这可以相国寺的瓦市为代表。这与现今北平的庙会一样,是每月开市数次的定期市。可是就它的性质而论,相国寺在当时是各地种种色色的商品的集散点,其规模比现今北平的庙会还要大许多。王栐《燕翼贻谋录》卷二云:

> 东京相国寺,乃瓦市也。僧房散处,而中庭两庑可容万人。凡商旅交易,皆萃其中。四方趋京师,以货物求售,转售他物者,必由于此。

又王得臣《麈史》卷下云:

> 都城相国寺,最据冲会。每月朔、望、三、八日即开。伎巧百工列肆,罔有不集。四方珍异之物,悉萃其间。因号相国寺为破赃所。

其中关于在相国寺买卖的商品,《梦华录》卷三有较详细的记载：

> 相国寺每月五次开放（这与《麈史》所说不同,待考）,万姓交易。大三门上皆是飞禽、猫、犬之类,珍禽奇兽,无所不有。第三门皆动用什物。庭中设彩幕、露屋、义铺,卖蒲合、簟席、屏帏、洗漱、鞍辔、弓剑、时果、脯腊之类。近佛殿,孟家道冠、王道人蜜煎、赵文秀笔及潘谷墨占定。两廊皆诸寺师姑卖绣作、领抹、花朵、珠翠、头面、生色、销金、花样、幞头、帽子、特髻、冠子、绦线之类。殿后资圣门前,皆书籍、玩好、图画及诸路罢任官员土物、香药之类。

这么大的一个市场,当然是很拥挤热闹的。邹浩《道乡文集》卷九《与存之会相国寺》云：

> 门外喧喧正商贾,与君趺坐入真空。

因为相国寺市场的规模大、商品多,所以宋人记载在那里买物的文字也不少。有在那里买书的。吴处厚《青箱杂记》云：

> 一日,阅相国寺书肆,得《冯瀛王诗》一帙而归。（卷二）
> 游相国寺,买诗一册,纸已熏晦。（卷三）

又《枫窗小牍》卷下云：

> 余家藏《春秋繁露》,中缺两纸。……后从相国寺资圣门买得抄本,两纸俱全。此时欢喜如得重宝,架橐似为生气。

有在那里买画的。米芾《画史》云：

> 范大珪,字君锡,富郑公婿。同行相国寺,以七百金常卖处买得《雪图》,破碎甚古,如所谓王维者。

有在那里买珍宝的。梅尧臣《宛陵集》卷一一有《同次道游相国寺买得翠玉罂一枚》诗,兹从略。又何薳《春渚纪闻》卷七云：

> 水曹赵子立……因言其顷在都下,偶以百钱于相国寺市得一异石,将为纸镇。遇一玉工,求以钱二万易之。赵不与。石工叹息数四

曰："此宝非余不能精辨，余人一钱不直也。"持归几年，了无他异。其季子康不直工言，以斧破视之。中有泓水，一鲫跃出，拨剌于地。急取之，亡矣。

有在那里买玩物的。周辉《清波杂志》卷一一云：

政和二年，待制李谌进蟾芝。上曰："蟾，动物也，安得生芝？闻大相国寺市中多有鬻此者，为玩物耳。谌从臣，何敢附会如此！"

有在那里买药的。孙升《孙公谈圃》卷中云：

张文定公尝苦脚疾，无药可疗。一日，游相国寺，有卖药者，得绿豆两粒。服之，遂愈。

此外又有在那里买葫芦种的。范公称《过庭录》云：

某顷年见京师相国寺中卖大葫芦种，仍背一葫芦甚大。一粒数百金，人竞买。至春种结，仍乃瓠尔！

（3）在每年之某一定期间开市的——在这种市场里买卖的，多半是有时间性的商品。这种市场之所以不天天做买卖，而只在一年中某一定期间才开市，是因为这类商品与日用必需品不同，平日用不着，虽开市也没有主顾，所以不得不等到它们将要有用，在市场上可以找到主顾的时候才开市。如金盈之《新编醉翁谈录》卷四说在五月初开市的鼓扇百索市云：

鼓扇百索市，在潘楼下。丽景门外，阊阖门、朱雀门内外，相国寺东廊，睦亲、广亲宅前，皆卖此等物。自五月初一以后，富贵之家，多乘车马萃潘楼下，亦次于七夕。鼓扇者，俗造小鼓，悬于梁，或置台座上，或鼗鼓，或雷鼓，其制不一；又造小扇子，或红，或白，或青，或绣，或画，或缕金，或合二色，以相馈遗。

按五月汴梁天气渐熟，扇将有用，而鼓、百索与扇又同是端午节物（《梦华录》卷八云："端午节物：百索、艾花、银样鼓儿、花花巧儿扇……"），在五月初可以卖出，所以鼓扇百索市在此时开市。又同书说在七月初开市的乞巧市云：

> 七夕，潘楼前卖乞巧物。自七月一日，车马阗咽。至七夕前三日，车马不通行。相次壅遏，不复得出。至夜方散。嘉祐中，有以私忿易乞巧市，乘马行者。开封尹得其人，窜之远方。自后再就潘楼。其次，丽景、保康诸门及睦亲门外，亦有乞巧市，然终不及潘楼之盛也。

在乞巧市中出卖的商品，详见《梦华录》卷八，兹从略。乞巧市之所以在七月初开市，也是因为其中出卖的商品，在这时有用，可以找到主顾。此外，据《梦华录》卷六至一〇所说。在一年的各时节中，或早些，汴梁都有贩卖这些时节所需物品的市场。

以上所说的市场，大半是商人与消费者交易的处所。其次，也有生产者与消费者直接交易，不用商人作媒介的。如上引《梦粱录》卷三说：

> （相国寺）两廊，皆诸寺师姑卖绣作、领抹……之类。

这些绣作领抹等物是诸寺师姑亲自织造的。同书说"绣巷，皆师姑绣作居住"，可以为证。此外，又有生产者，或贩运货物的客商（行商），与商人（坐贾）交易的市场。如上引《燕翼贻谋录》卷二说：

> 东京相国寺……四方趋京师，以货物求售，转售他物者，必由于此。

又郑侠《西塘文集》卷六《上王荆公书》云：

> 偶以本门有税长连纸者，其额：每一千，税钱五十足。拦头辈以为务例，每一千，收千五百张税钱。自取条贯遍检，无此条。取则例检之，又无。以其无条例，遂不敢行；只领依条，每一千张收钱五十足。不知旧时纸在（商税）院税时，尽于税院左右货卖。诸处纸铺，尽往彼收买。及于诸门收税，则客人就便，尽得货卖。纸铺有姓刘者，旧时税院前卖纸主人也。以不得卖纸，遂以此告本门，不合只将姓丁人纸，每张只税一张。本院行遣姓丁者，及拦头公人辈，各禁系五六日科断。

按郑侠曾监安上门（见《宋史》卷三二一本传），所以他写信给王荆公论城门收税事。由此可知，当由外地输入汴梁的纸在商税院纳税时，商税院附近是贩纸客商与纸铺商人交易的市场；及改在城门纳税，市场的地点便移至城门附近。又《梦华录》卷三云：

> 如果木亦集于朱雀门外及州桥之西,谓之果子行。

果木之所以要集于果子行,很明显的有两种原因：① 生产者(种植果木的农人)或行商先将货物运至此地,卖与果子行的商人,然后由果子行的商人批发与各果店出卖;② 生产者或行商先将货物集于此地,然后由果子行的商人介绍卖与各果店。因为汴梁是这么大的一个都市,其中消费者全都要老远地跑到果子行才能买到水果,实是不可思议的事。

北宋汴梁的市场,营业甚大。如《梦华录》卷二说：

> 南通一巷,谓之"界身",并是金银、彩帛交易之所。屋宇雄壮,门面广阔,望之森然。每一交易,动即千万,骇人闻见。

其次,可以酒店的营业为例。白矾楼是当时汴梁规模最大的酒店。同书云：

> 白矾楼后改为丰乐楼。宣和间更修,三层相高,五层相向。各有飞桥栏槛,明暗相通。珠帘绣额,灯烛晃耀。初开数日,每先到者赏金旗;过一两夜则已。

按《事林广记》(引自加藤繁先生文,见页112注①)乙集卷一《东京城图》,在"白矾楼"一名下,绘有三层楼,可见其规模之大。这么大的一间酒店,营业很可观。在门市方面,白矾楼的主顾常千余人。周密《齐东野语》卷一一云：

> (矾)楼(这是白矾楼的省称。《梦华录》卷二作"白矾楼",卷三则减写作"矾楼。")乃京师酒肆之中,饮徒常千余人。

在批发方面,政府指定脚店三千户,作为白矾楼的经常主顾,以便征取酒税。《宋会要·食货》二十载天圣五年：

> 八月,诏三司："白矾楼酒店如有情愿买扑出办课利,令于在京脚店酒户内,拨定三千户,每日于本店取酒沽卖。"

按汴梁酒店分二等,头等者曰"正店",次等者曰"脚店"。《梦粱录》云：

> 在京正店七十二户,此外不能遍数。其余皆谓之脚店,卖贵细下酒,迎接中贵饮食。(卷二)
>
> 其正酒店户,见脚店三两次打酒,便敢借与二五百两银器。(卷五)

例如孙赐初时资本薄弱，只开脚店；其后营业发达，资本雄厚，便开正店。《丞相魏公谭训》卷一〇云：

> 孙赐号本行，酒家博士，诚实不欺。主人爱之，假以百千，使为脚店。孙固辞。主人曰："不责还期也。"孙曰："请以一岁为约。"先期已还足。货于人者，不计其可偿。其货渐伙大。乃置图画于壁间，列书史于几案，为雅戏之具，皆不凡。人竞趋之。久之，遂开正店建楼，渐倾中都。

汴梁市场的营业，由于过度发达，产生两种特色：

（1）信用制度。汴梁市场的营业既是那么大，交易手续，有力求简单化的必要。人类初时物物交易，手续相当不便。其后以货币作交易的媒介，手续比较简单。可是，在营业过大，如上述"每一交易，动即千万"的时候，在交易上老是要支付货币，也是非常麻烦的。因此，商业组织完密的结果，又以信用代替货币，买卖时不必见钱交易，只靠信用便成。《宋会要·食货》三七载：

> （乾兴元年）六月，诏在京都商税院，并南河、北市，告示客旅等："自今后如将到行货物色，并须只以一色见钱买卖，交相分付。如有大段行货，须至赊卖与人者，即买主量行货多少，召有家活物力人户三五人以上，递相委保，写立期限文字交还。如违限，别无抵当，只委保人同共填还。若或客旅不切依禀，只令赊买人写立欠钱文字，别无有家业人委保，官中今后更不行理会。若是内有连保人，别无家活，虚作有物力，与店户、牙人等通同曚昧客旅，诳赚保买物色，不还价钱，并乞严行决配。"

又上引《丞相魏公谭训》卷一〇说孙赐"贷于人者，不计其可赔偿"，也是交易时以信用代替货币的例子。

（2）堆栈的发达。"每一交易，动即千万"的商品，由于空间的限制，绝不能完全在市场上陈列着，如古代物物交换时那样。事实上，只要市场有严密的组织，商品大可以不全列市上，而存放在距离市场很远的堆栈中；因为只要有货样可凭，便可作为交易的根据。所以商业愈大，堆栈愈发达。当时汴梁的堆栈，分为两种：① 邸店——这是私人开设的。《宋会要·食货》三〇载崇宁二年：

> 十月三日，京城提举茶场司状："勘会未置水磨茶场已前，商客贩茶到京，系民间邸店堆垛。候货觉了当，或翻引出外，自例出备垛地户钱与邸店之家。……"

按邸店除用作存放货物外，同时又是供给旅客住宿的旅店。北宋的官吏，如宰相赵普、何执中等，都在汴梁开设邸店，因为可获厚利（并见拙著《宋史官吏之私营商业》第八节，《集刊》第七本第二分）。又前文曾说后周周景在汴梁建筑巨楼，堆存货物，发利甚大。这巨楼也是邸店的性质，在北宋时仍旧营业。② 堆垛场——这是政府开设的。《宋会要·食货》一七（或《职官》二七）载元丰三年八月：

> 十五日，都大提举汴河堤岸宋用臣言："本司沿汴及京城所房廊地，并召人僦纳官课。纸、红花、麻、布、醉行，皆隶本所，为堆垛场。……"

又同书载元丰：

> 四年八月七日，后苑房廊所言："取蔡河南房廊屋，并旧在骐骥院地修盖，寄收（职官二七作囤）蔡河贾人谷，及堆垛六路百货。"从之。

按骐骥院是北宋汴梁政府养马的机关。《梦华录》卷一说：

> 养马日左右骐骥院，天驷十监。

又《续通鉴长编》卷三二八云：

> 时（元丰五年八月）京城置堆垛场，物货居积，商贾患之。（王）安礼奏曰……

（五）汴梁输出入贸易的经营者

孔子说："富而可求也，虽执鞭之士，吾亦为之。"太史公说："天下熙熙，皆为利来；天下攘攘，皆为利往。"可见追求利润，是人类一种很自然而普遍的活动，不足为怪。在北宋时，营商是追求利润最好的办法，因为那时商业的利润非常大（见拙著《宋代官吏之私营商业》第二节）。而在营商的种种方面中，尤以经营汴梁的输出入贸易为最有利。因为汴梁，如前文所说，在北宋时是最

北宋汴梁的输出入贸易

大的消费地。在那里的消费者,不单是数量多,而且非常富有,购买力极强。所以凡是外来的商品,无论数量多么大、价格多么贵,都不愁找不到主顾。同时,汴梁是当时主要的交通中心,各地货物多以此为集散地,而且当地的工业又是相当发展;所以将集中于此的货物以及生产于此的工业品贩运至其他地方,也是一种追求利润的好办法。因此,经营汴梁输出入贸易的人非常多。在这些人中,不限于正式的商人,且包括外国的使臣、在任和罢任的官吏、赴汴应试的举子,以及从事工业和农业的生产者。

经营汴梁输出入贸易的商人,以南方的为多。因为,如上述,南方的江、淮、四川都是大生产地,而东南沿海又有很好的对外贸易港,所以从南方输入汴梁的国内外商品甚多,从而经营此业的南方商人也多起来。《梦华录》卷三云:

> 保康门瓦子东去,沿城皆客店。南方官员、商贾、兵级,皆于此安泊。

又《宋会要·职官》四二云:

> 同日(大观四年十月九日),诏:"……近据王畴奏称,东南客旅,多是要贩行货入京,少有在外领公据入京请钱之人。……"

商人所从来的"南方"或"东南",指的是哪些地方?沈括《长兴集》卷二一《扬州重修平山堂记》说:

> 扬州常节制淮南十一郡之地。自淮南之西,大江之东,南至五岭、蜀、汉,十一路百州之迁徙贸易之人,往还皆出其下。舟车南北,日夜灌输京师者,居天下之七。

又前文曾引《汴都赋》说:

> 越舱吴艚,官舻贾舶,闽讴楚语,风帆两楫,联翩方载,钲鼓铛铃。

又《玉昭新志》卷二《广汴都赋》说:

> 越商海贾,朝盈夕充。

这里说的"海贾",指的是大食等国的商人。《宋会要·职官》四四载:

>（崇宁）三年五月二十八日，诏："应蕃国及土生蕃客，愿往他州或东京贩易物货者，仰经提举市舶司陈状。本司勘验诣实，给与公凭。前路照会经过官司，常切觉察。不得夹带禁物及奸细之人。其余应有关防约束事件，令本路市舶司相度，申尚书省。"先是广南路提举市舶司言："自来海外诸国蕃客，将宝货渡海赴广州市易务抽解，与民间交易，听其往还，许其居止。今来大食诸国蕃客，乞往诸州及东京买卖，未有条约。"故有是诏。

此外，关于四川商人之赴汴营商，洪迈《夷坚丙志》卷七亦云：

>京师安氏女，嫁李维能观察之子。为祟所凭。……安氏作鬼语曰："……我本蜀人，以商贾为业。安氏吾妻也。……"

汴梁输出入贸易的经营，虽以东南或南方的商人为多，西北商人也参加在内。《西塘文集》卷一《税钱三十文以下放》云：

>自市易法行，商旅顿不入都，竟由都城外径过河；陕西北客之过东南亦然。盖诸门皆准都市易司指挥，如有商货入门，并须尽数押赴市易司官卖。以此商税大亏，上下通同瞒昧。

按作者郑侠是王荆公的死对头。他曾绘流民图攻击荆公，荆公因此下台（见《宋史》卷三二一《郑侠传》及卷三二七《王安石传》）。所以他这里反对市易法的话，恐怕有些过火。就算这全是事实，那么，在行市易法以前，陕西北客也是入汴梁贸易的。由此可见汴梁输出入贸易的经营，各地商人均有参加。汴梁因为有这许多外来的商人，居民潜移默化的结果，遂放弃狭隘的地方主义，而趋向 Cosmopolitanism（世界主义）。《梦华录》卷五云：

>加之人情高谊。若见方外之人，为都人凌欺，众必救护之。……或有从外新来邻左居住，则相借借动使，献遗汤药，指引买卖之类。

汴梁输出入贸易的经营，外国使臣也参加。当时各国派赴汴梁的外交官吏，除朝贡外，贸易是他们的主要任务。《宋会要·食货》五五云：

>熙宁七年四月五日，诏："自今诸国进奉人到阙，更不差市易务上界

北宋汴梁的输出入贸易

官主买卖。"(又见于《续通鉴长编》卷二五二)

又同书《食货》五五引《九朝纪事本末》载：

> (元祐元年闰二月)己酉，诏市易务："见计置下准备外国人使收买之物约五万贯，令止据见在数目供卖。……"

例如《宋史》卷一八六《食货志》说西夏使臣入汴贸易云：

> 西夏自景德四年于保安军置榷场，以缯、帛、罗、绮易驼、马、牛、羊、玉、毡毯、甘草……入贡至京者，纵其为市。

又卷四八五《西夏传》云：

> (景德)四年，又献马五百匹，橐驼三百头。谢给奉廪，赐袭衣、金带、器币；及请使至京，市所需物。从之。
>
> 许自置官属，使至京就驿贸卖。(又见于《续通鉴长编》卷一五三)

又卷二八六《薛奎传》云：

> 赵元昊每遣使至京师，请奉予吏，因市禁物，隐关算为奸利。

又《宋会要·食货》三八载：

> (庆历)六年正月十八日，枢密院言："夏国近遣贺正旦人到阙，以钱银博买物色，比前数多。欲令引伴郑余寿到界首，婉顺谕以白、承用等：'今次博买物，以榷场未开，因兹应副。今后场中无者，必难应副。只于场中博易。'"从之。

又《续通鉴长编》卷二〇六载治平二年十二月甲辰司马光的话云：

> 臣虽愚驽，不习边事，窃私意料之，谅祚所以遣使称臣奉贡者：一则利于……二则利于入京贩易……也。

此外，各国使臣之入汴贸易，均见于《宋会要》。关于辽国使臣之入汴贸易，《职官》三六载：

> (庆历)三年三月，勾管国信所言："自今通事，殿侍与契丹私相贸易及漏泄机事者，以军法论。在驿诸色人犯者，配流海岛。……"从之。

按西夏及辽的使臣贸易所在的驿,是在汴梁的。《梦华录》卷六云:

> 其大辽使人在都亭驿。夏国在都亭西驿。

关于于阗使臣之入汴贸易,《蕃夷》四及七载:

> (元丰元年)十二月二十五日,诏熙河路经略司指挥熙州:"自今于阗国入贡,唯赉国表及方物,听赴阙。毋过五十人,驴马头口准此。余物解发,止令熙州、秦州安泊,差人主管卖买。婉顺开谕,除乳香以无用,不许进用,及挟带上京并诸处货易外,其余物并依常进贡博卖。"

关于吐蕃使臣之入汴贸易,《食货》三八载:

> (元丰二年)六月十七日,董毡贡奏(一作供奉)大首领景青宜,党令支等辞。上(神宗)召谕曰:"归告董毡,今既已许汝纳款,此后可遣人来,任便交易。"(《蕃夷》六及《续通鉴长编》卷二八九均有相似的记载)

按董毡是吐蕃的首领,见《宋史》卷四九二《吐蕃传》。此外,西南溪洞诸蛮的进奉使臣,也在汴贸易。《蕃夷》七载:

> (天圣四年)八月十四日,诏:"溪洞诸州蛮人进奉,今后只于逐州交纳贡物,给赐价钱。每二年一次,许首领至京,因便买卖。仍自今年为始。"

宋代官吏私营商业之风甚盛(见拙著《宋代官吏之私营商业》),其中经营汴梁输出入贸易的人也不少。《宋会要·食货》一七载:

> (天圣四年四月)六日,审刑院言:"准咸平四年诏:'京朝幕职官、州县官,今后在任及赴任得替,不得将行货物色兴贩。如违,并科违敕之罪,商物依例抽□罚。如非兴贩,即逐处不得妄有点检申举。俸余买物,瞻(赡?)家之外,货卖如有发露,并作远制私罪定断。'参详未便。乞今后应官员使臣赴任,不得兴贩行货,于本任货卖,及在任买物。如违,并依元敕定断。若得替抽税,并许于本处,依在市见卖价例,收买物色。如或亏损,致人论诉,即依条施行。"从之。

文中大意是说:"中央"及地方的官吏,于赴任时,运货往任职地点贩卖,为法律所不容许；及罢任,在任职地点合法的收买货物,然后离职他往,自天圣四年起,却是法律所容许的。由此可知,在汴梁的"中央"官吏,有经营汴梁输出入贸易的行为。至于在各地的地方官吏,罢任时在任职地点买到的货物,大多数也是运到当时大消费地汴梁来卖。《梦华录》卷三说在相国寺的市场中,

> 殿后资圣门前,皆书籍、玩好、图画及诸路罢任官员土物、香药之类。

此外,纲运官吏因为在交通路线上服务,有很好的机会来经营汴梁的输出入贸易。《宋史》卷一七五《食货志》云:

> 后发运使权益重。六路上供米团纲发船,不复委本路,独专其任。文移垒并,事目繁夥,不能检察。操舟者赇诸吏,得诣富饶郡,市贱买贵,以趋京师。

以上说经营汴梁输出入贸易的官吏,大多用私人资本,所获利润亦全归私囊。其次,又有用公家资本经营,所获利润亦归于公家的。《宋会要·食货》三七云:

> (熙宁八年九月)十四日,诏:"坊场钱,令司农寺下诸路岁发百万缗,于市易务封寄。许变易物货至京。"

> (九年)四月三日,诏在京市易司:"发物货,为钱计直十五万缗,赴熙河市易司货易见钱为本。其货物却于截到运司钱内除破。"(又见于《续通鉴长编》卷二七四)

复次,赴汴应试的举子,也是汴梁输出入贸易的经营者。《麈史》卷中说:

> 王侍郎古说:元宪宋公,以言者斥其非才,罢枢相守洛。有一举人行囊中有不税之物。公问:"何缘而发之?"吏言:"因其仆告。"公曰:"举人应举,孰无所货之物?未可深罪。若奴告主,此风不可长也。"僚属曰:"此犯人乃言官之子也。"为其父尝有章及元宪,欲激其报耳。公曰:"弗可。"送税院倍其税,仍治其奴以罪,而遣之。众服之。

按"举人应举",指的是赴汴梁应试。同书说:"廖淳推官从其兄入京师应举。"

可以为证。又施彦执《北窗炙輠录》卷上云：

> 赵清献初入京赴试。每经场务，同行者皆欲隐税过。清献不可，以谓："士人已欺官，况他日在仕路乎？"竟税之。

以上均说举子经营汴梁的输入贸易。举子应试后，及第的做官去了，下第的仍旧营商，即经营汴梁的输出贸易。释文莹《湘山野录》卷下云：

> 抚人饶竦者，驰辩逞才，素捭阖于都下。熙宁初，免解到阙。因又失意……又一岁，下第出京。庇巨商厚货，以免征算。自撰除目一纸，尽宰府两禁及三路巨镇除拜迁移，皆近拟议。凡过关，首谒局吏。坐定，遽曰："还闻近日差除否？"仕人无不愿闻者。曰："某前数日闻锁院，临出京，在某官宅恰见内采录至，遂行。其间宁不少关亲旧者？"闻之，无不愿见。读讫，即曰："下第穷生，弊舟无一物，敢烦公吏略赐一检。"其官皆曰："岂烦如是？"言讫拜辞，飘然遂行。凡借此术下汴淮，历江海，其关赋仅免二三千缗。苟移其用以济大谋，遂为妙策欤？（又见于《皇朝类苑》卷七一引《倦游录》）

又《夷坚丁志》卷一六云：

> 番阳士人黄安道治诗，累试不第，议欲罢举为商，往来京、洛、关、陕间。小有所赢，逐利之心遂固。方自京赍货且西，适科诏下。……

按北宋科场的考选，间隔没有一定。有行岁贡制的，如崇宁年间；间岁一贡的，如嘉祐年间；有三岁一贡的，如治平年间；此外也有四五岁一贡的，如嘉祐以前（详见王应麟《玉海》卷一一六及《宋史》卷一五五《选举志》）。至于应试的人数，据《宋史·选举志》说："淳化年间，诸道贡士凡万七千余人。"平均三年一次，便有这许多举子入汴应试，而这些举子又全都经营商业（上引《麈史》卷中载宋元宪的话云："举人应举，孰无所货之物？"），可见在汴梁输出入贸易的经营中，举子所占的地位是不可轻视的。

最后，从事工业和农业的生产者，也经营汴梁的输出入贸易。前文引《春渚纪闻》卷九说汤阴的制砚工人将砚"持至京师"来卖，《宋会要·食货》三七说"京城浩穰，乡庄人户般载到柴草入城货卖不少"，都是明显的例子。

二、汴梁的输入贸易

(一) 饮食品的输入

1. 概况

《汴都赋》说北宋汴梁的市场：

> 其中则有安邑之枣，江陵之橘，陈夏之漆，齐鲁之麻，姜桂藁谷，丝绵布缕，鲐鳖鲰鲍，鰊盐醓豉。

又《宋史》卷一八六《食货志》(或《文献通考》卷一四)载：

> (大观)二(《通考》作三)年，诏在京诸门："凡民衣、屦、谷、菽、鸡、鱼、蔬、果、柴、炭、瓷、瓦器之类，并蠲其税。岁终计所蠲数，令大观库给偿。"

由此可见各地饮食类商品输入汴梁之多。复次，汴梁在当时盛行着奢侈的风气，所以由各地输入汴梁的饮食类商品，不独量多，而且质好。如《梦华录序》云：

> 会寰区之异味，悉在庖厨。

又欧阳修《居士集》卷九《读书》说他在汴梁做官时：

> 杯盘穷水陆，宾客罗俊彦。

这些优美的食品，大多来自南方。同书卷六《京师初食车螯》云：

> 五代昔乖隔，九州如剖瓜。东南限淮海，邈不通夷华。于时北州人，饮食陋莫加。鸡豚为异味，贵贱无等差。自从圣人出，天下为一家。南产错交广，西珍富邛巴，水载每连轴，陆输动盈车。溪潜细毛发，海怪雄须牙。岂惟贵公侯，闾巷饱鱼虾。

按南方在当时是以饮食的精美著名于世的。同书卷二《送慧勤归余杭》云：

> 南方精饮食，菌(一作箘)笋鄙羔羊。饭以玉粒粳，调以甘露浆。一

馔费千金,百品罗成行。

2. 粮食的输入

北宋汴梁消耗的粮食,大多取给于江、淮一带。《宋史》卷二六〇载李怀忠的话云:

> 东京有汴渠之漕,岁致江、淮米数百万斛。禁卫数十万人仰给于此,帑藏重兵皆在焉。

关于由江、淮等地漕米入汴的情形,详见《宋史》卷一七五《食货志》。这几百万斛的米,是由江、淮一带的人民以赋税的形式来供给汴梁政府的。其中大部分用作军队的给养。除此以外,汴梁大量人口消耗的粮食,便有待于商人的输入。《续通鉴长编》卷六三载景德三年五月:

> 戊辰,三司言:"富商大贾,自江、淮贱市秔稻,转致京师,坐邀厚利。请官籴十之三。"不许。

又《宋会要·食货》四〇载:

> (建炎)二年正月二十七日,诏以京师阙米,令榷货务于桩下河北路寄籴斛斗钱内,支钱五十万贯。委宗泽置场收籴。仍下两浙、江、淮路转运司出榜晓示客旅通行知委。

其中关于苏州(当时属两浙路)的米之输入汴梁,《吴郡图经续记》卷上云:

> 稻有早晚,其名品甚繁。农民随其力之所及,择其土之所宜,以次种焉。惟号"箭子"者为最。岁供京师。

由这些地方输入汴梁的粮食,以汴河为运输的主要河道。汴河一阻浅,不能航运,汴梁米价即上涨,可见汴河在粮食运输上的重要。《续通鉴长编》云:

> (景德二年)十一月,诏于京城出仓粟减价出粜。以汴流阻浅,运舟不至,谷价腾贵故也。(卷五七)

> 是岁(景德二年)江、浙大穰,谷价尤贱。舳舻衔尾,入凑京都。会汴水干浅,故辇下粮斛涌贵。(卷六一)

此外,其中一部分粮食也有由蔡河运往汴梁的。《宋会要·食货》一七(或《职官》二七)载:

> (元丰)四年八月七日,后苑房廊所言:"取蔡河南房廊屋,并旧在骐骥院修盖,寄收(《职官》二七作囤)蔡河贾人谷,及堆垛六路百货。"从之。

按蔡河即惠民河,由汴梁一直通到淮西寿春一带。所以这里说的"蔡河贾人谷",指的是由淮西及蔡河沿岸运入汴梁的谷。

北宋汴梁消耗的粮食,除从江淮一带输入外,又有来自汴梁附近的农村的。《宋会要·食货》五三云:

> 太宗淳化三年六月,诏:"京几(畿?)大穰,物价至贱。"分遣使于京城四门,置场增价以籴。令有司虚近仓贮之,命曰常平。以常参官领之。岁歉,减价以粜,用赈贫民。以为永制。

有来自山东的。上引《汴都赋》说汴梁的市场有:

> 齐鲁之麻,姜桂藁谷……

此外又有来自湖南的。《宋史》卷六二《五行志》云:

> 熙宁元年,益阳县雷震山裂,出来数十万斛。赍至京师。信米也,但色黑。

又吴曾《能改斋漫录》卷一五云:

> 王禹玉……又言:"潭州益阳雷震山裂,出米可数十万斛。饮之成饭,而腥不可食。有赍其米至京师者。"禹玉以相贻。其状信米也,面色黑如炭。

以上说各地粮食之输入汴梁,偏于谷米方面。此外,汴梁消耗的麦及面,也是来自外地。《夷坚支戊》卷七云:

> 许大郎者,京师人。世以鬻面为业,然仅能自赡。至此老,颇留意营理,增磨坊三处,买驴三四十头,市麦于外邑,贪多务得,无时少缓。如是十数年,家道日以昌盛,骎骎致富矣。

又《夷坚支丁》卷七说外地的麦由南薰门运入汴梁云：

> 京师妇人夏三娘死经年，见梦春子杜生曰："我在生时，欠某坊王家钱十二贯，某坊陈家钱三十四贯，生谪为王氏驴，而鬻于陈。王氏所得价钱，偿已足。而陈未也，日与之负麦。然一往返才直三十八钱许，今日以外，尚欠十八千，非两年不可了。吾昔日瘗银百余两于堂内户限下，可发取以赎我！"其子曰："即往寻访，以何为记？"曰："明早从南薰门入，骡最先行，别又一驴，次则我。汝来时，我自举头视汝。"杜生寤，掘地得银，径诣南薰待之。果遇麦驮联翩来，第三者仰头相视。杜雨泣，欲牵以归。……

又《梦华录》卷三亦云：

> 其卖麦面，每秤作一布袋，谓之一宛；或三五秤作一宛。用太平车或驴马驮之，从城外守门入城货卖。至天明不绝。

按汴梁消耗的麦来自淮南一带。《续通鉴长编》卷二八一载熙宁十年四月丙戌：

> 诏："访闻昨水利司于淮南收籴下小麦万数不少……即指挥水利司并淤田司将籴到数目，令逐司并津置赴京出粜。"

因为汴梁对于外来粮食的需要甚大，汴梁政府对于粮食，除饬主管官吏整顿漕运（见《宋史》卷一七五《食货志》）外，极力奖励商人的输入。这由于政府优待贩运粮食商人的事实，可以看出。首先，政府对于商人输入的粮食，在价格的规定上予以便利。《宋史》卷一八三《食货志》（或《通考》卷一五及一八）云：

> 端拱二年，置折中仓。听商人输粟京师，优其直，给江、淮茶盐。

又同书卷二七六《陈从信传》云：

> 开宝三年秋，三司言："仓储月给，止及明年二月。……"太祖大怒……三司使楚昭辅惧，诣太宗求宽释，使得尽力。太宗既许，召（陈）从信问之。对曰："……今市米腾贵，官价斗钱七十，贾者失利，无敢致于京

师。虽居商厚储,亦匿而不粜。是以米益贵,民将饿殍。若听民自便,即四方奔凑,米多而价自贱矣。"太宗明日具奏。太祖可之。其事果集焉。(《续通鉴长编》卷一三有相似的记载)

复次,政府对于输入的粮食,曾数次准予免税。同书卷一八六《食货志》载:

> (元祐)八年,权蠲商人载米入京粜卖力胜之税。先是……至是,苏轼言:"法不税五谷。请削去力胜钱之条,而行天圣免税之制。"既而尚书省亦言:"京师谷贵,欲平其直",复权蠲之。后徽宗宣和中,以州县灾伤,并赡给州县,亦一再免。旋复如旧。

由此可知天圣、元祐、宣和年间,政府对于输入汴梁的粮食,都准予免纳力胜税。其中关于元祐、宣和年间的免税,《宋会要·食货》一七亦云:

> (元祐)八年十月二十三日,诏:"外路客人兴贩斛斗,愿入京粜货者,应合收力胜税钱,并权免纳。"以尚书省言,在京谷贵,欲使商贩流行,以平市价也。

> (宣和三年)四月二十五日,诏:"……客人应兴贩斛斗,如愿赴都下者,限指挥到日,与权免力胜、席角等钱半年。其所贩斛斗,候至京,许令依市价径自粜卖。限满依旧。应有关防等及合下路分,令尚书省条具取旨。"

按宣和三年免收入汴粮食的力胜税,诏中虽说以半年为限,事实上免税期间延至两年有多。同书载:

> (宣和)五年九月二十三日,诏:"东南六路贩入京斛斗,自今年一月为头,依旧收纳力胜。"

除上述数次免税外,建炎年间,因汴梁屡被金兵侵扰(见《宋史》卷二三《钦宗纪》及卷二四至二五《高宗纪》),粮食来源缺乏,政府对于入汴粮食,亦免收力胜税。《宋会要·食货》一七载:

> (建炎)二年四月二十七日,诏:"应客贩粮斛、柴、草入京,船车经由官司抑令纳力胜商税钱者,从杖一百科罪。许客人越诉。收税多,法应

重者，自从本法。"九月二十二日，东京留守兼开封尹杜充言："京城物斛涌贵。客贩盐、米，多被沿河口岸邀难，大纳力胜税钱。乞令客人于装发州县官司，具数自陈，出给公据收执，并与免沿河口岸力胜税钱。候到京城，将公据付都商税院缴纳。如官司辄敢阻节，并听于邻近官司陈诉。"从之。

三年四月一日，诏："应兴贩物斛入京，许客人经所在去处，陈状出给公据，沿路商税力胜并特放免。粜到价钱，不限贯百，令留守司验实给据，放令出门。……"

3. 水产的输入

《梦华录》卷四云：

> 卖生鱼，则用浅抱桶，以柳叶间串，清水中浸，或循街出卖。每日早，惟新郑门、西水门、万胜门，如此生鱼有数千檐入门。

由此可见由各地输入汴梁的水产之多。

汴梁消耗的水产，来自下列各地：

(1) 黄河沿岸——《梦华录》卷四云：

> 冬月即黄河诸远处客鱼来，谓之车鱼。每斤不上一百文。

又周煇《清波别志》卷下云：

> 煇后观《琐碎录》内一条："京师东华门何、吴二家，造鱼鲊十数商作一把，号把鲊。著闻天下，文士有为赋诗，夸为珍味。其鱼初自澶、滑河上斫造，以荆笼贮入京师。道中为风沙所侵，有败者。乃以水濯，小便浸一过，控干，入物料。肉益紧而味回。"……《琐碎录》凡四百余条，悉论物理，乃宣、政贵人所纂也。

(2) 山东、河北沿海——上引《汴都赋》说汴梁的市场有：

> 齐鲁之……鲐鳖鰋鲍，鳙盐醢豉。

又《丞相魏公谭训》卷一〇云：

> 祖父常说在沧州时……一日渔人献一腽肭脐。置一大桶中，以水养

之,鲜健善啖,可久养。祖父恐其失性伤生,不纳之。后元祐中,有挈至京师者。自王侯戚里富豪之家,无不取观。所得甚厚。谓之海哥。亦常转入禁中,甚有谣咏,不知是何祥也。

朱彧《萍洲可谈》卷二亦载此事云:

元祐间,有携海鱼至京师者,谓之海哥。都人竞观。其人以槛寘鱼,得金钱则呼,鱼应声而出。日获无算。贵人家传召不少暇。……海哥,盖海豹也。有斑文如豹,而无尾。凡四足,前二足如手,后二足与尾相纽如一。登、莱傍海甚多。其皮染绿,可当鞍鞯。当时都下以为珍怪。蠢然一物,了无他能。贵人千金求一视,唯恐后。岂适丁其时乎?

又《玉照新志》卷五亦云:

嘉祐末(按上引二书均作"元祐间","嘉祐末"误;因上引二书为北宋作品,而此书成于南宋,时代较后。),有人携一巨鱼入京师,而能人言,号曰海哥。衒耀于市井间。豪右左戚,争先快睹。……

(3) 江淮一带——如周煇《清波杂志》卷一二说淮甸虾米输入汴梁云:

又见故老言,"承平时,淮甸虾米用席裹入京。色皆枯黑,无味。以便溺浸一宿,洗去,则红润如新。又岁久,佩香,以虎子覆一夕,芳馥仍旧。"

又陈师道《后山丛谈》卷四说蛤蜊入汴云:

仁宗每私宴,十合分献熟食。是岁秋初,蛤蜊初至都。或以为献。仁宗问曰:"安得已有此邪?其价几何?"曰:"每枚千钱。"一献凡二十八枚。上不乐曰:"吾常戒尔辈勿为侈靡。今一下箸费二十八千,吾不欲也。"遂不食。

按蛤蜊乃蛤之俗称,欧阳修《居士集》卷六《京师初食车螯》说是来自南方近海的地方:

累累盘中蛤,来自海之涯。坐客初未识,食之先叹嗟。五代昔乖隔,九州如剖瓜。东南限淮海,邈不通夷华。于时北州人,饮食陋莫加。鸡

> 豚为异味,贵贱无等差。自从圣人出,天下为一家。南产错交广,西珍富卭巴。水载每连舳,陆输动盈车。溪潜细毛发,海怪雄须牙。岂惟贵公侯,间巷饱鱼虾。此蛤今始至,其来何晚邪?螯蛾闻二名(车螯一名车蛾),久见南人夸。璀璨壳如玉,斑斓点生花。含浆不肯吐,得火遽已呀。共食惟恐后,争先屡成哗。但喜美无厌,岂思来甚遐?多惭海上翁,辛苦研泥沙。

按《吴郡图经续记》卷上说吴郡产蛤。欧阳修诗中说南方近海的地方,当即指此。

(4)蔡河流域——王巩《清虚杂著补阙》云:

> 京师旧未尝食蚬蛤,自钱司空始。访诸蔡河,不过升勺,以为珍馔。自后士人稍稍食之,蚬蛤亦随而增盛。

4. 牲口的输入

北宋汴梁消耗的外来牲口,见于记载的,有猪、牛、羊三种。《宋会要·食货》一七(或《职官》二七)云:

> 钦宗靖康元年四月十四日,诏:"都城物价未平,来者尚少。入门猪、羊及应干合税物色,并权更免税一季。"

又《续通鉴长编》卷二八三载熙宁十年沈括的话云:

> 四夷皆仰中国之铜币,岁阑出塞外者不赀。……京师百官之饔饩,他日取羊、牛于私市者,惟以百货易之。近岁以疥疾干没之为蠹,一切募民入饩,牵于京师。虽革刍牧之劳,而牛、羊之来于外国,皆易以中国之实钱。如此之比,泄中国之钱于北者岁不知其几何!

其中关于猪的输入汴梁,《梦华录》卷二云:

> 南去即南薰门。其门寻常士庶殡葬车舆,皆不得经由此门而出,谓正与大内相对。唯民间所宰猪须从此入京。每日至晚,每群万数,只十数人驱逐,无有乱行者。

由此可见汴梁消耗外来的猪之多。

汴梁所消耗的羊来自辽国及陕西。《续通鉴长编》卷五三(或《宋会要》职官二一)云：

> 是日(咸平五年十二月丙戌)，上(真宗)谓宰臣曰："御厨岁费羊数万口，市于陕西，颇为烦扰。近来北面榷场贸易颇多，尚虑失于蓁牧。"

其中关于辽国的羊之输入，同书卷二一一载熙宁三年五月庚戌：

> 制置条例司言："诸路科买上供羊，民间供备几倍。而河北榷场博买契丹羊岁数万，路远抵京，则皆瘦恶耗死。屡更法，不能止。公私岁费钱四十余万缗。近委著作佐郎程博文访利害。博文募屠户以产业抵当，召人保任，官豫给钱，以时日限口数斤重供羊。人多乐从，得以充足。岁计除供御膳，及祠祭羊依别圈养栈外，仍更栈养羊，常满三千为额，以备非常支用。"从之。

至于陕西的羊之输入，《范文正公集》卷一一《宋故同州观察使李公道碑铭》云：

> (李士衡)为三司使。陕西旧科吏人，采木送京师，度三门之险，破散者大半。又每岁市羊，亦遣吏送，而羊多毙于道。二者吏皆破产以偿。西人苦兹五十年矣。公请募商旅送木于京师，如入粟法，售以池盐；又请许其吏私市羊以副之，免关征算，得补其亡失。自是西人鲜复破产。

《宋史》卷二九九《李仕衡传》亦载此事云：

> 入为三司使。……乃更陕西入粟法，使民得受钱与茶。旧市羊及木，责吏送京师。而羊多道死，木至滟险处往往漂失，吏多破产不能偿。仕衡乃许吏私附羊，免其算，使得补死者；听民自采木输官，用入粟法偿其值。

按北宋政府在陕西的保安军、镇戎军置有榷场，以便与西夏贸易。在由西夏输入的商品中，羊是其中主要的一种。《宋史》卷一八六《食货志》云：

> 西夏自景德四年于保安军置榷场，以绵、帛、罗、绮易驼、马、牛、羊……久之，元昊请臣，数遣使求复互市。庆历六年，复为置场于保安、

镇戎二军。继言，驱马、羊至，无放牧之地。为徙保安军榷场于顺宁砦。

所以由陕西输入汴梁的羊，大部分来自西夏。

5. 水果的输入

《梦华录》卷二说汴梁的酒肆中：

> 又有托小盘卖……河北鹅梨……西京雨梨、尖梨、甘棠梨、凤栖梨、镇府浊梨、河阴石榴、河阳查子、查条、沙苑榅桲、回马孛萄、西川乳糖、狮子糖、霜峰儿、橄榄、温柑……。

由此可见各地水果输入汴梁之多。现为便利计，分为下列各种述之。

（1）蒲萄——来自河东，即今山西。陶谷《清异录》卷上云：

> 河东蒲萄有极大者，唯土人得啖之。其至京师者，百二子，紫粉头而已。

又上引《梦华录》卷二记有"回马孛萄"。按"孛"与"蒲"同音，"孛萄"当即"蒲萄"。回马，河名，在山西境内。郭晋等《乾隆太谷县志》卷二云：

> 乌马河，即回马河，在县东南二十五里。源出榆社黄花岭下。西流至县西北，合咸阳谷水。又西流经清源、祁县界注于汾。

所以回马孛萄或是与河东蒲萄同物异名，或是河东蒲萄的一种。

（2）枣——来自青州及亳州、安邑等处。《梦华录》卷八云：

> 是月（七月）瓜果梨枣方盛。京师枣有数品：灵枣、牙枣、青州枣、亳州枣。

又上引《汴都赋》说汴梁的市场：

> 其中则有安邑之枣……

（3）桃——关于输入汴梁的桃之名称及产地，《梦华录》卷八云：

> 是月（六月）时物：巷陌路口桥门市井皆卖……卫州白桃、南京金桃……

又同书卷三及一〇均记有"胡桃"，这想是出自外国的。

(4) 鸡头——来自五岳宫及郑州。《居士集》卷九《初集鸡头有感》云：

> 六月京师暑雨多，夜夜南风吹芡觜。凝祥池锁会灵园，仆射荒陂安可拟(京师卖五岳宫及郑州鸡头最佳)。争先园客采新苞，剖蚌得珠从海底。郡城百物贵新鲜，厥价难酬与珠比。……

关于汴梁买卖鸡头的情形，《梦华录》卷八云：

> 立秋日，……鸡头上市，则梁门里李和家最盛。中贵戚里，取索供卖。内中泛索，金合络绎。士庶买之，一裹十文。用小新荷叶包掺，以麝香红小索儿系之。卖者虽多，不及李和一色拣银皮子嫩者货之。

(5) 莲子——来自梁山泊。《丞相魏公谭训》卷一〇云：

> 祖父常言：在馆中时，雇得一婢。问其家何为？云："住曹门外，惟锤石莲。"问："一家几人，各何为？"云："十口皆然，无他业。"初甚讶之。又云："非独某家，一巷数十家皆然。"盖夏末，梁山泊诸道载莲子百十车，皆投此巷，馈取莲肉，货于果子行。乃知京师浩瀚，何所不有，非外方耳见所及也。

(6) 甜瓜——来自襄邑义塘村。《梦华录》卷八云：

> 是月(六月)时物：巷陌路口桥门市井皆卖……义塘甜瓜……

又张邦基《墨庄漫录》卷二云：

> 襄邑义塘村出一种瓜，大者如拳。破之，色如黛。味甘如蜜，余瓜莫及。顷岁贡之。以其子莳他处，即变而稍大，味变减矣。

(7) 柑——沈遘《西溪文集》卷一《赠梅圣俞柑实》云：

> 柑实来海滨，万里亦以勤。中州富佳果，乃无一与伦。……

按《宋史》卷三三一说沈遘曾"知开封府，迁龙图阁直学士"。所以这里说的"中州"，当即汴梁无疑。又上引《梦华录》卷二记有"温柑"，所以沈遘说"柑实来海滨"，是指温州一带而言。

(8) 金橘——来自江西。欧阳修《归田录》卷二云：

> 金橘产于江西。以远难致，都人初不识。明道、景祐初，始与竹子俱至京师。竹子味酸，人不甚喜，后遂不至。而金橘香清味美，置之樽俎间，光彩灼烁，如金弹丸，诚珍果也。都人初亦不甚贵。其后因温成皇后尤好食之，由是价重京师。

又张世南《游宦纪闻》卷二云：

> 金橘产于江西诸郡。有所谓金柑，差大而味甜。年来商贩小株，才高二三尺许。一舟可载千百株。其实累累如垂弹，殊可爱。价亦廉，实多根茂者才直二三镮。往时因温成皇后好食，价重京师。然患不能久留。惟藏绿豆中，则经时不变。盖橘性熟，豆性凉也。

（9）荔枝——来自福建。蔡襄《荔枝谱》第三云：

> 福州种植最多，延迤原野。洪塘、水西，尤其盛处。一家之有，至于万株。城中越山，当州署之北，郁为林麓。……初著花时，商人计林断之以立券。若后丰寡，商人知之，不计美恶，悉为红盐者。水浮陆转，以入京师。

（10）橄榄——来自南方。《居士集》卷四《橄榄》云：

> 五行居四时，维火盛南讹。炎焦陵木气，橄榄得之多。酸苦不相入，初争久方和。霜苞入中州，万里来江波。幸登君子席，得与众果罗。中州众果佳，珠圆玉光瑳。愧兹微陋质，以远不见诃。……

按欧阳修在汴做官甚久，这里说的"中州"，当然指的是汴梁。《梦华录》卷二记有"橄榄"，可见南方橄榄之输入汴梁，是无可疑的。

（11）松子——来自高丽。《清异录》卷上说新罗使臣贩松子入汴云：

> 新罗使者每来多鬻松子。有数等：玉角香、重堂枣、御家长、龙牙子。唯玉角香最奇，使者亦自珍之。

6. 盐的输入

汴梁消耗的食盐，来自解州。《宋会要·职官》五云：

> 都盐院在归德坊，掌受解州池盐以给京城，及京东诸州出鬻廪禄

又《宋史》卷一八一《食货志》云：

> 引池为盐，曰解州解县、安邑两池。……安邑池每岁种盐千席，解池减二十席，以给本州及三京……

此外，东北盐及淮盐亦输入汴梁。《宋会要·食货》二五载宣和七年三月：

> 二十九日，尚书言："勘会盐法，自奉行减价新法，许行带卖，后来东北盐至三月十七日，计三十八日，共带卖过旧盐一万一千九百三十三袋。今新盐未到之间，且只以都城内外每日食用，大约不下二百袋，三十八日亦用七千二百余袋。况畿内一十七县，并诸镇邑兼东北盐合行州军，皆在其内。若以此比度，即大段亏少。显见奉行官司灭裂，容纵私拆盐盗卖。……"

> 高宗建炎元年十一月二十一日，户部尚书黄潜厚言："东京系东北盐地分。迩来客贩稀少，使民阙食。契勘淮盐地分，最近道路通快。虽两界盐不许相侵，若客人愿贩淮盐入东北盐地分相兼货卖者听，每袋加纳借路钱。"诏令每袋借路钱二贯，候客贩末盐稍通日依旧。

按上引《汴都赋》说汴梁市场中有"齐鲁之……盐"，而山东沿海在当时属于国境的东北边，所以汴梁的东北盐是来自山东沿海一带的。

外地食盐之输入汴梁，以官营为原则。《宋会要·食货》四二云：

> 至道二年二月，诏："自三门垛盐务装发至白波务，每席支沿路抛撒耗盐一斤，白波务支堆垛消折盐半斤。自白波务装发至东京，又支沿路抛撒盐一斤。其耗盐候逐处下卸。如有樌撼消折不尽数目，并令尽底受纳，附帐管系。"

又《宋史》卷一八一《食货志》载：

> （熙宁）八年，大理寺丞张景温提举出卖解盐。于是开封府……等州县，皆官自卖。

此外又有由商人贩运入汴的。可是他们不能直接与当地商人交易，须先卖与

市易务,然后由市易务转卖与当地商人。同书载熙宁八年:

> 诏:"商盐入京,悉卖之市易务,每席毋得减十。民盐皆买之市易务。私与商人为市,许告,没其盐。"

又《宋会要·食货》二四载:

> (熙宁十年)四月十二日,诏:"今后客盐入京,并于市易务中卖。本务依市价收买。虽贱,每席不得减十贯,并画时支还见钱。其京城内外诸厢贩卖盐人,并于本务给印历请买;愿立限赊请者听。如私自买卖,许人告首,等第给赏,盐没纳入官。"(又见于《续通鉴长编》卷二八一)

7. 酒的输入

汴梁消耗的酒,有来自洛阳及四川的。《玉照新志》卷二《广汴都赋》云:

> 亦有蜀中清醥,洛下黄醅。葡萄泛觞,竹叶倾罍。盖既醉而饱德,谓帝力何有于我哉!

此外由各地私贩入汴的酒也不少。《宋会要·食货》二〇载乾隆四年十一月诏:

> 两京及诸道州府禁法地分,并乡村道店有场务处,若外来酒,不许入界。犯者,东京一胜以上,不满三斗,量事科罪。三斗以上,不满五斗,徒一年。五斗以上,不满一硕,徒一年半,配役一年。一硕以上,不满二硕,徒二年,配役一年半。二硕以上,不满三硕,徒二年半,配役二年。三硕以上,不满四硕,徒三年,配役三年。四硕以上处死。告赏悉如上条。西京及诸州府,一胜以上,不满五斗,五斗以上,不满一硕;一硕以上,不满二硕;二硕以上,不满三硕;三硕以上,不满四硕;四硕以上,不满五石:并减如上法等第区断。至五石处死。

私运酒入汴的刑罚之所以重于私运酒至其他地方,很明显的,是因为汴梁是一大消费地,私运酒到那里卖,利润很大,于是冒法私运之风大盛,故不得不用重法来加以禁止。

汴梁消耗的酒,除来自各地外,又有在当地制造的。其中制酒的原料,大多由各地输入。如《宋史》卷一八五《食货志》说汴梁酿酒所用的糯米来自江、浙云：

> 在京酒户岁用糯三十万石。(熙宁)九年,江、浙灾伤,米直腾贵。诏还官至所产地预给钱,俟成稔,折输于官。

《宋会要·食货》二〇亦载：

> (熙宁)九年二月十六日,提举市易司言："在京酒户岁用糯米三十万石。比者连值江、浙灾伤,米价涌贵。欲选官二员诣出产处预俵见钱,收熟日折纳。"从之。(《食货》三七有相似的记载)

又如《丞相魏公谭训》卷一〇说汴梁渍酒所用的酴醾来自四川云：

> 一日,上(太宗)置宴,西蜀进酴醾,种方开。上与妃后赏玩。孙妃(其父孙赐开酒店)曰："妾家亦有。"试遣问之。乃进十合。上大骇,以为窃禁中种。使往视之,则其本大于禁中数倍矣。

按酴醾可以渍酒。庞元英《文昌杂录》卷三云：

> 礼部王员外言："京师贵家多以酴醾渍酒,独有芬香而已。……"

8. 茶的输入

汴梁消耗的茶,由江、淮、湖北等地输入。《宋会要·食货》一七云：

> (天禧)五年二月,诏："自今客人于蕲口、太湖、石桥、洗马等四处场务算买诸色号茶货,如到汴州,愿取淮河前去,入正阳、颍、陈州旧路上京者,听从便,令依例送纳旧路商税。如愿借汴河路上京者,令只纳旧路税钱。从汴上京,更不令依宿、亳州、南京三处税则例送纳。随船行货物色、力胜、头子、包角等钱,即逐处依例收纳。"

> (天圣)七年正月,淮南、江、浙、荆湖制置司言："真、楚州、高邮军状,客人执在京等(榷?)货务公凭并无为军榷货务文帖算买茶货,借路不(疑'下')泗、真、扬等州,税钱入汴上京,亏却逐务货利。勘会客人算买山场榷务茶货,元无借条。始因大中祥符中,客人买贩蕲口、洗马、石桥、太湖茶货到庐州,泥水阻滞车牛,权令转江船般,借路取真、扬州、高邮军,楚、

泗州经过,只纳旧路庐、寿等州一路税钱。后来客人援例,借汴路上京。乞下三司定夺,或与于真、扬州、高邮军,楚河(州?)、宿州、亳州、永城、南京税务合收税钱减放钱数,令客人正纳经过场务税钱,更不纳借路名目。"三司看详:"欲乞自今客人贩卖蕲口、太湖、洗马、石桥,无为军等五处场务茶货,如取西路庐、寿、正阳等州军上京,并令依旧送纳本路税钱。或若水路船般转江下来,取东路真、扬州、高邮军,楚、泗州、宿、亳州,南京经过上京者,依贩买汉阳榷务等处茶例,并依经过去处,正收钱税,更不立借路名目,依元日限于在京榷货务送纳。"从之。

由此可知,从这些地方运茶入汴,有二路可走:① 由汴河运往。② 由庐、寿等州经颖、陈等州运往。按前文曾说惠民河经陈、颖等州以达寿春(即寿州),可见这条路是依着惠民河走的。

除上述外,汴梁消耗的茶,有来自四川的。《新编醉翁谈录》卷三云:

> 慈恩院有(牡丹)茶两丛,开花五六百朵,繁艳芬馥,近少伦比。有僧思振甚宝爱之。……及斗花会之辰,有权要子弟数人,同到寺,至有花之房……以大畚盛花舁抬而去。取花者徐谓僧曰:"窃闻贵院有此名花,宅中咸欲一看。不敢预有相告,盖恐难于见舍。适寄茶笈中有金三十两,蜀茶二斤以谢。"是年斗花之会,独此花为东京第一。

又有来自福建的。《居士集》卷七《尝新茶呈圣俞》云:

> 建安三千里,京师三月尝新茶。人情好先务取胜,百物贵早相矜夸。……

又《宋会要·食货》三○载:

> (元丰二年)十一月三日,三司言:"福建路腊茶,自禁私贩,官场渐多售者。乞自今岁计所市茶,预下转运司,限当年运至京师。其江、浙、荆湖、川峡路,即权许通商。"从之。(又见于《续通鉴长编》卷三○一)

> (七年八月)二十九日,提举汴河隄岸司言:"乞岁买建州腊茶十七万斤,依官纲例免税至京,抽解十分之一,送都茶库。都茶库所卖茶,本司乞岁买三万斤,随新陈作价。"并从之。(又见于《续资治通鉴长编》卷三

四八）

由各地输入汴梁的茶，有种种的不同。有名为腊茶的，即上述由福建输入的茶。有名为腾面茶的。《宋会要·食货》一七载：

> （天圣九年）八月十二日，三司请自今腾面茶到京住卖者。从转运使之奏也。岁裁五十文。

此外又有名为草茶的。同书《食货》三二载：

> （宣和三年）三月二十九日，都茶场状："近见在京并京畿等路州县铺户，自买客草茶入铺……"

商人由各地贩茶入汴，若在汴有商店担保，沿路可以免除纳税的麻烦，抵汴后才一起缴纳。《宋会要·食货》一七云：

> 仁宗天圣元年二月，诏："商贩客旅于山阳（场？）榷务算请茶课，从起发地头沿路经过禁榷地分合纳税钱，令在京榷货务抄上文簿（簿？）拘辖，召交引铺户充保，给与公凭，沿路批凿合纳税钱。自起离请茶场务月分为始，立限半年，一并于在京榷货务收纳。……"

> （四年）五月，诏："客旅兴贩山场榷务茶货，预先于在京榷货务出给公凭，沿路批上税钱，候到京一并送纳。所有禁榷地分合纳税钱，以起离向南场务月分为始，立限半年送纳。如违，令倍纳。"

由各地输入汴梁的茶，不完全被汴梁人士消耗，有一部分是作充实汴梁输出贸易的内容用的。

9. 其他

（1）黄雀鲊——黄庭坚《山谷外集诗注》（《四部丛刊》史容注本）卷二《谢张寨伯惠黄雀鲊》说他家乡江西的黄雀鲊输入汴梁云：

> 去家十二年，黄雀悭下箸。笑开张侯盘，汤饼始有助。蜀王前藙法，醯以羊麇兔。麦饼薄于纸，含浆和醶鲊。秋霜落场谷，一一挟蜜絮。飞飞蒿艾间，入网辄万数。烹煎宜老稚，罃缶烦爱护。南包解京师，至尊所珍御。玉盘登百十，睥睨经桂蠹。五侯哆豢豹，见谓美无度。……

又《齐东野语》卷一六说：

> （宰相）王黼盛时，库中黄雀鲊，自地积至栋，凡满二楹。

(2) 鹑——《皇朝类苑》卷六一引《杨文公谈苑》云：

> 至道二年夏秋间，京师鬻鹑者积于市。诸门皆以大车载而入。鹑才直二钱。

按鹑是当时汴梁普通食品的一种。《梦华录》卷三云：

> 每日入宅舍官院前，则有就门卖羊肉、头肚、腰子、白肠、鹑、兔、鱼……虾……之类。

(3) 笋——来自西京，即洛阳。《梦华录》卷二：

> （汴梁酒肆）又有外来托卖炙鸡、燠鸭……西京笋。

(4) 脂麻——来自西京及南京等处。《续通鉴长编》卷二三六载熙宁五年闰七月丙辰：

> 先是，上（神宗）批付王安石："闻市易买卖极苛细，市人籍籍怨谤，以为官司浸淫，尽收天下之货，自作经营。可指挥令止依魏断宗元擘划施行。"于是安石留身白上曰："陛下所闻，必有事实。乞宣示！"……上曰："又闻……卖脂麻即脂麻贵。"安石曰："今年西京及南京等处水脂麻不熟，自当贵。岂可责市易司？若买即致物贵，即诸物当尽贵。何故脂麻独贵？……"

按脂麻即胡麻，可作油用。庄季裕《鸡肋编》卷上云：

> 油通四方可食与然者，惟胡麻为上，俗呼脂麻。

(5) 饧——来自泽州。《梦华录》云：

> 冬月虽大风雪阴雨，亦有夜市……泽州饧……之类。（卷三）
> 十二月街市尽卖……泽州饧。（卷一〇）

《玉昭新志》卷三云：

绍圣中,有王毅者,文贞之孙,以滑稽得名。除知泽州,不满其意。往别时宰章子厚。子厚曰:"泽州油衣甚佳。"良久,又曰:"出饧极妙。"毅曰:"启相公,待到后,当终日坐地,披着油衣吃饧也。"子厚亦为之启齿。

(二) 服用品的输入

汴梁消耗的服用类商品,以来自南方为多。《宋会要·食货》二三载至道:

四年十一月,秘书丞、直史馆孙冕言:"……商人在北所入中者,粮草、金银、盐货;在南所博易者土物山货,以至漆、蜡、纸、布、绸、绢、丝、绵萃于京师,丰阜征算。"

例如汴梁消耗的绫,是由苏州输入的。《宣和遗事》卷二云:

是时(宣和六年正月十五夜)底王孙公子、才子佳人;男子汉都是……丝鞋、吴绫袜、绡金裹肚、妆着神仙;佳人却是……

又如汴梁消耗的纱,则来自福建、浙江、江西一带。何薳《春渚纪闻》卷六说举子贩建阳纱入汴云:

(东坡)先生元祐间出帅钱塘。视事之初,都税务押到匿税人南剑州乡贡进士吴味道,以二巨掩作公名衔,封至京师苏侍郎宅,显见伪妄。公即呼味道前,讯问其掩中果何物也。味道蹙而前曰:"味道今秋忝冒乡荐,乡人集钱为赴都之赆。以百千就置建阳小纱,得二百端。因计道路所经场务,尽行抽税,则至都下不存其半。心窃计之,当今负天下重名而爱奖士类,唯内翰与侍郎耳。纵有败露,必能情贷。味道遂伪假先生台衔缄封而来。不探知先生已临镇此邦,罪实难逃。幸先生恕之!"公熟视,笑呼掌牋奏书史,令去旧封,换题细衔,附至东京竹竿巷苏侍郎宅,并手书子由书一纸,呼示谓味道曰:"先辈这回将上天上去,也无妨。来年高过,当却惠顾也!"味道悚谢再三。次年,果登高第还,具牋启谢殷勤,其语亦多警策。公甚喜,为延款数日而去。

又《夷坚丁志》卷一一说吴兴举子贩纱入汴云:

> 吴兴士子六人,入京师赴省试。共买纱一百匹,一仆负之。晚行汴堤上……

按吴兴,即湖州,是以丝织工业著名的地方。前文曾说北宋政府把这地的丝织工人输入汴梁。所以这里说吴兴士子贩入汴梁的纱,当即是他们本土的产物。又《萍洲可谈》卷二说临川纱输入汴梁云:

> 抚州莲花纱,都人以为暑衣,甚珍重。莲花寺尼,凡四院造此纱。撚织之妙,外人不可传。一岁每院才织近百端。市供尚局,并数当路计之,已不足用。寺外人家织者甚多,往往取以充数。都人买者,亦自能别寺外纱。其价减寺内纱什二三。

按抚州,即临川,是纱的著名产地。《清异录》卷下云:

> 临川上饶之民,以新智创作醒骨纱,用纯丝蕉骨相兼撚织。夏月衣之,轻凉适体。陈凤阁乔始以为外衫,号太清氅;又为四䙆玉衫子,呼小太清。

这里说的"醒骨纱",当即是"寺外纱",或是其中的一种。又《能改斋漫录》卷一八云:

> 嘉祐中,临川人伍十八者,以善裁纱帽,入汴京,止于乡相晏元献宅前,为肆以待售。

按伍十八既来自纱的著名产地临川,他在汴梁出卖的纱帽所用的纱,当然是来自临川的了。

以上只说东南布帛之输入汴梁。此外,西南方面,由四川输入汴梁的布帛,为数亦多。《宋会要·食货》一七载:

> (天圣七年)四月十二日,诏诸州商税人,缯帛无得过为渍坏。时内出眉州皂罗一端,税印朱渍数幅故也。

《宋史》卷一八六《食货志》亦载此事云:

> 仁宗……一日内出蜀罗一端,为印朱所渍者数重。因诏天下税务,毋辄污坏商人物帛。

又《续通鉴长编》卷八七载：

> （大中祥符九年八月）甲午，审刑院上奏案，有命官自蜀代还，部纲京师，私挟元封，内缯帛其中，遣邮置卒赍担，规免商算。

按四川的丝织工业，在当时非常发达。费著《蜀锦谱》云：

> 蜀以锦擅名天下，故城名以锦官，江名以濯锦。……元丰六年，吕汲公大防始建锦院于府治之东。募军匠五百人织造，置官以莅之。创楼于前，以为积藏待发之所，榜曰锦官。公又为之记，其略云："设机百五十四，日用挽综之工百六十四，用杼之工五十四，练染之工十一，纺绎之工百一十，而后足役。岁费丝，权以两者，一十二万五千，红蓝紫苑之类，以斤者，二十一万一千，而后足用。织室吏舍，出纳之府，为屋百一十七间，而后足居。"

四川的丝织工业是这么发达，其产量当然很大，从而输入汴梁的数量也一定很有可观。

汴梁消耗的布帛，除来自南方外，又有由山东、河北等地输入的。《续通鉴长编》卷二四七载：

> （熙宁六年九月）壬戌，御史蔡确言："闻京东、河北路提举盐税王伯瑜于所部商贩逐利。奏事赴阙。及出巡至近畿，贩京东、河北帛入京师，复以京师帛卖滨、棣间。往往与本部公人秤子交市。家有数机，更自织造。伯瑜人物至下，幸蒙任使，以案察为职，而身不奉法，贪恣之声，流于道路。乞遣官穷究其事，以戒搢绅。"诏京东、河北转运，提点刑狱司体量以闻。其后逐司言："伯瑜在职，审有不公事状。"诏送京西北路差官勘之。伯瑜坐追四官勒停，唐州安置。

又《汴都赋》说汴梁市场有：

> 齐鲁之麻……丝绵布缕……

又王禹偁《小畜集》卷五《黑裘》云：

> 野蚕自成茧，缫络为山绸。此物产何许？莱夷负海州。一端重数

斤,裁染为吾裘。守黑异华楚,示俭非轻柔。燻香则无取,风雪曾何忧？朝可奉冠带,衣以为衾裯。……

据《宋史》卷二九三《王禹偁传》,禹偁从来没有在莱州当过官,而在汴梁当官的次数则甚多。而且这里明说"朝可奉冠带"。故可推断,他这件黑裘是在汴梁制造的,其衣料则用贩运入汴的莱州山䌷。

汴梁政府对于布帛的需要很大。为满足这种需要,政府特地委官至各地收买。《宋会要·食货》三八载:

> (元丰)二年九月三十日,尚书兵部言:"乞以川路见桩卖不堪官马及死马钱,委提刑司官计置,买匹帛上京。川峡四路准此。"从之。

在另一方面,政府又奖励商人贩入,卖与政府,由政府酬以象牙、盐、茶等物。《宋会要·食货》五五云:

> 真宗咸平二年九月,诏榷货务招诱客人,将银、钱、绸、绢入中,并卖象牙。令香药库将合出卖第一等牙品配支拨。

> (景德三年)三月,诏榷货务:"应有客旅入到罗绅绫,并以见卖估价折博纽算,支解盐交引。"

又《宋史》卷二七二《荆罕儒传》云:

> 罕儒虽不知书,好礼接儒士。进士赵保雍登科覆落,客游海陵。罕儒问其所欲。保雍以将归京师,且言:"缘江榷务,以丝易茗,有厚利。"罕儒立召主藏奴,令籍藏中丝,得四千余两,尽以与之。

按《宋史》卷一八三《食货志》说:"商人先入金帛京师及扬州折博务者,悉偿以茶。"而上文又明说赵保雍"将归京师"。可见保雍先贩丝入汴,卖与政府,然后至缘江榷务取茶。

以上说外地服用类商品之输入汴梁,偏于布帛方面。除此以外,翠羽及绒毛也输入汴梁。《皇朝类苑》卷一引《杨文公谈苑》云:

> 魏咸信言:故魏国长公主在太祖朝,尝衣贴绣铺翠襦入宫中。太祖见之,谓主曰:"汝当以此与我,自今勿复为此饰。"主笑曰:"此所用翠羽

几何?"太祖曰:"不然。主家服此,宫闱戚里皆相效。京城翠羽价高,小民逐利,展转贩易。伤生浸广,实汝之由。汝生长富贵,当念惜福。岂可造此恶业之端?"主惭谢。(《续通鉴长编》卷一三有相似的记载)

又《萍洲可谈》卷一说汴梁高级官员所用的狨座,由四川出产的狨的脊毛制造云:

> 狨座,文臣两制,武臣节度使以上许用。每岁九月乘,至三月彻。无定日,视宰相乘则皆乘,彻亦如之。狨似大猴,生川中。其脊毛最长,色如黄金。取而缝之,数十片成一座。价直钱百千。背用紫绮,缘以簇四。金雕法锦,其制度无殊别。政和中,有久次卿监者,以必迁两制,预置狨座。得躁进之目,坐此斥罢。或云,狨毛以籍衣,不皱。

按"狨座"一作"狨坐",在北宋初年,不独高级官员可以使用,就是一般平民也一样可以。叶梦得《石林燕语》云:

> 狨坐不知始于何时。唐以前犹未施用。太平兴国中,诏工商庶人许乘乌漆素鞍,不得用狨毛暖坐。则当时盖通上下用之矣。天禧二年,始定两省五品宗室将军以上,许乘狨毛暖坐,余悉禁。遂编定制,令文臣自中书舍人以上,武臣节度使以上,方许用。而宗室将军之制亦不行矣。(卷三)

> 从官狨坐,唐制初不见。本朝太平兴国中,始禁。工商庶人,许乘乌漆素鞍,不得用狨毛暖坐。天禧中,始诏两省五品宗室以上,许乘狨毛暖坐,余悉禁。则太平兴国以前,虽工商庶人皆得乘;天禧以前,庶官亦皆得乘也。(卷八)(按太平兴国及天禧两次诏令,均见于《宋史》卷一五〇《舆服志》,天禧一次,《舆服志》作"元年",而这里作"二年",待考。)

在北宋初年,狨座的使用既是这么普遍,那么,狨毛的需要当然更大,从而由四川输入汴梁的数量也一定更多了。

(三) 燃料的输入

汴梁消耗的燃料,以石炭(即煤)为主。庄季裕《鸡肋编》卷中说:

> 昔汴都数百万家,尽仰石炭,无一家燃薪者。

庄季裕这句话,固然有些过火,不过汴梁以石炭为主要的燃料,是无可疑的。汴梁消耗的石炭,来自西北各地。朱弁《曲洧旧闻》卷四云:

> 石炭不知始于何时。熙宁间,初到京师。东坡作《石炭行》一首,言以冶铁作兵器甚精,亦不云始于何时也。予观前汉《地理志》,豫章郡出石,可燃为薪。隋王邵论火事,其中有石炭二字。则知石炭用于世久矣。然今西北处处有之,其为利甚溥;而豫章郡不复说也。(按东坡的诗载于《分类东坡诗》卷二五)

所谓"西北处处"指的是河北、河东、陕西一带。朱翌《猗觉寮杂记》卷上云:

> 石炭自本朝河北、山东、陕西方出,遂及京师。陈尧佐漕河东时,始除其税。元丰元年,徐州始发,东坡作诗记其事。

按徐州在当时属相当于山东的京东路,见《宋史》卷八五《地理志》。由此可见山东的石炭也输入汴梁。又《文献通考》卷一四说石炭由河北怀州入汴云:

> 神宗熙宁元年,诏……石炭自怀至京,不征。

汴梁消耗的燃料,其次为柴及炭,也是来自外地。《宋史》卷二七六《陈从信传》载陈氏的话云:

> 今三司欲籍民舟,若不许,则无以责办;许之,则冬中京师薪、炭殆绝矣。不若募舟之坚者漕粮,其损败者任载薪、炭,则公私俱济。(《续通鉴长编》卷一三有相似的记载)

又《续通鉴长编》卷七二载:

> (大中祥符二年八月)癸巳,诏洞真宫及诸公主宅自今所须之物,任便市易,令杂买务供应。时驸马都尉柴宗庆家僮自外州市炭入京城,所过免算。至则尽鬻以取利,复市于杂买务。家僮辈竞有求丐。上(真宗)曰:"宗庆不能治家,故纵其下,亦可耻也!"乃加条约焉。(《宋史》卷四六三《柴宗庆传》有相似的记载)

按薪即柴,炭即木炭,《西塘文集》卷六《上王荆公书》说:

> 且如木炭未行仓法时,每驮税钱十五文,今收三十五文。

可以为证。这些柴、炭多数来自惠民河流域。《宋会要·方域》一三云:

> 仁宗天圣元年正月十二日,上封者言:"在京惠民河置上下锁,逐年征利不多,拥并般运,阻滞物货,致在京薪、炭涌贵,不益军民。乞罢之。"诏三司详定可否。三司言:"大中祥符八年,提点仓场夏守赟相度于蔡河上下地名四里桥段家直置锁。至今岁收课六千余缗。废之非便。乞下提点仓场官员常钤辖监典,毋令阻滞。"从之。

《汴京遗迹志》卷二〇载杨侃《皇畿赋》亦云:

> 加以地多,利有蒲鱼。晴涧望晶陂之色,山水观惠民之渠。乃有楫师炭商,交易往复。素衣化缁,漆身同色。行舟则忧瞻云雨,售货则冬祷雪霜。经宋楼而关征既逋,历朱曲而市税有常。潺潺洎沟,泱泱洧水。入鄢陵而碧截原田,过扶亭而清映闾里。珍货奔马栏之道,豪侠聚建雄之市。

此外,又有来自淮南、京东一带的。《宋会要·职官》二七载:

> (政和六年)闰正月二十六日,户部言:"京邑之大,生齿繁众。薪炭之用,民所甚急。朝廷置场出卖,本以抑兼并,而惠平民。然畿内与京西北路岁入之数,以折计之者,才七十万。岁冬祈寒,有足虑者。令淮南与京东路提举常平司岁用上供钱各售十五万,以满百万之数。"从之。

按畿内、京西北路及淮南之西路,均属惠民河流域。

除上述外,外地的草也输入汴梁,作为燃料之用。《宋会要·食货》一七载:

> (建炎)二年四月二十七日,诏:"应客贩粮斛、柴、草入京,船车经由官司抑令纳力胜商税钱者,从杖一百科罪。……"

这些柴、草多来自汴梁附近的农村。同书《食货》三七载:

(天圣)八年三月,开封府言:"京城浩穰,乡庄人户般载到柴草入城货卖不少。……"

又《梦华录》卷一云:

近新城有草场二十余所。每遇冬月,诸乡纳粟秆草牛车阗塞道路。车尾相衔,数千万辆不绝。

汴梁对于燃料的需要很大,所以政府特地委官贩运入汴。《宋会要·食货》三七载:

(大中祥符)六年正月,三司言:"乞在京置场收买炭货,准备来春减价货卖,以惠贫民。"帝曰:"今岁民间阙炭,朕寻令使臣于新城内外减价置场货卖四十万秤,颇济贫民。今若自夏秋收买,必恐民间增钱,少人兴贩。宜令三司于年支外,别计度五十万秤,般载赴京,以备济民。"

在另一方面,政府对于商人贩运入汴,亦与以便利。同书《职官》二七载:

(政和六年)十月十八日,开封府尹王革言:"都下石炭私场之家,并无停积。窃虑下流官司阻节。欲望下提举措置炭事所司,今后沿流官司,不得阻节邀拦,及抑勒炭船,多行骚扰。许客人经尚书省陈诉。"诏依。敢有阻节,以违御笔论。

又上引《文献通考》卷一四说,熙宁初,准由怀州入汴的石炭免税,也是便利商人贩运入汴的例。

(四) 药品的输入

《铁围山丛谈》卷四说:

上元十五夜,马行南北几十里夹道药肆,盖多国医,咸巨富,声伎非常,烧灯尤壮观。故诗人亦多道马行街灯火。(马行街一带药肆的众多及其名称,见《梦华录》卷三。)

由此可见汴梁药品贸易的繁盛。所以汴梁药品输入贸易的经营者,不限于前述的商人、官吏等人物,道士也是其中的一分子。《夷坚支戊》卷一〇云:

长安李履中复以元丰元年十月将适淮、楚,维舟于宋都城下。旁有他舟,舟中一客如世俗道人者。李熟视之,见其面目光彻,目中白轮如十岁小儿,五色,微碧。……呼问其舟人。云:"十余年间,三次来附载,颜色不改。惟蓄药一大瓢,更无他物。遇泊舟,则携瓢入市,晚即醉归。不知所货何药。但闻能知人过去未来事,无一语失,因此称为相翁。"李遂召之。凡三召方至。……

汴梁消耗的药品,来自下列各地:
(1) 四川——《宋会要·食货》四二载:

(天圣七年三月)二十五日,三司言:"……益州路收买郁金、大黄,夔州路收买黄药子,每于匹帛纲内附载往荆南,转附赴京。今药密库各有见在,欲自今于每年买数十分中量减二分。"从之。

当时由四川往汴梁卖药的人很多。《宋史》卷四七〇《侯莫陈利用传》云:

侯莫陈利用,益州成都人。幼得变幻之术。太平兴国初,卖药京师,言黄白事以惑人。

又道山先生《道山清话》云:

张子颜少卿,晚年尝目前见白光闪闪然,有白衣人如佛相者。子颜信之弥谨,乃不食肉,不饮酒。然体瘠而多病矣。时泰陵不豫,汪寿卿自蜀入京诊御脉,圣体极康宁。寿卿医道盛行,其门如市。子颜一日从寿卿求脉。寿卿一见大惊,不复言,但授以大丸数十,小丸千余粒,祝曰:"十日中服之当尽,却以示报。"既数日,视所见白衣人衣变黄,而光无所见矣。乃欲得肉食,又思饮酒。又明日,俱无所见,觉气体异他日矣。乃诣寿卿以告。寿卿曰:"吾固知矣。公脾初受病,为肺所克。心,脾之母也。公既多疑,心气一不固,自然有所睹。吾之大丸实其脾,小丸补其心。肺为脾之子,既不能胜其母,其病自当愈也。"子颜大神之。

按四川是药材的大生产地,《宋史》卷八九《地理志》,黄休复《茅亭客话》及费著《岁华纪丽谱》均说四川有大规模的药市。侯莫陈利用由川入汴出卖的药,汪寿卿由川入汴行医时出卖的药丸,当然是他们家乡的土产了。

(2) 长安——庞元英《文昌杂录》卷一云：

> 户部王员外言："元昆驾部郎中，比自长安归，携药树数株至京师。其叶葱翠可爱。今关右颇多，人罕识者。"

又章炳文《搜神秘览》卷中云：

> 皇甫道人言：昔长安有黄翁者，家粗赡足，自持药术，东走京师。流离岁月，荡扫几尽，复还故里。夫妇携持，不胜其劳。道傍有一贫人，倚树而坐，似欲售者。翁曰："为我负担数舍，即当报汝。"是人唯之，乃与俱行。晚泊抵店，勤渠整办，甚确法度。翁极喜之。乃售至长安，因而留焉。日使从携药囊，几一二岁。……

黄翁由汴梁返长安时，所负的药囊仍甚重，需人代劳。由此可推知，当他由长安入汴时，所贩的药一定是不少的。又《宣和画谱》亦说长安人赴汴卖药云：

> 许道宁，长安人。善画山林泉石，甚工。初市药都门，时时戏拈笔而作寒林平远之图，以聚观者。

(3) 安州——《宋会要·食货》三八载：

> （元丰）五年八月十四日，安州言："内供奉谢禋奉旨买红花万斤，今又继买五万斤，而一州所产，岁止二万斤耳，恐不足数。"诏亟寝之。（又见于《续通鉴长编》卷三二九）

(4) 西夏——同书载：

> （大中祥符八年）十一月，帝（真宗）曰："臣僚言，赵德明进奉人使中卖甘草、苁蓉甚多，人数比常年亦倍，乞行止约及告示不买。"王旦等曰："斯皆无用之物。陛下以其远来嗜利，早年令有司多与收买。若似此全无限量，纵其无厌，亦恐其难为止约。……"帝……又谓王旦等曰："此时且须与买。随行人已到者，恐喧隘，即分擘安处之，勿令失所。"

又龚鼎臣《东原录》云：

> 嘉祐七年，贺正旦西人大首领祖儒鬼名聿正，副首领枢铭靳允中。

祖儒、枢铭，乃西夏之官称。大者姓嵬，名聿正。其所贸易，约八万贯。安息香、玉、金、精石之类，以估价贱，却将回。其余硇砂、琥珀、甘草之类，虽贱亦售。尽置罗帛。云旧价例太高，皆由所管内臣并行人抬压价例，亏损远人。其人至贺圣节，即不带安息香之类来，只及六万贯。

由外地输入汴梁的药品，除上述外，有名叫香药的。《宋会要·职官》二七云：

> 太宗至道元年十月，诏都商税院："每客旅将杂物香药，执地头引者，不问一年上下，只作有引税二十钱。无引者，税七十五钱。仍毁引随帐送勾。"

关于香药所自来的地方，同书《食货》三六载：

> （太平兴国二年）三月，监在京出卖香药场大理寺乐冲，著作佐郎陶邴言："乞禁止私贮香药、犀、牙。"诏："自今禁买广南、占城、三佛齐、大食国、交州、泉州、两浙及诸蕃国所出香药、犀、牙。其余诸州府土产药物，即不得随例禁断，与限令取便货卖。……"先是，外国犀、象、香药，充牣京师，置官以鬻之。因有司上言，故有是诏。

例如张知甫《张氏可书》说海贾入汴卖龙涎香云：

> 仆见一海贾鬻真龙涎香二钱，云三十万缗可售鬻。明节皇后许酬以二十万缗，不售。遂命开封府验其真赝。吏部何以为别。贾曰："浮于水则鱼集，熏衣则香不竭。"果如所言。

按龙涎香产于大食国、层拔国、弼琶啰国及中理国，见赵汝适《诸蕃志》卷上。又如《宋史》卷六五《五行志》说广南英州的龙脑输入汴梁云：

> 是岁（熙宁元年）英州因雷震，一山梓树尽枯，而为龙脑。价为之贱。至京师，一两才值钱一千四百。

《能改斋漫录》卷一五亦载此事云：

> 英州因雷震，一山梓树尽枯，而生龙脑。京师龙脑为之贱。时熙宁元年七月也。王禹玉言于司马文正公。使人就市买之，信然。一两值钱千四百。味苦而香酷烈，不甚佳也。

按龙脑产于阇婆国,见《诸蕃志》卷上。原来已在汴梁出卖,其后因英州龙脑大量输入的影响而降低价格的龙脑,想是来自阇婆国的。此外,于阗国的使臣也把乳香输入汴梁。《宋会要·蕃夷》四云:

> 十月三日(《食货》三八作熙宁十年十月二十七日),客省言:"于阗国进奉使罗阿厮、难撕温等有乳香三万一千余斤,为钱四万四千余贯,乞减价三千贯,贾于官库。"从之。

> (元丰三年)三月二十六日,诏:"于阗国进奉使所卖乳香,偿以见钱。……"(又见于《续通鉴长编》卷三〇三)

又《宋史》卷四九〇《于阗传》云:

> 熙宁以来,远不逾一二岁,近则岁再至。所贡珠、玉、珊瑚……地产乳香,来辄群负,私与商贾牟利。不售,则归诸外府,得善价。故其来益多。

最后,回纥香也输入汴梁。《宋会要·食货》五五载:

> (大中祥符七年五月)十九日,诏:"应假香、回纥香、黑锡、白镴,私下便钱,令京城门商税院缉逐告捉,榷货务不须巡捕。"

(五) 文化品的输入

北宋汴梁是政治中心,同时也是文化中心。在那里学校甚多,有国子监(有时称国子事)、太学、四门学、广文馆、宗学、小学、律学、书学、画学、算学、医学等(见《宋史》卷一五七《选举志》及《玉海》卷一一二)。其中光是太学,崇宁年间学生多至三千八百人(同上,《宋史》卷一六五《职官志》及《燕翼贻谋录》)。每隔三两岁,由全国各地赴汴应试的举子又复不少。而且宋代重文轻武,在"中央"政府里边,文官地位较为重要,数目也比较众多。因此,文化用品的消耗,在汴梁很可观,从而由各地输入的数量也不少。现为便利起见,分为下列各点述之。

(1) 书籍——《道山清话》云:

> 张文潜尝言:"近时印书盛行,而鬻书者往往皆士人躬自负担。有一士人尽掊其家所有,百余千,买书将以入京。至中涂……"

又《皇朝类苑》卷七四载《杨文公谈苑》云：

> 本朝穆修，首倡古道。学者稍稍向之。修性褊忤少合。……晚年，得《柳宗元集》，募工镂版，印数百帙。携入京相国寺，设肆鬻之。有儒生数辈至其肆，未评价直，先展揭披阅。修就手夺取，瞋目谓曰，"汝辈能读一篇，不失句读，吾当以一部赠汝。"其忤物如此。自是经年不售一部。

按北宋印书，以杭州、四川、福建及汴梁为最有名。《石林燕语》卷八云：

> 今天下印书，以杭州为上，蜀本次之，福建最下。京师比岁印板，殆不减杭州，但纸不佳。蜀与福建多以柔木刻之，取其易成而速售，故不能工。福建本几遍天下，正以其易成故也。

所以上述输入汴梁的书籍，当即来自杭州、四川及福建等地。又《宋会要·崇儒》四说江南、两浙的古书输入汴梁云：

> 至道元年六月十日，命内品监秘阁三馆书籍裴愈、叶传往江南、两浙诸州购募图籍。愿送官者，优给其直。不愿者，就所在差能书史缮写，以旧本还之。仍赍御书石本，所在分赐之。愈还，凡购得古书六十余卷，名画四十五轴，古琴九，王羲之、贝灵该、怀素等墨迹共八本，藏于秘阁。

(2) 碑帖——彭乘《续墨客挥犀》卷四云：

> 范文正镇鄱阳，有书生献诗甚工。文正延礼之。书生自言："平生未常饱。天下之寒饿，无在某右者。"时盛行欧阳率更字，荐福字碑墨本直千钱。文正为具纸墨，打千本，使售于京师。……（又见于释惠洪《冷斋夜话》）

又徐度《却扫编》卷下云：

> 东坡既南窜，议者复请悉除其所为之文。诏从之。于是士大夫家所藏既莫敢出，而吏畏祸，所在石刻多见毁。徐州黄楼，东坡所作。而子由为之赋，坡自书。时为守者独不忍毁，但投其石城濠中，而易楼名观。宣和末年，禁稍弛。而一时贵游以蓄东坡之文相尚，鬻者大见售。故工人稍稍就濠中摹此刻。有苗仲先者，适为守，因命出之。日夜摹印。既得

数千本,忽语僚属曰:"苏氏之学,法禁尚在。此石奈何独存?"立碑之。人闻石毁,墨本之价益增。仲先秩满,携至京师尽鬻之。所获不赀。

由此可知,鄱阳及徐州有很多碑帖贩运入汴。

(3)墨迹——上引《宋会要·崇儒》四曾说汴梁政府派人至江南、两浙买到"王羲之、贝灵该、怀素等墨迹共八本"。此外,米芾《宝章待访录》说长安的颜真卿墨迹输入汴梁云:

颜真卿《祭叔濠州使君文》

右真迹楮纸书,改抹多。在长安安氏。子师文携至京。

又《春渚纪闻》卷六说汴梁的达官贵人以重价收买散在各地的苏东坡墨迹云:

(东坡)先生翰墨之妙,既经崇宁、大观焚毁之余,人间所藏盖一二数也。至宣和间,内府复加搜访,一纸定直万钱。而梁师成以三百千取吾族人《英州石桥铭》。谭稹以五万钱辍沈元弼"月林堂"榜名三字。至于幽人释子所藏寸纸,皆为利诱,尽归诸贵近;及大卷轴,输积天上。丙午年,金人犯阙,输运而往,疑南州无一字之余也!

又同书卷四说襄邑的紫姑神墨迹运往汴梁宣德门出卖云:

政和二年,襄邑民因上元请紫姑神为戏。既书纸间,其字径丈。或问之曰:"汝更能大书否?"即书曰:"请连粘襄表二百幅,当为作一'福'字。"或曰:"纸易耳。安得许大笔也?"曰:"谓用麻皮十斤,缚作令径二二尺许;墨浆一大器,贮备濡染也。"诸好事者因集纸笔,就一富人麦场铺展,聚观神至。书云:"请一人系笔于项。"其人不觉身之腾踔,往来场间。须臾字成,端丽颜书。复取小笔书于纸角云:"持往宣德门卖钱五百贯文。"……

按宣德门在汴梁,其附近是一市场。《梦华录》卷二云:

坊巷御街,自宣德门一直南去,阔二百余步。两边乃御廊,旧许市人买卖于其间。

(4)图画——由各地输入汴梁的图画,数量甚多。有来自山西绛州的。

邓椿《画继》卷七云：

> 杨威，绛州人。工画村田乐。每有贩其画者，威必问所往。若至都下，则告之曰："若往画院前易也。"如其言，院中人争出取之，获价必倍。

有来自陕西长安的。黄庭坚《山谷外集诗注》卷五《答王道济寺丞观许道宁山水图》说长安许道宁的画，展转流落，其后出现于汴梁画肆云：

> 往逢醉许在长安，蛮溪大砚磨松烟。忽呼绢素翻砚水，久不下笔或经年。异时踏门闯白首，巾冠欹斜更索酒。举杯意气欲翻盆，倒卧虚樽将八九。醉眠枯笔墨淋浪，势若山崩不停手。数尺江山万里遥，满堂风物冷萧萧。山僧归寺童子后，渔伯欲渡行人招。先君笑指溪上宅，卢鹚白鹭如相识。许生再拜谢不能，元是天机非笔力。自言年少眼明时，手挥八幅锦江丝。赠行卷送张京兆，心知李成是我师。张公身逐铭旌去，流落不知今主谁？大梁画肆阅水墨，我君槃礴忘揖客。蛛丝煤尾意昏昏，几年风动人家壁。雨雪浐浐满寺庭，四图冷落让丹青。笑酬肆翁十万钱，卷付骑奴市尽倾。王丞来观皆失席，指点如见初画日。……

复次，有来自江南一带的。上引《宋会要·崇儒》四曾说汴梁政府派人至江南、两浙诸州买到名画四十五轴。又郭若虚《图画见闻志》卷三说商人贩建康名画入汴云：

> 王齐翰，建康人。事江南李后主，为翰林待诏。工画佛道人物。开宝末，金陵城陷，有步卒李贵入佛寺中，得齐翰所画罗汉十六轴。寻为商贾刘元嗣以白金二百星购得之。赍入京师。于一僧处质钱。后元嗣诣僧请赎，其僧以过期拒之。因成争讼。时太宗尹京，督出其画，览之嘉叹，遂留画厚赐而释之。经十六日，太宗登极。后名应运罗汉。

此外，又有来自四川的。同书卷三云：

> 童仁益，蜀郡人。工画人物尊像。出自天资，不由师训。乃孙知微之亚矣。……
>
> 颇有图轴传于辇下。好事者往往误评为知微之笔也。

最后,又有来自广西宜州的。岳珂《桯史》卷一一说黄山谷在宜州时,其屏图为人贩运入汴云:

> 党祸既起,山谷居黔,有以屏图遗之者。……崇宁间,又迁于宜。图偶为人携入京,鬻于相国寺肆。

(5) 古物——叶少蕴《避暑录话》卷下说光州古物入汴云:

> 宣和间,内府尚古器。士大夫家所藏三代、秦、汉遗物,无敢隐者,悉献于上。而好事者复争寻求,不较重价,一器有值千缗者。利之所趋,人竞搜剔山泽,发掘冢墓,无所不至。往往数千载藏,一旦皆见,不可胜数矣。吴珏为光州固始令。光,申伯之国,而楚之故封也,间有异物。而以僻远,人未之知。乃令民有罪,皆入古器自赎。既而罢官,几得五六十器。与余遇汴上,出以相示,其间数十器,尚三代物。

(6) 纸——来自南方。《宋会要·食货》二二载:

> (至道)四年十一月,秘书丞直史馆孙冕言:"……商人在北所入中者粮、草、金、银、盐货;在南所博易者,土物山货,以至漆、蜡、纸……萃于京师,丰阜征算。"

又司马光《温国文正公文集》卷二《送冷金牋与兴宗》说四川的纸经长江、汴河入汴云:

> 蜀山瘦碧玉,蜀土膏黄金。寒溪潄其间,演漾清且深。工人剪穉麻,捣之白石砧。就溪沤为纸,莹若裁璆琳。风日常清和,小无尘滓侵。时逐买舟来,万里巴江浔。王城压汴流,英俊萃如林。雄文溢箱箧,争买倾奇琛。……

此外,河中府及河南的纸亦输入汴梁。《宋会要·食货》三七载:

> (天圣四年)十月三日,司农少卿李湘言:"河中府每年收买上京诸般纸百余万。欲乞今后于河南出产州军收买。"诏送三司相度均减闻奏。

(7) 墨——张邦基《墨庄漫录》卷六云:

> 近世墨工多名手。……唐州桐柏山张浩制作精致,胶法甚奇。舅氏

吴顺图每岁造至百斤,遂压京都之作矣。

按汴梁是当时最大的文化中心,墨的消耗自然很多。汴梁制造的墨,除一小部分或者输出外,以供本地人士之使用为多。因此,所谓唐州的墨"压京都之作",无疑是由于唐州的墨,产额较大,品质较良,从而以价廉物美出现于汴梁的市场上,所以能压倒汴梁出产的墨。

(8) 笔——《欧阳永叔外集》卷四《圣俞惠宣州笔戏书》云:

> 圣俞宣城人,能使紫毫笔。宣人诸葛高,世业守不失。紧心缚长毫,三副颇精密。硬软适人手,百管不差一。京师诸笔工,牌榜自称述。累累相国东,比若衣缝虱。或柔多虚尖,或硬不可屈。但能装管楬,有表曾无实。价高仍费钱,用不过数日。岂如宣城毫,耐久仍可乞?

汴梁的笔工既然冒牌宣城诸葛氏的笔来卖,那么,宣城诸葛氏的笔一定早就输入汴梁,买卖很好,获利很大;否则,他们那样冒牌是没有意义的。关于宣城诸葛氏笔之输入汴梁,黄庭坚《山谷题跋》卷五说苏东坡在汴梁做翰林学士时,作字用宣城诸葛氏笔,更可为证:

> 苏翰林用宣城诸葛齐锋笔作字,疏疏密密,随意缓急,而字间妍媚百出。

(9) 砚——来自江西信州;因为信州地近歙州,有歙石来作砚的原料。苏轼《东坡题跋》卷五云:

> 黄冈主簿段君玘尝于京师佣书人处得一"风"字砚。下有刻云:"祥符己酉,得之于信州铅山观音院。故名僧令休之手琢也。明年夏于鹅湖山刻记。"钱易希白题其侧,又刻"荒灵"二字。砚盖歙石之美者。

又有由河南北部的汤阴输入的。《春渚纪闻》卷九云:

> 高平吕老造墨常山,遇异人传烧金诀。煅出视之,瓦烁也。有教之为研者。研成,坚润宜墨,光溢如漆。每研首,必有一白书"吕"字为志。吕老既死,法不授子,而汤阴人盗其名而为之甚众。持至京师,每研不满百钱之直。至吕老所遗,好奇之士,有以十万钱购一研不可得者。

按"吕"字砚在当时非常有名,《砚谱》(《百川学海》本,撰人佚)及米芾《砚史》均有记载。所以吕老死后,还有那么多人冒牌制卖。

(六) 奢侈品的输入

《梦华录》云:

> 集四海之珍奇,皆归市易。(《序》)
> 东华门外市井最盛,盖禁中买卖在此。凡饮食、时新花果……金玉、珍玩、衣着,无非天下之奇。(卷一)

又《汴都赋》说汴梁的市场:

> 又有黳无间之琅玕、会稽之竹箭、华山之金石、梁山之犀象、霍山之珠玉、幽都之筋角、赤山之文皮,与夫沈沙陆栖,异域所至,殊形妙状,目不给视。无所不有,不可殚纪。①

由此可见各地奢侈品输入汴梁之多。因为汴梁有许多大消费者,他们有的是钱,在物质生活方面力求享受,所以汴梁对于奢侈品的需要很大。需要大了,奢侈品的市价自然很好。《宋会要·食货》四一云:

> 神宗熙宁五年七月四日,河北沿边安抚司奏,勘会到四榷场真珠已卖未卖数。御批:"访问客人,多却自榷场贩到京师出卖。可令雄州据未出卖,尽底勾收,因走马承受赴阙,管押上京,置场出卖。"

按这些在河北四榷场出卖的真珠,来自汴梁政府的奉宸库。同书《食货》五二云:

> 神宗熙宁元年十月十六日,入内内侍有(省?)言:"奉宸库珠子已钻串绪裹,都二十五等样,计二千三百四十三万六千五百六十九颗。"诏入内(应多一"内"字)侍省:"候有因便勾当内臣,附带与河北沿边安抚部监王临,就彼估价,分擘与四榷场出卖;或折博银,其银别作一项封桩,准备

---

① 赋中所说产物各山,当然不甚切当,但亦非全无所指。譬如梁山是指四川及其南部而言,霍山是指长江流域以外而言,华山是指陕西一带而言,实是很可能的。作者之所以只举名山来作代表,想是因为要文章工整。

买马。"

原来在汴梁的真珠,汴梁政府特地派人运往河北四榷场出卖,以为可得善价。谁知商人在那里买了,反而贩运入汴。政府觉察以后,也就赶快把卖剩的运回汴梁来卖。由此可见奢侈品在汴梁的市价,实比在其他地方为高。所以国内外的奢侈品都向汴梁输入。

由各地输入汴梁的奢侈品,以真珠为多。汴梁的真珠,除如上引《汴都赋》所说,来自"灵山"外,有来自混同江的。这名叫"北珠"。《宋史》卷三一〇《李迪传》云:

> (李承之)迁龙图阁直学士。商人犯禁货北珠,乃为公主售。三司久不决。承之曰:"朝廷法令畏王姬乎?"亟索之。帝(神宗)闻之曰:"有司当如此矣!"进枢密直学士。

按北珠产于女真所在的混同江,是由辽国转贩来的。同书卷二八五《梁适传》云:

> 北珠出女真。(梁)子美市于契丹。契丹嗜其利,虐女真捕海东青以求珠。

神宗时汴梁政府之所以禁售北珠,想是与辽对立的缘故。不过这只是一时的现象。北宋末年,汴梁人士以北珠为首饰,非常普遍,从而北珠的市价也很好。《铁围山丛谈》卷六云:

> 宣和殿小库者,天子之私藏也。顷闻之,以宠妃之侍者颁首饰,上喜而赐之,命内侍取北珠箧来。上开箧,御手亲掬而酌之,凡五七酌以赉焉。初不计其数,且又不知其几箧。北珠在宣和间,围寸者价至三二百万。

又王明清《投辖录》云:

> 徽考朝,有宗室诜之者,自南京来,赴春试。暇日步郊外过一尼院,极幽寂。……有女子西向而坐……曰:"此中物虽多,悉非子所可携。玉环一,北珠直系一,奉之以为想思之资。环幸毋弃之,直系可货而用也。"

众人送出门,各皆吁嗟挥泪。生亦不自胜情。既出,则身在相国寺三门下,恍如梦境,但腰间古玉环与北珠直系在焉。

又《清波杂志》卷七说北宋末年,汴梁人士仓卒南渡,遗弃北珠于扬子江中云:

靖康乱后,汴河中多得珍宝,有获金燎炉者。以尚方物,人间不敢留,复归官府。扬州仓卒南渡,扬子江中遗弃物尤多。后镇江渔户于西津沙际,有得一囊北珠者。

复次,海外出产的真珠,也输入汴梁。它们多数由广州转贩而来。《宋会要·食货》四一云:

景祐四年正月二十七日,衢州客毛英言:"将产业于蕃客处倚富赊真珠三百六十两。到京纳商税院,行人估验价例,称近降诏禁止庶民,不得用真珠耳坠、项珠,市肆贸易不行,只量小估价。缘自卖下真珠,方得见钱,纳税无所从出,乞封回广州,还与蕃客。"诏三司相度,许将真珠折纳税钱。

按因汴梁政府禁止庶民用珠,汴梁珠价从而低落,只是一时的现象。事实上,这种禁令的有效期间甚短,就是在有效期间内也不见得能够切实奉行。所以,如上文所说,到了熙宁年间,汴梁珠价比其他地方为贵,从而珠的输入也很多。又同书《食货》四一载:

(熙宁)七年正月一日,诏定:"诸广南真珠已经抽解,欲指射东京、西川贸易者,召有力户三两名委保,赴税务封角印押,给引放行。各限半年,到指射处。与免起发处及沿路税。仍俱(具?)邑(色?)额、等第、数目,先递报所指射处照会。候到日,在京委常职官估价,每贯纳税百钱;在西川委成都知府、通判监估,每贯收税二百钱。出限不到,约估在京及西川价,报起发处,据合纳税钱,勒保人代纳。即私贩,及引外带数,或沿路私卖,及买人各杖一百。许人告,所犯真珠没官,仍三分估一分价钱赏告人。"

按真珠以产于大食等国为最好。《诸蕃志》卷下云:

真珠出大食国之海岛上,又出西难、监篦二国。广西、湖北亦有之,但不若大食、监篦之明净耳。

这些由广州转贩来的海外真珠,大多经由湖南、湖北的陆路运往汴梁。赵汴《赵清献公集》卷二《奏状乞取问王拱辰进纳赃珠》云:

> 况戬子乔陈状:"父舜中元于广州用钱一千余贯,买到上件珠子。只自广至潭,又入京师,其价已须两倍。"

又《夷坚甲志》卷一二云:

> 林积,南剑人。少时入京师,至蔡州息旅邸。觉床笫间物逆其背,揭席视之,见一布囊中有锦囊,又其中则绵囊,实以北珠数百颗。明日,询主人曰:"前夕何人宿此?"主人以告,乃巨商也。林语之曰:"此吾故人。脱复至,幸令来上庠相访。"又揭其名于室曰:"某年某月日,剑浦林积假馆。"遂行。行商至京师,取珠欲货,则无有。急沿故道,处处物色之。至蔡邸见榜,即还访林于上庠。林具以告曰:"元珠具在,然不可但取。可投牒府中,当悉以归。"商如教。林诣府,尽以珠授商。府尹使中分之。商曰:"固所愿。"林不受,曰:"使积欲之,前日已为己有矣。"秋毫无所取。商不能强,以数百千就佛寺作大斋,为林君祈福。林后登科至中大夫。生子又,字德新,为吏部侍郎。

按北珠产于女真所在的混同江,由北方的辽国转贩而来,已如上述。而这里却说商人经由汴梁以南的蔡州贩运北珠入汴,方向显然不对。这想是《夷坚志》作者洪迈把由广州转贩入汴的海外真珠误写作北珠所致;因为商人在广州买珠后,入湖南的潭州,再经由湖北,至河南南边的蔡州,然后入汴,正好是一条由广州至汴梁的捷径。这里要问,水运比陆运便宜,为什么珠宝商不如前文所说,由广东入江西,经由水道入汴,而走这条经过潭州及蔡州的陆路呢? 这是因为他们所运输的商品(真珠),具有一种特性,即占的空间少,物轻而价昂。假如是笨重的商品,走陆路运费较昂,自然是仍走水道的。

由海外输入汴梁的真珠,除由广州入口外,又有由浙江的明州转贩来的。《宋会要·职官》四四云:

> 天禧元年六月,三司言:"大食国蕃客麻思利等回,收买到诸物色,乞

免缘路商税。今看详麻思利等将博买到真珠等,合经明州市舶司抽解外,赴阙进卖;今却作进奉名目,直来上京。其缘路商税,不令放免。"诏特蠲其半。

其次,由各地输入汴梁的贵金属,为数也不少。这些贵金属,大多来自东南各地。《宋会要·食货》二五云:

> 同日(宣和七年三月十三日),尚书省言:"契勘东南六路商贾,皆欲前来兴贩钞书。缘以钱物重大,畏涉江、淮,艰于搬运;若买物货,又于买卖处动经岁月,盘费浩浣(瀚?):是致巨商大贾,未见众多。今欲乞许诸路客人,召壮保,出长引,从本州本县赍带到金、银,前来都下。当官验号及元封斤重,给付客人从便货卖,见钱入中盐钞。仍免沿道商税。其沿路不得阻节。乞行立法。"诏:"依。沿路官司辄敢阻节者,徒二年。"

其中关于金的输入,俞炎《炉火监戒录》亦云:

> 至出期,丰乐桥三人次第俱集,各出所得。……相与谋曰:"京师蛮家金肆,天下第一。往市之无疑,则真仙术也。"至都,以十两就市,即得高直。时共寓相国寺东客邸中。共作百两,分以为别。即市羊边宫醖,大嚼酣饮。……(何薳《春渚纪闻》卷一〇有相似的记载,不过"蛮家"改作"栾家"。)

又上引《汴都赋》亦说汴梁市场有"华山之金"。至于银的输入,《宋会要·食货》三七亦说来自江南、福建及广西等地云:

> 景祐二年十月十七日,三司详定:"诸路上供年额钱内……江南东路五万贯,内一万贯买绵,四万贯买绸、绢或银,福建路十万,西路八万,并买银。逐路转运司,自景祐三年后,上供送纳。"诏:"从之。所买物依自来价例,不得亏民。"

> (天圣五年)十一月六日,三司言:"司封员外郎王湛言,广南西路每年上供钱八万贯,近令收买银货上京……"从之。

此外,四川及陕西的银也输入汴梁。同书《食货》五一云:

> 真宗咸平五年七月,诏:"川、陕商旅鬻银者,听诣官中卖。每两添铁

钱一千。递送内藏库收掌。候有旨,乃得支拨。"

由四川输入汴梁的银,又有名叫黄银的。方勺《泊宅编》卷六云:

> 黄银出蜀中。南人罕识。朝散郎颜经监在京抵当库,有以十钗质钱者。其色重,与上金无异。

按汴梁消耗贵金属的数量甚大。《续通鉴长编》卷六八载大中祥符元年乙巳:

> 上(真宗)语辅臣曰:"京师士庶,迩来渐事奢侈。衣服器玩,多镕金为饰。虽累加条约,终未禁止。工人炼金为箔,其徒日繁。计所费岁不下十万两。既坏不可复,浸以成风,良可戒也!"

又《能改斋漫录》卷一三云:

> 天圣中,为玉皇像,用金三千两。至和初,为真宗像,用金五千两。时又欲为温成像,台谏上言,乃止。

以上只说金的消耗。至于银的消耗,更为可观。《续通鉴长编》卷八五载大中祥符八年十一月己巳:

> (真宗)谓辅臣曰:"咸平中,银两八百,金五千。今则增踊逾倍。何也?"王旦等曰:"国家承平岁久,兼并之民,徭役不及,坐取厚利。京城赀产百万者至多;十万而上,比比皆是。然则器皿之用,畜藏之货,何可胜算?……有时增价之由,或恐以此。"

其中光是酒店,所用银器已经不少。《梦华录》云:

> 大抵都人风俗奢侈,度量稍宽。凡酒店中,不问何人,止两人对坐饮酒,亦须用注碗一副,盘盏两副,果菜楪各五片,水菜碗三五只,即银近百两矣。虽一人独饮,碗遂亦用银盂之类。(卷四)
>
> 其正酒店户,见脚店三两次打酒,便敢借与三五百两银器。以至贫下人家,就店呼酒,亦用银器供送。有连夜饮者,次日取之。诸妓馆只就店呼酒而已,银器供送,亦复如是。其阔略大量,天下无之也。(卷五)

因为汴梁对于贵金属的需要是这么大,所以由各地输入的数量很多,从而买卖也很大。《梦华录》卷二说：

> 南通一巷，谓之界身，并是金、银、彩帛交易之所。屋宇雄壮，门面广阔，望之森然。每一交易，动即千万，骇人闻见。

复次，产于西北一带的玉，也输入汴梁。《游宦纪闻》卷五说于阗玉输入汴梁云：

> 国朝礼器及乘舆服御，多是于阗玉。

除于阗外，西北诸蕃的玉也输入汴梁。《续通鉴长编》卷三四七载元丰七年七月己亥：

> 手诏李宪："朝廷奉祀所用珪璧璋瓒，常患乏良玉充用。近岁于阗等国虽有贡者，然品色低下，无异恶石。尔可博选汉蕃，旧善于贾贩，与诸蕃踪迹谙熟者，厚许酬直，令放行收市，并达是意于鄂特凌古等处，求之无害。"

又《宋会要·食货》四一说秦州的玉输入汴梁云：

> 真宗大中祥符九年正月，秦州宗歌般、次回讫、李四等贡玉。送内藏库，召玉人估价售之。凡玉大小三十九团，内一团非玉，是杨广石，不中用外，看验除夹石、腻气、古砧内侵、石间道烟、腻气内侵、烟散、颜色青，次及病色深损伤等，各人钗篦腰带用，共估钱四百余千。诏依估价赐钱，非玉者令礼宾院给还之。

又《夷坚志补》卷二一说凤翔的玉输入汴梁云：

> 赵颁之朝散，自京师挈家赴凤翔通判。子弟皆乘马，女妾皆乘车，独一妇以妊身，用四兵荷轿。秦卒不惯此役，临入境，前者为石所蹙，失肩，轿仆地，妇坠于外。有乳媪跨驴而从，急下扶掖，就石拊摩。少焉稍定，四兵恳拜，乞勿言。妇适爱此石，欲携去，为捣衣砧，则谕之曰："能为我负此，当舍汝。"欣然听命，共雇两村民舁以行。赵还京日，始见之，亦以石体细腻，取置书室。它日，玉工来售绦环，偶见之，谛玩不释手。石之阔一尺，厚寸余，长尺有半。工曰："是可解为两屏。能一以见与，则可。"许之。唤匠携锯攻治。几月，中分焉。玉质莹洁，卓然可宝也！云林泉

石,飞鸦翘鹭,渔翁被蓑棹舟,境象天成,绝类王右丞、李将军画山水妙处。工取一归,又阴析为二。先持外边者示贵珰。珰包裹入献。徽宗大喜,命阑为砚屏,答赐甚厚。工复言所从来。诏索之于赵。赵不敢隐,亦献之。两屏相对,列于便殿燕几。他珍器百种,皆避席。居数月,工徐出其所秘诣珰曰:"向两者固尽美矣,奈不过各得一偏。若反覆施之,则为不类。今吾此物而背如一,略无镵削点注之功。非为之天上,不可也。"珰具奏所以。赏赉巨万而颁之。用此得提举常平官。

又王安石《临川文集》卷一〇《估玉》说蓝田的玉输入汴梁云:

> 潼关西山古蓝田,有气郁郁高似天,雄虹雌霓相结缠,昼夜不散非云烟。秦人挟斤上其巅,视气所出深镵镌。得物盈尺方且坚,以斤试叩声泠然。持归市上求百钱,人皆疑嗟莫爱怜。大梁老估闻不眠,操金喜取走蹁跹。深藏牢包三十年,光怪邻里惊相传。欲献天子无由缘。朝廷昨日钟鼓县,呼工啄圭真神筵。玉材细锁不中权,贾孙抱物诏使前。细罗复叠帕紫毡,发视绀碧光属联。诏问与价当几千?众工让口无敢先。嗟我岂识直(一作庞)与全?

此外,汴梁的玉又有来自河南唐州的。《墨庄漫录》卷九云:

> 予顷在唐州,见任布参政之孙谕,字义可,收一璧。凝滑如脂,无有蚁缺,惟有两栗大赤黝,盖尸沁也。以绵绳挂之击之,其清越之声,余韵悠扬,正如(李)淳风之说。与世所见水苍玉,不可同日而语。后闻为一中都贵人取去,自是不复再见也。

除上述外,汴梁消耗的外来奢侈品,约有下列各种:

(1) 玛瑙——《铁围山丛谈》卷一说来自汝海:

> 政和初……汝海诸近县山石,皆变玛瑙。动千百块,而致诸辇下。

(2) 琉璃——来自大食国。叶氏《爱日斋丛钞》云:

> 白光琉璃……今北方市不多见,惟大食,高丽有之。青白紫绿,皆涂以金翠,辉耀绚烂。蔡京尝以大食琉璃酒器献渊圣。时在东宫,却而不

受。盖已盛于宣、政矣。

(3) 犀及象牙——前文曾引《宋会要·食货》三六说：

> 外国犀、象、香药，充牣京师……

又上引《汴都赋》亦说汴梁市场有"梁山之犀象"。

(4) 珍鸟——《萍洲可谈》卷二说海外的倒挂雀输入汴梁云：

> 海南诸国有倒挂雀。尾羽备五色。状似鹦鹉，形小如雀。夜则倒悬其身。畜之者，食以蜜渍粟米甘蔗。不耐寒，至中州辄以寒死。寻常食其粪，亦死。元符中，始有携至都城者。一雀售钱五十万。东坡《梅词》云："倒挂绿毛幺凤。"盖此鸟也。

又《梦华录》卷二说客商贩运鹰、鹘入汴云：

> 东去乃潘楼街。街南曰鹰店。只下贩鹰、鹘客。

(5) 珍贵花木——曾敏行《独醒杂志》卷六说浙江山阴的古梅输入汴梁云：

> 余尝闻山阴有古梅，极低矮，一枝才三四花，枝干皆苔藓。每一窠至都下，贵家争取之。又以小为贵者。

又刘蒙《菊谱说》西京(即洛阳)的菊花输入汴梁云：

> 秋金铃出西京，开以九月中。深黄，双纹，重叶。花中细蕊，皆出小铃萼中。其萼亦如铃叶。……余顷年至京师，始见此菊。戚里相传，以为爱玩。其后菊品渐盛，香色形态往往出此花上，而人之贵爱寂寞矣。

最后，由外国输入的香药，非常名贵，除用作医药外，同时也是当时汴梁的外来奢侈品。

(七) 军需品的输入

前文说过，因为北宋实行"中央"集权制，政治中心的汴梁，驻有大量的军队，以便控制各地。驻军多了，军需品的消耗自然也多起来，从而由各地输入的数量也不少。

由各地输入汴梁的军需品，见于记载的，以战马为最多。这些战马大多来自西北各地。《宋会要·兵》二四云：

> 又有招马之处。秦、渭、阶、文州则有吐蕃、回纥；麟、府州则有党项；丰州则有藏才族；环州则有白马鼻家、保家、名市族；泾、仪、延、鄜州、火山、保德、保安军、唐龙镇，制胜关则有蕃部。每岁皆给以空名敕书，委沿边长吏差牙校入蕃招买。给路券送至京师。至则估马司定其价。

其中关于由丰州及唐龙镇输入的马，同书又云：

> 太宗太平兴国五年闰三月，丰州刺史（王）承美上言："每奉诏勾招市马，今年已招勾得七百余匹赴阙。……"（《方域》二一）

> （大中祥符）九年九月诏："自今唐龙镇进卖鞍马，令河东转运司指挥唐龙镇、火山军，更不得点检印记，并令牵送岢岚军。候到，子细拣堪配军马，依例印记入券，上京进卖。内岁小饥瘦，堪抬举者，亦与印记上京进马。即不得将不堪马入券，及妄有拣退好焉，致蕃部别有词说。"

复次，西夏及于阗的使臣也贩马入汴。同书云：

> （大中祥符八年）十一月，帝（真宗）曰："臣僚言，赵德明进奉人使中卖甘草、苁蓉甚多，人数比常年亦倍，乞行止约及告示不买。"王旦等曰："斯皆无用之物。陛下以其远来嗜利，早年令有司多与收买。若似此全无限量，纵其无厌，亦恐其难为止约。至如牵马及诸色随行人多，边臣从初亦合晓谕，勿令大段放过。"帝谓王钦若曰："可令鄜延路钤辖体量裁损之。"又谓王旦等曰："此时且须与买。随行人已到者，恐喧隘，即分擘安处之，勿令失所。"（《食货》三八）

> （元丰八年）十一月十二日，（于阗使）因进马，赐钱百有二十万。（《蕃夷》四）

此外，四川的风琶蛮也贩马入汴。同书《蕃夷》五载景德三年八月二十四日：

> 乌柏等入贡，上言……仍乞以所乘马贸易于京师。并从之。

汴梁政府因为对于战马的需要很大，所以奖励战马的大量输入。《宋史》卷一九八《兵志》载：

> （嘉祐）七年，陕西提举买马监牧司奏："旧制：秦州蕃汉人月募得良马二百至京师，给彩绢、银碗、腰带、锦袄子。蕃官回纥隐藏不引至者，并以汉法论罪。岁募及二千，给赏物外，蕃部补蕃官，蕃官转资，回纥百姓加等给赏。今原、渭、德顺军置场市马，请如秦州例施行。"诏从之。

对于蕃汉商人之贩马入汴，更予以种种便利。《宋会要·兵》二二云：

> （太平兴国）六年十二月，诏："岁于边郡市马，偿以善价，内属戎人驱马诣阙下者，悉令县次续食以优之。……"

> 康定元年二月八日，诏令将三岁以上、十三岁以下，堪充带衣甲壮嫩好马，赴京进卖。经过馆驿，支给熟食草料。

> （嘉祐五年）九月，薛向言："……其后岁月浸久，他州郡皆废，唯秦州一处，券马尚行。每蕃汉商人聚马。五十七十匹至百匹，谓之一券。每匹至场，支钱一千。逐程给以刍粟，首领续食。至京，礼宾院又给十五日，并犒设酒食之费，方诣估马司估所直，以支度支钱帛。又有朝辞公物、锦袄子、银、腰带。以所得价钱市物，给公凭，免沿路征税，直至出界。……"

汴梁因为有这许多马，马料的消耗大增。马的饲料，如粟、豆等，大多来自外地。《宋会要·食货》三六云：

> （天禧元年）四月六日，三司言："……又在京马料，欲许商客入中。每百千内，五十千依在京折中斛斗例支还矾盐交引，从商客之便算射；五十千即支与新例茶交引。"并从之。

> （天圣七年）十一月，三司言："准六年九月敕，许客旅于在京入中大豆三十万硕，粟二十万硕。已入中到大豆二十七万七千余硕，粟万五千余硕。后来为粟、豆价高，指挥住纳。今秋豆、粟价贱，勘会马料粟、豆见数无多，欲于在京折中仓许客人（入？）中大豆三十万硕，粟二十万硕，一依旧例。……"从之。

北宋汴梁的输出入贸易

复次,汴梁消耗的武器及武器原料,也来自外地。《汴都赋》说汴梁的市场有"会稽之竹箭"。又《续通鉴长编》卷二一二载:

> (熙宁三年六月)壬申,上(神宗)批:"近闻作坊物料库官吏隐下帐管竹箭竿,申乞三司配买。三司并不检察的实有无,即施行。可勘会行遣。"于是三司使吴充言:"箭材凡二百八万四千,而勘用者止十一万二千。近商人贩至京者凡二百余万,故遣官选买。"上疑其非良材,命秘书丞章楶验视。果非良材,吏皆抵罪。

又《宋会要·食货》五二说作箭羽用的翎毛由南方输入汴梁云:

> 仁宗天圣六年正月,权三司使范雍言:"……欲自今除在京合销要翎毛数目,于向南出产州军置场收买送纳外,所有……"从之。

除上述外,行军及军服用的缬帛,也有由外地输入汴梁的。《宋会要·刑法》二载:

> (政和三年)九月二十七日,诏:"后苑作制造御前生活所翻样打造缬帛,盖自元丰初置,以为行军之号,又为卫士之衣,以辨其奸诈,遂禁止民间打造。日来多是使臣之家,顾工开板,公然打造,更无法禁。仰开封府候指挥到,除降样制,并自来民间打造二红相缬外,并行禁止。其外路亦不许打造。客旅兴贩入京。违者以违御笔论。……"

(八) 各种工业品的输入

(1) 玩具——陆游《渭南文集》卷二九《跋嵩山景迁集》说鄜州的土偶儿输入汴梁云:

> 景迁《鄜畤排闷诗》云:"莫言无妙丽,土稚动金门。"盖鄜人善作土偶儿,精巧,虽都下莫能及。宫禁及贵戚家争以高价取之。丧乱隔绝,南人不复知,此句遂亦难解,可叹!嘉泰壬戌四月二十四日放翁识。

陆氏在别一地方又把"土偶儿"写作"泥孩儿"。《老学庵笔记》卷五云:

> 承平时,鄜州田氏作泥孩儿,名天下。态度无穷,虽京师工效之,莫

能及。一对至直十缣,一床至三十千。一床者,或五或七也。小者二三寸,大者尺余,无绝大者。予家旧藏一对,卧者。有小字云:"鄜畤田玘制。"

按陆氏本来家住汴梁,见他的《家世旧闻》。他家所藏的鄜州泥孩儿,或土偶儿,自然是在汴梁的市场上买来的了。《梦华录》卷八说七月七夕土偶儿在汴梁的买卖很好,可证:

> 七月七夕,潘楼街东,宋门外瓦子、州西梁门外瓦子、北门外南、朱雀门外街及马行街内,皆卖磨喝乐,乃小塑土偶耳。悉以雕木彩装拦座,或用红纱碧笼,或饰以金珠牙翠。有一对直数千者。禁中及贵家与士庶为时物追陪。

此外,各地的木偶戏人也贩运入汴。《宋史》卷二九〇《杨崇勋传》云:

> 崇勋性贪鄙。久任军职。……在藩镇日,尝役兵工作木偶戏人,涂以丹白,舟载鬻于京师。

(2) 扇——有来自日本的。《皇朝类苑》卷六〇引《渑水燕谈》云:

> 熙宁末,余游相国寺,见卖日本国扇者。琴漆柄,以鸦青纸□如饼,堞为旋风扇。淡粉画平远山水,薄傅以五彩。近岸为寒芦衰蓼,鸥鹭伫立,景物如八九月间。舣小舟,渔人披蓑钓其上。天末隐隐有微云飞鸟之状。意思深远,笔势精妙,中国之善画者或不能也。索价绝高。余时苦贫,无以置之,深以为恨。其后再访都市,不复有矣。(按《渑水燕谈》有《稗海》本,《知不足斋丛书》本及涵芬楼《宋元人说部书》本。可是这段记载,以上三种刻本都没有了。)

这些日本国扇,大多由高丽转贩而来。《图画见闻志》卷六云:

> 彼(高丽)使人每至中国,或用折叠扇为私觌物。其扇用鸦青纸为之。上画本国豪贵,杂以妇人鞍马;或临水为金砂滩,暨莲荷花木水禽之类,点缀精巧;又以银淬为云气月色之状,极可爱。谓之倭扇,本出于倭国也。近岁尤秘惜,典客者盖稀得之。(原注:倭国乃日本国也,本名

倭。既耻其名,又自以在极东,因号日本也。今则臣属高丽也。)

按宋人记载日本扇的文字甚多。如苏辙《栾城集》卷一三《杨主簿日本扇》云：

> 扇从日本来,风非日本风。……但执日本扇,风来自无穷。

又如邓椿《画继》卷一〇云：

> 倭扇以松板两指许砌叠,亦如折叠扇者。其柄以铜麖钱环子黄丝绦,甚精妙。板上庵画山川人物,松竹花草,亦可喜。

由此可推知,当时高丽每次遣使来汴,一定同时输入许多日本扇。

(3) 灯——来自浙江。苏轼《东坡文集》卷二九《谏买浙灯状》云：

> 熙宁四年正月日,殿中丞、直史馆、判官告院、权开封府推官臣苏轼状奏：……臣伏见中使传宣下府市司,买浙灯四千余盏。有司具实直以闻。陛下又令减价收买。见已尽数拘数,禁止收买,以须上令。臣始闻之,惊愕不信,咨嗟累日。何者？卖灯之民,例非豪民。举债出息,蓄之弥年。衣食之计,望此旬日。陛下为民父母,惟可添价贵买,岂可减价贱酬？此事至少,体则甚大。凡陛下所以减价者,非欲以与此小民争此毫末,岂以其无用而厚费也？如知其无用,何必便索？恶其厚费,则如勿买。其内廷故事,每遇放灯,不过令内东门杂买务临时收买。数目既少,又无拘收督迫之严。费用不多,民亦无憾。故臣愿追还前令,凡悉如旧。京城百姓,不惯侵扰。恩德已厚,怨谤易生。可不谨欤,可不畏欤！

(4) 漆器——来自浙江。《梦华录》卷二云：

> 南门大街以东,南则唐家金银铺,温州漆器什物铺。

又《夷坚甲志》卷一八云：

> 临安人杨靖者,始以衙校部花石至京师,得事童贯。积官武功大夫,为州都监。将满秩,造螺钿火镜三合,穷极精巧。买土人陈六舟,令其子十一郎赍入京,以一供禁中,一献老蔡,一与贯,以营再任。子但以一进,而货其二于相国寺。得钱数百千为游冶费,愆期不归。靖望之久,乃解

官北上。……

按螺钿是漆器的名称。清赵翼《陔余丛考》三三云：

> 髹漆器用蚌蛤壳镶嵌，象人物山水，谓之螺填。……周密《驾幸张府记》："宋高宗幸张循王府，王所进有螺钿盒十具。"又《癸辛杂识》："王槠谄贾似道，作螺钿卓面屏风十副，图贾相当国盛事，如鄂渚守城、鹿矶奏捷之类。贾相乃大喜。"则"螺填"当作"螺钿"为是。

(5) 陶器——来自陕西的耀州。《宋会要·职官》六七载：

> (元祐)八年正月十二日，右朝奉大夫温俊乂罢知同州，令吏部与合入差遣。先是，御史来之邵言，俊乂知耀州，遣子弟载陶器入京贸易。令户部体量是实。故有是命。

(6) 铁器——来自磁州。同书《食货》一七载：

> (天圣六年)七月，诏："自今民贩生铁器上京，所经县镇，依诸杂物例，关报上京，送纳税钱。……"时有商人自磁州贩鬻铁器经过府界诸县，而无收税之例，故商税院言而条约之。

(7) 铜器——有来自波斯的。周密《癸辛杂识别集》卷上云：

> 光孝寺在汴城东北角，俗呼为上方寺。琉璃塔十三层。铁普贤狮子像甚高大。座下有井，以"铜波斯"盖之。泉味甘，谓通海潮。

(8) 梳朴——《续通鉴长编》卷二三六载熙宁五年闰七月丙辰：

> 上(神宗)曰："又闻卖梳朴即梳朴贵……"安石曰："……卖梳朴者，为兼并所抑，久留京师，乃至经待漏乞指挥。臣谕令自经市易务，此事非中所管。寻闻吕嘉问才买梳朴，兼并即欲依新法占买。嘉问乃悉俵与近下梳铺。此所以通利商贾，抑兼并，榷估市井。元立法意政为此。不知更有何事？"

(9) 枕及簟——前者来自广东的端溪；后者来自湖北的蕲州。这都是汴梁人士炎夏时的恩物。《临川文集》卷五《次韵信都公石枕蕲簟》云：

端溪琢枕绿玉色；蕲水织簟黄金纹。翰林所宝此两物，笑视金玉如浮云。都城六月招客语，地上赤白流黄尘。烛龙中天进无力，客主敲然各疲剧。形骸直欲坐弃忘，冠带安能强修饰？恃公宽贷更不疑，箕倨岂复论官职？笛材平莹家故藏，砚璞拗清此新得。扫除堂屋就阴翳，公不自眠分与客。……

又《居士集》卷八"有赠余以端溪绿石枕与蕲州竹簟，皆佳物也。余既喜睡，而得此二者，不胜其乐。奉呈原父舍人、圣俞直讲"诗云：

端溪琢出缺月样；蕲州织成双水纹。呼儿置枕展方簟，赤日正午天无云。黄琉璃光绿玉润，莹净冷滑无埃尘。忆昨开封暂陈力，屡乞残骸避烦剧。圣君哀怜大臣闵，察见衰病非虚饰。犹蒙不使如罪去，特许迁官还旧职。选材临事不堪用，见利无惭惟苟得。一从僦舍居城南，官不坐曹门少客。自然唯与睡相宜，以懒遭闲何惬适！……

(10) 蜡烛——来自河阳。叶绍翁《四朝闻见录》乙集云：

宣政盛时，宫中以河阳花蜡烛无香为恨，遂用龙涎沈脑屑灌腊烛。列两行数百枚，焰明而香瀚，钧天之所无也。

(九) 各种原料的输入

《续通鉴长编》卷二五二云：

熙宁七年夏四月己巳，中书言："……其在京诸门减定税额内，小民贩易竹、木、芦、蒌、羊毛之类，税钱不满三十者，权免。"先是……上以久旱，忧形于色。……于是中书条奏，请蠲减赈恤。

又《宋会要·食货》一七（或《方域》一六）载：

(元丰三年) 四月二十八日，诏："非导洛司船辄载商人税物入汴者，虽经场务投税，并许人告。罪赏依私载法。即服食器用日费，非贩易者，勿禁。官船附载蒌、箔、柴、草、竹、木，亦听。仍责巡河催纲巡检都监司觉察。"从宋用臣之请也。

由此可见汴梁输入各种原料之一斑。

由各地输入汴梁的原料,以竹木为最多。《宋会要》云:

> (天圣)六年十月,三司言:"望许客入中黄松材木,与茶盐交引。"从之。(《食三货》六)

> (元丰三年)六月十三日,都提举河汴堤岸司乞禁商人以竹木为牌筏,入汴贩易。从之。(《方域》一六,又见于《续通鉴长编》卷三〇五)

又沈括《补笔谈》云:

> 祥符中,禁中火。时丁晋公主营复宫室。患取土远,公乃令凿通衢取土。不日皆成巨堑,乃决汴水入堑中。引诸道竹木牌筏,及般运杂材,尽自堑中入,至宫中。事毕,却以斥弃瓦砾灰壤实于堑中,复为街衢。一举而三役济,计省费以亿万计。

这些竹木大多由陕西输入。《宋会要·食货》三七云:

> 太宗太平兴国二年七月,诏:"华州先籍入阳平市木吏田宅,悉给赐其家。"先是,分遣州吏市木,岁供于京师。吏为奸,隐没官钱以巨万计。人有诉者。命使按之,得其实。抵罪者甚众,尽没其田宅赀财。至是而太宗悯之,故有是命。

> 庆历三年正月,三司言:"在(京?)营缮,岁用材木凡三十万。请下陕西转运司收市之。"诏减三分之一。仍令官自遣人,就山和市,无得抑配于人。

又《范文正公集》卷一一《宋故同州观察使李公神道碑铭》云:

> 为三司使。陕西旧科吏人采木送京师,度三门之险,破散者大半。……吏皆破产以偿。西人苦兹五十年矣。公请募商旅送于京师,如入粟法,售以池盐。……自是西人鲜复破产。(《宋史》卷二九九《李仕衡传》有相似的记载)

其次,河南汝州的木材也入汴梁。《续通鉴长编》卷三一六载:

> (元丰四年九月)丙午,诏:"修尚书省材木,令知汝州李承之于本州

界采伐及买。如当亲往，即以州事令以次官权知。"

复次，山西石州的木材也输入汴梁。《宋会要·食货》一七云：

> 天禧元年三月，三司言："石州伏落津路商旅梣木税钱，准例给长引，不纳沿路税算。至京即并计之。因兹为弊，颇亏失课额。望许沿路收税。"帝（真宗）曰："如因修奉宫观采数，即依近诏停罢。或久例所费，当从其请。"

此外，湖南的木材也输入汴梁。《续通鉴长编》三三二载元丰六年正月癸卯：

> 荆湖南路提点刑狱司言："被诏买修京城楠桑檀木等，欲依河防例于民间等第科配。"上批："只令于出产处采买，及置场募人结揽和买，不得配扰。"

汴梁在北宋时是新兴大帝国的政治中心，人口骤增，无论政治机关，或其他建筑，旧者都不够用，有大兴土木的必要（见拙著《宋代官吏之私营商业》第八节）。这么一来，汴梁对于木料的需要大增，从而市价也很好。所以汴梁输入木料贸易的经营者，不限于客商，或政府委派的人，官吏也私贩木料入汴。这可以柴宗庆为代表。《续通鉴长编》卷五七载：

> （景德元年九月）丙午，鲁国长公主言："遣人于华州市木，乞免征算。"上（真宗）曰："先朝深戒戚里不得于西路市木，盖虑因缘贩易，侵坏法制。鲁国公主所请，今且从之。仍召驸马都尉柴宗庆，戒自今无得复尔。"（《宋会要·食货》一七有相似的记载）

又同书卷七八载大中祥符五年六月戊申：

> 驸马都尉柴宗庆言："自陕西市木至京，望蠲免税算。"上曰："朕记太宗朝，王承衍市木，贩易规利，当时兴讼不已。向已谕宗庆无得复然，今乃有此奏！"即令枢密院召宗庆戒饬之。

又《宋史》卷四六三《柴宗庆传》亦云：

> （柴宗庆）又自言："陕西市材木至京师，求蠲所过税。"真宗曰："向谕汝毋私贩以夺民利，今复尔邪！"

此外，关于官吏私贩木料入汴的记载甚多。请参看拙著《宋代官吏之私营商业》第八节，兹从略。

由外地输入汴梁的原料，除上述外，现可考见的，有下列两种：

(1) 煤——来自高丽。用作墨的原料。胡仔《渔隐丛话后集》卷二九云：

> 东坡云："潘谷作墨，所以精妙轶伦，堪为世珍者，惟杂用高丽煤故也。"

又《分类东坡诗》卷一二《孙莘老寄墨四首》云：

> 珍材取乐浪（次公：乐浪，指言高丽也。），妙手惟潘翁（潘谷作墨，杂用高丽煤……）

按潘谷是当时汴梁的有名墨工。

(2) 矾——这是一种染料，来自山西及淮南。《宋会要·食货》三四云：

> 白矾：晋州……给京师支用，并客旅算请。
>
> 无为军昆山场……给在京染院，及淮南州军客旅入中算请。
>
> 绿矾：慈州温泉县务……给在京染院及河东州军茶客入中算请。

其中关于晋州的矾，《宋史》卷三三三《荣諲传》亦云：

> 晋州产矾，京城大豪岁输钱五万缗颛其利。

（十）汴梁的输入贸易与市易法

由上所述，可知北宋汴梁输入贸易的发达。这些输入贸易的经营者，抱着获取利润的希望，把商品运往汴梁销售。抵汴以后，因为在那里的消费者不单量多，而且富有，他们的商品照理是都能得善价，从而大获利润的。可是实际上，事情却不是这么简单；由于种种关系，此中也是有问题的：

(1) 豪商大贾凭恃他们雄厚的资本，极力操纵商品的市价。当客商（通指汴梁输入贸易的经营者）们贩货入汴时，他们把商品的市价压低，然后大量收买。低价收买以后，商品完全集中在他们手里，消费者要用时只好向他们购买，他们便高价出卖。因此，商品的贩运，最辛苦的是客商，可是他们结果

应得的利润,由于资本的魔力,却大部分流入豪商大贾的荷包中去了!《续通鉴长编》卷二三一载:

> (熙宁五年三月)丙午诏曰:"天下商旅物货至京,多为兼并之家所困,往往折阅失业。至于行铺稗贩,亦为(《宋会要·食货》三七多'较固'二字)取利,致多穷窘。……"先是有魏继宗者,自称草泽,上言:"京师百货所居,市无常价,贵贱相倾,或倍本数。富人大姓,皆得乘伺缓急,擅开阖敛散之权。当其商旅并至,而物来于非时,则明抑其价,使极贱,而后争出私蓄以收之。及舟车不继,而京师物少,民有所必取,则往往闭塞蓄藏,待其价昂贵而后售,至取数倍之息。以此外之商旅,无所牟利,而不愿行于途;内之小民,日愈朘削,而不聊生。其财既偏聚而不泄,则国家之用,亦尝患其窘迫矣。……"(《宋会要·食货》三七记载相似,但文字简单得多。)

懂得自己贩运的商品的市价所以惨跌的客商,运货至汴后,便先巴结这些豪商大贾,把一部分商品低价卖与他们,以便他们代定高价,把卖剩的商品高价卖与别人。如同书卷二三六载熙宁五年闰七月丙辰,王安石云:

> 兼并之家,如茶一行,自来有十余户。若客人将茶到京,即先馈献设宴,乞为定价,比此十余户所买茶,更不敢取利。但得为定高价,即于下户倍取利,以偿其费。

这种客商算是知趣的。至于不知趣的客商,忍不住吃亏,不先向他们行贿,那就要遭他们的毒手,休想高价出售!如同书同卷载王安石的话云:

> 卖梳朴者,为兼并所抑,久留京师,乃至经待漏乞指挥。

又如《东原录》云:

> 嘉祐七年,贺正旦西人大首领祖儒嵬名聿正,副首领枢铭靳允中。祖儒、枢铭,乃西夏之官称。大者姓嵬,名聿正。其所贸易,约八万贯。安息香、玉、金、精石之类,以估价贱,却将回。其余碙砂、琥珀、甘草之类,虽贱亦售。尽置罗帛。云,旧价例太高,皆由所管内臣并行人抬压价例,亏损远人。

(2) 介于客商与购买者（商店及消费者）间的牙人（即买卖的居间人，或介绍人），对于人地生疏的客商，也常常加以欺骗或压迫。如《宋会要·食货》三七载：

> （天圣）八年三月，开封府言："京城浩穰，乡庄人户般载到柴草入城货卖不少。多被在京官私牙人出城接买，预先商量作定价，例量与夥小定钱收买。本主不期却被牙人令牵拽车牛，辗转货卖。更于元商量价钱外，剩取钱数。稍似货卖未尽，又更于元数柴草内，诈称斤两轻少，减落价钱，住滞人户车牛，枉费盘缠。府司虽曾出榜晓示钤辖，终未断绝。……"

王荆公市易法的主要目的之一，是救济这些被压迫阶级——贩货入汴的客商。因为要救济他们，便不得不首先打倒他们当前的两大敌人——豪商大贾及牙人。《续通鉴长编》卷二三一载：

> （熙宁五年三月）丙午，诏曰："……宜出内藏库钱帛，选官于京师，置市易务。其条约委三司本司（《宋会要·食货》三七多一'官'字）详定以闻。"先是有魏继宗者，自称草泽，上言："……况今货榷务自近岁以来，钱货实多余积。而典领之官，但拘常制，不务以变易平均为事。宜假（《会要》多'所积'二字）钱别置常平市易司。择通财之官以任其责。仍求良贾为之辅，使审知物之贵贱。贱则少增价取之，令不至伤商。贵则少损价出之，令不至害民。出入不失其平，因得取余息以给公上。则市物不至于腾踊，而开合敛散之权，不移于富民，商旅以通，黎民以遂，国用以足矣。"于是中书奏："古通有无，权贵贱，以平物价，所以抑兼并也。去古既远，上无法以制之，而富商大室，得以乘时射利，出纳轻重敛散之权，一切不归公上。今若不革，其弊将深。欲在京置市易务，监官二，提举官一，勾当公事官一。许召在京诸行铺牙人，充本务行人、牙人。内行人，令供通己所有，或借他人产业金银充抵当。五人以上充一保。遇有客人物货出卖不行，愿买入官者，许至务中投卖，勾行牙人与客人平其价，据行人所要物数，先支官钱买之；如愿折博官物者，亦听。以抵当物力多少，许令均分赊请。相度立一限，或两限，遂（《会要》作送）纳价钱。若半年纳，

即出息一分；一年纳，即出息二分。已上并不得抑勒。若非行人见要物，而实可以收蓄转变，亦委官司折博收买，随时估出卖，不得过取利息。其三司诸司库务年计物，若比在外科买，省官司烦费，即亦一就收买。"故降是诏。(《宋会要·食货》三七有相似的记载）

这是市易法的内容。市易法实行后，上述客商被压迫的现象，便因此而有所补救。例如客商的梳朴被压低市价，买卖停滞后，市易务给梳朴提高市价，买回来，转卖与梳铺，豪商大贾便无可奈何了。同书卷二三六云：

先是，上（神宗）批付王安石："闻市易买卖极苛细……"于是安石留身白上曰："陛下所闻，必有事实。乞宣示。"……上曰："又闻卖梳朴即梳朴贵……"安石曰："……卖梳朴者，为兼并所抑，久留京师，乃至经待漏乞指挥。臣谕令自经市易务，此事非中所管。寻闻（提举在京市易务）吕嘉问才买梳朴，兼并即欲依新法占买。嘉问乃悉俵与近下梳铺。此所以通利商贾，抑兼并，榷估市井。元立法意政为此。不知更有何事？"……

又如豪商大贾购买客商的茶较他人买价为低的不平等现象，也因此消灭，从而客商也获利了。同书卷二三六载王安石的话云：

兼并之家，如茶一行，自来有十余户。若客人将茶到京，即先馈献设宴，乞为定价。比（此？）十余户所买茶，更不敢取利。但得为定高价，即于下户倍取利，以偿其费。今立市易法，即此十余户与下户买卖均一。此十余户所以不便新法，造谤议也。臣昨但见取得茶行人状如此，余行户盖皆如此。然问茶税，两月以来倍增，即商旅获利可知。

以上是说市易法对于豪商大贾的打击。复次，市易法也同样打击牙人。为着免除牙人在介绍买卖时，对客商的欺骗或压迫，市易务亲自负起牙人的职务。《续通鉴长编》卷二四二载熙宁六年正月辛亥：

枢密使文彦博言："臣近言市易司……今令官作贾区，公取牙侩之利。古所谓理财正辞者，岂若是乎？……"（又见于《宋会要·食货》三七）

又同书卷二五一云：

> 初吕嘉问以户部判官提举市易务,挟王安石势,陵慢三司使薛向,且数言向沮害市易事。安石信之。其实向于嘉问未尝敢与之校曲直。凡牙侩市井之人,有敢与市易争买卖者,一切循其意,小则笞责,大则编管。……

所以同书卷二三六载熙宁五年闰七月丙辰,王安石云:

> 今为天上立法,固有不便之者。……今修市易法,即兼并之家,以至自来开店停客之人,并牙人,又皆失职。

由此可见市易法把客商的两大敌人打击得多么厉害!(至于这里说"今修市易法……自来开店停客之人……又皆失职",意思是说:因为客商贩运至汴的商品,不再因市价惨跌而停滞不卖,他们可以少住几天——也许不只几天——停客的店,即旅店,所以旅店的买卖也就衰落起来。)

(十一) 总结

综括上述,可知汴梁的输入商品,以食料为主,其次为原料、工业品及奢侈品等。其中不单奢侈品来自外国,就是食料及原料也有来自外国的。例如供汴梁人士食用的羊,大量由辽及西夏输入;汴梁制墨工业用作原料的煤,老远地由高丽输入。由前一点观察,可知汴梁消费的程度;由后一点观察,可知汴梁工业化的程度。

复次,汴梁输入商品的来源,以东南及四川两大生产地为主。所谓东南,大约相当于现今安徽、江苏、浙江、江西及福建等地。这是汴梁大量粮食的取给地。其他饮食品如茶、水产、水果等,均由此输入。此外,工业品如各种丝织品、漆、蜡、灯、纸、笔、砚、书籍、碑帖等,奢侈品如贵金属、珍贵花木等,均输入汴梁。至于四川,则是汴梁大量药材及丝织品的取给地。其他工业品如纸、书籍,饮食品如茶、酒等,也输入汴梁。

汴梁输入商品的来源,较次要的,为陕西、山西、河北、山东及河南等地。这些地方的水果、水产及燃料,均输入汴梁。汴梁又输入陕西的木材、药材及玉,山西的木材、盐及矾,山东的盐及粮食。此外,工业品方面,陕西的陶器、玩具,山东、河北的丝织品,河北的铁器,以及河南的纸、墨、砚、腊烛等,均输入汴梁。

此外，外国也是汴梁输入商品的来源。这以奢侈品为多。产于大食等海外国家的香药、珍珠、犀角、象牙、琉璃、珍鸟等物，大部分由广州转贩而来；其中一小部分也有由明州等港口输入的。产于混同江的北珠，由辽国输入。由于阗使臣贩运的玉及乳香，由高丽转贩的日本扇，也输入汴梁。其次，由西北一带如西夏及于阗等国输入的，以战马为最多，药材次之。至于辽与西夏的羊，以及高丽的煤之输入，上文已说过了。

三、汴梁的输出贸易

(一) 概况

汴梁的商品(本地生产的及由各地输入的)，除供本地消费外，以运往西北一带销售为多。《宋会要·食货》三二载：

> (政和三年正月)二十八日，提举陕西路茶事郭思状："体问得近有客人，尽将钱本，自来至阙下，于客人铺户处，转贩四方物货，前来本路货卖。契勘中都聚四方商旅，万亿物货。……"

又同书《兵》二二载：

> (嘉祐五年)九月，薛向言："……其后岁月浸久，他州郡皆废，唯秦州一处，券马尚行。每蕃汉商人聚马五七十匹至百匹，谓之一券。……至京……诣估马司估所直，以支度支钱帛。……以所得价钱市物，给公凭，免沿路征税，直至出界。……"

《宋史》卷四八五《西夏传》说西夏"使至京师，市所需物"；卷二八六《薛奎传》说"赵元昊每遣使至京师……市禁物"。

复次，汴梁的商品又有运往南方销售的。《湘山野录》卷下说举子饶竦"下第出京。庇巨商厚货……下汴淮，历江海"。这些由汴梁向南方输出的商品，有些甚至运往海外销售。《宋会要·职官》四四云：

> 天禧元年六月，三司言："大食国蕃客麻思利等回，收买到诸物色，乞

免缘路商税。……"诏特蠲其半。

（二）茶的输出

汴梁是当时茶的大集散地。由福建及长江流域等大生产地输入的茶，除供本地消费外，多向外输出。《宋会要·食货》一七载：

> （大中祥符二年）六月七日，诏："自今诸色人将带片散茶出新城门，百钱已上，商税院出引；百钱已下，只逐门收税。村坊百姓买供家食茶末，五斤已下，出门者免税。商贾茶货并茶末，依旧出引。"

这些输出的茶，以运往西北各地销售为多。同书《食货》三〇云：

> （元丰六年十二月，陆师闵）又言："乞依旧许人买在京师腊茶入陕西，计所得净利立额，本司（榷茶司）于息钱认还。"户部乞令榷茶司岁认净利钱万四千一百缗。诏户部依所申数除之。（又见于《续通鉴长编》卷三四一）

> （崇宁二年）十月三日，京城提举茶场司状："勘会未置水磨茶场已前，商客贩茶到京，系民间邸店堆垛。候货鬻了当，或翻引出外，自例出备垛地户钱与邸店之家。兴置水磨，客茶到京，并赴茶场堆垛，中卖已系官场指拟数目。访闻客人近岁以中卖为名，与官场商量价直，却一面令人于外路通商地分，私相交易，结揽货卖，意欲津般前去。其间有在官场三两月间，故意高索贵价，商量不成，遂致翻引离场。不唯虚占廊屋，兼亦有误官场元指拟之数，未有措置。兼元丰中尝置垛茶场，遇有客茶到京，尽赴本场堆垛。除中卖入官外，其翻引出卖茶数，从本司相度紧慢，量收堆垛钱入官。所贵杜绝奸弊，不致亏损官私。"诏："依所申。其客人贩到诸路茶，经涉水磨茶场地分，到在京茶场，愿中卖入官者，不限斤数收买。却许客人兴贩水磨末茶往鄜延、环庆、泾源、永兴路货卖。若末茶不足，许以本场客人商量不成交易草茶，赴榷货务翻引，兴贩前去。如客人已指别路州军，若到所指地，却愿往陕西者，并令先赴京场。"

又同书《食货》三二载：

> （政和三年正月）二十八日，提举陕西路茶事郭思状："体间得近有客人，尽将钱本，自来至阙下，于客人铺户处，转贩四方物货，前来本路货卖。契勘中都聚四方商旅，万亿物货。其新茶，若许四方客人赴都茶务依新法钱数买引，只于阙下客铺户处，依园户批数法，许将全笼篰或罐袋转贩前来，即茶法愈通，商贩愈快，于中都事愈甚便。缘新法未有许似此指挥，伏望更赐详酌降下。……"诏并从之。

由汴梁输出的茶，不单行销国内各地，且及于外国。《汴京遗迹志》载杨侃《皇畿赋》云：

> 及复有咸平大县……中有大川，通阛带阓。贯都邑而北来，走江湖而南会。何客棹之常喧？聚茶商而斯在。千舸朝空，万车夕载，西出玉关，北越紫塞。

又《宋史》卷二七七《索湘传》云：

> 先是边州置榷场与蕃夷互市，而自京輦物货以充之。其中茶茗最为烦扰，复道远，多损败。

按北宋政府在边境设立的榷场，分布于河北及西北各地，以与辽及西夏贸易。同书卷一八六《食货志》云：

> 契丹在太祖时虽听缘边市易，而未有官署。太平兴国二年，始令镇、易、雄、霸、沧州各置榷务……景德……二年，令雄、霸州、安肃军置三榷场。北商趋他路者，勿与为市。遣都官员外郎孔揆等乘传诣三榷场，与转运使刘综，并所在长吏，平互市物价，稍优其直予之。又于广信军置场。皆廷臣专掌，通判兼领焉。

> 西夏自景德四年于保安军置榷场……天圣中，陕西榷场二。并代路亦请置场和市。许之。及元昊反，即诏陕西、河东绝其互市，废保安军榷场。……久之，元昊请臣，数遣使求复互市。庆历六年，复为置场于保安、镇戎二军。

由此可知，汴梁的茶行销至辽及西夏。此外，于阗也是它的行销地。《宋会要·蕃夷》四及七云：

> 元丰元年六月九日，诏提举茶场司："于阗进奉使人买茶，与免税。于岁额钱内除之。"（又见于《续通鉴长编》卷二九〇）

（三）服用品的输出

汴梁的布帛，有运往京西、河东、陕西等地出卖的。《宋会要·食货》三七载：

> （大中祥符）八年十月，三司言："乞差使臣辇匹帛于京西、河东、陕西，令置场出卖。"王旦等曰："皆民间所要之物。但三司少损其直，则无不售者。"……

此外，河北东路的滨州及棣州也是汴梁布帛的市场。《续通鉴长编》卷二四七载：

> （熙宁六年九月）壬戌，御史蔡确言："闻京东、河北路提举盐税王伯瑜于所部商贩逐利。奏事赴阙，及出巡至近畿，贩京东、河北帛入京师，复以京师帛贾滨、棣间。……"

汴梁的布帛，不单贩至国内各地，在国外也有它的主顾。《东原录》说西夏使臣至汴购买罗帛云：

> 嘉祐七年，贺正旦西人大首领祖儒鬼名聿正，副首领枢铭靳允中，祖儒、枢铭，乃西夏之官称。大者姓鬼，名聿正；其所贸易，约八万贯。安息香、玉、金、精石之类，以估价贱，却将回。其余硇砂、琥珀、甘草之类，虽贱亦售。尽置罗帛。

又《宋史》卷一八六《食货志》说边境的榷场卖各种丝织物给西夏云：

> 西夏自景德四年于保安军置榷场，以缯、帛、罗、绮易驼、马、牛、羊……

《宋史》卷二七七《索湘传》说："边州置榷场与蕃夷互市，而自京辇物货以充之。"可见这些在榷场卖给西夏的丝织物是由汴梁输出的。

前文曾说北宋政府把四川及湖州的丝织工人输入汴梁，以发展汴梁的丝织工业。各著名丝织产地的布帛，大量输入汴梁。由此可见上述由汴梁贩往国内外各地的丝织物，一部分是汴梁生产的；另一部分是各地生产，由汴梁转贩出去的。

（四）药品的输出

由外地输入汴梁的药品有转贩至其他地方的。《铁围山丛谈》卷六云：

> 都邑惠民多增五局，货药四方。其举也，岁交出入，得息钱四十万缗，入户部助经费。

例如叶少蕴《避暑录话》卷上说许昌官府派人至汴买药云：

> 今列郡每夏岁支系省钱二百千，合药散军民，韩魏公为谏官时所请也。为郡者类不经意，多为庸医盗其直，或有药而不及贫下人。余在许昌，岁适多疾，使有司修故事。而前五岁皆忘不及举，可以知其怠也。遂并出千缗，市药材京师。余亲督众医分治，率幕官轮日散给。盖不以为职而责之，人人皆喜从事。此何惮而不为乎？

又如《负暄杂录》说泗州人至汴买药云：

> 昔杨吉老在泗州，以医得名。忽有人到门，求诊视者。杨与按脉曰："君来年当以疽毒死。今气血凝结，无可解者。"沉思久之，曰："惟有鹅梨尔。可往京师买鹅梨食。若无生梨，以梨干煎汁饮，并食其滓。候来春，当复访我。"其人如教。至期，再往诊脉。曰："病已去矣，恐渴作。若能更食，则可安。"后果如其言。

由此可知汴梁是当时药品的集散地。

其次，汴梁的外来香药，也运往各地销售。《宋会要·食货》三六载：

> （天圣元年）二月，定夺所言："……欲乞自今算请香药象牙者，每十斤为则，令客旅于在京榷货务入纳见钱十千，共算请二十千香药象牙，取便将于在京或外处州军贩卖；仍仰榷货务分明出给公据交付，及一面关

牒商税院,候客人将出外处破货,即据数收纳税钱出给公引放行。……"
从之。

又同书《食货》五五说客商至汴购买乳香云:

> (大中祥符)七年五月十七日,诏:"应入中交引请乳香者,元保铺户引客于监务处当面支给。"

这些乳香有贩往京东等路的。同书《食货》三六云:

> 康定元年二月二十一日,三司言:"乞从京支乳香赴京东等路,委转运司均分于部下州军出卖。其钱候及数目,即部押上京,充榷货务年额。……"从之。

复次,由海外输入汴梁的香药,也转贩至辽及西夏等国。《宋史》卷一八六《食货志》云:

> 契丹在太祖时虽听沿边市易,而未有官署。太平兴国二年,始令镇、易、雄、霸、沧州各置榷务(《续通鉴长编》卷一八多"命常参官与内侍同掌"数字),辇香药、犀、象及茶与交易。

> 西夏自景德四年于保安军置榷场……以香药、瓷、漆器、姜、桂等物易蜜蜡、麝脐……

前文曾引《宋史》卷二七七《索湘传》说:"边州置榷场与蕃夷互市,而自京辇物货以充之。"可见这些在各榷场卖给辽及西夏的香药是由汴梁输出的。

(五) 文化品的输出

汴梁在五代时已经是印刷工业的中心;其所印书,行销至其他各地。到了北宋,汴梁印行的书籍,不下于当时印刷业最昂进的杭州的出品。所以汴梁印行的书籍,不限于本地的主顾,在外地买卖也很好。《宋会要·职官》二八载:

> (大中祥符)五年九月十五日,诏:"国学见印经书,降付诸路出卖,计纲读领。所有价钱,于军资库送纳。"

又同书《刑法》二云：

> 康定元年五月二日，诏："访闻在京无图之辈，及书肆之家，多将诸色人所进边机文字，镂板鬻卖，流布于外。委开封府密切根捉，许人陈告，勘鞫闻奏。"

又《续通鉴长编》卷二九四载元丰元年十一月乙酉：

> 或刻（太学生钟）世美书印卖。上批：世美所论，有经制四夷等事，传播非便。令开封府禁之。

当时汴梁的国子监，印书甚多。这些书籍，以汴梁为出发点，流通至其他各地。邵伯温《邵氏闻见录》卷一六说山西潞州人购买国子监书云：

> 潞州张仲宾，字穆之。其为人甚贤。康节先生门弟子也。自言其祖本居襄源县。十五六岁时，犹为儿戏。父母诲责之，即自奋治生。曰："外邑不足有立。"迁于州。三年，其资为州之第一人。又曰："一州何足道哉？"又三年，豪于一路。又曰："为富家而止耶？"因尽买国子监书，筑学馆，延四方名士，与子孙讲学。……

复次，国子监书的主顾，在南方更多。《齐东野语》卷一一说吴兴人至汴买国子监书云：

> 吴兴东林沈偕君与，即东老之子也。家饶于财。少游京师，入上庠。……既而擢第，尽买国子监书以归。

又罗绣《宜春传信录》云：

> 彭则为巨贾，置产甚厚。喜儒学，为其子迎接师友，不问其费。尝以羡余买国子监书两本。一本藏于家，一本纳于州学。郡从事杨辨为之记，中间目则为贩夫。子孙耻之。后太常少卿徐师闵知州，见其文，叹曰："此善事也，尚不能掩'贩夫'之目。他人岂谁肯为善乎？"于是略窜易首尾，而去"贩夫"字，命其从事余襄名其记刻之。子孙始以为荣焉。

按此书既名《宜春传信录》，顾名思义，当以记载宜春（即江西袁州）的事为主。

作者在这段记载里虽没有特别指出地名,我们也可因此推论出来。所以这位国子监书的主顾,无疑是江西袁州人。此外,邹浩《道乡文集》卷六《寄阳先生》亦说江西人赴汴买书云:

> 长揖公卿不转头,五车图籍指虔州。

这些书是由汴梁买来的。这首诗的附注云:

> 先生名孝,本唐阳城苗裔。举进士不偶,辄罢。不畜妻孥。来京师买书数万卷以归。老于通天岩。郓帅蒲公上书苏公荐之。

汴梁印行的书籍,不单行销国内各地,在国外也有很好的市场。《宋会要·刑法》二载:

> （宣和四年十二月）十二日,权知密州赵子昼奏:"窃闻神宗皇帝正史,多取王安石《日录》以为根柢,而又其中兵谋政术往往具存,然则其书固亦应密。近者卖书籍人乃有《舒王日录》出卖。臣愚窃以为非便。愿赐禁止,无使国之机事,传播闾阎,或流入四夷,于体实大。"从之。仍令开封府及诸路州军毁板禁止。如违,许诸色人告,赏钱一百贯。

例如欧阳修《欧阳文忠公文集》卷一〇八《论雕印文字札子》（《奏议》一二）说汴梁的书籍行销至辽国云:

> 臣伏见朝廷累有指挥,禁止雕印文字,非不严切。而近日雕板尤多,盖为不曾条约书铺贩卖之人。臣窃见京城近有雕印文集二十卷,名为《宋文》者,多是当今论议时政之言。其首篇是富弼往年《让官表》,其间陈北房事宜甚多。详其语言,不可流布。而雕印之人,不知事体。窃恐流布渐广,传入虏中,大于朝廷不便。及更有其余文字,非后学所须,或不足为人师法者,并不编集,有误学徒。臣今欲乞明降指挥,下开封府,访求板本焚毁;及止绝书铺,今后如有不经官司详定,妄行雕印文集,并不得货卖。许书铺及诸色人陈告,支与赏钱二百贯文,以犯事人家财充。其雕板及货卖之人,并行严断。所贵可以止绝者,今取进止。

这些书籍大多先贩往雄州榷场，然后输入辽国。《宋会要·食货》三八载：

> （天圣）五年二月，中书门下言："北戎和好以来，发遣人使不绝，及雄州榷场商旅互市往来，因兹将带皇朝以来臣寮著譔文集印本，传布往彼。其中多有论说朝廷边鄙机宜事。望行止绝！"（同书《刑法》二记载相似）

按辽国由于政治上及文化上的关系，购买中国的书籍甚多，从而书籍在那里的市价也很好。同书《刑法》二载：

> （大观二年）三月十三日，诏："访闻虏中多收蓄本朝见行印卖文集书册之类，其间不无夹带论议边防、兵机、夷狄之事，深属未便。……"

又苏辙《栾城集》卷四一《北使还论北边事札子》云：

> 本朝民间开版印行文字，臣等窃料北界无所不有。臣等初至燕京，副留守邢希右相接送，令引接殿侍元辛传语臣辙云："令兄内翰（谓臣兄轼）《眉山集》，已到此多时。内翰何不印行文集，亦使流传至此？"及至中京，度支使郑颛押燕，为臣辙言，先臣洵所为文字中事迹，颇能尽其委曲。及至帐前，馆伴王师儒谓臣辙："闻常服伏苓，欲乞其方！"盖臣辙尝作《服苓赋》！必此赋亦已到北界故也。臣等因此料本朝印本文字，多已流传在彼。其间臣僚章疏，及士子策论，言朝廷得失，军国利害，盖不为少。兼小民愚陋，惟利是视，印行戏亵之语，无所不至。若使得尽流传北界，上则泄漏机密，下则取笑夷狄，皆极不便。访闻此等文字贩入虏中，其利十倍。人情嗜利，虽重为赏罚，亦不能禁。……

由此可知由汴梁贩往辽国的书籍，在数量上是很可观的。除此以外，汴梁的书籍又贩至下列各国：

（1）高丽——《宋史》卷四八七《高丽传》载：

> （元祐）七年，遣黄宗悫来献《黄帝针经》，请市书甚众。礼部尚书苏轼言："高丽入贡，无丝发利，而有五害。今请诸书，与收买金箔，皆宜勿许。"诏许买金箔。然卒市《册府元龟》以归。

又《续通鉴长编》卷二五○载：

> （熙宁七年二月）庚寅，诏国子监："许卖九经子史诸书与高丽国使人。"

又《皇朝类苑》卷七八引《东斋记事》云：

> 天圣中，新罗人来朝贡，因往国子监市书。是时直讲李畋监书库。遗畋松子发之类数种，曰："生刍一束，其人如玉。"畋答以"某有官守，不政当"，复还之。曰："中心藏之，何日忘之?"于是使者起而折旋，道不敢者三。新罗，箕子之国，至今敦礼义，有古风焉。（按《东斋记事》有《墨海金壶》本及守山阁《丛书》本。可是这段记载，以上两种刻本都没有了。）

(2) 交阯——《宋会要蕃夷》四载：

> （大观元年）闰十月十日，诏："交阯进奉人乞市书籍，法虽不许，嘉其慕义，可除禁书、卜筮、阴阳、历算、术数、兵书、敕令、时务、边机、地里外，许买。"

又同书《蕃夷》七载：

> （庆历）七年正月二十六日，管勾交州进奉人使所言："乞下开封府告谕诸色行人，不许与交州人买卖违禁物色书籍。"从之。

(3) 回鹘——同书《蕃夷》四云：

> 神宗熙宁元年七月二十九日，回鹘国可汗遣使来贡方物，且言乞卖金字《大般若经》。诏特赐墨字《大般若经》一部。

汴梁的文化用品，除书籍外，下列二者也运往各地销售：

(1) 图画——张淏《云谷杂记》卷三说司马光的画像贩至各地云：

> 司马温公……薨，……京师民画其像，刻印鬻之。家置一本，饮食必祀焉。四方皆遣人购之京师。时画工有致富者。

又《玉照新志》卷二说汴梁名妓的画像贩至各地云：

> 秦妙观，宣和名倡也。色冠都邑。画工多图其貌，售于四方。

关于汴梁图画行销的地方，明见于记载的，有杭州及高丽等。《宣和图谱》卷八云：

> 郭忠恕，字国宝，不知何许人。柴世宗朝，以明经中科第，历官。迄国初，太宗喜忠恕名节，特迁国子博士。忠恕作篆隶，凌铄晋魏以来字学。喜画楼观台榭，皆高古。置之康衢，世目未必售也。顷钱塘有沈姓者，收忠恕画。每以示人，则人辄大笑。历数年，而后方有知音者，谓忠恕笔也。

按画家郭忠恕既然是在汴梁当官，那么，杭州沈某收藏的图画当然是由汴梁输出的了。又《图画见闻志》卷六云：

> 皇朝之盛，遐荒九译来庭者相属于路。惟高丽国敦尚文雅，渐染华风。……熙宁甲寅岁，遣使金良鉴入贡，访求中国图画，锐意购求。稍精者十无一二，然犹费三百余缗。

按高丽使臣既是来中国进贡，那么，他一定来到当时政治中心的汴梁。而汴梁又是图画的集中地，各地的图画都运到这里来出卖。所以高丽使臣买到的图画，以自汴梁输出的为多。

（2）邸报——《宋史》卷三五二《曹辅传》云：

> 自政和后，帝（徽宗）多微行。乘小轿子，数内臣导从。置行幸局。局中以帝出日，谓之有排当。次日未还，则传旨称疮痍，不坐朝。始民间犹未知。及蔡京《谢表》有"轻车小辇，七赐临幸"，自是邸报闻四方。

又《玉照新志》卷一云：

> （卢）多逊素与李孟雍穆厚善。多逊窜逐后，相望万里，声迹眇绝。时法禁严，邸报不至海外。一日，忽赦书至，后有"参知政事李"。多逊云："此必孟雍。若登政府，吾必北辕。"戒舍人傲装。已而果移容州团练副使。

（六）奢侈品的输出

由海外输入汴梁的奢侈品，除供当地人士消耗外，又贩至辽及西夏等国。

《宋会要·食货》三八载：

> （熙宁）八年二月二十五日，都提举市易司言："乞借奉宸库象牙、犀角、真珠，直总二十万缗，于榷场交易。至明年终偿见钱。"从之。（又见于《续通鉴长编》卷二六〇）

《宋史》卷一八六《食货志》亦载此事云：

> 熙宁八年，市易司请假奉宸库象、犀、珠，直总二十万缗，于榷场贸易。明年终偿之。诏许。

前文曾经说过："北宋政府在边境设立的榷场，分布于河北及西北各地，以与辽及西夏贸易。"由此可知，这些从汴梁输出的海外奢侈品，是由榷场转贩至辽及西夏。其中关于汴梁的真珠运往榷场出卖，《宋会要·食货》五二亦云：

> 神宗熙宁元年十月十六日，入内内侍有（省？）言："奉宸库珠子已钻串绪裹，都二十五等样，计二千三百四十三万六千五百六十九颗。"诏入内（应多一"内"字）侍省："候有因便勾当内臣，附带与河北沿边安抚都监王临，就彼估价，分擘与四榷场出卖；或折博银，其银别作一项封桩，准备买马。"

除象牙、犀角、真珠等物外，香药也是由汴梁贩往辽及西夏的奢侈品。前文已经说过，兹从略。

汴梁的奢侈品，除上述外，贵金属也输出。《宋会要·食货》一七载：

> （天圣）二年四月，在京商税院言："旧例诸色人将银并银器出京城门，每两税钱四十文足，金即不税。请自今税钱二百文省。"从之。

这些贵金属，以贩往西北各外国民族为多。同书刑法二云：

> 大中祥符元年，帝（真宗）以京城金银价贵，以问三司使丁谓。谓言："多为西域、回鹘所市入蕃。"诏约束之。

又同书《职官》二七云：

> 景德三年二月,诏:"以银出入,并每两税四十钱,出引放行。若卖马蕃部带银向西者,券内具数验认施(放?)行。"

此外又有贩往蒲端的。同书《蕃夷》四载:

> (景德元年)九月,有司言:"蒲端使多市汉物、金、银归国……望令开封府……"从之。

按同书《蕃夷》四又云:"蒲端在海上,与占城相接。"由此可推知蒲端在今安南一带。

(七)各种工业品的输出

(1)斛斗——《宋会要·方域》一二云:

> 《仁宗》天圣四年四月,诏:"许在京诸色人,取便般载诸般斛斗出城门。如将来京中要用斛斗,即令本府旋具条约申奏。"先是淳化四年三月,诏不许客人贩卖斛斗出门。至是从开封府言也。

(2)椅子——同书《食货》三七说西南溪洞蛮人赴汴购买金漆银装椅子云:

> 乾兴元年五月,诏:"溪洞下溪州教练使田遂等,自京进奉,回至辰州日,池镇务点检有金漆银装椅子一只,称是本州刺史彭儒猛令装造。宜令开封府严行指挥在京行铺商贩人,自今并不得与外道进奉人员,并溪洞蛮人,制造违越制度器用,及买卖禁榷物色,夹带将归本道。许人陈告,并当决配。"

(3)旗帜——有贩往蒲端的。同书《蕃夷》四载:

> (景德元年)九月,有司言:"蒲端使多市汉物、金、银归国,亦有旗帜之类。远人不知条禁,望令开封府戒谕市人,无得私制。"从之。

(4)加工食品——《清虚杂著补阙》云:

> 京师旧未尝食蚬蛤,自钱司空始。……其诸海物,国初以来,亦未尝多有。钱司空以蛤蜊为酱,于是海错悉臨,以走四方。

(5) 漆器——同书《食货》五二说汴梁政府把漆器运往榷场博易云：

> 真宗景德四年九月,诏:"瓷器库除拣封桩供进外,余者令本库将样赴三司行人估价出卖。其漆器架阁收管品配,供应准备供进,及榷场博易之用。"

前文曾说,北宋政府在边境设立的榷场,其贸易的对手是辽及西夏。所以这些由汴梁输出的漆器,是由榷场转贩往辽及西夏的。

(八) 人口的输出

北宋时,汴梁人口可以自由买卖,其中尤以妇女为多。《梦华录》卷七云:

> 池苑内,除酒家艺人占外,多以彩幕缴络,铺设珍玉、奇玩、匹帛、动使、茶酒器物关扑。有以一笏扑三十笏者。以至车、马、地、宅、歌姬、舞女,皆约以价而扑之。

这些被当作商品的妇女,也许是因为色艺动人,能吸引到外地的主顾。当时各地的人往往跑到汴梁来买妾。《夷坚乙志》卷五说洪州人至汴买妾云:

> 洪州分宁王氏婿扈司户,自京师买一妾,甚美。携归,寘于妻家。

又罗大经《鹤林玉露》卷一○说鄂州人至汴买妾云:

> 冯京,字当世,鄂州咸宁人。其父商也,壮岁无子。将如京师,其妻授以白金数笏,曰:"君未有子,可以此为买妾之资。"及至京师,买一妾。立卷偿钱矣,问妾所自来。涕泣不肯言。固问之。乃言……

(九) 总结

综括上述,可知汴梁的输出商品,以茶、工业品及奢侈品为主。至于食料及原料的输出,简直是绝无而仅有(前文曾说汴梁有一些输出的食品,但这是加工制造过的,并非食料)。由汴梁工业品输出之多,可见汴梁工业化的程度;由海外奢侈品及南方的茶之输出,可见汴梁转口贸易的繁盛;由外地输入汴梁的大量食料之不再输出,可见汴梁消费的程度。

复次，汴梁输出商品的行销地，就上述材料看，以辽及西夏为主。这两国都是当时由汴梁输出的茶，及香药、真珠、犀角、象牙等海外奢侈品的大主顾。而辽国更大量输入汴梁的书籍，西夏更大量输入汴梁的丝织品。其次为高丽、回鹘、交阯、蒲端及西南溪洞蛮人等，都是汴梁的书籍或其他工业品的主顾。在国内方面，陕西、山西、河北，及河南等地都行销汴梁的丝织品。而汴梁的茶又贩往陕西，书籍贩往山西，乳香贩往山东。至于南方，现可考见的，只有汴梁的书籍及图画贩往浙江，书籍及人口贩往江西，人口贩往湖北。

四、汴梁对外贸易的入超及其抵补

关于汴梁的输出入贸易，我们虽然没有正确的统计数字，但由上所述，我们可以毫不迟疑地下一断语：汴梁的对外贸易是入超。

汴梁的对外贸易，除与辽、西夏、回鹘及高丽等的贸易，因输出商品可与输入商品相抵销，或可不至于入超外，与其他地方的贸易，大多处于入超的地位。其中尤以与东南及四川两大生产地的贸易，输出与输入的差额，简直大得惊人！根据上引各种材料，我们只看见这两大生产地的商品输入汴梁，却很少看见汴梁的商品向这些地方输出。汴梁对四川输出的商品，一点也没有（固然，也许是文书记载有缺所致；不过，即使有，恐怕也是不会多的），固不必说；就是东南一带，由汴梁贩往的，也不过是数量极少，价值不大的两三种商品而已。所以李觏说他只见江、淮的商品向汴梁输入，而不见汴梁有一些商品回敬江、淮。《李直讲文集》卷二八《寄上富枢密书》云：

> 觏江南人，请言南方事。当今天下根本，在于江、淮。天下无江、淮，不能以足用。江、淮无天下，自可以为国。何者？汴口之入，岁常数百万斛。金钱布帛，百物之备，不可胜计。而度支经费，尚闻有阙。是天下无江、淮，不能以足用也。吴楚之地，方数千里。耕有余食，织有余衣。工有余材，商有余货。铸山煮海，财用何穷？水行陆走，馈运而去；而不闻有一物由北来者。是江、淮无天下，自可以为国也。

复次，由于北宋汇兑制度的特色，我们也可以看出汴梁对外贸易的入超。

当时汴梁政府设有便钱务,其主要的任务是代商人由汴梁汇款至其他地方。《宋志》卷一八〇《食货志》云:

> 先是太祖时取唐飞钱故事,许民入钱京师,于诸州便换。其法:商人入钱左藏库,先经三司投牒,乃输于库。开宝三年,置便钱务。令商人入钱,诣务陈牒。即辇致左藏库,给以券。仍敕诸州:凡商人赍券至,当时给付。违者科罚。至道末,商人入便钱一百七十余万贯。天禧末,增一百一十三万贯。

《续通鉴长编》卷八五的记载,文字略有差异,并录如下:

> 国初取唐朝飞钱故事,许民入钱京师,于诸处州便换。先是商人先经三司投牒,乃输左藏库所由司,计一缗私刻钱二十。开宝三年,置便钱务。令商人入钱者,诣务陈牒。即日辇致左藏库,给以券。仍敕诸州:俟商人赍券至,即如其数给之。自是无复留滞。

又同书卷七九亦载:

> (大中祥符五年十一月)乙卯,诏:"商旅自京便钱至诸州者(原注:按太祖开宝三年置便钱务,许民入钱左藏,给以券,于诸州便换。此条当云:'自京赍便钱券至诸州。'原书疑有脱字),所在即给付,无得稽滞。"

由此可知,便钱务的主要任务是代商人汇款至各地。之所以要这样,显然是由于汴梁的输入商品太多,其输出商品不足抵补,以使对外贸易平衡,所以要汇很多的钱到各地结账,由此可见汴梁对外贸易的入超。

随着对外贸易的大量入超,汴梁的资金自然要不绝地外流。这么一来,汴梁所有的资金不是要一天比一天枯竭下去,从而它的经济繁荣不是要大受打击了吗?不,汴梁因为有特别的情形,在没有受到其他影响(如金人南侵)时,经济仍可繁荣下去,不至于遭遇到这种恶劣的命运。所谓"特别的情形",是说汴梁拥有下列各种人物,作为它的靠山。这些人物都能令外地的钱输入汴梁,使汴梁无形中多得一大笔收入,以抵补它对外贸易的入超。

(1)官吏——汴梁在北宋时是全国的政治中心,住有大批官吏。这些官吏(连最高元首也包括在内)的薪俸及其他开支,取自全国各地的税收。北宋政府实行的是"中央"集权制,在财政上不再如从前那样让地方割据,而大量地解往汴梁。《宋史》卷一七九《食货志》云:

> 宋货财之制,多因于唐。自天宝以后,天下多事……方镇握重兵,皆留财赋自赡,其上供殊鲜。五代疆境逼蹙,藩镇益强,率令部曲主场院。其属三司者,补大吏以临之。输额之外,亦私有焉。太祖周知其弊,及受命,务恢远略,修建法程,示之以渐。建隆中,牧守来朝,犹不贡奉,以助军实。乾德三年,始诏诸州支度经费外,凡金帛悉送阙下,毋或占留。时藩郡有阙,稍命文臣权知所在场务,或遣京朝官廷臣监临。于是外权始削,而利归公上;条禁文簿,渐为精密。

因为北宋政府的财政组织是这样健全,所以每年由外地输入汴梁的税收,数目是很大的。李心传《建炎以来朝野杂记》甲集卷一四说北宋政府的岁收云:

> 国朝混一之初,天下岁入缗钱千六百余万。太宗皇帝以为极盛,两倍唐室矣。天禧之末,所入又增至二千六百五十余万缗。嘉祐间,又增至三千六百八十余万缗。其后月增岁广,至熙、丰间,合苗役税易等钱,所入乃至六千余万。元祐之间,除其苛急,岁入尚四千八百余万。

这一笔款是汴梁大批官吏的薪俸及其他开支之所自出。所以汴梁的官吏无形中从外地吸取了许多金钱。这是比较正当的。除此以外,汴梁的官吏又利用他们在政治上的力量,不正当地取得外地的财富——接受外地人士的贿赂。如《宋史》卷二五六《赵普传》云:

> (开宝)六年,帝(太祖)又幸其第。时钱王俶遣使致书于普,及海物十瓶,置于庑下。会车驾至,仓卒不及屏。帝顾问何物。普以实对。上曰:"海物必佳。"即命启之。皆瓜子金也。普惶恐顿首谢曰:"臣未发书,实不知。"帝叹曰:"受之无妨,彼谓国家事皆因汝书生尔!"(《续通鉴长编》卷一二及司马光《涑水纪闻》卷三均有相似的记载)

又《续通鉴长编》卷一二说赵普受江南国主李煜的贿赂云:

> 先是(江南)国主以银五万两遗宰相赵普。普告上(太祖)。上曰："此不可不受。但以书答谢,少赂其使可也。"

此外,汴梁其他官吏也收受外地人士的贿赂。沈括《梦溪笔谈》卷二二云:

> 李溥为江淮发运使,每岁奏计,则以大船载东南美货,结纳当途,莫知纪极。

又《宋史》卷二九八《燕瑛传》云:

> 历广东转运判官,进副使,加直秘阁。……时瑛在岭峤七年,括南海犀、珠、香药奉宰相内侍,人目之为"香燕"。遂以徽猷阁待制提举醴泉观,拜户部侍郎。

(2) 军人——北宋政府因为实行"中央"集权制,在汴梁驻有大量的军队,以便控制各地。这许多军队的种种开支,也是取自由各地解往汴梁的税收。所以汴梁的军人也是如官吏那样赚取外地的钱。除此以外,他们攻掠各地以后,凯旋时往往有大批战利品携返汴梁。《宋史》卷一七九《食货志》云:

> 及取荆湖,定巴蜀,平岭南、江南,诸国珍宝金帛尽入内府。

又王嗣之《渑水燕谈录》卷八亦云:

> 朝廷初平孟氏,帑藏尽归京师。

这算是归于公家的。其次,他们私人携回的战利品,数量也很大。如《宋史》卷二五七《王仁赡传》说他们攻下四川后,大规模地劫取当地的财富,然后返汴云:

> 兴师讨蜀,命仁赡为凤州路行营前军都监。蜀平,坐没入生口财货,杀降兵,致蜀士扰乱,责授右卫大将军。初剑南之役,大将王全斌等贪财,军政废弛,寇盗充斥。太祖知之。每使蜀来者,令陈全斌等所入贿赂子女,及发官库分取珠金等事,尽得其状。及全斌等归,帝诘仁赡。仁赡历诋诸将过失,欲自解。帝曰:"纳李廷珪妓女,开丰德库取金宝,岂全斌辈邪?"仁赡不能对。廷珪,故蜀将也。帝怒,令送中书鞫全斌等罪。仁

赡以新立功,第行降黜而已。

其后太宗淳化年间,派往四川镇压李顺、王小波暴动的军队,也是大规模地在那里劫取财物,然后返汴。韩琦《安阳集》卷五〇《故枢密直学士礼部尚书赠左仆射张公神道碑铭》云:

> 时(淳化五年)益虽收复,诸郡余寇尚充斥。(王)继恩恃功骄恣,不复出兵,日以娱燕为事。军不戢,往往剽夺民财。公(张咏)于是悉擒招安司素用事吏至廷,面数其过,将尽斩之。吏皆股栗求活。公曰:"汝帅聚兵玩寇,不肯出,皆汝辈为之。今能亟白乃帅,分其兵,尚可免死。"吏呼曰:"唯公所命。兵不分,愿就戮。"公释之。继恩即日分兵邻州。当还京师者,悉遣之。不数日,减城中兵半。

按《宋史》卷四六六《王继恩传》亦说继恩的部下在四川掠取财物云:

> 继恩握重兵,久留成都,转饷不给,专以宴饮为务。每出入,前后奏音乐,又令骑兵执博局棋枰自随。威镇郡县。仆使辈用事恣横,纵所部剽掠子女金帛。……

此外,攻下江南的军人,也是一样地劫取大量的财富,运返汴梁。同书卷二六〇《曹翰传》云:

> 将征江南,命翰率兵先赴荆南。改行营先锋使。进克池州。金陵平,江州军校胡德、牙将宋德明据城拒命。翰率兵攻之,凡五月而陷。屠城无噍类,杀兵八百,所略金帛以亿万计。伪言欲致庐山东林寺铁罗汉像五百头于京师,因调巨舰百艘,载所得以归。

叶梦得《石林诗话》(《津逮秘书》本)亦载此事云:

> 相国寺罗汉,本江南李氏物,在庐山东林寺。曹翰下江南,尽取其城中金帛宝货,连百余舟,私盗以归。无以为之名,乃取罗汉,每舟载十许尊献之。诏因赐于相国寺。当时谓之神(《百川学海》本作"押纲")罗汉云。

由此可见军人携返汴梁的战利品之多。不论这些战利品是属于公家,还是归与私人,汴梁都因此而多得一笔收入。

（3）学生——汴梁是当时全国的文化中心,学校甚多,从而学生数目也很大。其中单是太学生,崇宁年间曾多至三千八百人。这许多学生,大多数来自全国各地。他们的生活费用,政府只津贴一小部分。《宋会要·崇儒》一云：

> 熙宁元年正月,谏官滕中、刘庠并言："庆历中,太学内舍生二百员,并官给日食。近年每人只月支钱三百文添厨,其余自备,比旧所费殊寡。……"

除此以外,他们的生活费用,大部分由各自的家乡寄来。如《能改斋漫录》卷一二说太学上舍生张知常的家庭寄金十两给他云：

> 张知常在上庠日,家以金十两附致于公。同舍生因公之出,发箧而取之。学官集同舍检索,因得其金。公不认曰："非吾金也。"同舍生至夜,袖以还公。公知其贫,以半遗之。

这些从家乡寄来的钱之多寡,自然因学生家庭的贫富而定。其中家庭富有的,由家里寄来的钱自然较多。例如富家子沈君与,在太学时非常阔绰,家里一定是寄很多钱给他用的。周密《齐东野语》卷一一云：

> 吴兴东林沈偕君与,即东老之子也。家饶于财。少游京师,入上庠,好狎游。时蔡奴声价甲于都下,沈欲访之。乃呼一卖珠人于其门首茶肆中议价。再三不售,撒其珠于屋上。卖珠者窘甚。君与笑曰："第随我来,依汝所索还钱。"蔡于帘中窥见,令取视之,珠也；大惊,惟恐其不来。后数日,乃诣之。其家喜相报曰："前日撒珠郎至矣！"接之甚至。自是常往来。一日,携上樊楼。楼乃京师酒肆之甲,饮徒常千余人。沈遍语在坐,皆令极量尽欢。至夜,尽为还所直而去。于是豪侈之声满三辅。既而擢第,尽买国子监书以归。

虽然汴梁的其他学生,不全是像沈君与那样有钱,但汴梁的学生甚多,若把由他们各自家里寄来的钱合起来看,数目一定是很可观的。因此,学生无形中替汴梁吸取许多外地的钱。

(4) 举子——前文曾经说过,每隔三年左右,由各地入汴应试的举子甚多。这些举子到汴梁后,食宿及其他方面所用的钱,都是由家乡带来的。如《夷坚支丁》卷七说丁浞筹款入汴应试云:

> (丁)浞(时居建安)假贷族党,得旅费,径入京师。补试太学,预贡籍。熙宁九年,南省奏名。

又如《齐东野语》卷一三说某举子在汴浪游,写信请父亲多寄钱给他云:

> 有士赴考,其父充役,为贴书勉其子,登第则可免。子方浪游都城,窘无资用,即答曰:"大人欲某勉力就试,则宜多给其费;否则至场中定藏行也。"奕者以不露机为藏行云。

至于以一部分或全部旅费转变为商品,运入汴梁贩卖的举子,抵达汴梁后,绝不是卖了商品,得钱到手便走,而是在那里住下,以便应试;所以他们出卖商品所得的钱,多数就在汴梁花去。因此,汴梁一方面固然是吸引各地的举子,他方面也就是吸取各地的金钱。

(5) 游客——汴梁在北宋时是物质文明最昂进的都市。在那里有很热闹的娱乐及赛会,足以享受或欣赏;又有很好的风景,足以游览。《梦华录序》云:

> 仆从先人宦游南北,崇宁癸未到京师,卜居于州西金梁桥西夹道之南。渐次长立,正当辇毂之下,太平日久,人物繁阜。垂髫之童,但习鼓舞。班白之老,不识干戈。时节相次,各有观赏:灯宵月夕,雪际花时,乞巧登高,教池游苑。举目则青楼画阁,绣户珠帘。雕车竞驻于天街,宝马争驰于御路。金翠耀目,罗绮飘香。新声巧笑于柳陌花衢,按管调弦于茶坊酒肆。八荒争凑,万国咸通。集四海之珍奇,皆归市易。会寰区之异味,悉在庖厨。花光满路,何限春游!箫鼓喧空,几家夜宴!伎巧则惊人耳目,侈奢则长人精神。瞻天表则元夕教池,拜郊孟享,频观公主下降,皇子纳妃。修造则创建明堂,冶铸则立成鼎鼐。观妓籍则府曹衙罢,内省宴回。看变化则举子唱名,武人换授。仆数十年烂赏叠游,莫知厌足!

又《玉照新志》卷二载李元叔《广汴都赋》云：

> 太平既久，民俗熙熙。殆逮夫仙倡效技，侲童逞材。或寻橦走索，舞豹戏罴，则观者为之目眩。或铿金击石，吹竹弹丝，则听者为之意迷。亦有蜀中清醥，洛下黄醅，葡萄泛觞，竹叶倾罍。盖既醉而饱德，谓帝力何有于我哉！

此外，关于汴梁游乐的记载，具见于《梦华录》及《宣和遗事》等书中，兹从略。汴梁这许多游乐的设备，不仅限于本地人士享受，而且吸引外来的游客。如《新编醉翁谈录》卷三《京城风俗记》说各处村民赴汴参观赛会云：

> 旧俗相传里谚云："三月十八，村里老婆风发。"盖是日村姑无老幼皆入城也。是日郡府为盛会，争标水秋千之戏，皆如上巳，而观者杂沓，过之远甚。

又同书卷四说四方人士往汴梁相国寺观看浴佛会云：

> 皇祐间，员照禅师来会林，始用此日（四月八日），盖行《摩诃利头经》。浴佛之日，僧尼道流云集相国寺。是会独甚常年。平明，合都士庶妇女骈集。四方挈老扶幼交观者，莫不蔬素。……

又王明清《投辖录》说拱州人士至汴观灯云：

> 拱州贾氏子，正议大夫昌衡之孙。……常与其友相约如京师观灯，寓于州西贤寺教院。……又两日，友约以归。贾但以一书致家，自是抵春暮而犹在京师也。

按汴梁的灯节，非常热闹，见《梦华录》卷六。由此可推知，每岁由各地至汴看灯的游客，一定是很多的。此外，还有好些关于汴梁游客的记载。释文莹《湘山野录》卷中云：

> 冲晦处士李退夫者，事矫怪。携一子游京师，居北郊别墅。

《夷坚支庚》卷六云：

> 婺源县清化镇人胡宏休，少年时浪游京师。

> 徐问真道人者,潍州人。嘉祐,治平间,多游京师。嗜酒狂肆,能啖生葱鲜鱼。

又《夷坚三志壬》卷三云:

> 衢州刘枢干者,本一书生,少年游京师。

在这许多汴梁游客里边,其中有些非常阔绰,多花一点钱也不要紧。如《夷坚志补》卷三云:

> 曾宣靖鲁公,布衣时游京师,舍于市。夜闻邻人泣声,甚悲。朝过而问焉,曰:"君家有丧乎?何悲泣如此?"曰:"非也。"其人甚凄惨,欲言有惭色。公曰:"忧愤感于心,至于泣下,亦良苦矣!第言之,或遇仁心者可以救解。不然,徒泣,继以血,无益也。"其人左右盼视,欼欷久之,曰:"仆不能讳。顷者因某事,负官钱若干。吏督迫。不偿,且获罪。环视吾家无所从出。谋于妻,以笄女鬻商人,得钱四十万。今行有日矣!与父母诀,而不忍焉,是以悲耳。"公曰:"幸勿与商人。吾欲取之。商人转徙不常,又无义,将若女浪游江湖间,必无还理;色衰爱弛,将视为贱婢。吾江西士人也,读书知义。倘得君女,当抚之如己出。视弃与商人,相万矣。可熟计之!"其人跪谢曰:"某平生未尝有一日之雅,不意厚贶若此!虽不得一钱,亦愿奉君子。然已书券受直,奈何?"公曰:"但还其直,索券而焚之。彼不肯,则曰诉于官。彼畏,必见听矣。"遂出白金约四十万,畀其家,曰:"吾且登舟矣。后三日中,以女来。吾待于水门之外。"公去,而商至。用前说却之,商果不敢争。及期,父母载女来访。所谓曾秀才者舟,不见。询之旁舟人。言其已去三日矣。女后嫁为士人妻。(《能改斋漫录》卷一二有相似的记载)

这些游客在汴梁所花的钱,都是由外地带来的。如《邵氏闻见录》卷一云:

> 章献明肃太后,成都华阳人,少随父下峡,至玉泉寺。有长老者善相人,谓其父曰:"君贵人也。"及见后,则大惊曰:"君之贵,以此女也。"又曰:"远方不足留,盍游京师乎?"父以贫为辞。长老者赠以中金百两。后之家至京师。……

所以，由于能够吸引外来的游客，汴梁无形中吸收了外地的钱。

（6）地主——在汴梁做官的人，多半拥有大量的田地。《续通鉴长编》卷五三载咸平五年十月：

> 侍御史知杂事田锡言："……臣又睹近敕，戒励大臣，谓其不守廉隅，多置资产。……况近畿阛阓之间，悉大臣资产之地。好利忘义，未之云何！擅富兼贫，一至于此！……"

又陈舜俞《都官集》卷二《厚生》一云：

> 今公卿大臣之占田，或千顷而不知止。……今公卿大臣，占田为甚矣。夫欲有为，必先降手诏，裁其中制，使公卿大夫咸以余田归于县官，而畀民之无可耕者，或使自均之宗族之贫者。夫公卿大夫者，固以有道德忠义以信于上之人也，乐与天子致天下于富足廉逊之人也，鼎养世禄不待田而衣食之人也，夫安得以区区之土致怨于上哉？然则公卿大夫修法于朝，则天下之民必相与告语曰："朝廷将使吾属不得连阡陌乎，何公卿大夫有是举邪？"……

陈氏在《都官集》的其他地方也屡屡提及汴梁官吏拥有田地之多：

> 今夫圣贤有为廉耻之义，必自公卿大夫始。其要曰：不为聚敛，以教民不贪。不连阡陌，以教民不夺。……（卷二《敦化》四）
>
> 今者公卿大夫兼并连阡陌。（卷七《说农》）
>
> 古者公卿大夫专利四百顷为甚多，张禹是也。今之公卿大夫，动以千数而不厌。由名田无法，廉耻不立，而风俗不竞，不可不察也。（卷七《说田》）

例如《宋史》卷二四九《王溥传》说王祚在各处都有田地云：

> （王）祚频领牧守，能殖货，所至有田宅，家累万金。（其子王）溥在相位，祚以宿州防御使家居。每公卿至，必首谒祚。置酒上寿，溥朝服趋侍左右。坐客不安席，辄引避。祚曰："此豚犬耳。勿烦诸君起！"

又如《玉照新志》卷三说朱勔在吴郡拥有大量的田地云：

> （朱）勔之田产，跨连郡邑。岁收租课十余万石。甲第名园，几半吴郡，皆夺士庶而有之者。居处园地，悉拟宫禁。服食器用，上僭乘舆。建御容殿于私家。在京则以养种园为名，徙居民以为宅。所占官舟兵级，月费钱粮，供其私用。

这都是在汴梁居住的大地主。其次，小地主也在汴梁居住。如《夷坚乙志》卷一云：

> 李希亮政和中为郎官。其邻士甚贫，以教授为业。尝借马出城。归而言曰："一月前，梦金紫人言：'吾汝六世祖也。国初为佐命功臣。墓在京城外十数里之某村。有祀享田，岁可得米二百斛。去世已久，不知子孙凋零如此！今田故在，但为掌墓者所擅。汝往料理，足以糊口矣。'既觉，未敢遽往。昨夕复梦，颇见谯责。某谢曰：'自少孤苦，不省先垅所在，与墓人亦不相识。且无契券。何以能取？'祖曰：'汝言大有理。此田尝有碑具载。今为守者瘗于门外草中。第如吾言发视，必可得。'某以再梦之验，故以今日往。得大墓园，良是，而荒秽殊甚。呼守者出，责以不治之罪。答曰：'久无人拜扫，故至此。'问田所在。谩云：'无之。'令取碑为证。曰：'不知所在矣。'命锹锸劚地。果于近门草间尺许得之。守者惊惧惭服，乃具说田处，亦颇有为豪右吞并者。今当讼于开封。乞正之！"希亮大异其事，为赞于府官。尽得其田。

以上是说俗界的地主。此外，神界的地主也住居汴梁。《宣和遗事》卷一说宋徽宗宠幸林灵素时，汴梁各道观均拥有大量田地云：

> 时道士有俸。每一斋施，动获数千万贯。每一宫观，给田亦不下数百千顷。皆外蓄妻子，置姬媵，以胶青刷鬓，美衣玉食者，几二万人。

按北宋汴梁道观甚多，见明李濂《汴京遗迹志》卷一〇及清周城《宋东京考》卷一三。由此可推知，属于汴梁道观领有的田地，一定很多。又《东坡文集》卷五五《上清储祥宫碑》亦说汴梁道观拥有不少的田地云：

> 始太宗皇帝以圣文神武佐太祖定天下，既即位，尽以太祖所赐金帛，作上清宫朝阳门之内……至庆历三年十二月，有司不戒于火，一夕而烬。

自是为荆棘瓦烁之场,凡三十七年。元丰二年二月,神宗皇帝始命道士王太初居宫之故地,以法箓符水为民禳祓。民趋归之。稍以力修复祠宇。诏用日者言,以宫之所在,为国家子孙地,乃赐名上清储祥宫。且赐度牒与佛庙神祠之遗利,为钱一千七百四十七万;又以官田十四顷给之。

关于此事,《续通鉴长编》卷三〇三载元丰三年四月乙未:

赐上清储祥宫田二十顷,遇同天节赐道士一人紫衣,赐灵慧大师王太初为灵慧冲寂大师。太初以符箓行于京师,宫中亦颇用之,上方委以营宫故也。

又同书卷三〇五亦载元丰三年六月癸丑:

诏以户绝孙守凝园宅并地一十四顷有畸赐上清储祥宫。

这许多俗界的及神界的地主,全都住在汴梁,而又在外边领有大量的田地。他们在外边收到的田租,当然是拿到汴梁来使用的。所以汴梁因有地主的存在而多得一笔收入。

(7) 在外工作而家住汴梁者——汴梁既然是全国的政治中心,在那里的居民自然以做官为多。这些家住汴梁的居民,除在汴梁政府任职外,多半在外地做官。《宋史》卷二七七《刘综传》云:

权知开封府。(刘)综……又以文武官居远任,而家属寓京师,其子孙弟侄无赖者,望严行约束,并其交游辈劾罪。从之。

又同书卷二五一《韩令坤传》云:

(韩)德丰轻财好施,厚享将士。在西边时,母留京师……

此外,《夷坚志》记载更多。《夷坚乙志》卷一一云:

朝请郎刘公佐罢衡州守,舟行归京师。

《夷坚丁志》云:

刘士彦自睦州通判替归京师,舣舟宿、泗间。……(卷四)
王厚,韶之子。位至节度使,为边帅。晚年归京师。一日家集……

(卷七)

又《夷坚志景》卷三云：

> 京师人王武功居袜杴巷。妻有美色。缘化僧过门,见而悦之。阴设挑致之策,而未得便。会王生将赴官淮上……而单身之任。……

这些人在外当官所得的钱,除用去一部分外,如华侨汇款归国那样,当然以寄回他们家庭所在的汴梁为多。所以汴梁无形中又多得一笔收入。

(8) 有外地主顾的职业者——汴梁有些职业者,不单做本地人的买卖,而且有外地的主顾。这种职业者,现在一时考见的,有如下数种：

① 旅馆主人——如《梦华录》卷三说汴梁有些客店多做南方旅客的买卖云：

> (汴河大)街西,保康门瓦子东去,沿城皆客店。南方官员、商贾、兵级,皆于此安泊。

② 医生——如苏轼《东坡志林》卷三说河北人抱儿于汴求医云：

> 富彦国在青社,河北大饥,民争归之。有夫妇褊负一子,未几,迫于饥困,不能皆全,弃之道左空冢中而去。岁定归乡,过此冢,欲收其骨。则儿尚活,肥健愈于未弃时。见父母,匍匐来。就视冢中,空无有,惟有一窍,滑易如蛇鼠出入。有大蟾蜍如车轮,气咻咻然出穴中,意儿在冢中常呼吸此气,故能不食而健。自尔遂不食。年六七岁,肌肤如玉。其父抱儿来京师,以示小儿医张荆筐。张曰："物之有气者能蛰,燕、蛇、虾蟆之类是也。能蛰则能不食。不食则寿。此千岁虾蟆也,决不当与药。若听其不食不娶,长必得道。"父喜携去。今不知所在。张与余言,盖嘉祐六年也。

又如《夷坚续志补遗》说开德府士人在汴为仆求医云：

> 开德府士人携仆入京。其一日,忽患喉痹胀满,气塞不通,命在须臾。询都郡人。曰："惟马行街李□能医。"即与之往。李骇曰："证候危甚,犹幸来此;不然,即死何疑?"乃于笥中取一纸捻,用火点着,方才烟

起,吹灭之。令仆张口,刺于喉中。俄吐紫血半合,即时气宽能言,及啖粥饮。掺药傅之。立愈。士人甚神其技。

又如《宋史》卷二七三《杨美传》说保静军节度杨美拟辞职至汴求医云:

太平兴国二年冬,出为保静军节度。三年夏,以疾求解官,归京师寻医药。

按当时汴梁的医生非常富有。《铁围山丛谈》卷四云:

上元十五夜,马行南北几十里夹道药肆,盖多国医,咸巨富,声伎非常,烧灯尤壮观。故诗人亦多道马行街灯火。

又《夷坚乙志》卷九云:

医师能太丞,居京师高头街。艺术显行,致家赀巨万。晚岁于城外买名园,畜姬妾十辈。

汴梁的医生之所以这样有钱,一定是因为他们医术高明,主顾不限于本地人,许多外地人也跑来向他们求诊。

③术士——《夷坚志再补》说四方人士向在汴梁拆字的谢石求相云:

谢石润夫,成都人。宣和间,至京师,以拆字言人祸福。求相者但随意书一字,即就其字离拆而言,无不奇中者。名闻九重。上皇因书一"朝"字,令中贵人持往试之。石见字,即端视中贵人曰:"此非观察所书也。然谢石贱术,据字而言。今日遭遇,即因此字。黥配远行,亦此字也。但未敢遽言之耳。"中贵人曰:"但有所据,尽言无惧也。"石曰:"朝字离之为十月十日,非此月此日所生之天人,当谁书也?"一坐尽惊。中贵人驰奏。翌日,召至后苑,令左右及官嫔书字示之。皆据字论说祸福,俱有精理。补承信郎。四方求相者,其门如市。

此外,关于汴梁术士的外地主顾,《夷坚丁志》卷五亦云:

政和建州贡士李弼、翁綮、黄崇三人,偕入京师,游相国寺。时有术者工相人平生祸福,只断以数语,其验如神。共扣焉。曰:"李生即成名,官至外郎。翁君须后一举,官亦相次。黄君隔三举,乃可了,官亦与翁同。"既而弼、棻如其言。崇蹉跎恰九岁,方获解入京。相者犹在,见崇来,大呼曰:"何为至此?"崇话畴昔事,且言李、翁二君已登科。相者曰:"往来如织,安能记省?……"

又《夷坚三志》己卷九云:

> 李士美丞相、刘行简执事,因入京师,同僦甜水巷客邸?傍一富家相近,李与之姻旧,常相游从。某术士寓巷内,新有谈命声,称其能者藉藉。富子邀二公诣之。各携百钱。既至,环坐满席。李欲亲试之,乃交互其年月,先下二百钱,议富子命。不能中。刘忍笑胡卢,不复再扣而出。

④ 庙祝——如《夷坚乙志》卷一九说各地举人拿钱往汴梁二相公庙祈梦云:

> 京师二相公庙,在城西内城脚下。举人入京者,必往谒祈梦,率以钱真左右童子手中。云最有神灵。崇宁二年,毗陵霍端友、桐庐胡献可、开封柴天因,三人求梦,皆得诗两句。霍诗曰:"已得新消息,胪传占独班。"柴曰:"一掷得花王,春风万里香。"胡曰:"黄伞亭亭天仗近,红绡隐隐凤鞘鸣。"既而霍魁多士,胡与柴皆登第。……其他灵验甚多,不胜载。

以上几种职业者,既都有外地人做他们的主顾,自然要把外地人的钱赚入汴梁了。

由上所述,可知汴梁的对外贸易是大量入超。但是入超额虽大,资金虽外流,汴梁的经济繁荣不因此而受影响;因为汴梁有好些居民能够直接或间接把外地的钱输入汴梁,使汴梁无形中多得一大笔收入,以抵补它对外贸易的入超。

民国二十六年(1937年)三月至四月于南京北极阁山下

宋代南方的虚市

一、宋以前的虚市

中国经营商业的市,起源甚早。《易·系辞》说:

> 庖牺氏没,神农氏作,列廛于国,日中为市。致天下之民,聚天下之货。交易而退,各得其所。

这固然是一种传说,神农氏有无其人尚且难说,但由此我们可推知从事贸易的市发生之早。至于虚市,据晋沈怀远《南越志》所说,亦可上溯至晋代:

> 越之市为虚,多在村场。先期招集各商或歌舞以来之。荆南岭表皆然。

到了唐代,虚市更为发达。见何格恩《唐代岭南的虚市》(《食货半月刊》第五卷第二期)。兹不赘述。

二、虚市的意义及开市时间

关于虚市的意义,吴处厚《青箱杂记》卷三云:

> 岭南谓村市为虚。……盖市之所在,有人则满,无人则虚。而岭南村市,满时少,虚时多。谓之为虚,不亦宜乎?

由此可知,南方"虚市"一名之取得,是因为闭市以后,人货星散,市中空虚。这与北方的"集"之取名正相反,虽然二者只是同实而异名。清屈大均《广东新语》卷二云:

宋代南方的虚市

　　　　叶石洞云：昔者圣人日中为市，聚则盈，散则虚。今北名"集"，丛聚也；南名"虚"，丛散也。

　　上引《青箱杂记》说虚市之所以得名，是由于"满时少，虚时多"，可知虚市并不是时时都做买卖，只是一种定期市。其开市做买卖，大约隔三数日举行一次。《宋会要·食货》一七载淳熙二年九月二十二日：

　　　　臣僚言："乡落有号为虚市者，止是三数日一次市合。……"

又《参寥子诗集》卷一《归宗道中》云：

　　　　数辰竞一虚。

其中有规定每逢寅酉两日开市的。赵汝适《诸蕃志》卷下《海南》云：

　　　　距（昌化）城五七里许外，即生黎所居。不啻数百峒，时有侵扰之害。周侯遣熟黎峒首谕之，约定寅酉二日为虚市。率皆肩担背负，或乘桴而来，与民贸易。黎人和悦，民获安息。

有规定三日开市一次的。钱易《南部新书》卷辛：

　　　　端州以南，三日一市，谓之趁虚。

此外又有规定两日开市一次的。《宋会要·食货》一七及六七载至和三年七月：

　　　　二十八日，上封者言："岭南村虚聚落，间日聚集裨贩，谓之虚市。……"

　　在规定开市的日期内，虚市也很少整天做买卖，其买卖的热闹时间多半是在早上。所以范成大的诗每将"虚市"与"早晨"连在一起。如《石湖诗集》卷六《晓出古城山》云：

　　　　落月堕眇莽，残星澹微茫。……墟（当即是"虚"字，想是后来才加"土"旁的）市稍来集，筠笼转山忙。……

又同书卷七《清逸江》云：

　　　　晨兴过墟市，喜有鱼虾卖。

又同书卷一九《马当湫阻风，居人云，非五日或七日风不止，谓之重阳信》云：

> 趁墟渔子晨争渡，赛庙商人晚醉归。

自然，虚市也有整天做买卖的。如周去非《岭外代答》卷二说在琼州与黎人交易的虚市到日暮才散云：

> 黎人半能汉语，十百为群，变服入州县虚市。人莫辨焉。日将晚，或吹牛角为声，则纷纷聚会，结队而归。始知其为黎也。

这些虚市之所以隔日或隔三数日才开市一次，开市后也不整天做买卖，并不是因为在虚市里从事买卖的人不愿意赚钱，而是因为即使长期开市，也找不到主顾，结果买卖做不成，反要亏本。虚市的主顾多半为居住于附近的农民（由下文说虚市地点在乡村，可以推知），他们人数既少，又非富有，购买力实在很小。同时在虚市里出卖货物的人多半是附近乡村的生产者，他们的生产技术非常低下①，从而所生产的物品不多，故亦不足以应长期开市做买卖的需要。所以虚市的买卖只好隔三数日或隔日才举行一次。

自然，在规定开市以外的时间，虚市也并不是绝对没有买卖的行为，因为虚市中也有固定的商店。例如洪迈《夷坚丙志》卷五说永嘉的虚市有米肆云：

> 永嘉徐秉钧县丞有女曰十七娘，慧解过人，将笄而死。母冯氏悼念不能释。忽梦女坐庭中，弄博具。记其已死，呼谓之曰："自汝死后，我无顷刻不念汝。汝何得在此？"女曰："不须见忆。儿已复生为男子矣。"取骰子示母曰："此叶子格也，盖是我受生处。他日至黄土山前米铺之邻访我，彼家亦且作官人。"言讫而觉，以语徐。徐所居在安溪村，不知黄土山为何地。或曰："乃南郭外一虚市，去城财五里。"即往寻迹，正得一米肆。……

又《夷坚支癸》卷九说池州的虚市有酒店云：

> 池州东流县村墟，尝有少年数辈，相聚于酒店赌博。……

---

① 当时农业生产技术之低下，可以虚市较发达的钦州为例。《岭外代答》卷三说，"深广旷土弥丰，田家所耕百之一尔。必水泉高下常注之地，然后为田。苟肤寸高仰，共弃而不顾。其耕也，仅取破块，不复深易，乃就田点种，更不移秧。既种之后，旱不求水，涝不疏决。既无粪壤，又不耔耘，一任于天。"至于在海南岛或湖南与文化低下的民族交易的虚市，对方的生产技术更为低下。

不过在开市的时候,虚市的买卖规模较大于闭市的时候,却是可以推知的事。

三、虚市的地理分布

宋代的虚市多分布在南方各地,并没有在北方的(因为在北方的称"集",没有"虚市"的名称)。其中尤以广东或两广为最多。《宋史》卷三八《宁宗纪》说:

> (开禧元年)六月戊子,罢广东税场八十一墟。

其中最多见于记载的为钦州(那时属广南西路,现属广东。)的虚市。《岭外代答》卷一〇云:

> 余观深广之女,何其多且盛也! 男子身形卑小,颜色黯惨。妇人则黑理充肥,少疾多力。城郭虚市,负贩逐利,率妇人也。而钦之小民,皆一夫而数妻。妻各自负贩逐市,以赡一夫。

又《鬼董》(撰人佚)卷一云:

> 嘉定戊寅冬,广西诸司奏知钦州林千之食人事。始千之得末疾,有道人教以童男女肉强人筋骨。遂捕境内男子十二三岁者腊而食之。……又以厚贿使卒掠入虚市间。……

又范成大《桂海虞衡志》说广西的虚市云:

> 古辣本宾横间墟名。以墟中泉酿酒,既熟不煮,埋之地中,日足取出。

其次,江西也有不少的虚市。《夷坚支丁》卷五云:

> 浮梁民程发为人庸力,屡往江浙间。淳熙十四年九月……所居五里外有虚市曰广平,距邑十五里。程一日往……

又《夷坚支戊》卷一云:

> 闽僧宗达住持罗源山寺。连江林行者之叔某,以沙弥受业,其后游

方江湘间,与达相遇于南昌村墟。……

又《夷坚丙志》卷一三云:

乡人李宾王利用,绍兴二年知新淦县。以宣抚使入境,躬至村墟督赋。……

此外浙江、安徽、湖南等地也有虚市。上文曾引《夷坚丙志》卷五说浙江永惠有虚市。关于安徽的虚市,范成大《入蜀记》卷三说繁昌县有虚市云:

二十一日遇繁昌县。……晚泊荻港。……荻港盖繁昌小虚市也。

又《夷坚支癸》卷四说湖南醴陵有虚市云:

吉水县人张诚以乾道元年八月往潭州省亲故,次醴陵界,投宿村墟客店。

在宋代南方的虚市中,又有偏于与文化较低的民族交易的虚市。在琼州(即海南岛)及湖南都有这一类的城市。《诸蕃志》卷下及《岭外代答》卷二说琼州有与黎人交易的虚市。至于在湖南与苗人交易的虚市,见于记载的,有台步虚。沈辽《云巢集》卷四《湘中宿台步寺》云:

湘源初甚微,屡挹不满缸。比至台步虚,泛泛为长江。虚头市初集,鱼豆皆成桩。夷獠不识人,笑鬻巕与庞。

虚市的地点大多在乡村;由于上面所引的《夷坚志》多记有"村墟"(《宋会要·食货》一七及六七作"村虚")可以知道。这可说是虚市的一种特色。我们知道,通常交易的市场都是在城市的多,所以货物的集散多以城市作中心。如今虚市的地点却在乡村,这是什么道理呢?很明显,这完全是从乡村的消费者及生产者的便利上着想。因为有好些乡村距离城市很远,如果什么物品都要老远地运往城市才能出卖,或老远地跑到城市才能买到,是很不经济的一回事。况且乡村的物产在城市里固然可以找到主顾,在乡村里也不是完全没有人买的;因为乡村的农民固然贫穷,购买力低,但事实上每一农家都不能关着门实行绝对的自给自足政策(就是反对分工,主张与民并耕而食的许行也不能自制铁器,而以粟易之。)而要以其所有,易其所无。所以,为便于乡村的消费者与生产者,虚市也就在乡村中应运而生了。

四、虚市的贸易

关于虚市的贸易情况,《参寥子诗集》卷一《归宗道中》有较详细的描写:

> 朝日未出海,杖藜适松门。老树暗绝壁,萧条闻哀猿。迤逦转谷口,悠悠见前村。农夫争道来,眭眭更笑喧。数辰竞一虚,邸店如云屯。或携布与楮,或驱鸡与豚。纵横箕篝材,琐细难具论。老翁主贸易,俯仰众所尊。区区较寻尺,一一手自翻。得无筋力疲,两鬓理霜根。……

由此可知虚市买卖时,有牙人(即诗中的"老翁")作中间人来主持。其中关于货物的衡量等事,都由他负责处理(区区较寻尺,一一手自翻)至于在虚市中买卖的商品,则有鸡、猪(豚)等食料,及布、纸(楮)、箕篝等手工业制品。此外,上文引的《云巢集》卷四《湘中宿台步寺》诗亦说台步虚中有鱼、豆、虌等食料的买卖。其中关于鱼的买卖。上引《石湖诗集》卷七《清逸江》亦说:"晨兴过墟市,喜有鱼虾卖";又同书卷一九《马当洑阻风……》说:"趁墟渔子晨争渡。"此外《夷坚乙志》卷二〇亦说韶州村虚卖鲊云:

> 韶州月华寺侧民家设僧供新蜜方熟,群僧饱食之。别院长老两人还至半道,过虚村卖鲊,不能忍馋,买食尽半斤。是夕皆死。

至于猪的买卖《夷坚三志壬》卷九亦云:

> 余干古步有墟市数百家,为商贾往来通道。屠宰者甚众。王生擅其利数世。每将杀一豕,必先注水沃灌,使若充肥,因可剩获利。

复次,柴及蔬菜也是虚市中的主要商品。陆游《剑南诗稿》卷一《溪行》云:

> 逢人问墟市,计日买薪蔬。

此外,虚市中又有茶的买卖,《入蜀记》卷三说:

> 二十一日过繁昌。……晚泊荻港。……有赵先生,荻港市中人,父卖茗。荻港盖繁昌小墟市也。

又上文曾引《夷坚志》说虚市中有米肆及酒店,可见虚市中又有米及酒的买卖。

就以上所列的商品加以考察,可知在虚市中买卖的,无论是食料或是手工业制品,大多是日常生活的必需品。复次,由于上引《参寥子诗集》卷一说"农夫争道来",及《石湖诗集》卷一九说"趁墟渔子晨争渡",可知虚市中的物品多半由生产者直接出卖,不用商人作媒介。同时,由于上引《夷坚乙志》卷二〇说"遇村虚卖鲊,不能忍,买食尽半斤",可知虚市中的货物购买者多半是最后消费者,而不是把所买物转贩他处的商人。

根据上面的论断,我们可以推论:当时虚市贸易的规模是很小的;因为无论从其中贸易的商品或参加贸易的人(购买者与出卖者)来看,虚市的贸易都带有很浓厚的地方色彩。所以,隔几日才开市一次,开市以后,热闹不了多久,也就完了。完了以后,虚市的寂寞或冷落的情况,有如《云巢集》卷四《湘中宿台步寺》所说:

> 虚头市初集,鱼豆皆成桩。夷獠不识人,笑窋窋与庞。绿荷竭苞苴,人散谁复撞?鸥鸟亦来下,酒旆停空杠。……

复次,由于虚市每年商税收入之小,亦可知其贸易不大。《宋会要·食货》一七商税项下列举广东英州各虚市年收商税的数目云:

> 熙宁十年,凤林虚,一百九十四贯七百九十四文。大岗虚,七百八十八贯一百一十六文。阳溪虚,四百八十三贯六百文。扳步虚,三百七贯四百四文。长冈虚,四百八十二贯六百二十二文。黄中虚,六百一贯二百七十七文。台石虚,八百四十六贯五文。光口虚,三百九十三贯二百四文。龙岗虚,四百三十五贯三百一十七文。白驹虚,九百二十八贯七十六文。回口虚,七百七十六贯一百九十一文。莲塘虚,三百五十一贯。

同书又详载熙宁十年广西象州之利仁虚、郑驮虚、石传虚、足莫虚、大乌虚、广化虚、张峒虚、连在虚的商税收入,数量也是一样的微小,兹从略。

我们如果把同时代的大都会。如汴梁、杭州等"每一交易,动以万计",不单白天买卖,且继以夜市,以及商税收入数量之大的情形(见拙著《北宋汴梁的输出入贸易》及《南宋杭州的消费与外地商品之输入》二文)与虚市的微量贸易比较一下，一定会感到虚市贸易之小得可怜！

虚市的贸易固然微小，而且富有地方色彩，可是同时也有超越地方性质的地方。关于此点，由当时虚市之有客店及邸店等设备，可以知道。上引《夷坚支癸》卷四云：

> 吉水县人张诚以乾道元年八月往潭州省亲故，次醴陵界，投宿村墟客店。主人一见如素交，延接加礼。

又《参寥子诗集》卷一《归宗道中》云：

> 数辰竟一虚，邸店如云屯。

邸店在宋代是各城市替外来客商的方便着想的一种设备。客商贩运货物至某一城市时，一方面可在邸店住宿，他方面又可将他们贩运的货物堆存在邸店内。故邸店一方面是旅馆，同时又是堆栈（见拙著《宋代官吏之私营商业》，"中央研究院"历史语言研究所《集刊》第七本第二分）。虚市之所以有此设备，自然是因为外地的旅客及商人常到虚市，可以做他们的买卖；否则，客店及邸店便没有主顾，从而支持不住了。这种客商常到虚市的事实，可以余干古步的虚市为例。上引《夷坚三志壬》卷九云：

> 余干古步有墟市数百家，为商贾往来通道。

关于外来商贾对于虚市贸易的地方性的破坏，我们可以从两方面来观察：① 从他们是虚市中的出卖者来看；② 从他们是虚市中的购买者来看。现在先说前者。我们知道，盐不是随处都出产的。在宋代，中国产盐的地方只限于沿海、山西南部的解县，以及四川等地（见《宋史·食货志》）。可是盐却是人民日常生活的主要必需品，谁也缺少不了。所以，在虚市中贸易的商品虽然大半限于本地的物产，在外地出产的盐却也被运到虚市来卖，以满足乡村消费者的需求。例如《宋会要·食货》二六说客商贩盐到湖南的虚市出卖云：

> （绍兴三年）五月十五日，荆湖南路提举茶盐晁谦之言："乞今后镇市及乡村墟并州县在城所卖盐货，并令税务才据客人贩到盐引乞验封引住卖，并即时于引上用雕造大字印子，称已于某年月日验引验封，于某处住卖，官亲押字……"

又上述在虚市买卖的货物中有布、纸、箕箒等手工业制品。这些物品固然大部分是乡村副业的产物，但其中一小部分也有由城市手工业者制造，从那里运来销售的可能。所以，从他们是虚市中的出卖者来看，外地商贾实是破坏虚市贸易之地方性的因素。

复次，从他们是虚市中的购买者来看，外地商人也是破坏虚市贸易的地方性的因素。商人——尤其行商——的职务是贩运货物，使各地的物产互相流通。所以外地商人到虚市购买的货物，绝不是自己消费，而是转贩往另外一些地方——尤其城市——出卖。关于此点，一时虽然找不到直接的证据，但由下面的事实也可以推论出来。《夷坚支景》卷一说江陵商人携款到乡间买猪云：

> 江陵民某氏，世以圈猪为业。……民长子尝携银券，其直百千，并一仆出乡间贸易……

又《夷坚续志》卷二说庐陵屠户到乡间买猪云：

> 庐陵城西有彭屠，常以五更初往十里庙下买猪。暗中忽望见正丙冈赵宅门子。携尖刀以行，更十余步，忽闻田中叫声。……

这里虽然没有说明十里庙是怎么样的一个地方，但由其附近有田一点来看，可断定其在乡村间。这些到乡村购买食料（例如猪）的城市商人，是在什么地方和食料的生产者交易呢？上面引文虽然没有明说是在乡村中的虚市购买，但虚市既是乡村中的买卖地方，他们实有到那里购买的可能。他们在那里购买后，当然是运到城里自己开设的商店出卖，而不是由自己完全消费的。

五、虚市与城镇起源的关系

欧洲城镇的起源，有种种的不同。其中有一种城市起源于定期市举行所在的堡垒或寺院的四周。① 我们现在讨论的宋代南方的虚市，也是定期市的一种，所以我们很有趣地发现到虚市与城镇起源的关系。

《夷坚三志己》卷一说宁越灵山县的虚市演变为城镇云：

---

① 见 Thorndike, *A Short History of Civilization*, p.319.

> 宁越宁山县外,六山相连,故名曰石六山。岩谷奇伟,山容秀绝。旧为墟市。居民益广,商旅交会,至于成邑。

又王存等《元丰九域志》卷五说泰州的柴墟扩充成镇云:

> (泰)州东南七十三四乡,柴墟永丰二镇。

又李心传《建炎以来系年要录》卷三一及三九和《宋会要·方域》一三"市镇杂录"都有"柴墟镇"的记载。由此可知,虚市有发展成为城镇的。其之所以发展为城镇,有两种原因:① 交通方便,便于商品的集散,故能发展为城镇。上文说,"商旅交会",当然是交通方便的缘故。② 居民多了(上文说,"居民益广")虚市的主顾也从而增多。以前虚市因为主顾少,只好隔几天才开一次市做买卖;如今则因主顾增多,天天开市也有人来购买,故虚市便由"满时少,虚时多"的市场变为天天做买卖的城镇了。

六、结　　论

总括上述,可知宋代南方的虚市是在当时乡村自足经济下发生的交换形态。在其中买卖的商品多半为日常生活必需品,产于附近的乡村。有其中从事买卖的人,多半为附近乡村的消费者及生产者。因此这种买卖极富有地方色彩。同时,因为乡村居民的生产力与购买力都不大,所以这种买卖非常微小,隔几天才开市一次。

不过虚市贸易也有打破地方色彩的地方。在虚市中从事买卖的,除附近乡村的居民外,又有外来的商人。他们一方面将外地的商品(盐及手工业制品)贩入虚市,另一方面又在虚市收买商品(食料),转贩入城市出卖。可是我们不应把这种情形铺张太过,因为虚市的贸易究竟是以乡村的消费者与生产者为主体,外来的商人只居于次要地位而已。自然其中也有些虚市,因为交通方便,贸易增大,发展为城镇的。

民国二十七年(1938年)四月于广西阳朔中山纪念堂

宋金间的走私贸易

一、概　　说

日本经济史学者加藤繁氏曾撰《宋金贸易论》一文,刊登于《史学杂志》[1]上。文中对于宋、金间正常贸易的情形,说得相当详尽;但因其所根据的《宋会要》的材料只限于《食货》三八"榷场"一项,故对于宋、金间的走私贸易,语焉不详。事实上,在《宋会要》一书中,除《食货》三八以外,还有不少关于宋、金贸易的材料。作者现拟根据这些材料来探讨宋、金间走私贸易的情形,以补加藤氏论文的不足。

宋、金以淮河为界,在淮河流域及其以西各地都设立了两国贸易的市场,名叫"榷场"。这些榷场的所在地,在南宋为盱眙军、楚州的北神镇、杨家寨、淮阴县的磨盘、安丰军的水寨、霍邱县的封家渡、信阳军的齐冒镇、枣阳军及光州等[2];在金国为密、寿、颍、蔡、泗、唐、邓、秦、巩、洮诸州及凤翔府。[3] 这许多榷场废置不常、大小不一,其中最重要的当推盱眙及泗州两榷场。盱眙军位于淮河南岸,与北岸的泗州遥遥相对,是南北交通的要冲。当时的人曾说:"南舟必自盱眙绝淮,乃能入汴。北舟亦自是入楚之洪泽,以达大江。则盱眙实梁、宋、吴、楚之冲,为天下重地尚矣。"[4]因此,当绍兴二十九年,两国各地的榷场多半废罢的时候,南宋独保留盱眙榷场,金国独保留泗州榷场,并各自添建房屋二百间,以供集中于此的客商之用。[5] 当南宋的商人和货物抵达盱

---

[1] 原文刊于《史学杂志》昭和十二年一月号。周乾溁译文刊于《食货半月刊》第五卷第九期。
[2] 《宋会要·食货》三八"绍兴二十九年九月七日"条。参考加藤繁文。
[3] 李心传《建炎以来系年要录》卷一四五"绍兴十二年五月乙丑"条。参考加藤繁文。
[4] 陆游《渭南文集》卷二〇《盱眙军翠屏堂记》。
[5] 《系年要录》卷一八一"绍兴二十九年二月丙"戌条。但《宋会要·食货》三八作"添盖一百二十间",待考。

眙以后，榷场的官吏便一一加以管理。官吏首先把客商的货物估量一下，按照他们贩运货物价值的大小，来分为"大客"及"小客"。凡货物价值在一百贯以上者为大客；在一百贯以下者为小客。小客须每十人互相担保，登记姓名，留下货物的一半，然后以一半货物贩运过河，到泗州榷场与金人交易。及买到北货归来，暂时停放于盱眙榷场的堆栈内，复以其余一半运往泗州出售。大客一律不准过河，只能留在盱眙榷场，等候金国商人前来交易。在买卖的时候，两国商人各处一廊，以货呈主管官牙人，往来评议，不许相见。① 交易成功以后，商人须按照买卖货物的价值，每贯缴纳息钱二百文，牙钱二十文，及脚钱四文。牙钱中十分之九归官，十分之一均给牙人。脚钱则完全给予脚户。② 此外，商人被严格检查，以免违禁物品被夹带买卖，自然不在话下。③

宋、金间榷场贸易的情形，已略如上述。这里要问：除了两国间的正常贸易以外，为什么当日还有走私贸易的存在？据作者的意见，当日人们之所以大规模走私，主因为赚取巨额的利润。走私者之所以能获得巨额的利润，一方面是由于逃税的行为，另一方面是由于违禁品贸易的经营。自然，走私中的一部分物品——如军需品及粮食——的输入，两国政府都采取奖励政策，也是当日走私贸易盛行的一个因素。关于此点，下文当分别论述，暂时从略。现在且进而看看当日两国间走私的路线。

宋、金间最大的走私路线是淮河流域。当日两国间的疆土既然大部分以淮河为界，淮河沿岸的走私贸易自然最为发达。例如《宋会要·食货》三八说：

（绍兴十二年五月）十七日，左朝散大夫直秘阁知盱眙军措置榷场沈该言："窃惟朝廷创置榷场，以通南北之货，严私渡之禁，不许私相贸易。然沿淮上下，来自扬、楚，西际光、寿，无虑千余里，其间穷僻无人之处，则私得以渡，水落石出之时，则浅可以涉。不惟有害榷场课利，亦恐浸起弊端。……"

（二十九年）九月七日，右正言王淮言："臣伏睹去年敕书累降指挥，

---

① 《宋会要·食货》三八"绍兴十二年八月七日"条，及《系年要录》卷一四五"绍兴十二年五月乙巳"条。
② 《宋会要·食货》三八"隆兴二年十二月十八日"条。
③ 《宋会要·职官》四四"淳熙十五年十一月二十二日"条。

> 禁止沿淮私渡博易物色。访闻两淮之间，尚多私相贸易之弊。如楚州之北神镇、淮阴县之磨盘、安丰军之水寨、霍邱县之封家渡、信阳军之齐冒镇及花靥、枣阳旧有榷场去处，不可胜数。其间为害最大，天下之所共知，商贾之所辐辏，唯蒋州之西，地名郑庄，号为最盛。……"

其次一条走私路线是海道。《宋会要·刑法》二载：

> 乾道二年七月一日，三省枢密院言："勘会已降指挥，沿海州军私贩物货往由东者，已立定罪赏，非不详备。访闻尚有冒法之人，公然兴贩。……"[1]

此外，川、陕间的走私贸易也很发达。关于此点，下文将要提及，兹不赘述。

最后，当日走私贸易的经营者也有种种不同。商人固然是其中最活跃的人物；但事实上不限于商人，商人以外还有三种人专门利用他们特有的机会来走私。第一种是边关的官吏，他们服务的地方，与金接境，最便于经营走私贸易。他们或者派遣部属来走私，如知盱眙军杨抗"私遣盐渡官郭贯之等夜渡淮为商，所得金钱，动以万计"[2]；或者与商人勾结来图利，如光州光山县尉兼主簿都飞虎"受商人货物，纵令渡淮"[3]。第二种是沿边的军人，他们往往凭借武力来走私。例如拥众数百人，自称制置司前军的忠义人魏胜，常常私渡淮为商[4]；复次，如下文所说，当日驻防边区的军队更是大规模偷运铜钱出境。第三种是出使金国的外交官吏与随员，他们往往利用出国的机会来私贩货物。如《系年要录》卷一五二说万俟允中"从使金国日，以禁物博厚利"；卷一六六说吴桌"衔命出疆，公肆哀掠，并与北货厚载而归"；卷一八〇载"左正言何溥言：比岁奉使所辟官属，多募人代行。市井狡狯之徒，冒法私贩。"总

---

[1] 由于当日禁止海道走私诏令之多，我们也可推知海道私贸易的繁盛。如《宋史》卷二六《高宗纪》载建炎四年七月"己未，禁闽、广、淮、浙海舶商贩山东，虑为金人乡导"。又《系年要录》卷五四载绍兴二年五月壬午，"诏泛海往山东者行军法。……论者恐贾舟为伪地所拘，则棹工柁师悉为贼用，故有是旨"。又卷一八一载绍兴二十九年二月"己丑，诏海商假托风潮辄往北界者，依军法"。又《宋会要·刑法》二载绍兴"五年九月十九日，以沿海人户五家为一保，不许透漏舟船出北界。如违，将所贩物货尽给充赏外，仍将应有家财田产并籍没入官"。又淳熙五年"九月九日诏：沿江船户五家结为一甲。如有透漏奸细盗贼及违禁之物，甲内人一等科罪"。
[2] 《系年要录》卷一八四"绍兴三十年三月戊子"条。
[3] 《系年要录》卷一六一"绍兴二十年正月庚子"条。
[4] 《系年要录》卷一九二"绍兴三十一年八月辛丑"条。

之,因为利之所在,故当日有不少的人从事走私贸易。

宋、金间走私贸易的商品,种类颇多。现在为便利起见,分类叙述如下。

二、饮食品的走私贸易

(一) 粮食的走私贸易

宋、金间走私贸易的饮食品,有种种不同。兹请先述粮食的走私贸易。

自唐至宋,长江三角洲是全国最重要的谷食,每年都有大量的谷米沿运河向北输送,分配于首都及其他各地。及宋、金对立,这种谷米运销情形发生了激剧的变动。因为这时运河流域分别隶属于两个敌对的政治组织之下,不能如以前那样畅通无阻,再加以南宋政府的禁米出口政策,长江三角洲一带的粮食便不再能和唐及北宋那样大量贩运至北方各地了。这样一来,由于供给的锐减,北方粮价便远较南方为贵。南北粮价既然相差很远,巨额的利润遂引起人们大规模走私的行为;同时,因为当日运河不能畅通,走私者遂把南方的米粮经海道北运。《系年要录》卷三五载:

> (建炎四年七月)己未,诏明、越州禁山东之游手来贩籴者。时海、密诸州米麦贵踊,明州进士林秉德言:"积粟之家,利其高价,皆倾廪以鬻之。正恐因缘为奸,以泄中国之机;又且耗吾国计,以资寇粮,不可不虑。"乃命禁止焉。

又同书卷三六载:

> (建炎四年八月)壬申,诏福建、温、台、明、越、通、泰、苏、秀等州,有海船民户,及权作水手之人,权行籍定五家为保,毋得发船往京东,犯者并行军法。以山东米麦踊贵故也。

又同书卷五二载绍兴二年三月庚子:

> 言者奏:"山东艰食……商人多市米……转海而东……"

又《宋会要·刑法》二云:

> 绍兴二年三月九日,禁江、浙之民贩米入京东……

> 四年七月十九日,禁明、越州山东游手来贩籴。

以上是南宋粮食由海道私贩往金国的情形。复次,在川、陕间,金国的米面也有秘密贩往南宋的;因为南宋军队在那里驻防,粮食需要增大,而由内地运往又很困难,故政府奖励其秘密入口。《系年要录》卷一三九云:

> 是月(绍兴十一年正月)川、陕宣抚副使胡世将言:"……凤翔百姓忠义,不负朝廷。自金人侵犯以来,尚犹赍粮赴杨从仪送纳。后金人禁止,然亦不住有兴贩米面之人。臣先行措置,将银绢钱引二十万缗,遣官属前往,同杨从仪令以高价招诱兴贩者。剩获利息,必须趋利而来。比之般运,尤为省费。……"

不过,就大体上看,由金国私贩入宋的粮食当然远不及由宋私贩赴金那样多。

(二) 茶叶的走私贸易

我国人士饮茶的风气,在唐代已很盛行;陆羽之作《茶经》,便是一个明显的例证。茶叶的生产区域,均在南方。[①] 在唐代,南方各地出产的茶叶,多先集中于扬州,然后沿运河北上,销售于北方各地。[②] 及宋、金对立,金国统治下的人民多把茶当作日常生活必需品来饮用,那时"上下竞啜,农民尤甚,市井茶肆相属"[③]。因此,金国每年都要自南宋购入大量的茶叶。这样一来,漏卮的增大引起了朝野上下的注意。他们反对以价值巨大的"丝、绵、锦、绢有益之物"来交换"宋土草芽"的茶。金国政府遂规定七品以上官吏的家庭方许饮茶,但不准出卖及馈献;不应留者,按照斤两的多少论罪。同时,又设立官署,在河南等地种茶,以供人民饮用。但结果失败,因为土壤气候既不合适,自制的茶叶味道也不好,强迫人民饮用是无济于事的。[④]

金国本土既然不能出产茶叶,而一般人民日常又非饮用不可,遂只好向

[①] 《宋史》卷一八三《食货志》说:"茶货在淮南则蕲、黄、庐、舒、光、寿六州。……在江南则宣、歙、江、池、饶、信、洪、抚、筠、袁十州,广德、兴国、临江、建昌、南康五军。两浙则杭、苏、明、越、婺、处、温、台、湖、常、衢、陆十二州。荆湖则潭、澧、鼎、鄂、岳、归、峡七州,荆门军。福建则建、剑二州。……天下茶皆禁,唯川峡、广南听民自买卖,禁其出境。"
[②] 参考拙著《唐宋时代扬州经济景况的繁荣与衰落》,《集刊》第十一本第一分。
[③] 《金史》卷四九《食货志》。
[④] 《金史》卷四九《食货志》。

宋金间的走私贸易

南宋购买。就南宋政府方面说，这是一个增加财政收入的好机会；因为金国消费的茶叶既非取自宋不可，宋就是提高茶叶的卖价，金国也只好忍受。在这种情形下，南宋政府实行腊茶（福建出产的好茶）出口的国营政策①，同时对于其他各种的茶叶则课以重税，然后准其由榷场转卖给金国。② 这样一来，在金国市场上的茶价自然要比南宋昂贵得多。宋、金间茶价的悬殊，对于走私的人们是一个很大的诱惑，因为他们这种买卖的利润是很优厚的。如《宋会要·食货》三一载：

> （绍兴十四年三月）二十六日，户部言："据淮南东路提举茶盐司申，客贩所以冒法私渡淮河，一则获利至优，二则避免榷场贴纳官钱。……如获到私渡茶货，欲乞比附绍兴路获私茶，以一斤比二斤推赏。"从之。

又《系年要录》卷一七七载：

> （绍兴二十七年七月）庚午，给事中王师心言："鼎、澧、归、峡产茶，民私贩入北境，利数倍。"

又《宋史》卷一八四《食货志》云：

> 孝宗隆兴二年，淮东宣谕钱端礼言："商贩长引茶，水路不许过高邮，陆路不许过天长。……"当是时，商贩自榷场转入房中，其利至博。讥禁虽严，而民之犯法者自若也。

由宋秘密贩茶赴金者所得的利润，是在两种情形下实现的：第一是茶税的逃避。当日出口须纳的茶税名叫翻引钱及通货牙（或作侩）息钱，不经由榷场输出的私茶自然可以偷漏不纳。《宋会要·食货》三一云：

> （乾道）三年三月二十五日，户部侍郎李若川言："客贩草末茶小引……改榷场折博者，每引再纳翻引钱十贯五百文；其引（？）榷场，又合纳通货牙息钱十一贯五百。今闻客人规避，多私渡淮，不唯走失翻引钱，

---

① 《系年要录》卷一四七"绍兴十二年十月丁亥"条说："及兴贩榷场，遂取腊茶为榷场本（原注：今年六月）。寻禁私贩，官尽榷之。""榷"是专卖的意思。
② 如《宋史》卷一八四《食货志》云："乾道二年，户部言，商贩（茶）至淮北榷场折博，除输翻引钱（十贯五百文），更输通货僧息钱十一缗五百文。"

又失榷场所收之数。……"

（六年）四月二十四日，户部侍郎江、浙、荆湖、淮、广、福建等路都大发运使史正志言："访闻贩茶客人避纳翻引钱，往往私贩过淮折博，暗失课入。……"

第二是腊茶的私贩。腊茶既专由政府贩运出口，在独占的情形下，其售价可以定得很高。腊茶的独占价格既然特别高，走私者秘密运往，自然可获大利。《宋会要·食货》三一载：

（绍兴十二年九月）二十三日，户部言："……契勘客贩（福建）腊茶，辄装上海船，经由海道。虽已承指挥，依绍兴五年正月二十七日指挥，贩物人并船主梢工并皆处斩……访闻日来尚有不畏法禁规利之徒，依前般载腊茶，经由海道贩卖。盖缘州县当职官吏坐视，全不用意禁戢，是致客贩违法公行。……"

文中虽然没有明说经海道秘密运出的腊茶之目的地，但由于下引《宋史》卷一八四《食货志》所载，我们可以推知它们是贩往金国的：

（绍兴）十二年，兴榷场，遂取腊茶为榷场本。凡胯截片铤，不以高下多少，官尽榷之。严私贩入海之禁。

说到茶叶的走私路线，常以淮河流域为最重要。由南宋秘密贩往金国的茶叶，多半取道于此。关于此点，除分见于上引各文外，《宋会要·刑法》二说：

（绍兴）十二年八月三日，禁客旅私贩茶货，私渡淮河，与北客私相博易。

（淳熙五年十二月）十八日，臣僚言："沿淮州军多有透漏……茶货……等物。其最甚者莫若正阳之水寨。……"

又同书《职官》四八云：

（嘉定）七年八月五日，淮南提举乔行简言："……访闻淮河两渡，非特北盐过界，近来本界私茶渡淮而北，亦复不少。……"

又《系年要录》卷一八六载：

（绍兴三十年九月）壬午，右正言王淮言："两淮间多私相贸易之弊。

宋金间的走私贸易

> 如茶……国家利源所在,而皆巧立收税,肆行莫禁。茶于蒋州私渡,货与北客者既多,而榷场通货之茶少矣。……"

其次一条走私路线是在川、陕间。《宋会要·食货》三八云:

> 孝宗隆兴二年二月二十一日,诏令四川(原文作"州",误)总领所措置桩办钱一百万贯,招诱商贩干姜(薑)、绢、布、茶货、丝、麻之类,增直收买,仍委宣抚司同本所措置于近边置场博易军须等物应副支用……中书门下言:"西北必用之物,而本处所无,如干姜、绢、布、茶货、丝、麻之类,访闻有商旅私相博易,不惟失陷税课,兼恐漏泄事宜。"故有是命。

又《系年要录》卷九五载绍兴五年十一月壬辰:

> 诏私贩川茶至伪界十里内捉获犯人,并从军法。

此外,福建腊茶私贩往金国,是利用海道交通线的。关于此点,上文已经提及,兹不赘述。

(三) 食盐的走私贸易

上述走私贸易中的米茶两物,均以由宋私贩赴金为多。这里说的食盐,却正好相反,是由金国私贩入宋的。

在金国解州(在今山西南部)出产的池盐(即解盐),产量甚富,除金人消费之外还有剩余,故政府准许其出口,以换取南宋的产品。[①] 可是,南宋政府为保护本国产盐的市场,却禁止解盐的进口。解盐在金国既然供过于求,价格自然低廉;反之,在南宋四川一带行销的官盐却价高而味淡。双方盐价悬殊的结果,人们遂私贩大量的解盐入宋,因为国法的森严究竟敌不过巨额利润的吸引,何况金国政府又在背后策动它的输出呢?《宋会要·食货》二七载:

> (乾道七年)四月二十二日,臣僚言:"利(州)路关外诸州,连接敌境。军兴以来,归正忠义之人,与逃亡恶少之徒,皆兴贩解盐为业,比之官

[①] 如《金史》卷四九《食货志》云:"(泰和)八年七月,言事者以茶乃宋土草芽,而易中国丝、绵、锦、绢有益之物,不可也。国家之盐课出于卤水,岁取不竭,可令易茶。"又云:"(泰和)八年七月,诏沿淮诸榷场,听官民以盐市易。"

(盐)价廉而味重。人竞贩卖,啸聚边境,动辄成群。……"

又同书《食货》二八载:

> (淳熙八年)八月九日,臣僚言:"近来边备不战,沿边之人,多自虏境盗贩解盐私入川界,侵射盐利。"

除四川外,人们又把解盐私贩往湖北西北部;原来在那里销售的盐,须由淮南运来,价格因负担昂贵的运费而提高,着实和由金国偷运入来的私盐竞争不过,结果被驱逐出当地市场。《宋会要·食货》二八载:

> (淳熙五年)二月十二日,京西漕司主管官张廷筠言:"京西盗贩解盐,唯光化军、均、房州有小路可通北界,私贩甚多。缘此人户全食解盐,淮盐绝无到者。……(解)盐之至境,有数倍之利。……"

复次,解盐又经由光州(今河南南部潢川县)一带私贩入湖北东北部。《宋会要·职官》四八云:

> (嘉定)七年八月五日,淮西提举乔行简言:"访闻两淮州县榷场商旅般运物货过淮,却打博北界钞盐回归。其弊皆缘州郡利于收税,更不觉察禁戢,却将捕到北盐,拘没入官,置铺出卖,或分与盐铺户发泄。合行措置。本司近准指挥,今后两淮榷场监渡官选差见任官兼管,令提举司常切觉察。遂行下光州、安丰军,其花靥镇、中渡两榷场不得差补摄公吏去。……访闻淮河两渡,非特北盐过界,近来本界私茶渡淮而北,亦复不少,尤当谨严。亦何爱一二差遣,不使之专一管干。今欲乞将中渡、花靥两渡监官创置员阙,选差曾经任有举主人充。应内有补(应作"捕","补"误)获到茶盐,与照巡尉格推赏。其透漏者,罚亦如之。……"诏从之①。

因为"盐之至境,有数倍之利",故当日好多人做这种买卖。上面曾说,"沿边之人,多自虏境盗贩解盐";又说,"归正忠义之人,与逃亡恶少之徒,皆兴贩解盐为业"。此外,沿边的官吏与军人,更是凭恃势力来贩运私盐。《宋

---

① 文中虽说两淮州县都由金国贩入私盐,但淮南东路是南宋食盐的重要产区,人民就地食用,并没有私买金盐的必要。故文中虽泛说两淮,事实上只是经由淮西光州一带私贩入湖北东北部而已。

会要·食货》二八云：

> （淳熙九年）八月七日，右谏议大夫黄洽言："解盐之禁，今日所当严。乞自今凡在官敢以解盐自行中卖及以相馈遗者，不论斤两多少，必当重寘典宪无赦。仍令逐路监司严行觉察。"从之。
>
> （十一年五月）十九日，诏殿前马步军司及江上诸军及都大提举茶马司："约束取押马纲官兵，不得将带解盐私贩。如有违犯，从条断罪。"从知均州何惟青之请也。

(四) 姜的走私贸易

姜在金国非常稀罕珍贵，被视为饮食中的异品，价格高昂。洪皓《松漠纪闻》续云：

> 女真……无生姜，至燕方有之。每两价至千二百。金人珍甚，不肯妄设。遇大宾至，缕切数丝寘楪中，以为异品，不以杂之饮食中也。

在金国市场上的姜价既然这样昂贵，人们遂多由南宋逃税运往，以赚取巨额的利润。《宋会要·食货》三八云：

> 孝宗兴隆二年二月二十一日，诏令四川总领所……中书门下言："西北必用之物，而本处所无，如干姜……，访闻有商旅私相博易，不惟失陷税课，兼恐漏泄事宜。"故有是命。
>
> （十二月八日）淮东安抚司周淙、知盱眙军胡昉言："……客人贩姜货杂物至场博易，多至楚州北神镇私渡过淮。……"

三、军需品的走私贸易

除饮食品外，军需品在宋、金走私贸易中也占重要的位置。这时战争消耗的军用器材，多产于南方各地，甚为金国所需要；但南宋政府禁止其出口，以免资敌。为满足军事上的需要起见，金国政府遂大规模高价收买，以奖励其秘密由宋输入。走私者以有利可图，遂大量经营贩运。他们私贩军需品所走的路线,就文书记载上看有三条:第一条是海道。当日金国政府在山东沿海各口岸都设有通货场,以收买走私者由南宋用海船运来的军需品。如《系年要录》云:

> (绍兴四年九月乙丑)又金人于沿海州县,置通货场,以市金、漆、皮革、羽毛之可为戎器者,以厚直偿,所积甚众。(卷八〇)

> (五年二月乙酉)侍御史张致远言:"铜、铁利源也,而大贾擅之,比屋鬻器,取直十倍,海舟贩运,远出山东。虽有提点两司,何尝料理?……"(卷八五)

> (五月壬辰)诏诸路沿海州县,应有海船人户,以五家为一保,不许透漏海舟出界;犯者籍其赀,同保人减一等。时金、齐于沿海诸州置通货场,以市南物之可为戎器者。商人往者甚众,多自平江之黄鱼垛头易水手以去。故观察之。(卷八九)

又《宋会要·刑法》二云:

> (绍兴)三年二月一日,禁贩箭竿往山东。其有透漏,并元装发州县当职官吏并流三千里,各不以宜赦降原减。

> (乾道七年)六月十八日,知兴州(绍兴?)府两浙东路安抚使蒋芾言:"据本司参议官高敞札子:顷在北方,备知中原利害。如山东沿海一带登、莱、沂、密、潍、滨、沧、霸等州,多有东南海船,兴贩铜、铁、水牛皮、鳔、胶等物。虏人所造海船器甲,仰给于此。……"

第二条是淮河流域。如《宋会要·刑法》二云:

> (绍兴)三年十月二日,禁客人以箬叶重龙及于茶箙中藏筋、鳔、漆货过淮,前往外界货卖。许人告,并行军法。①

> 淳熙元年五月十五日,盱眙军守臣言:"……军须违禁之物,不许透漏过界,法令甚严。本军系与泗州对境,逐时客贩过淮博易,射利之徒,殊不知畏。且本军与泗州以淮河中流为界,渡船既已离岸,无由败获。……"

---

① 《系年要录》卷六九作:"(绍兴三年十月癸未)枢密院言:近闻商人有持胶、鳔、漆货,匿于茶箙中,以售于北境者。诏禁止,犯者行军法。"

又同书《食货》三八载：

> （乾道元年）七月三日，淮南东路盱眙军榷场言："据客人薛太贩到沙鱼皮二百二十五个到场通货，虑是违禁之物。元降指挥，不曾该载。缘可以榷裹马鞍，装饰刀剑，系堪造军器之物，理宜禁止。"诏今后客人贩沙鱼皮过界，依贩犬马皮等断罪，仍申明行下。

第三条是汉水流域，即由荆、襄一带私运出口。《宋会要·刑法》二云：

> （乾道七年）六月十八日，知兴州（绍兴？）府两浙东路安抚使蒋芾言："据本司参议官高敞札子：顷在北方，备知中原利害。如……唐、邓州收买水牛皮、竹箭杆、漆货，系荆、襄客人贩入北界。缘北方少水牛，皮厚，可以造甲。至如竹箭杆、漆货，皆北所无。……"

> （嘉泰四年五月）十六日，臣僚言："牛皮、筋、角，惟两淮、荆、襄最多者；盖其地空旷，便于水草，其民用之不恤，所以多毙。姑以臣前任安丰一郡言之，每岁官收皮、角，不下千余件，寻常皆系奸民计会所属估卖，却行转卖与北人。……胶、翎毛，载在令甲，禁止甚严。比年公私过界，累有败获。甚至见任官亲戚仆从等，专以此为优润之资。盖缘外借应副民间使用之名，其实在于边界，获利数倍。……"

说到由宋私贩赴金的军需品的种类，就上引各文所载，可知包括金、铜、铁、皮革、筋、角、箭竿、羽毛、胶、鳔、漆及沙鱼皮等物。这都是制造刀、剑、弓、箭以及其他各种武器所必需的原料。复次，当日制造军服所用的绢，也有由宋私运入金的。《宋会要·刑法》二云：

> （绍兴）四年二月十九日，禁客人收买诸军春衣绢往伪界货卖；罪赏并依透漏筋鳔条法。

此外，南宋军用的战马也有私贩赴金的。《宋会要·刑法》二云：

> （淳熙）五年六月二十日诏："湖北京西路沿边州县，自今客人辄以耕牛并战马负茶过北界者，并依军法。其知情引领停藏乘载之人，及透漏州县官吏公人兵级，并依兴贩军须物断罪。……"

又同书《兵》二六云：

> （嘉泰）二年正月二十七日，镇江府副总管刘忠言："伏见频年以来，北界用兵，日在两淮、汉上用银收买淮马。贪利冒禁者纷纷。我空彼盈，利害不细。……"

上述军需品的走私贸易，都是就由宋私贩赴金说的。至于由金私贩入宋的军需品，为数较少，只有战马一种。在北宋，优良的马匹多取自西北一带。及宋室南渡，北方为金占领，政府不复能在西北购买战马，战马自要因缺乏而价格昂贵。故南宋政府不顾金国的禁止出口，暗中高价收买金国的马，以奖励其秘密输入。《系年要录》云：

> （绍兴二十七年二月）己未，敷文阁待制知荆南府王师心试尚书户部侍郎。师心尝言："鄂渚戍兵，市马北境，宜禁止以窒边衅。"上然之。（卷一七六）

> （二十九年十月）乙亥诏："禁止沿淮私渡，盗买鞍马，博买物色，已是严切。尚虑冒利之人，或假托贵要，或作军中名目，往来买卖。……"（卷一八三）

> （三十一年六月甲寅）同知枢密院事充大金起居称贺使周麟之上疏曰："……秦桧死，孽芽浸生，屡诘牙人以买马渡淮之禁，至罢榷场以绝南北贸易。……"（卷一九○）

又陈傅良《止斋文集》卷五一《薛公（季宣）行状》云：

> （孝宗时）公益口疏治边非是曰："买马亡几，习至盗马。虏将寄声问故，卒索归之。国家何至乏此，而自伤体若是！"诏即罢买。

四、金银铜钱的走私贸易

（一）概况

除上述各种物品外，南宋的金、银、铜钱也大量走私贩运往金国。如《宋会要·刑法》二说走私者违法营运金、银、铜钱赴金以取利，及南宋政府防范

宋金间的走私贸易

他们偷漏的办法云：

> 淳熙元年五月十五日，盱眙军守臣言："铜钱、金、银……之物，不许透漏过界，法令甚严。本军系与泗州对境，逐时客旅过淮博易，射利之徒，殊不知畏。且本军与泗州以淮河中流为界，渡船既已离岸，无由败获。今欲自客旅往渡口正路本军西门外立为禁约地分，遇有违犯之人，分别轻重断遣，庶几有所畏惮。今条画如后：一，照应榷场逐时发客过淮博易，系经由本军西门出入。今欲每遇榷场发客，令搜检官先就西门搜检。如无藏带金、银、铜钱并违禁之物，方得通放。若客人经由西门搜检之后，于西门外未至淮河渡口搜获藏带金、银、铜钱者，欲将犯人比附越州城未过，减一等断遣，仍将搜获藏带金、银、铜钱物货尽数充赏。一，今欲于淮河渡口筑土墙，置门户，以为禁约地分。如客旅或诸色人藏带金、银、铜钱，辄过所置墙门，虽未上船，或已上船而未离岸，即与已过界事体无异，欲并依已出界法断罪。犯人应有钱物，尽数给与所获之人充赏。"从之。

可是，禁止偷漏的法律尽管严密，由于巨额利润的引诱，走私者还是大规模秘密贩运，其中尤以银及铜钱为甚。兹分述如下。

(二) 银的走私贸易

银在宋代多产于南方。① 宋室南渡后，在南方发现不少的银矿，从而大肆开采，结果银因供给增加而价格低廉。② 在金国方面，因北方银矿较少，其产额不足以满足国内的需要，银价自远较南宋为高。两国银价既然相差很远，由银价低的南宋贩银往银价高的金国，自然可获大利。但银两的出口，当重商主义在有形无形中支配着当日人们的时候，却为南宋政府所禁止，故欲

---

① 《宋史》卷一八五《食货志》云，"银产凤、建、桂阳三州，有三监；饶、信、虔、越、衢、处、道、福、汀、漳、南剑、韶、广、英、连、恩、春十七州，建昌、邵武、南安三军，有五十一场；泰、陇、兴元三州，有三务。"
② 《宋会要·食货》五六载乾道六年"五月二日，臣僚言：比年以来……仰赖圣神临御，地不爱宝，银坑兴发。如松溪县瑞应场及政和县赤石、松溪一带，近于(?)发泄。诸路收买管发银数，每岁万数浩瀚。左藏南库储积颇多。……当今国家闲暇之时，银价低平……"又赵彦卫《云麓漫钞》卷二云："建宁府松溪县瑞应场去郡二百四十余里，在深山中。绍兴间，乡民识其有银脉，取之，得其利。在隆兴初，巡辖马递铺朱姓者言于府。府俾措置，大有所得。事不可掩，闻于朝，赐名瑞应场，置监官。……初，场之左右，皆大林木，不二十年，去场四十里。"

贩银取利的人只好秘密偷漏出口。如《宋会要·食货》三八载：

> （乾道九年）三月二日，知扬州王之奇言："准朝旨令措置禁止北界博易银绢。闻泗州榷场广将北绢低价易银。客人以原利多，于江浙州军贩银，从建康府界东阳过渡至真州，取小路径至盱眙军过河博易；致镇江府街市铺户茶盐客人阙银请纳盐钞茶引等。……"

这里把当日人们私贩银两出口的动机和走私的路线，都说得很清楚了。此外在《宋会要》中还有不少银两透漏出口的记载，兹抄录如下：

> （乾道）八年十一月十四日，中书门下言："已降指挥，令淮南、京西安抚转运司钤束榷场客人，不得以银两过淮博易。闻沿边州军全不约束。"（《食货》三八）

> （淳熙元年）十二月十五日，盱眙军守臣言："乞自今有荫应赎之人，并不许通放过淮博易。如有透漏钱银事发到官，并不许引用荫赎，止依无荫人例断遣。"从之。（《刑法》二）

> （五年十二月）十八日，臣僚言："沿淮州军多有透漏钱银……等物。其最甚者莫若正阳之水寨。盖水寨每发一船，其管事将官各有常例。……"（同上）

> （十六年）六月五日诏谕："前不曾差人往榷场并海外去处收买物货。深虑或有假作名色，夹带铜钱银两过界。仰沿边官司密切机察。如有似此之人，先次拘管，即时具奏听旨。"（同上）

> （十一月）十七日，宰执进呈："盱眙守臣霍篪捕获赵兴等透漏银两甚多，不可不略与旗（旌？）赏。"上曰："与转一秩，以为沿边官吏举职者之劝。"

由上述，可知宋孝宗时代银两私贩赴金之多。这里我们还要讨论一下，这许多银两偷漏入金后，对于金国货币制度的影响。在中国历史上，把银两正式铸造成货币来流通使用，以金承安二年（1197—1199年）"承安宝货"的铸造[①]为最早。可是，当日金国产银究竟有限，怎么会有这许多银来作铸造银币之用呢？关于此点，作者以为除因为金国每年由宋收到大量的银作为岁币外，南宋银两

---

① 《金史》卷四八《食货志》。

之大规模走私入金,是其中一个很重要的原因。上引银两透漏入金的记载,终于宋淳熙十六年,即公元 1189—1190 年。而金国正式铸造"承安宝货",事在金承安二年,即公元 1197—1198 年。总之,银两的透漏在前,银币的铸造在后,两件事在时间上的因果关系是很明显的。可见金国在铸造银币以前,每年都由宋秘密输入大量的银两。结果,银在金国的流通量一天比一天增多起来。等到银的供给充足了,金国政府遂正式把它铸成"承安宝货"来行用。因为这种银币的铸造,足以表示自然经济的衰落和货币经济的兴起,在中国经济史上着实是一件重要的事,故作者特地在这里把它发生的原因附带解说一下。

(三) 铜钱的走私贸易

在唐、宋时代,中国铜矿的产额,南方远较北方为多;从而当日铸钱的工业,也是南方远较北方为发达。① 当唐及北宋全国统一的时候,在北方流通行用的钱,多由南方制好运往。② 可是,这种情形,自宋、金对立,在政治上把南北分割为两个国家以后,便发生激剧的变动了。这时重商主义的经济思想弥漫全国,朝野上下都认为铜钱外漏足以减损本国的财富,故南宋政府严禁铜钱出口③,当与金国在榷场上贸易的时候,只准以各种货物来偿付入口货的价值,即实行物物交换的办法。④ 金国既然不能公开由宋输入铜钱,只好

---

① 《新唐书》卷五四《食货志》,《宋史》卷一八〇《食货志》。
② 如《新唐书》卷五四《食货志》云:"(刘)晏以江岭诸州任土所出皆重粗贱弱之货,输京师,不足以供道路之直,于是积之江淮,易铜铅薪炭,广铸钱。岁得十余万缗,输京师与荆扬二州。"又《宋史》卷一八《食货志》载庆历年间"因敕江南铸大铜钱,而江、池、饶、仪、虢又铸小铁钱,悉辇至关中"。
③ 如《系年要录》卷一七〇载绍兴二十五年十二月丙申,钟世明言:"又近来钱宝,多有流入外界,盖总场务官司利于收息博易。今欲严行禁止,如有透漏,其巡尉兼场务官司知而不觉者,以违制论,仍行严罚。"又卷一七七载王珪言:"又今钱多阑出外夷,不知严禁。"又《宋史》卷三七三《洪皓传》载乾道元年:"林安宅以铜钱多入北境,请禁之。"这都是当日士大夫反对铜钱外漏的情形。至于政府严禁铜钱出口的命令,记载更多,除分见于文中所引外,兹举一例如下:《系年要录》卷一五〇载绍兴十三年:"初申严淮、海铜钱出界之禁。"
④ 南宋用来与金博易的物品,除南方各种物产外,以由海外输入的香药、象牙、玳瑁等外货为主。《宋会要·食货》三八载隆兴二年"十二月十八日诏:盱眙军依旧建置榷场。于是淮东安抚司周淙,如盱眙军胡昉言:绍兴十二年创置榷场,降到本钱十六万五千八百余贯,系以香药杂物等纽计作本。今欲从朝廷斟量支降。……"又乾道元年"九月十五日,诏光州光山县界中渡市建置榷场。于是知光州郭均申请:乞从朝廷支降本钱,或用废布、木棉、象牙、玳瑁等物折计降下。……从之。"又"九年二月七日,臣僚言:昨来朝廷曾差使臣般发檀香前去安丰军同本军知军措置博易丝绢。今乞将库管檀香依昨来体例般发,委本军措置。诏于左职库支给三分以上檀香三十斤,吏部差短使一员管押前去。"

设法在它占领下的北方开采铜矿，铸造铜钱，以谋自给之道。可是，北方铜矿产额本来不多，铸钱工业又不发达，故政府虽然努力在各地开矿采铜，立监铸钱，结果还是无济于事，因为成本太大，所得不偿所失。① 因此，在当日金国的市场上，铜钱流通稀少，交易筹码至感不足。② 在这种情形下，金国政府遂以种种货物来高价收买宋钱，以奖励宋钱的秘密输入。如《宋会要·食货》三八载：

> （乾道三年）闰七月十二日，尚书度支郎中唐琢言："……北界商人未有一人过襄阳榷场者。闻于光州枣阳私相交易，每将货来，多欲见钱，仍短其陌，意在招诱。嗜利奔凑者众。……"

又同书《食货》二八载：

> （淳熙五年）二月十二日，京西漕司主管官张廷筠言："京西盗贩解盐，唯光化军、均、房州有小路可通北界，私贩甚多。……然易盐皆中国之钱。闻唐、邓间钱陌，以一二十数当百。盐之至境，有数倍之利。……"

由此可知，金国为着要增加国内铜钱的流通量，遂以食盐等物产③贩往南宋，以便秘密换取宋钱。同时，金国国内铜钱数量既然很少，市场上铜钱的行用遂采用"短陌"的办法，即在交易的时候，人们只拿出一二十文（或多些）的铜钱便当作一百文来使用。这样一来，钱值无形中自然增贵，从而把宋钱私贩

---

① 关于此事，《金史》卷四八《食货志》记载至多。如世宗大定"十二年正月，以铜少，命尚书省遣使诸路，规措铜货；能指坑冶得实者赏。上与宰臣议鼓铸之术。宰臣曰：其言所在有金银坑冶，皆可采以铸经。臣窃谓工费过于所得数倍，恐不可行。上曰：……所费虽多，俱在民间，而新钱日增尔。其遣能吏经营之。""十五年十一月，上谓宰臣曰：或言铸钱无益，所得不偿所费。""十八年，代州立监铸钱，命震武军节度使李天吉，知保德军事高季孙往监之。而所铸斑驳黑涩不可用。诏削天吉、季孙等官两阶解职，仍杖季孙八十。""章宗大定二十九年十二月，雁门五台民刘完等诉：自立监铸钱以来，有铜矿之地，虽曰官运，其顾直不足，则令民共偿。乞与本州司县均为差配。遂命甄官署丞丁用楫往审其利病。还言：所运铜矿，民以物力科差之，非所愿也。其顾直既低，又有刻剥之弊，而相视苗脉工匠，妄指人之垣屋及寺观，谓当开采，因以取贿。又随冶夫匠日办冶铜四两，多不及数，复销铜器及旧钱送官以足之。今阜通利用两监岁铸钱十四万余贯，而岁所费乃至八十余万贯。病民而多费，未见其利便也。宰臣以闻。遂罢代州、曲阳二监。"
② 如《金史》卷四八《食货车》云："（大定）二十六年，上曰：中外皆言钱难。……太尉丞相克宁曰：民间钱固已艰得。"又云："泰和三年……乃谓宰臣曰：大定间钱至足，今民间钱少，而又不在官，何耶？"
③ 金国有时甚至准许粮食出口，以换取宋钱。如《宋史》卷六七《五行志》载乾道七年："淮郡亦荐饥，金人运麦于淮北岸，易南岸铜镪，斗钱八千。江西饥，流光、濠、安丰间，皆效淮人私籴。钱为之耗。"

赴金自然可获大利。关于此点,《系年要录》卷一八六亦载:

> (绍兴三十年九月)壬午,右正言王淮言:"两淮多私相贸易之弊。……若钱宝则有甚焉。
>
> 盖对境例用短钱,南客以一缗过淮,则为数缗之用。况公然收贯头钱而过淮者,日数十人,其透漏可慨见矣。……"

又《宋会要·刑法》二亦云:

> (乾道)三年三月二日,臣僚言:"伏见钱宝(原误作实)之禁,非不严切。而沿淮冒利之徒,不畏条法,公然般盗出界,不可禁止。……"

当日宋钱的走私贸易,既然可产生巨额的利润,经营的人自然很多。除一般客商外,当日在边境一带驻防的军队更是凭恃势力,大规模偷运铜钱出口;而被派遣赴金的外交人员,也常常乘机私贩铜钱以取利。如《宋会要·刑法》二云:

> (乾道六年)十月二十八日,权发遣盱眙军龚鉴言:"每岁津发岁币(原误作弊)过淮交割,其随纲军兵及使臣等日(目?)不下四五十人,往往循习年例,私传钱宝出界,并夹带私商,不容搜检。……"

> (淳熙十六年)七月三日,诏镇江、建康都统制司:"严行约束今后修城军人并搬运砖灰等人,将带铜钱至沿边诸州。或因事败露,其统兵官或管押将副使臣等,并仰逐州取会名衔,具申朝廷取旨施行。如州郡或行容庇,一例行遣。"以臣僚言:"楚州修筑城壁,镇江万兵往来更替,并随行亲属装载船只,因而藏匿铜钱过江。又本军与建康军中津发砖灰官船,动以百计,经从扬州、高邮管下,乃至楚州。逐处虽行禁戢,势力不加,谁敢向迩?兼闻近来军人结党,递相提防,负钱于前,持梃于后。间有掩捕,公然抢夺,虽死不顾。乞行禁止。"故有是诏。

按南宋自绍兴末年以来,"淮、楚屯兵,月费五千万,见缗居其半。南北贸易,缗钱之入敌境者,不知其几!"[①]可见当日军人私运铜钱赴金的数量是相当可观的。

---

① 《宋史》卷一八〇《食货志》。

五、其他各种物品的走私贸易

(一) 书籍

宋代的印刷中心有四,即汴京、杭州、福建及四川①;其中三个均在南方,只有一个在北方。金国占领下的北方既然只有一个印刷中心,对于当日在南方大量生产的书籍自然非常需要。尤其内容与军事政治有关的出版品,金国政府为着要探知敌情,更是不惜重金来一一搜求收买。由于巨额利润的吸引,走私者遂不顾南宋政府法令的禁止,把这些书籍私贩入金。如《宋会要·刑法》二载:

> (嘉泰二年)七月九日,诏令诸路帅宪司行下逐州军:"应有书坊去处,将事干国体及边机军政利害文籍,委官看详。如委是不许私下雕印,有违见行条法指挥,并仰拘收,缴申国子监;所有板本,日下并行毁劈,不得稍有隐漏及凭藉骚扰。及仰沿(原误作江)边州军常切措置关防。或因事发露,即将兴贩经由地分及(原误作乃)印造州军不觉察官吏根究,重作施行。委自帅宪司严立赏牓,许人告捉,月具有无违戾闻奏。"以盱眙军获到戴十六等,辄将《本朝事实》等文字,欲行过界,故也。

下述偷漏出境的书籍,虽然没有明言贩往金国,事实上也以贩往金国为多。同上:

> (淳熙)二年二月十二日诏:"自今将举人程文并江程地里图籍兴(原误作与)贩过外界货卖或博易者,依与化外人私相交易条法施行。……"

> 九年三月二十一日,诏诸路转运司行下所部州军,将见卖举人时务策并印板日下拘收焚毁。令礼部检坐见行条法,申严禁约,延致违戾。以给事中施师点言:"文字过界,法禁甚严。人为利回,多所抵冒。窃见书坊所印时文……至于策试,莫非时务。而临轩亲试,又皆深自贬损,以求直言。所宜禁止印卖。"故有是命。

> (嘉定六年)十月二十八日,臣僚言:"国朝令甲,雕印言时政边机文

---

① 叶梦得《石林燕语》卷八。

书者皆有罪。近日书药(坊？)有《北征谠议治安药石》等书,乃龚日章、华岳投进。书札所言,间涉边机,乃笔之书、锓之木、鬻之市,泄之外夷！事若甚微,所关甚大。……"

(二) 布帛

当南宋初年,在金国占领下的北方,布帛价格非常昂贵。① 这对于走私者是一个很大的引诱,因为由宋私贩前往,可得巨额的利润。他们偷运布帛赴金的路线,以经由海道为多。《系年要录》卷五二载绍兴二年三月庚子:

> 言者奏:"山东艰食,而帛踊贵。商人多市江、浙米帛,转海而东,一缣有至三十千者。"

又《宋会要·刑法》二云:

> 绍兴二年三月九日,禁江、浙之民贩米入京东及贩易缣帛者。

此外,又有由川、陕间贩往的。《宋会要·食货》三八云:

> 孝宗隆兴二年二月二十一日,诏令四川……中书门下言:"西北必用之物,而本处所无,如……绢、布……丝、麻之类,访闻有商旅私相博易,不惟失陷税课,兼恐漏泄事宜。"故是有命。

(三) 耕牛

大约因为北方耕牛远较南方为少,故当日走私者常把宋牛贩运赴金。如《系年要录》卷一八六载:

> (绍兴三十年九月)壬午,右正言王淮言:"两淮间多私相贸易之弊。如……牛……国家利源所在,而皆巧立收税,肆行莫禁。……牛于郑庄私渡,每岁春秋三纲,至七八万头,所收税钱固无几矣。……"

---

① 宇文懋昭《大金国志》卷五云:"后韩常守庆源,耿守忠知解县,见小民有衣裘鼻者,亦责以汉服,斩之。时(金天会七年,宋建炎三年,公元1129—1130年)布帛大贵,细民无力,坐困于家,莫敢出焉。"又下引《系年要录》也说:"一缣有至三十千者。"

又《宋会要·刑法》二云：

> （淳熙四年）八月二十七日诏："累降指挥立法禁止私贩耕牛过界。如闻近来边界多有客旅依前私贩，显是沿边州军奉行灭裂！……"
>
> 五年六月二十日诏："湖北、京西路沿边州县，自今客人辄以耕牛并战马负茶过北界者，并依军法。……"
>
> 七月十二日，濠州言："隆兴元年二月十三日敕兴贩耕牛过界罪赏，与乾道编类指挥不同。缘本州乃是极边，虑奉行抵牾不便。"诏自今兴贩过淮，知情引领停藏负载之人并透漏去处，赏罚并依隆兴元年五月九日膘胶过淮已得指挥。

（四）人口

当日四川的人口，有被诱私贩往金国的。如《宋会要·刑法》二云：

> 同日（隆兴二年九月十九日），户部言："准送下宁江军申：四川近日多有浮浪不逞之人，规图厚利，于恭、涪、泸州与生口牙人通同诱略良民妇女，或于江边用船津载，每船不下数十人。其剑门关即自凤州兴贩入对境州军。……"

六、结　　论

综括上述，我们可知宋、金在军事上互相对立，把中国分割为南北两个政治组织的时候，相互间除了两国法令准许的在榷场上举行的正常贸易外，还有违背两国法令的走私贸易的存在。走私贸易的商品，种类甚多。由宋私贩赴金的，以粮食、茶叶、军用器材、银两、铜钱、书籍等物为主；由金私贩入宋的，以食盐、麦面等物为主。走私的路线，以淮河流域为最盛，因为这是宋、金两国大部分土地接界的地方；其次如汉水流域、川、陕间及海道，走私贸易也很发达。走私的主要动机是巨额利润的赚取；当日南北货运因政治对立而不能畅通，两方的物品每因供需失调而价格相差很远，故走私贩往可得巨额的利润。由于重利的吸引，经营这种买卖的人很多，除来往南北的商人外，边境的官吏，出使的外交人员，以及驻防边境的军人，都利用他们特有的机会，大规模从事走私贸易。可见我们对于当日宋、金间商业关系的探讨，着实不能如加藤繁氏那样只限于榷场贸易，因为除此以外，在两国间秘密走私的贸易量也是非常可观的。

这里我们要进一步问，为什么宋、金间除了正常贸易以外，还有大规模的走私贸易存在？欲答复这个问题，我们先要知道中国商业发展的大概情形。中国几条重要的河流，都取东西方向，而不取南北方向，这对于交换经济的发展妨碍颇大。如长江，其流经各地虽经度并不相同，纬度却差不多一样，结果沿流各地物产没有多大差别，不能促进交换的发达。可是，如果河流取南北方向，情形便不同了；因为流经各地的纬度既然不同，物产的差异自然很大，从而各地商品的交换遂因特别需要而大大发达。从这个观点来看，隋炀帝开凿运河，着实是中国经济史上的一件大事。因为自运河开凿以后，南北水道交通发达，南方富庶的物产，如长江三角洲的粮食，东南各地的茶叶，以及由沿海商埠输入的外货，都可大量供给北方；而北方物产的南运，也跟着较前发达。这样一来，双方物产交换发达，互相倚赖的结果，南北经济上的联系便较以前加倍密切，差不多构成一体。我们如果由这种南北经济密切联系的形势去看中国政治史上的统一与分裂，更觉饶有意义。中国自汉末至隋，除中经西晋50年的比较统一以外，政治上有300多年的分裂。但自运河促成南北经济统一后，大体上说，统一在中国政治上是常态，分裂是变态。其间最明显的分裂，要数到宋、金的对立（共100多年）；在此以前的唐及北宋，在此以后的元、明、清，都可以说是长期的统一。这样一来，自隋、唐以后，中国政治既然需要长期的统一，以适应当日客观存在的经济统一的形势，当宋、金对立的时候，南北分裂的政治组织既不能满足全国经济密切联系的要求，自然要另谋补救之道了。因此，当日南北货物的交换，在榷场内虽然受到宋、金两国种种法令的束缚，在榷场以外却发生了摆脱这种束缚来经营的大规模的走私贸易，以适应自隋、唐以后南北经济构成一体的形势。这可说是宋、金间走私贸易发生的基本原因。

民国二十八年（1939年）初稿，三十一年（1942年）十月重写于重庆

南宋初年物价的大变动

一、引　　言

宋代的物价,到了北宋末叶,已经呈现上涨的趋势。但事实上,除一些特殊的地方,如金人围攻下的汴京的物价特别高涨以外,其余各地物价上涨的程度还不算特别厉害。[①] 可是,自从在黄河流域对金作战失利,宋室南渡以后,随着宋、金战争的扩大,物价便一天比一天上涨,不再像以前那么缓和了。当南宋初年,即宋高宗时代(1127—1162年)的上半期,各地物价都发生激剧的变动,其上涨的程度为赵宋开国以来,一百六十多年所没有。现拟先把当日物价上涨的原因分析一下,然后再进而讨论物价上涨的情形及其影响。

二、物价变动的原因

南宋初年,物价之所以发生大波动,宋、金战争之大规模开展,是其中根本的原因。因为南宋政府要与金国作战,国内各地遂直接或间接发生下列几种现象,以致影响到物价的上涨,从而成为这次物价变动的主要原因。

第一是物品需要的增大。这又可分为下列两点来说:

(1) 当南北宋间,北方各地多变为战场,在那里的人口为着避免金兵铁蹄的蹂躏,多跟着政府渡江迁往南方各地,以求安全。例如《京本小说》第十六卷《冯玉梅团圆说》:"延至靖康(1126—1127年),金房凌城,掳以徽、钦二帝北去。康王泥马渡江,弃了汴京,偏安一隅,改元建炎。其时东京一路百姓,惧怕鞑虏,都跟随车驾南渡。"《宋会要·刑法》二:"绍兴四年四月十二日,大理寺丞韩仲

[①] 参考拙著《北宋物价的变动》。

南宋初年物价的大变动

绮言：'……契勘江、湖、闽、广之远，西北士民流寓者众。……'"又同书《食货》三八载绍兴二十六年"七月十八日，起居舍人凌景夏言：'临安府……西北人以驻跸之地，辐辏骈集，数倍土著。……'"①又李心传《建炎以来系年要录》卷二六载建炎三年八月乙丑，东京"副留守郭仲荀亦引余兵归行在。……仲荀既行，都人从之来者以万数。"又卷五六"绍兴二年七月甲申"条，"时江北士大夫多避地岭南者。"又卷六三"绍兴三年三月癸未"条，"时中原士大夫避难者，多在岭南。"又卷三五"建炎四年七月乙卯"条，"至是宋室避难入蜀者多"②。此外，如果我们把《宋史·地理志》所载崇宁年间及绍兴末年南方各地的户口比较一下，也可发现自南渡以后，南方各地户口都有大量增加，其中两浙和四川的户口增加得更为利害。当日南方各地既然增加了大批由北方迁来的人口，对于各种日用必需品的消耗自然大增。③ 尤其是人们赖以养活的粮食，人口多了，需要自然增大，从而刺激粮价的上涨。粮价既涨，靠粮食来供给的劳力的价格，即工资，自亦随之上涨。工资既涨，一切商品的生产成本自要提高，从而商品的价格自然跟着昂贵起来。这是粮价领导物价论，在南宋初年已经有人发挥过。范浚《范香溪文集》卷一五《议钱》云：

> 今钱货既乏，而百货皆翔贵。岂今之钱货与古之钱货异哉？盖谷甚贵之所致也。东南播殖之利不加于旧，而西北之人寓食于东南者益众，此谷之所以甚贵而未平也。夫人视食为命，其于谷粟不可一日不求。今也地之殖不加旧，而食者益众。且谷所储积，皆豪民大家，乘时徼利，闭廪索价，价脱不高，廪终不发，则谷不得不甚贵。彼市百物者，皆非不饥之人，固将量食费以取百物之直，则百物亦不得不甚贵。此铸虽乏，而物

---

① 《系年要录》卷一七三略同。
② 南北宋间由中国避难入蜀的人口，数量甚多。关于这方面的记载，因篇幅关系，不能尽述，现只记其书名卷数于下：《宋史》卷四二七《邵雍传》，卷四三三《邵伯温传》，邵伯温《邵氏闻见录》卷一八及二〇，陆游《渭南文集》卷二三，《姚平仲小传》，《宣和遗事》卷三，周密《齐东野语》卷八，周辉《清波杂志》卷六，蔡绦《铁围山丛谈》卷二及三，洪迈《夷坚甲志》卷一七，《乙志》卷一四，《丙志》卷四，《丁志》卷一四，《支庚》卷三，《志补》卷二三。
③ 例如庄季裕《鸡肋编》卷中说燃料消耗之大云："今驻跸吴、越，山林之广，不足以供樵苏。虽佳花美竹，坟墓之松楸，岁月之间，尽成赤地。根枿之微，斫撅皆遍，芽蘖无复可生。思石炭之利，而不可得。东坡已呼为遗宝，况使见于今日乎？"又张邦基《墨庄漫录》卷五云："建炎己酉冬泊庚戌春，宣抚使周望留姑苏，诸将之斧斤日往〔平江山林〕樵斫俱尽。栋梁之材，析而为薪，莫敢谁何。诸山皆童矣！亦草木一时之厄耶！"

不为贱,所以与前世异也。今欲百物贱,则当平谷直。谷直平,则民费省矣。……

此外,当日其他人士也看出粮价或物价的上涨,是由于人口南渡者多,需要增大所致。如《鸡肋编》卷上云:

建炎之后,江、浙、湖、湘、闽、广,西北流寓之人遍满。绍兴初,麦一斛至万二千钱。

又《铁围山丛谈》卷六云:

岭右顷俗淳物贱。吾以靖康岁丙午迁博白……十年之后,北方流寓者日益众……百物踊贵。……

(2) 战争本来是对物资的一种大消耗。当日宋、金间既然发生大规模的战事,物资方面自然有巨额的消耗,从而对物资的需求自要增大。需求增大,物价遂跟着腾贵起来。这在军需品价格的变动上表现得尤为显著。关于这方面的材料,容于说军需品的价格时述之。

第二是物品供给的不足。南宋立国所在的地方是东南财赋之区,物资的供给本来不虞缺乏。可是,当日因为宋、金间的战事遍及于两淮、江、浙等地,钟相、杨幺等盗贼也在荆湖一带乘机骚动,情形便完全不同了。各地战乱频仍的结果,广大的膏腴土地变作荒田,繁荣的工商业城市沦为废墟。如《宋会要·食货》一二绍兴五年八月十六日条说:"湖北、淮南自兵火之后,百姓流亡,田多旷土。"《系年要录》卷一〇七"绍兴六年十二月壬子"条说:"淮南自兵火之后,肥饶之地,今多荒芜。"《宋史》卷一七三《食货志》说:"建炎以来,内外用兵,所在多逃绝之田。"又卷三七九《韩肖胄传》说建炎、绍兴间"淮南、江东西荒田至多","沃野千里,近多荒废"。由此可见当时江、淮、湖北等地农业生产破坏之烈。又《系年要录》卷三一"建炎四年二月甲午"条:"是日鼎州人钟相作乱,自称楚王。……贼遂焚官府城市寺观及豪右之家。"卷三四载建炎四年六月乙酉,汪藻说:"东南遭戎马之祸,生灵涂炭,城郭邱墟。……重以群盗窃发,官军所至焚残,无以制之。"又洪迈《夷坚支甲》卷一〇说:"湖北罢兵戎烧残之余,通都大邑,蔚为茂草。"又王明清《玉照新志》卷三载胡舜申《己酉避乱录》说他于建炎间"过平江(今苏州),望入吴江城市,并无一屋存者,但见人家宅后林木而已。菜园中间有屋,亦只半间许"。城市是当日的工商业中心,城市既然破坏得那么利害,工商业自要衰落,从而货物的供给自要不足了。

在另一方面,由于战乱的关系,各地交通梗塞,就是有些生产地不被战争破坏,仍旧出产货物,也因不易运销至消费地,致消费地物资供给锐减,形成物价昂贵的现象。如宇文懋昭《大金国志》卷六说:"时(金天会八年,宋建炎四年)山东、河朔已为金师所取,京西、京南,盗贼大起,四方路阻,米斗二百千,人民相食。"又《宋会要·食货》二六绍兴二年二月五日条:"大江久缘盗贼阻隔,客贩不通,江南、荆湖、淮南、京西州军盐价,每斤有卖及两贯以上去处。"

此外,南宋初年物品的供给之所以不足,农产收成的不好也很有关系。当日各地旱灾相当严重,以致农产失收,粮食因供给不足而价格上涨。如徐梦莘《三朝北盟会编》卷一三〇载建炎三年六月十六日诏:"京东两路旱蝗相继,斗米万钱。"又张孝祥《于湖文集》卷二九《汪文举墓志铭》:"绍兴初,江西旱,米斗数千。"又《宋会要·食货》五七、五九及六八载绍兴二年八月十一日诏:"福建路亢旱,米价翔贵。"又《食货》四〇"绍兴十三年九月九日"条:"浙西州县去岁亢旱,伤损禾稼……因此粒米踊贵,民之艰食甚矣。"又《宋史》卷三七九《章谊传》说绍兴五年温州"适岁大旱,米斗千钱。"又《范香溪文集》卷六《饶州浮梁程公生祠堂记》说饶州于"绍兴九年,岁适甚旱,粒米翔贵"。复次,又有因水灾而农产失收,价格昂贵的。如《宋会要·食货》六三"绍兴六年三月二十五日"条说:"去秋西川水潦,东川旱暵,即今粒食昂贵,斗米钱两贯。"[①]又《食货》五九及六八绍兴六年七月十八日条:"广西钦、廉、邕州缘去岁大水,即今米价踊贵,细民艰食。"[②]

第三是租税负担的加重。南宋初年政府因为要和金人作战,经费的开支很大,故不得不增加人民租税的负担,以平衡收支。增税的结果,物价便上

---

① 《系年要录》卷九九同。
② 《系年要录》卷一一一略同。

涨,因为商人多借提高物价的方法,把政府所课的税转嫁于消费者身上。如陈渊《默堂文集》卷一二(绍兴九年)《十二月上殿札子》云:

> 臣观国家见行条法,凡课利场务,视元额多寡趁办,不及者罚之。若增之过倍,即有减年之赏。应赏而有余者,十分之一以给官吏。凡所以笼络而督责之,亦可谓尽其术矣。而任其事者,往往犹以为未足。则商旅安得而不困乎?故比年以来,物价腾踊,日甚一日,贫民下户,尤为不易。皆由征商太重之所致也。臣不敢悉以所闻为言,姑及近地之可见者。只如是衢州至临安,水陆之所经由,应税者凡七处。使其每处只于三十而税一,不为多矣。比及临安,于其所贩,已加二分之费,而负载粮食之用,又不在是。是非得三分之息,不可为也。借使善幹,其能于十日之间,数百里之内,致三分之息乎?如是,则所聚之处诚不可以贱售。所聚之处既贵,则所出之处益不可以贱得。此商旅所以不通,百货之直所以久而不能平也。……故米麦之税,臣愿权与除免,使商旅转贩,得之私相接济;久之价平,则人人可与备豫,不至重贻宵旰之忧矣。……自余可税之物,纵未能尽如祖宗之旧,亦当明谕有司,视其所贩之直,惟务蠲减,不求甚增,宜足以救目前物贵之弊也。

又如《宋会要·刑法》二:"绍兴元年三月十九日诏:比来行在米价腾踊,或重税以困其兴贩……"又《食货》一七建炎二年九月二十二日条:"京城物斛涌贵,客贩盐米多被沿河口岸邀难,大纳力胜税钱。"又绍兴十年九月十日,明堂赦:"访闻诸路州军县镇税务……倍有掊取客旅,因致暗增物价。"又建炎年间,政府特别加重酒税,其主要理由是"酒价虽增,未尝驱民使饮"①。可见租税增加的结果,物价是要跟着上涨的。

除上述三个原因外,当日物价之所以腾贵,又由于地主及商人操纵价格。当日好多拥有大量的粮食的地主,贩卖货物的商人,往往利用物品求过于供的机会,大规模囤积居奇,把商品的价格尽量提高,其中尤以粮价的操纵为最利害。如《宋会要·刑法》二载建炎"四年二月二十三日德音:禁米谷铺户停

---

① 《系年要录》卷一八"建炎二年九月癸亥"条。叶适《水心文集》卷四《财总论》二作"酒虽贵,未有能强之而使饮"。《宋会要·食货》三五作"酒价虽高,未有驱之使必趣饮者也"。

米邀勒高价;如违,杖一百。"又《范香溪文集》卷一五《议钱》云:"且谷所储积,皆豪民大家,乘时徼利,闭廪索价,价脱不高,廪终不发,则谷不得不甚贵。"又《平籴》云:"盖闻食货有轻重敛散之权,有司失之,则奸人得以乘人急而专其利。故曰:民有饥饿者,谷有所藏也。又曰:岁有凶穰,故谷有贵贱;令有缓急,故物有轻重。人君不理,则蓄贾游于市,乘民之不给,百倍其本矣。……今莫若依仿李悝之平籴,耿寿昌之常平,收敛散之权而制于有司,使豪民足谷者欲索高价而不可得,则臣所谓平谷直之说也。……如此则敛散之权尽归公上,豪夺者不得固闭困廪,挟所蓄以邀重利,谷直岂复甚贵而不平乎?"至于其他商品,乘机发财的商人,也从自利的观点出发,把价格抬得很高,远出于生产成本之上。下述宗泽在开封平定物价的故事,可以为例。何薳《春渚纪闻》卷四云:

> 金寇犯阙,銮舆南幸。贼退,以公(宗泽)尹开封。① 初至而物价腾贵,至有十倍于前者。公谓参佐曰:"此易事耳。都人率以食饮为先,当治其所先,则所缓者不忧不平也。"密使人问米面之直,且市之,计其直与前此太平时初无甚增。乃呼庖人取面,令准市肆笼饼大小为之;乃取糯米一斛,令监库使臣如市酤酝酒。各估其值,而笼饼枚六钱,酒每角七十足。出勘市价,则饼二十,酒二百也。公先呼作坊饼师至,讯之曰:"自我为举子时,来往京师,今三十年矣,笼饼枚七钱,今二十,何也?岂麦价高倍乎?"饼师曰:"自都城离乱以来,米麦起落,初无定价,因袭至此。某不能违众独减,使贱市也。"公即出兵厨所作饼示之,且语之曰:"此饼与汝所市,重轻一等,而我以日下市直会计新面工直之费,枚止六钱。若市八钱,则已有两钱之息。今为将出令,止作八钱。敢擅增此价而市者,罪应处斩。且借汝头以行吾令也。"即斩以徇。明日饼价仍旧,亦无敢闭肆者。次日,呼贾扑正店任修武至,讯之曰:"今都城糯价不增,而酒值三倍,何也?"熟视久之曰:"且寄汝曹颈上,出率汝曹,即换招榜,一角止作百钱足。……"……数日之间,酒与饼直既并复旧,其他物价不令而次第自减。

---

① 事在建炎年间。参考《宋史》卷三六〇《宗泽传》。

总括上述，可知南宋初年物价之所以上涨，根本上是因为宋、金战争。南宋因为要全面或大规模对金作战，物品的需要便因人口南渡之多及战争消耗之大而特别增大，在供给方面则因生产事业的破坏及水陆交通的阻塞而感到不足，同时人民租税的负担亦因军费开支的庞大而特别加重。这样一来，物价自要因供求关系的失却均衡和苛捐杂税的转嫁而上涨起来。这时物价的上涨，当加上商人地主趁火打劫、囤积居奇的行为以后，情形更为严重。①

三、物价变动的情形

（一）概说

由于上述的原因，南宋初年各地物价都发生激剧的变动。当日一般物价水准都远较从前为高。在当时人的记载中，我们常常发现他们讨论物价高涨问题的文字。如方勺《泊宅编》②卷中云：

> 江、湖间米直，比二十年前倍贵；他物称是。所以致此，岂无说？必有能言之者矣！

不过，因为我们一时不能考证出方勺写作的实在年月，故不能根据这几句话来肯定当日物价水准要比以前增高多少。可是，在绍兴三年（1133年）七月，宋高宗曾说，"今饮食衣帛之直，比宣和（1119—1125年）不啻三倍。"③由此可知绍兴三年七月的物价水准，要比宣和年间增高三倍。当然，这只是就绍兴三年七月的物价说的；在此以外的其他时间，物价自然还有变动。不过，无论

---

① 关于南宋初年物价上涨的原因，除这里所提出的四种以外，我们应该从货币方面来加以观察。不过，当时太常少卿陈桷说过："今日之弊，物贵而钱少。"（《系年要录》卷七九"绍兴四年八月癸巳"条）同时，当日纸币发行的数量也不算多（参考《宋史》卷一八一《食货志》）。可见当日物价的昂贵，并不是由于货币的膨胀。但当日钱币的品质很坏，货币贬值的政策是被政策采用着的。如《宋史》卷一八〇《食货志》说："绍兴以来……比岁所榷，十无二三。每当二钱千，重四斤五两，小平钱千，重四斤十三两，视旧制铜少铅多，钱愈锲薄矣。"这自然要促使物价上涨。但因关于这方面的记载甚少，故一时只好从略。
② 书中有"建炎"年号，而《宋史》卷二〇六《艺文志》又把它放在洪皓《松漠纪闻》（南宋初年著作）之后，当为南宋初年著作无疑。
③ 《系年要录》卷六七。

如何,关于当日一般物价上涨的程度,我们总算能够看出一些眉目来了。

(二) 粮价的上涨

现在让我们先看看南宋初年粮价变动的情况。当日各地的米价,都很昂贵。关于此事,《宋会要》记载至多;兹按年月的先后,抄录如下:

(建炎)三年七月二十日,诏:"太平、池州及南康、饶州管下浮梁等县,经贼烧劫,居民逃避,又以去秋灾伤,米价踊贵。……"(《食货》六三)

(绍兴元年)三月十五日……上曰:"闻近日米价翔贵,细民极不易。……"(《食货》三八)

绍兴元年五月十四日,诏:"诸路见今米价踊贵,细民阙食。……"(《食货》五七,五九及六八)

二年八月十一日,诏:"福建路亢旱,米价翔贵……"(同上)

(五年)四月三日,总领司言:"……近缘明州申请,米价踊贵,细民阙食,乞将义仓米出粜。……"(《职官》四三)

五年四月十四日,中书门下省言:"勘会民间米斛踊贵。"(《食货》五七,五九及六八)

五月十日,江南东路转运判官俞俟言:"……近岁米麦高贵……"(《食货》二〇)

十二年五月二十三日,诏:"衢州米贵,细民不易。……"(《食货》五三及六二)

又《系年要录》卷一三三载,绍兴九年十一月癸未胡世将的话云:"今来籴价极贵于川蜀。"又卷一四一载绍兴十一年九月庚戌胡氏云:"米价增长,籴之难。"又《范香溪文集》卷二二《右朝请郎致仕范公墓志铭》说,绍兴初年,"淮东西岁大侵,米腾贵甚。"可见当日南宋疆域内,东至闽、浙,西至四川,米价都有上涨的趋势。

这里我们要问:当日各地的米价究竟贵到多少钱一斗?对于这个问题的解答,要因时因地而异。现分为下列各地叙述于下:

(1) 山东、河南一带——这些地方的米,在建炎年间,由于战乱和旱灾的影响,价格贵得特别厉害,每斗卖钱一万文、二万文,甚至数万文。如《三朝北盟会编》卷一三〇载建炎三年六月十六日诏:"京东两路旱蝗相继,斗米万钱。"又《大金国志》卷六载建炎四年:"京西、京南,盗贼大起,四方路阻,米斗二百千,人民相食。"又《鸡肋编》卷中说:"自靖康丙午岁金狄乱华,六七年间,山东、京西、淮南等路荆榛千里,斗米至数十千,且不可得。"其中汴京一城的米价,更是飞跃上涨。在建炎元年,还只卖三千文钱一斗:

> 建炎元年,汴京大饥,米升钱三百。①

及建炎三年,却飞涨到四五万文一斗。《系年要录》卷二五云:

> 时(建炎三年七月)东京米升四五升。

又《三朝北盟会编》卷一三二云:

> 郭仲荀之为京城留守②也,人皆缺食。粝米一升,粜钱四五升,虽有钱而无米。

(2)两浙——两浙各地的米价,在南宋初年波动得相当厉害。在建炎四年,浙西平江"米斗钱五百"③,浙东越州则糯米一斗为钱八百,粳米为钱四百。④ 其后,浙西米价曾上涨至一千二百文一斗,但到绍兴元年七月又复下降为六百文一斗。《宋会要·食货》四〇云:

> 绍兴元年七月三日,宰执奏事。上问:"昨夕闻已籴新米,莫少减价否?"张守奏:"有人自浙西来,前此每斗一千二百者,今减作六百。"上大喜曰:"不但军不乏食,自此可免饿殍,在细民岂小补!……"

但到了绍兴二年春,当青黄不接的时候,两浙米价又上涨至一千文一斗。《宋史》卷六七《五行志》云:

> (绍兴)二年春,两浙……饥,米斗千钱。时悃饷繁急,民益艰食。

---

① 《宋史》卷六七《五行志》。
② 事在建炎三年。
③ 王明清《挥麈后录》卷一〇。
④ 《宋会要·食货》九及七〇,"建炎四年十月七日"条。

及绍兴五年,两浙米价为每斗卖钱七百文。《系年要录》卷八八载绍兴五年四月庚戌:

> 显谟阁待制知湖州李光言:"……近来两浙米价例长,街市每斗已七百文。……"

这是就一般说的,其中温州却因"岁大旱,米斗千钱"①。以后两浙米价渐渐下降,到了绍兴八年秋天收成的时候,浙西每斗米只卖钱三百文左右。《宋会要·食货》四〇说:

> (绍兴)八年九月四日,侍御史萧振言:"窃见近日除经制发运使,朝廷支降籴本,收籴米斛桩留,以待急阙之用。臣尝询浙西,凡秋成米贱之时,其价概以官斗,每一斗民间率用钱三百足,亦有三百已下。今来收籴,须是量增价直。(如民间每斗用钱三百足,官中须用钱三百三十至四十文足。)其价随时低昂,为之增减,常使官中比民间价十分中多一二分。……"诏令户部申严行下。

但浙东方面,在绍兴九年又复饥荒,"米斗千钱"②。

(3) 江西——《于湖文集》卷二九《汪文举墓志铭》云:"绍兴初,江西旱,米斗数千。"这是南宋初年江西米价最高的纪录。其后江西米价虽然渐渐下降,但在绍兴五年及九年每斗米仍卖钱一千文。《槃洲文集》卷七六《徐府君墓志》云:

> 饶之乐平徐君……岁乙卯(绍兴五年)大饥,米石至万钱。皆闭籴。君倾囷不小靳,又输粟郡郭,聚饿者于僧坊哺之。

又《宋史》卷六七《五行志》云:

> (绍兴)九年,江东西……饥,米斗千钱,饶、信州尤甚。

(4) 荆湖——在绍兴元年,湖北鄂州的米价曾高涨至三千五百文一斗。《三朝北盟会编》卷一四七云:

---

① 《宋史》卷三七九《章谊传》。
② 《宋史》卷六七《五行志》。

> 时(绍兴元年)鄂州大饥,米一升三百五十文,民多饥死。(孔)彦舟括军中米出粜于市,每升二百文。人得少苏,皆翕然称扬彦舟之惠。

至于湖南的米价,我们不知道最贵时曾买到多少钱一斗,但到绍兴十一、十二年米价下落时,每斗还要卖钱一百文或百余文。《宋会要·食货》四〇云:

> (绍兴)十一年八月十三日,臣僚言:"荆湖之南,即今米斗百余钱,谷价之贱,未有如此时者。今日钱荒之弊,无甚于湖南。……"

> 十二年十一月十六日诏令……先是臣僚言:"湖南北两路二年之间,雨旸时若,年谷顺成。今米价每斗止于百钱。……"

荆湖当日这种因农产丰收及货币紧缩而下降的米价,实为南渡后十余年以来所未有,但和北宋低廉到几文钱一斗的米价[1]比较起来,仍旧昂贵得多。

(5)四川——四川的米价,在绍兴五六年,因农产歉收,上涨得最为利害,每斗卖钱二千文至四千文不等。《宋史》卷六七《五行志》云:

> (绍兴五年)夏,潼川路饥,米斗二千,人食糟糠。

> (六年)夏,蜀亦大饥,米斗二千,利路倍之,道殣枕藉。

又《宋会要·食货》六三载绍兴六年三月:

> 二十五日,成都潼川府、夔州、利州路安抚制置大使兼知成都府席益言:"四川去秋旱伤,田亩所收多者不过四五分,少者才及一二分,又缘官中籴买壅遏,米谷价例踊贵,无从得实。又去秋西川水潦,东川旱暵,即今粒食昂贵,斗米钱两贯;利路近边去处又增一倍。即今人民饥流死者,相枕藉于道。……"[2]

又《职官》七〇载:

> (绍兴七年)二月二十四日:……吏部侍郎兼权礼部侍郎晏敦复等言:"绍兴六年,四川饥馑,米斗价钱至二千或三千,细民流殍,十室而五。……"[3]

---

[1] 参考拙著《北宋物价的变动》。
[2] 《系年要录》卷九九略同。
[3] 《系年要录》卷一〇九略同。

南宋初年物价的大变动

(6) 广西——广西的米价，在绍兴七年也因农产失收而特别上涨，计每斗卖钱一千文。《系年要录》卷一○九云：

> 是(绍兴七年)春，广西大饥，斗米千钱，人多饿死。

又蔡绦《铁围山丛谈》卷四云：

> 绍兴岁丙辰(六年)，广右大歉，濒海尤告病。迄丁巳(七年)之春，斗米千钱，人多莩亡。

以上是南宋初年各地米价上涨的情形。复次，当日麦价也非常昂贵。原来当时南渡的人口，在北方时多以麦作主要食粮，南来后一时旧习尚未能改，故麦便因需要增大而价格特别上涨起来。《鸡肋编》卷上云：

> 建炎之后，江、浙、湖、湘、闽、广，西北流寓之人遍满。绍兴初，麦一斛至万二千钱。

总括上述，可知南宋初年各地粮价都发生激剧的变动。这十多年中的粮价，虽然因时因地而异，但其上涨的趋势是一致的。

(三) 饮食品价格的上涨

当南宋初年，随着米粮价格的变动，其他饮食品的价格也发生很大的变动。因为米粮贵了，以米粮作原料来制造的饮食品，自要因成本的增加而价格上涨。就是不用米粮作原料的食物，也因米贵影响到工资上涨而成本增高，从而价格腾贵起来。

现在先说酒价。制酒的主要原料是米粮；米价既贵，酒价自然跟着昂贵。何况制酒工人的工资又因米价上涨而上涨呢？《宋史》卷一八五《食货志》云：

> (建炎)四年，以米麹价高，诏上等酒升增二十文，下等升增十八文。

又《宋会要·食货》二○云：

> (建炎四年)十一月十二日，两浙转运副司曾纡言："本路近年以来，米麹高贵，其见卖官酒尚依旧价会计，所得净利十无一二，其间亦有反折官本去处。……今相度欲将诸州县出卖价内和酒每胜权添三十文足，常

酒二十文足。……若明降指挥,时添价直,不唯于朝廷财计有助,亦实杜绝奸弊。"权依所乞增添,上等每胜添钱二十四文足,下等每胜添钱一十八文足。

(绍兴元年)十二月十八日,权户部侍郎柳约言:"诸路近言,造酒米麴柴薪物料,比之上午踊贵数倍。昨曾纡起请,不得擅增酒价。虽(惟?)近降指挥,却许随宜增添。今来绍兴府在城酒税,每造一硕,除本外全无利息,余外更有监专请给,计之所得不偿所费。今欲乞将诸路州军官监酒税,见今每胜上等权添钱二十文足,下等添钱十文足。……"从之。

(三年)十一月二十三日,诏令两浙、江东西提举司转运司……其官务若管酒价钱,而拍户沽卖私价,大段高贵,赢落厚利,自合随宜增添。

可见当日的酒价曾经几度上涨。

其次,我们要说到盐价。当日长江流域的盐价,由于交通梗阻,供不应求,曾经贵到二千多文一斤。《宋会要·食货》二六载:

(绍兴二年)二月五日,户部侍郎兼提领榷货务都茶场柳约言:"大江久缘盗贼阻隔,客贩不通,江南、荆湖、淮南、京西州军盐价,每斤有卖及两贯以上去处。……"

福建的盐价亦因生产成本的增贵而增贵。《宋会要·食货》二五云:

其后绍兴八年十一月十日,都省批下福建路提刑司提举茶盐事司申:"……昨自建炎四年承准朝旨,推行钞法。彼时官支本钱每斤六文,小钞每斤客人纳钱三十二文五分。续以薪米价贵,盐本每斤增至一十七文,比建炎四年增价三倍。……"①

此外,两广的盐价也上涨。《宋会要·食货》二六云:

(绍兴三年三月)二十三日,尚书省言:"广东盐官买旧价每斤七文。昨缘柴米高贵,恐亭户盘费不足,节次增添,见今每斤一十二文,增钱几倍。……"

---

① 《系年要录》卷一二三略同。

> (九月)十八日,广南东西路宣谕明橐言:"二广比年以来,盐货通流,其价倍增,自合随时措置。窃见广东西路转运司每岁于广州都盐仓,或于廉州石康县盐场,支拨各路诸州郡岁额盐;诸路州郡各差衙前来般取所受之数。其盐,朝廷累降指挥,增添价钱,每斤至官收钱四十七文足;每箩计一百斤,收钱四百七十文足。广东如南雄等州,官卖实价每箩至十千,广州亦自至八九千。……"
>
> (十二年)九月八日,臣僚言:"……臣窃见钦州系产盐地分……绍兴四年官卖……绍兴八年改法,客卖钞盐。……已前官卖盐每斤四十七文,今来客贩盐每斤一百二十文足。……"

总之,当日各地的盐价虽有不同,但都一样上涨。

除酒、盐的价格外,其他饮食品的价格也很贵。例如《三朝北盟会编》卷一三二说,建炎年间汴京食料昂贵的情形云:

> 郭仲荀为京城留守也,人皆缺食。……有以米煮稀粥卖者,置于高屋之上,先约钱二百文,许之上屋,然后以稀粥汤少许与之;不然,则为众人所夺矣。麻碎如三指阔,卖钱二百文,非强者不能买也。

(四) 服用品价格的上涨

随着当日一般物价水准的提高,南宋初年的服用品,如绵、绢等,价格也上涨。《宋会要·食货》一二及六六云:

> 高宗建炎三年十一月三日,德音:"访闻两浙人户岁出丁盐钱,每丁纳钱二百二十七文。后来并令折纳绢一尺,绵一两,已是太重。近年以来,……加以近岁绵绢价高,比之纳钱,暗增数倍。……"

又《食货》三八载:

> (绍兴四年)九月十五日,明堂赦:"契勘近年以来,绸绢之价,比旧增贵数倍。……"

关于当日服用品价格变动的情形,我们对于绢价的变动知道得较为详细。现在先说江、浙一带绢价变动的情形。在北宋熙宁年间(1068—1078

年),两浙绢一匹卖钱一千二三百文。① 及元祐四年(1089年)八月,绢价下降为一千文一匹。② 再往后,到了崇宁二年(1103—1104年),绢每匹值钱一千零二十七文左右。③ 总之,自北宋中叶以后,江、浙的绢价都盘旋于每匹一千文之间,没有特别大的变动。④ 这种情形,一到了南宋,便完全不同。在绍兴元年八月,江南东路的绢价已上涨为二千文一匹。《宋会要·食货》三五及六四载：

> (绍兴元年)八月二十九日,诏令宣州将未起上供绸绢三万匹并纳本色。以本州言："奉敕上供绸绢一半折价,每匹三贯文,而江东时值止两贯,下户反有倍费",故也。

过了一年,到绍兴二年七月,江西绢价上涨至五千文一匹。《宋会要·食货》九及七〇载：

> (绍兴二年)七月十八日,江南西路安抚大使兼知洪州李光言："前尝具奏江西路人户惟以纳和买及夏税本色为重赋。今州县催纳一年本色,绢遂至五贯文足一匹,绵增至六百文足一两。绵绢之价既日增……"

及绍兴三年九月,各地绢价仍卖四五千文一匹。《宋会要·刑法》二云：

> 绍兴三年九月八日,诏曰："……目今绢价不下四五贯……"

及绍兴四年,江西绢价飞跃似的上涨,有些地方卖钱八千五百文一匹,有些地方则更昂贵至一万文以上一匹。《宋会要·食货》六四云：

> (绍兴)四年八月十九日,胡世将申："洪州在市一绢之直,已增长八贯五百文足,自余州军有至十贯足以上去(处)。……"

又《食货》六四乾道四年十二月甲辰条云：

> 中兴之初,绢价暴增,匹至十贯。

又《水心文集》卷四《财总论二》云：

---

① 郑獬《郧溪集》卷一二《乞罢两浙路增和买状》。
② 《续通鉴长编》卷四三二"元祐四年八月乙丑"条。
③ 《宋会要·食货》二六"绍兴八年二月二十八日"条。
④ 关于北宋江、浙绢价变动的详细记载,参考拙著《北宋物价的变动》。

折帛之始,以兵兴绢价太踊,至十余千,而朝廷又方乏用,于是计臣始创为折帛。

这两条材料虽然没有明记年月,但时间当为绍兴四年左右无疑。其后,到了绍兴八年二月,绢价已经陆续下降,可是仍卖八千四百文一匹。《宋会要·食货》二六云:

(绍兴)八年二月十八日,尚书省送到知常州无锡县李德邻札子,"……崇宁二年……当时县令不谨其始,却将下户募脚盐钱每二百二十文折纳绢九尺,计目今价直一贯八百文①,比之纳钱计高七倍。……"

再往后,到了绍兴二十六年,绢价更为下降,每匹卖钱四千文至五千五百文不等。《系年要录》卷一七一载:

(绍兴二十六年二月)甲午,国子司业兼崇政殿说书王大宝言:"窃见江南诸州有……折帛钱者,艰难之初,物价踊贵,令下户折纳,务以之优也。今(绢)市价每匹不过四贯,乃令下户增纳六贯。……"

又《宋会要·食货》九及六八载:

(绍兴二十六年)八月四日,上谕辅臣曰:"访闻临安府受纳税绢,多是乞觅阻节。近有一百姓送纳本户绢一匹,被退回。询之。云官中不经揽纳人,不肯收给。朕令人以钱五贯五百文买到,却是堪好衣绢。已令韩仲通根治。……"

兹将上述各种绢价列表如下,并绘图以示当日江、浙绢价的变动:

时　　间	绢价(文)
熙宁年间(1068—1078年)	1 200～1 300
元祐四年(1089年)八月	1 000
崇宁二年(1103—1104年)	1 027
绍兴元年(1131年)正月	2 000

---

① 按一匹为四丈二尺推算,知每匹卖钱八千四百文。

续表

时　　间	绢价（文）
绍兴二年(1132年)七月	5 000
绍兴三年(1133年)九月	4 000～5 000
绍兴四年(1134年)八月	10 000
绍兴八年(1138年)二月	8 400
绍兴二十六年(1156年)二月	4 000
同年八月	5 500

除江、浙的绢价外，当日四川服用品价格的变动，现在也能考见一二。四川的縑①，在北宋时不过二千文一匹，及南宋初年却贵至一万文一匹。《宋会要·食货》七〇载：

（淳熙五年）三月二十七日诏……先是四川安抚制置使胡元质言："西蜀……当承平时，每縑不过二贯。兵兴以来，每縑乃至十贯。……"

至于绢价，在南宋初年涨至五千文一匹。《宋会要·食货》三八载权发遣遂宁府杜莘老的话云：

军兴以来，更增添激赏绢一项，当时系于省司钱内拨钱置场，依时价收买，每匹不下五贯。

其后四川绢价渐渐跌落，每匹卖钱五千文以下。《宋会要·食货》一〇及七〇载：

（绍兴二十六年八月）二十四日，上宣谕辅臣曰："前日景篯上殿，论川中折帛钱太重。绢一匹之直，私下不及五千……"②

上述服用品价格的变动，是专就市价说的。复次，当日政府的收支，除钱币外，还有不少的绸绢等物。政府在收支绸绢时，每定有官价，以便与钱币折算。我们现在从绸绢等官价的变动上，也可看出当日服用品价格上涨的情形。

---

① 縑是厚绢，价格应较普通的绢为贵。
② 《系年要录》卷一七四略同。

南宋初年物价的大变动

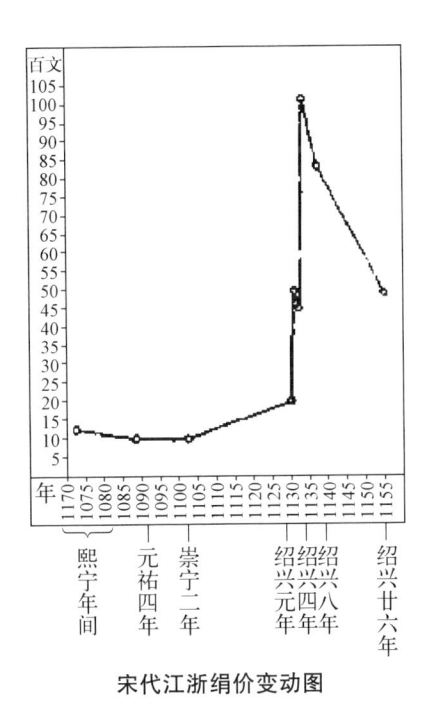

宋代江浙绢价变动图

在建炎三年，政府规定人民纳绸或绢一匹，可改纳钱二千文，即绸绢的官价为二千文一匹。《宋会要·食货》三八云：

> （建炎）三年三月十四日，两浙转运副使王琮等言："昨乞将本路逐州今年合起发上供和买夏税绸绢共计一百一十七万八千八百四匹，令人户每匹折纳价钱二贯文足……"

又《食货》六四云：

> 高宗建炎三年……两浙运副王琮言："本路上供和买绸绢，岁为一百一十七万匹，每匹折纳钱两千，计三百五十万缗省，以助国用。"诏许之。①

及绍兴元年初，二千文一匹的官价仍旧没有变动。同书《食货》三八云：

> 绍兴元年正月二十二日，户部侍郎孟庾言："乞将绍兴元年两浙合发

---

① 《宋史》卷一七五《食货志》同。

夏税和买绸绢，除减免并进奉外，绸绢本色共一百六万四千五十匹，并一半依例折纳价钱，每匹两贯文足。……"从之。

到了这一年的八月，绸绢的官价改为三千文省①一匹。同书《食货》九及七〇载：

（绍兴元年）八月二十三日，臣僚言："折帛钱，昨降指挥，每匹折钱三贯文省。访闻诸路州县绸绢价例高下不等……"

又《食货》三五及六四载：

（同年）八月二十九日，诏令宣州将未起上供绸绢三万匹并纳本色。以本州言"奉敕上供绸绢一半折价，每匹三贯文，而江东时值止两贯，下户反有倍费"故也。

及绍兴二年，政府把绢价提高到四千五百文省一匹，绸则仍旧。同书《食货》九及七〇载：

（绍兴二年七月十八日）诏："江南西路人户合纳一半本色和预买并上供绸绢，及洪州合起催衣绸四千一百余匹，绢二万五百余匹，将截日未纳数，并特许折纳价钱一次，依已立定折充籴本钱数。绢每匹作四贯五百文省，绸每匹作三贯文省。……"

到了绍兴四年八月，随着市价的上涨，绸绢的官价更提高到六千文省一匹。同书《食货》六四云：

（绍兴）四年八月十九日，殿中侍御史张致远言："伏睹镇南军申，乞以本州（洪州）和买绢绸合起八分本色，更将二分许人户折纳价钱，每匹六贯文省。又胡世将申……乞每匹折钱五贯或六贯文足……户部勘当，乞将江西八分本色绢内令三分依洪州所乞折纳价钱，每匹作六贯文足。……切以江西残破之余，军旅转饷殆无虚日。镇南军和预买绢，自起催至六月，才纳及一分。民力不易，自可想见。每匹令纳钱六千省，比之旧折三司价例，已增一半。……"诏依已降指挥折纳价钱，每匹减作六贯文省；如人户愿纳本色者听。

---

① 即每千文以七百七十文计算。

又《系年要录》卷七九载绍兴四年八月丙申：

> 诏江西和买绢折纳钱，每匹减作六千省；人户愿输正色者听。旧洪州和买，其八分输正色，二分每匹折省钱三千。至是帅臣胡世将请以其三分折六千省；又言绢直踊贵，请每匹增为五千足。户部定为六千。殿中侍御史张致远言……故有是旨。①

这是八月间的事情。到了同年十月，政府规定每匹六千文，没有"省"字，大约是用足钱了。《宋会要·食货》三八载：

> （绍兴四年）十月十九日，户部侍郎梁汝嘉言："每月经费合用钱一百余万贯，兼调发军马，所用倍多，理当权宜措置。今相度以江、浙合纳夏秋和买绸并行折纳，内二分每匹折钱四贯，余八分折钱六贯；绢以十分为率，折纳三分，内二分每匹折钱四贯，三分折钱六贯。……"从之。

及绍兴五年，临安府官价仍要五千五百文一匹。《宋会要·食货》六四载：

> （绍兴五年）四月十九日，尚书省言："今来诸路合纳上供和买绢数，昨降指挥将五分折纳价钱，以便民户。其临安府系车驾驻跸去处，当更行优恤。"诏临安府合发淮衣并三分上供和买□，除别指挥已减放二分外，将其余数目，以三分为率，更以一分折纳价钱，每匹作五贯五百文足。

其后绢的官价更提高至七千文、八千文或甚至一万文。《宋会要·食货》六四"乾道四年十二月甲辰条"云：

> 中兴之初，绢价暴增，匹至十贯。高宗念下户重困，乃令上户输绢，下户输钱。于是有折帛之名，匹折六贯或七贯。

又《槃洲文集》卷七七《罗尚书（汝楫）墓志铭》云：

> 户部符□郡折民户绸绢，一缣八千。②

又《系年要录》卷一二七"绍兴九年三月戊子条"云：

---

① 《宋史》卷一七五《食货志》略同。
② 事在南宋初年，详细年月待考。

> 军兴以来,官中无本可俵,名为预买,其实白著。其后户部又令折钱,每匹为十千或八千。比岁绢直稍平,而折钱不减。江、浙之民,深以为患。

这种每匹万文的官价,到绍兴十七年二月仍然存在。《宋会要·食货》九及六八云:

> (绍兴)十七年二月四日,上谕辅臣曰:"昨日有人言,州县折纳税绢,每匹有至十千者。恐伤民力,可令户部措置。"

但自绍兴十八年起,随着绸绢市价的下降,官价亦分别下降为六千文、六千五百文及七千文一匹。同书《食货》九、三八及七〇云:

> 是月(绍兴十七年九月)二十六日,尚书省言:"江、浙州军见输纳折帛钱,旧立价钱比之时价稍高,兼逐路土产物帛不一,窃虞民户难于出办。"乃诏两浙绸绢每匹减作七贯文,内和买减作六贯五百文……江南东西路绸绢每匹并减作六贯文……自绍兴十八年为始。

当日江南每匹六千文的官价,直至绍兴二十六年还是一样。《系年要录》卷一七一载:

> (绍兴二十六年二月)甲午,国子司业兼崇政殿说书王大宝言:"窃见江南诸州有……折帛钱者……今市价每匹不过四贯,乃令下户增纳六贯。……"

上述绸绢官价的变动,是专就政府收入方面说的。复次,当日政府支出的绢,其官价也随市价的上涨而上涨。如《宋会要·食货》五一载:

> (绍兴三年)十一月十日,诏:"应折支绢,江南作五贯文,两浙作六贯五百文。如遇无渍污绢,即将好绢递增一贯文给。"今以户部状:"勘会支赐钱,不言见钱,依法以绢折支。宣和左藏库格,浙绢渍污每匹五贯一百文,江南渍污每匹三贯九百一十文。窃缘近岁诸路纲运地里不远,即无大段渍污,又街市价例高贵,理当权行增价。"故有是诏。

除政府因收支而定的绢价外,当日司法界计算赃罪的大小,因为以绢为标准,对于绢价也另有规定。在建炎元年,随着市价的上升,司法界遂把每匹一千

三百文的绢价提高到一千五百文,以至于二千文。《宋会要·刑法》三云:

> 高宗建炎元年六月七日,大理正权尚书刑部郎中朱端友言:"看详见今犯罪计绢定罪者,旧法以一贯三百文足准绢一匹。后以四方绢价增贵,遂增至一贯五百足。州县绢价比日前例皆增贵,其直高下不一。欲应州县犯赃合计绢定罪者,随当时在市实直价计贯伯纽计数科罪。……"诏自今计绢定罪并以二贯为准。

又《系年要录》卷六载建炎元年六月乙丑:

> 诏自今以绢定罪,并以二千为准。旧制以绢计赃者,千三百为一匹。至是大理正权尚书刑部郎中朱端友言所在绢直高,乃有是命。

其后到了绍兴三年,由于绢的市价上涨,司法界又把绢价提高为三千文一匹。同书卷六八载:

> (绍兴三年九月)己未,手诏以绢计赃者三千为一匹。旧法千三百为一匹。建炎初增为二千。至是……上以绢直高,故有是旨。

又《宋史》卷二〇〇《刑法志》云:

> 旧以绢计赃者,千三百为一匹,窃盗至二十贯者徒。至是又加优减,以二千为一匹,盗至三贯者徒一年。(绍兴)三年,复诏以三千为一匹,窃盗及凡以钱定罪,递增五分。

又《宋会要·刑法》三云:

> 绍兴三年九月八日,诏曰:"……复思纽绢之法,与祖宗立意大不相侔。是时绢值不满千钱,故以一贯三百计匹。是官估比市价几过半矣。其后尝因论例,遂增至二贯足。目今绢价不下四五贯,岂可尚守旧制耶?可每匹计增一贯,通作三贯足。……"

上述南宋初年服用品的价格,偏于绸绢方面。此外,当日绵的价格也可考见一二。绍兴元年,政府规定人民缴纳的绵,每两折钱二百文省。[①] 及绍

---

① 《宋会要·食货》六四"绍兴元年四月二十五日"条。

兴二年七月，江西的"绵增至六百文足一两"①。以后，到了绍兴十八年，随着市价的下降，政府规定人民如果折钱纳给政府，"绵每两减作三百文"②。

总括上述，可知南宋初年的服用品，无论是市价或是官价，都较前昂贵得多。在绍兴四五年左右，绢一匹甚至卖钱一万文以上，比诸北宋一千文左右一匹的绢价，实上涨十倍有多。

（五）其他各种物价的上涨

1. 军需品的价格

南宋政府在当日因为要与金作战，对军需品的消耗甚大，其价格遂因需要激增而上涨。如《宋会要兵》二二说马价比以前增贵四五倍云：

> （绍兴）二年六月四日，广西经略安抚司言："……近年以来，马价踊贵，比年（平）时已过四五倍。承平之时，修立马价，即与今日不同。乞于逐等元立价上，从本司酌度，随目今时价量添钱数收买。"从之。

又《系年要录》卷一〇六"绍兴六年十月辛丑"条说，军马食用的草料昂贵到数百文一束云：

> 时淮、泗大军所须茭刍甚夥……每束有至五六百钱者。

又杨时《龟山语录后录》卷下说当日须防金人自海道入寇，大造兵船，造船材料因之腾贵云：

> 张（脊）后为某州县丞，到任即知虏人入寇，必有自海道至者。于是买木为造船之备。逾时果然虏自海入寇。科州县造舟，仓卒扰扰，油灰木材莫不踊贵。独张公素有备，不劳而办。

2. 金银价

随着当日一般物价水准的上涨，金银的价格也较前昂贵。如《三朝北盟会编》卷一二一引《维扬巡幸记》说扬州金银价的腾贵云：

---

① 《宋会要·食货》九及七〇"绍兴二年七月十八日"条。
② 《宋会要·食货》九、三八及七〇"绍兴十七年九月二十六日"条。

南宋初年物价的大变动

> 是日(建炎三年正月十三日)行在遣兵自西门出赴淮口御敌……维扬居民挈妻孥而走者十室而八……金银价骤长至数倍。……初二日,居民般挈如前,金银愈贵。

又《宋会要·食货》六四及三五说广东银价的昂贵云:

> 同日(绍兴四年二月二十七日),左朝散郎王缙言:"广南东路每岁上供,例买银轻赍。而近年坑场不发,银价腾贵。……"

又《系年要录》卷一四六绍兴十二年八月壬申条说杭州金银价格增长云:

> 右谏议大夫罗汝楫奏:"太后还阙有期,普天同庆;而(江)少齐方悒然不乐,每谓金银价值增长,居民日以迁移……"

可是,当日金银的价格究竟昂贵到怎样的程度呢? 关于此点,我们只知道银价上涨的情形。在绍兴四年,杭州银一两卖钱二千三百文。岳珂《金佗续编》卷五云:

> 今(绍兴四年)于行在榷货务支银一十万两,每两二贯三百文。

广东较为昂贵,每两卖钱三千多文。《宋会要·食货》二六载:

> (绍兴四年)四月二十一日,臣僚言:"广东上供白金,近岁每一两率为钱三千有畸。比至输于太府,准价以给官吏军旅,则为钱二千有畸。大约岁输十万两,并其萃致之费,所失不啻十万缗。……"

及绍兴三十年,广西银价更为上涨,每两卖钱三四千文以上。《宋会要·食货》二七载:

> (绍兴三十年)九月二日,臣僚言:"……广西……用本路诸州上供钱买银,每两三贯或四贯以上……"[①]

3. 柴价与木价

关于南宋初年柴薪价格的上涨,前文所引《宋会要·食货》二〇、二五及二六已经提及,兹从略。其次,当日木材的价格也因需要增大而上涨。洪迈

---

① 《系年要录》卷一八六"绍兴三十年九月丙子"条略同。

《夷坚甲志》卷一六云：

> 郑畯字敏叔……建炎初，自提举湖南茶盐罢官，买巨杉数十枚如维扬。时方营行在官府，木价踊贵，获息十倍。

4. 地价与房租

随着米价的高涨，生产米粮的土地的价格也上涨。如《宋会要·食货》六一载：

> （绍兴二年）八月二十九日，臣僚言："……近年以来，米价既高，田价亦贵。……"

又同书《刑法》三载：

> （绍兴五年）闰四月十日，户部言："……迩来田价增高于往昔。……"

又《系年要录》卷一六一载绍兴二十年九月辛巳：

> 左朝散大夫杨师锡知资州代还，论今田价比昔倍贵……

同时，房屋的租金也因南渡人口众多，需要增大而非常昂贵。《宋会要·刑法》二载：

> （绍兴三年七月）二十七日，诏："江北流寓之人，赁屋居住，多被业主骚扰，添搭房钱，坐致穷困。又豪右兼并之家，占据官地，起盖房廊，重赁与人，钱数增多，小人重困。……"

又《云麓漫钞》卷四云：

> 绍兴既讲和，务与民休息，禁网疏阔，富家巨室，竞造房廊，赁金日增。

5. 墨价

叶梦得《石林避暑录话》卷二云：

> 宣和初，有潘衡者卖墨江西，自言尝为子瞻造墨海上，得其秘法，故人争趋之。……衡今[①]在钱塘，竟以子瞻故，售墨价数倍于前。

---

① 此书序言作于绍兴五年。

这里说潘氏墨价之所以增贵数倍,是由于苏东坡大名,自然有一部分理由;但当日一般物价水准既然都较前提高,潘氏的墨自也不能例外。

6. 矾价

如《宋会要·食货》三四说政府提高矾的收买价格云:

> (绍兴)十四年十一月十九日,户部言:"淮南西路提举茶盐司申:乞无为军昆山矾场收买新矾,于旧价二十文上,增添一十五文省,通作三十五文省收买。榷货务勘当:欲权依本司巾到事理,于旧价每斤二十文上,增添钱一十文,通作三十文省收买。……"从之。

由此可知,在南宋初年一般物价水准上升的情形下,各种物品的价格都免不了上涨,虽然上涨的程度并不完全一样。

四、物价变动的影响

南宋初年物价变动的情形,已如上述。这里我们还要探讨一下,在当日物价激剧变动的情形下,国民生计要受到什么影响?对于此点,现拟分别论述如下。

首先,就商人及生产者方面说,物价上涨的结果,利润便跟着激剧增加。这样一来,他们因贩运商品或生产货物而赚得的金钱便大量增加。如上引《夷坚甲志》卷一六曾说郑畯贩运杉木至扬州,因"木价踊贵,获息十倍"。又同书卷五说:

> 林扬明甫言:绍兴六年寓居江阴,时淮上桑叶价翔踊。有村民居江之洲中,去泰州如皋县绝近……载见叶货之如皋……而享厚利。

又鲁应龙《闲窗括异志》云:

> 绍兴兵火之变,所在荒凉。盱眙有市人储酱一瓮,获利已多……所得十倍。

又庄季裕《鸡肋编》卷中云:

> 建炎后俚语,有见当时之事者。如……云:"欲得官,杀人放火受招

安;欲得富,赶着行在卖酒醋。"

又《系年要录》卷一二"建炎二年正月壬辰"条云:

> (黄)潜厚在维扬,率遣人于近州村坊市酒,入都城鬻之,得息至倍。

当日经营商业既然可因物价上涨而获大利,怪不得"二十年间,被坚执锐之士,化为行商坐贾者。不知其几"①了。以上都是在当日物价变动下商人获利的情形。复次,物价高涨又可促进生产,因为生产者也可因物贵而获利。例如上引《鸡肋编》卷上云:

> 建炎之后,江、浙、湖、湘、闽、广,西北流寓之人遍满。绍兴初,麦一斛至万二千钱。农获其利,倍于种稻。而佃户输租,只有秋课。而种麦之利,独为客户。于是竞种,春稼极目,不减淮北。

可是,在另一方面,当日因物价激剧变动而受苦者,也大有人在。当日一般消费者,因物价高涨,货币的购买力降低,结果好些商品无力购买,只好降低自己的生活程度,有时甚至连米粮都吃不饱,而活活饿死!如《系年要录》卷一〇〇"绍兴六年四月甲子"条说"诸处米谷皆贵,钱亦难得,是以小民重困";卷一〇九说绍兴七年"春广西大饥,斗米千钱,人多饿死";又说"四川饥馑,米斗价钱三千,细民艰食,流为饿殍者十室而五"。又《宋会要·食货》六三说绍兴六年"秋西川水潦,东川旱暵,即今粒食昂贵……人民饥流死者,相枕藉于道"。又《宋史》卷六七《五行志》说绍兴"二年春,两浙,福建饥,米斗千钱……民益艰食";五年"夏潼川路饥,米斗二千,人食糟糠";六年"夏蜀亦大饥,米斗二千,利路倍之,道殣枕藉"。又《三朝北盟会编》卷一四七说"鄂州大饥,米一升三百五十文,民多饿死"。又《挥麈后录》卷一〇说平江"米斗钱五百,有自贼中逃归者,多困饿僵仆,或骤得食而死"。又《铁围山丛谈》卷四说广西"斗米千钱,人多莩亡"。此外,《鸡肋编》卷中描写当日山东、河南及淮南等地因物贵而人吃人的惨状,更为可怕:

> 自靖康丙午岁金狄乱华,六七年间,山东、京西、淮南等路荆榛千里,

---

① 《系年要录》卷一八九"绍兴三十一年三月己卯"条。

斗米至数十千,且不可得。盗贼官兵,以至居民,更互相食。人肉之价,贱于犬豕。肥壮者一枚不过十五千,全躯暴以为腊。登州范温率忠义之人,绍兴癸丑岁泛海到钱塘,有持至行在犹食者!老瘦男子,庾词谓之"饶把火";妇人少艾者,名为"不羡羊";小儿呼为"和骨烂";又通目为"两脚羊"。

除消费者外,当日的固定收入者也因薪俸所得不能跟着物价增长而受苦。如《宋会要·职官》四五说公务员收入有限,生活艰苦云:

> (建炎)三年二月十八日,知平江府汤东野言:"……诸发运监司因点检或议公事……而又廨宇所在合得供给,例皆微薄。见今物价踊贵,既不足以糊口……"

又同书《帝系》六云:

> 同日(绍兴五年六月十七日)尚书省言:"……今行在物价稍贵,其见在不带遥郡南班宗室,日赴朝参,每月用度不足……"

当日物价上涨的影响,除如上述外,又令工资方面发生激剧的变动。这时公务员的薪俸,虽然不能按比例随物价的上升而上升,但为维持最低限度的生活计,也较前增加许多。如《系年要录》卷六七载:

> (绍兴三年七月)庚午,诏无职田选人及亲民小使臣,并月给茶汤钱十千,职田少者通计增给。先是御笔:"增选人小使臣俸以养廉"。辅臣进呈。上谕以"今饮食衣帛之直,比宣和不啻三倍。衣食不给,而责以廉节,难矣。惟变旧法,以权一时之宜。"户部尚书黄叔敖言:"文武官料钱各有格法,不可独增选人小使臣。乞令提刑司均州县职田,于一路通融应副,无职田及职田少春增支。"从之。

又同书卷一七四载:

> (绍兴二十六年九月)丙寅,上谓沈该曰:"大理寺人命所系。近闻吏多受赇,深为不便。不知请给比京师如何?若禄薄,须量增,然后可以责其守法。"该奏:"今吏禄比京师已悉。"上曰:"不然,此间物贵,虽已增,未

必足用。"已而户部言："欲据见请十分为率,量增二分。"上可之。

因此,南宋一般官吏薪俸的水准,都远较北宋为高。洪迈《容斋四笔》卷七"小官受俸"条说：

> 黄亚夫皇祐间自序其所为《伐檀集》云："历佐一府三州,皆为从事。……然月廪于官,粟麦常两斛,钱常七千。……"予谓今[①]之仕宦,虽主簿尉,盖或七八倍于此,然常有不足之叹。若两斛七千,只可禄一书吏小校耳。岂非……物价日以滋,致于不能赡足乎！

除薪俸外,当日在政府机关服务的公务员及公役等,又可随物价的上涨而领到食钱(相当于现今的米贴),以减除他们因物贵而受到的生活上的压迫。关于此点,《宋会要》记述甚详,兹录之于下：

> 高宗建炎三年七月四日,诏："行在诸军粮料院人吏,依诸司粮料院例,每日添破食钱二百文。……"(《职官》二七)

> (绍兴元年)六月二十六日,臣僚言："契勘请给各有定格。今局所官吏每月除请添给数项外,更请御厨折食钱。昨以东京物价低贱,逐时减落,每月旋估支折。今来时物踊贵,尚循旧例,其所折钱往往增过数倍,暗侵财计。"诏裁定则例永为定法。(《职官》五七)

> 元年十二月一日,诏："修内司工匠,已降指挥,每日添支食钱一百文,可每日更添一百文,仍自除降指挥日起支。"(《职官》三〇)

> 十年三月二十三日,诏："熟药所监官,依编估局,每月各添给钱一十贯,于本部一文息钱内支给。"(《职官》二七)

> 十二年十一月二十一日,诏："医官局生员额并依旧制,内局生请给,令户部措置量行增添,申尚书省。"户部寻取到粮料院状,具到："太医局生,见勘在京请给则例,并依应措置量行增添钱数。大方脉科、风科,每月各请食钱二贯文……今欲量增添食钱二贯文,通共食钱四贯文。产科、疮肿科兼伤折科、小方脉科、针科、灸科、眼科、口齿科兼咽喉科、金镞科兼书禁科,每月各食钱一贯二百文……今欲量行增添食钱一贯八百

[①] 按《容斋四笔》作于庆元三年(1197—1198年)。

文,通共食钱三贯文。"并从之。(《职官》二二)

以上都是公务员的薪津因物价上涨而发生变动的情形。复次,当时一般劳动者的工资,也随物价的上升而上升。如《宋会要·食货》三四说冶铁匠工资的增贵云:

> (绍兴)十三年,臣僚言:"伏睹东南诸路旧来所管坑冶虽多,其间有名无实者固亦不少。加以近年人工物料种种高贵,比之昔日,增加数倍。是致炉户难以兴工。……"

又《鸡肋编》卷下说采茶工匠工资的提高云:

> 建溪茶坞……采茶工匠几千人,日支钱七十足。旧米价贱,水芽一胯犹费五千。如绍兴六年,一胯十二千足,尚未能造也。

总括上述,我们可知南宋初年物价变动对于人民生活的影响之一斑。就商人及农业生产者说,物价的高涨是一种很好的福音,因为他们可以乘机获得巨额的利润。但就一般消费者及靠固定收入为生的公务员来说,当日物价上涨是最可诅咒的一件事,因为他们因此而吃不饱、穿不暖,有时甚至于要饿死!此外,随着当日物价的上涨,工资方面也发生剧烈的变动,即上涨。至于上涨的程度,自要因职业而异,从而生活的甘苦也因职业而不同。

五、结　　论

总括上文,我们可以知道宋代的物价,到了南宋初年,曾经发生激剧的变动。关于这时期物价变动的原因、情形与影响,现在综述如下。

南宋初年物价之所以发生剧烈的波动,宋、金战争是其中基本的原因。由于金兵的骚扰,北方人口多避乱南渡,南方人口多了,物品的需要大增;而且,战争本来又是一种对物资的大消耗,物资消耗多了,其需要自然更加增大。可是,在另一方面,随着宋、金战争的扩大,各地生产事业多被破坏,交通亦被阻塞,市场上遂形成物品供给减少的现象。同时,政府因为要筹措庞大的战费,不得不加重人民租税的负担;这一笔巨额的租税,商人多借提高物价的方法来转嫁于消费者的身上。除此以外,再加人为的原因,即商人地主们的操纵垄断,囤积居奇,当日各地的物价遂上涨起来。

至于物价变动的情形,可要因时因地而异,但其上涨的趋势是一致的。在极端缺乏的情形下,有些地方的米价曾上涨至几万文一斗;这和北宋平时不过三四十文一斗的米价比较起来,当然是昂贵得多了。当日一般人衣着所用的绢,由于供需失却均衡,也由一二千文一匹的价格上涨至一万文或一万多文一匹。米价的上涨,影响到工资的增加;工资既增,物品的生产成本遂跟着增加,从而各种物品的价格遂腾贵起来。至于军用器材,因战时有大量的消耗,需要特别增大,价格自然更为昂贵。

最后,说到当日物价变动对于人民生计的影响,无论是好的或是坏的,都非常深刻。在当日物价高涨的情形下,贩运货物的商人和出产货物的生产者都莫不抓住这个千载一时的机会来大发其财;他们都可借物品价格与成本的悬殊来赚取巨额的利润。可是,同时却苦了一大批消费者和靠固定收入为生的人;因为当物价上涨的时候,他们手中持有的货币的购买力便大大降低,许多从前能够享用的物品不复能买得起。自然跟着物价的上涨,当日各种职业者的工资也上升了不少。可是,事实上,当日仍有不少的人,收入的增加远赶不及物价的上涨,他们的生活都过得非常之苦,实是物价高涨下的牺牲者。

民国二十八年(1939年)夏脱稿于昆明,三十一年(1942年)夏重写于重庆

南宋稻米的生产与运销

一、概　　说

世界人口赖以养活的食粮,首先为小麦,其次为稻米。稻米的生产与消费,盛行于亚洲东南部,即东南季风区域。南宋的疆域,适处于这个范围内,故稻米的生产,远多于其他谷类,而大多数人口赖以养活的食粮,也以稻米为最重要。稻米在南宋人口的食料中既然占有这样重要的地位,故本文特地探究当日各地稻米生产的状况以及其运销的情形。

二、南宋各地稻米生产情况

南宋最大的产米区域,无疑是长江三角洲,即江苏及浙西一带。由唐代以至北宋,这块地方都是全国最重要的谷仓,每年都有大量的米谷沿运河北上,其中尤以运往唐代首都的长安及北宋首都的汴京为最多。[①] 到了南宋,这块地方的稻米,更有巨额的出产。《宋史》卷八八《地理志》云:

> 两浙路……有鱼盐布帛粳稻之产。
>
> 江南东西路……茗荈冶铸金帛粳稻之利,岁给县官用度,盖半天下之入焉。

其中尤以浙西,即苏(平江)、湖(吴兴)、常秀(嘉兴)等州,稻米的生产更为发达。《宋史》卷四〇七《杜范传》云:

> 浙西,稻米所聚……

---

① 如《新唐书》卷五三《食货志》说开元二十一年裴耀卿改良漕运后,由江淮运往长安的米,"凡三岁,漕七百万石"。又《宋史》卷一七五《食货志》说由江淮运往汴京的米,"大中祥符初,至七百万石"。

又《宋会要·食货》一及六一载：

> （绍兴四年）十一月二十六日，两浙运副李谟言："被旨催纳湖秀州平江府上供米斛。据平江府具到……契勘本府村田亩，比之他处，最系肥田。……"

又同书《食货》六一载：

> （乾道六年）十二月十四日，监行在都进奏院李结言："苏湖常秀所产（米），为两浙之最。……"

又陆游《渭南文集》卷二〇《常州奔牛闸记》云：

> 语曰："苏常（叶绍翁《四朝闻见录》乙集及下引吴泳《鹤林集》卷三九均作'湖'）熟，天下足。"

按长江三角洲的农场之所以能够生产大量的稻米，一方面是由于自然的恩惠，另一方面又由于人工改进的努力。所谓"自然的恩惠"，是指当地灌溉的便利。如《宋会要·食货》七云：

> （绍兴）二十三年七月二十三日，试右见谏议大夫史才言："浙西诸郡水陆平夷，民田最广，平时无甚水旱之忧者，太湖之利也。……"（《食货》六一同）

因此土壤肥沃，稻米一年可以收成两次。《鹤林集》卷三九《隆兴府劝农文》云：

> 吴中厥壤沃，厥田腴。稻一岁再熟，蚕一年八育。

所谓"人工改进的努力"，可分为两点来说：第一，是当地农民的努力开垦与耕种。上引《隆兴府劝农文》说：

> 吴中之民，开荒垦洼；种粳稻，又种菜麦麻豆；耕无废圩，刈无遗陇。……所以吴中之农事，专事人力。故谚曰："苏湖熟，天下足。"勤所致也。

又范成大《吴郡志》卷二云：

> 吴中自昔号繁盛,四郊无旷土,随高下悉为田。

在南宋初年,政府又利用南渡的人民,把苏州一带湖泽卑湿之地开垦成田,以便耕种。《宋会要·食货》一载:

> (绍兴三年)四月二十二日,工部侍郎李耀言:"今东北之民,流徙者众。东南乘(同书《食货》六三作"弃")田畴者多。平江有湖浸相连,塍岸久废,近或十年,远或二十年,未尝有人疏导者;有地力素薄,废为草莱,涨潦之余,常若沮洳,未尝有人耕垦者;悉号逃田。委通判与县令同往相视,召问父老:为水所居,可以疏导若干?卑薄之地,可以耕垦若干?各开具某处,及顷亩多寡,揭榜以招诱东北流徙之民,入状请射。县给种本,与免三岁之租。仍别立租额以宽之。仍委监司覆按,除其旧额。"从之。(同书《食货》六三同)

又高斯得《耻堂存稿》卷五《宁国府劝农文》说当地农民努力耕种云:

> 及来浙间,见浙人治田,比蜀中尤精。土膏既发,地力有余,深耕熟犁,壤细如面。故其种入土,坚致而不疏。苗既茂矣,大暑之时,决去其水,使日曝之,固其根,名曰靠田。根既固矣,复车水入田,名曰还水。其劳如此。还水之后,苗日以盛,虽遇旱暵,可保无忧。其熟也,上田收五六石。故谚曰:"苏湖熟,天下足。"虽其田之膏腴,亦由人力之尽也。

复次,在这块大农场上,稻米种子的选择,也很注意。北宋真宗年间,政府曾经从占城输入能够耐旱的稻种,以便水量不足的田地也能栽种。李焘《续资治通鉴长编》卷七七载大中祥符五年五月戊辰:

> 上以江淮两浙路稍旱,即水田不登,乃遣使就福建取占城稻三万斛分给三路,令择民田之高仰者莳之。盖旱稻也。(《宋会要·食货》六三略同)

又僧文莹《湘山野录》卷下亦载此事云:

> 真宗深念稼穑,闻占城稻耐旱……遣使以珍货求其种。占城得种二十石(上引《长编》作"三万斛"),至今在处播之。

到了南宋，这种占城稻的生产，在长江三角洲尤为发达。范成大《石湖诗集》卷一六《劳畬耕》云：

> 吴田黑壤腴，吴米玉粒鲜。……或收虞舜余，或自占城传。

沿长江上溯，南宋的第二个重要产米区域，便是江西，即赣江流域。上引《宋史》卷八八《地理志》曾说，江南西路"茗荈冶铸金帛粳稻之利，岁给县官用度，盖半天下之入焉"。复次，由于当日江西水利工程的发展，我们也可以推知该地稻米出产的富度。《宋史》卷四三〇《李燔传》云：

> 李燔……中绍熙五年进士第。……寻添差江西运司干办公事。……洪州地下，异时赣江涨而堤壤，久雨辄涝。燔白于漕帅修之。自是田皆沃壤。

又袁燮《絜斋集》卷一四《黄公(莘)行状》云：

> 除主吉州洲之龙泉簿。吉大邦，田租之输，累巨万计。……宰……去，公竟摄之……创大丰陂，溉田二万顷。虑其久且废也，买田十亩，山九百亩，以备修筑之费。立长若副，分番长之，以均工役之劳。堤防周密，遂为长利。

至于江西出产的稻米，则以占米为多。《鹤林集》卷三九《隆兴府劝农文》云：

> 豫章所种，占米为多，有八十占，有百占，有百二十占。

这种占米当即上述占城稻种传播的结果，故以"占"为名。

由江西西往，南宋的第三个重要产米区域，要轮到湖南，即湘江流域。这里的土壤很宜于稻米的栽种，同时又有由江西移入的农民从事深耕。《宋史》卷八八《地理志》云：

> 荆湖南北路[①]……其土宜谷稻，赋入稍多。而南路有袁吉壤接者，其民往往迁徙自占，深耕概种，率致富饶。

这里的农民又能利用水车车水，因此就是遇到天旱，也能供给种植中的稻米

---

① 这里虽说"荆湖南北路……其土宜谷稻"，但事实上当日湖北产米较盛之地只限于常澧等州，其余各地均出产有限。故《宋史·地理志》紧跟着说湖南的稻米生产，而把湖北略去。

以充分的水量。张孝祥《于湖文集》卷四《湖湘以竹车激水粳稻如云书此能仁院壁》云：

> 象龙噢不应,竹龙起行雨。联绵十车辐,伊轧百舟橹。转此大法轮,救汝旱岁苦。横江锁巨石,溅瀑叠成鼓。神机日夜运,甘泽高下普。老农用不知,瞬息了千亩;抱孙带黄犊,但看翠浪舞。余波及井臼,春玉饮酡乳。……

因此湖南稻米的产额甚巨,除供当地人口的食用外,每年都有大量出口。如叶适《水心文集》卷一《上宁宗皇帝札子》二云：

> 湖南……地之所产,米最盛,而中家无储粮。臣尝细察其故矣。江湖连接,无地不通。一般出门,万里惟意,靡有碍隔。民计每岁种食之外,余米尽以贸易,大商则聚小家之所有,小舟亦附大舰而同营,展转贩粜,以规厚利。父子相袭,老于风波,以为常俗。

由湖南向西走,南宋的第四个稻米重要产区,便是四川。四川自古号称"天府之国",其土壤非常肥沃,而人民又勤于耕作。《宋史》卷八九《地理志》说：

> 川峡四路……地峡而腴,民勤耕作,无寸土之旷。

又高斯得《耻堂存稿》卷五《宁国府劝农文》说：

> 太守,蜀人也,起田中,知农事为详,试为父老言治田之事。方春耕作方兴,父老集子弟而教之曰,"田事起矣。一年之命,系于此时。其毋饮博,毋讼诈,毋嬉游,毋争斗,一意于耕"。父兄之教既先,子弟之听复谨,莫不尽力以布种。四月草生,同阡共陌之人,通力合作,耘而去之。置漏以定其期,击鼓以为之节。怠者有罚,趋者有赏。及至盛夏,烈日如火,田水如汤,薅耨之苦尤甚,农之就功尤力。人事劝尽如此,故其熟也常倍。

同时,当日四川的灌溉事业,又非常发达。如《宋史》卷三七七《李璆传》云：

> 累迁徽猷阁直学士,四川安抚制置使。……三江有堰,可以灌眉田

百万顷。久废弗修,田莱以荒。璆率都刺史合力修复。竟受其利。眉人感之,绘像祠于堰所。

又同书卷三八六《王刚中传》云:

> 以龙图阁待制知成都府。……成都万岁池广袤十里,溉三乡田。岁久淤淀。刚中集三乡夫共疏之。累土为防,上植榆柳,表以石柱。州人指曰:"王公之甘棠也。"

又李心传《建炎以来系年要录》卷一五四云:

> 初眉州通济堰,自建安间创始,溉蜀州之新津,眉州之眉澎三县田三十四万余亩。其后坏于开元,又坏于建炎。陇亩弥望,尽为荒野。是岁(绍兴十五年),守臣句龙庭实贷诸司钱六万缗,躬相其役,更从江中创造,横截大江二百八十余丈,与下流小简堰一百十有九。于是前日荒野,尽为沃壤。

又魏了翁《鹤山大全文集》卷四〇《眉山新修蟆颐堰记》说蟆颐堰:

> 水利凡溉眉山青神之田亩七万二千四百有奇。

因此,四川在当日能成为重要的稻米产区。上引《耻堂存稿》卷五《宁国府劝农文》曾说四川的稻米,"其熟也常倍"。又《宋史》卷八九《地理志》也说四川的农产,"岁三四收"。这自然不是指每年稻米收获的次数,而是说在种稻的前后还另外栽植其他农产品,故一块地每年能有三四次的收获;但由此我们也可推知,当日四川稻米的产量是相当可观的。

上述南宋几个重要的稻米产区,都属于长江流域。此外,珠江流域的两广,稻米生产也很发达。那里气候炎热,最宜于稻米的生产,故一年能收成两次。苏过《斜川集》卷六《志隐》说北宋下半期两广农业生产的情况云:

> 天地之气,冬夏一律。物不调瘁,生意靡息。冬绨夏葛,稻岁再熟。富者寡求,贫者易足。①

---

① 这虽然是北宋下半期的情形,紧接着的南宋想也没有多大的改变。

而且,那里的良田颇多,不过多为大地主所有。《宋会要·食货》六云:

> (庆元)四年八月二十九日,臣僚言:"二广之地,广袤数千里,良田多为豪猾之所冒占,力不能种。……"

故当日两广稻米的产额,也相当多。这些稻米。除供当日人口的消耗外,多借珠江船只的运输,先集中于广州,然后由海道贩往其他地方。周去非《岭外代答》卷四云:

> 广西斗米五十钱,谷贱莫甚焉。夫其贱,非诚多谷也,正以生齿不蕃,食谷不多耳。田家自给之外,余悉粜去,曾无久远之积。
>
> 富商以下价籴之,而舳舻衔尾,运之番禺,以罔市利。

又朱熹《朱文公文集》卷二五《与建宁诸司论赈济札子》云:

> 广南最系米多去处,常岁商贾转贩,舶交海中。

以上各地,都是南宋稻米的重要产区。复次,当日又有好几个稻米产量不足的地方。就长江流域来说,湖北(包括当日属京西南路的襄阳府)及两淮因为接近金国,常常变作战场,故田地荒芜,米粮出产有限。《宋会要》说:

> (绍兴五年)八月十六日,都督行府言:"湖北淮南自兵火之后,百姓流亡,田多旷土。……"(《食货》一二及六九)
>
> (十年)五月十四日,臣僚言:"淮甸襄汉,旷土弥望。……"(《食货》六三)
>
> (嘉定四年正月)二十九日,左司谏郑昭先言:"窃惟两淮荆襄,实今日藩篱捍蔽之地。淮东如山阳滁阳,淮西如濠梁安丰,荆襄如德安信阳等郡,流离之民,未尽复业。间土(田?)旷土,不可以亩计。……"(《食货》六)

关于当日湖北两淮耕地破坏的情形,记载甚多,兹分别述说如下。

当日湖北人民对于农业大多不感兴趣,多改以工商为业。《宋史》卷八八《地理志》云:

> (荆湖)北路农作稍惰,多旷土。

又《宋会要·食货》六云：

> （庆元）四年八月二十九日，臣僚言："……湖北路平原沃壤，十居六七。占者不耕，耕者复相攘夺，故农民多散于末作。……"

同时，由于兵燹的破坏，湖北的水利事业又很落后。如《宋会要·食货》三载：

> （绍兴三十二年）十一月二十九日，参知政事督湖北京西路军马汪澈言："……臣今相视得襄阳古有二渠：长渠溉田七千顷，木渠溉田三千顷。自兵火之后，悉已堙废。……"

又范成大《入蜀记》卷三云：

> （公安）县（属荆湖北路江陵府）有五乡，然共不及二千户。地旷民寡如此，民耕尤苦。堤防数坏，岁岁增筑不止。

因此，当日湖北农业非常落后，荒田甚多。《宋会要·食货》二载：

> （绍兴元年五月）二十六日，荆南府归峡州荆门公安军镇抚使兼知荆南府解潜言："本镇所管五州军一十六县，绝户甚多。见拘收通旧管诸色官田，不可胜计，今尽荒废，可惜！……"（《食货》六三同）

又同书《食货》六及六一云：

> （绍兴）十四年三月八日，户部言："契勘京西州军，系累经残破，荒田至多，委是开垦倍费他州。……"

> （二十六年）六月十五日，户部言："荆湖北路见有荒闲田甚多，亦皆膏腴，佃耕者绝少。……"

> （乾道）四年二月二十九日，知鄂州李椿言："本州荒田甚多。……"五月一日，湖北运副杨民望言："诸州荒田，多无人开耕。……"

这都是南宋高宗时代及孝宗初年的情形。直至孝宗下半期，即淳熙年间，努力开垦的结果，湖北垦田较多的地方，也只限于接近湖南的鼎、澧等洲（宋属荆湖北路，今属湖南），其余大部分还是荒地。《宋史》卷一七四《食货志》云：

> 淳熙三年，臣僚言："……今湖北惟鼎、澧地接湖南，垦田稍多。自荆

> 南安复岳鄂汉沔,污莱弥望,户口稀少。……"

当日湖北耕地既然多半荒芜,其稻米的产量自然是有限得很了。

南宋对金几次作战,两淮都是主要的战场,故农业多被破坏。如《宋会要》说高宗上半期宋金战争对于两淮耕地的蹂躏云:

> 同日(绍兴五年三月二十八日),权发遣泰州邵彪言:"淮南人口逃窜,良田沃土,悉为茂草……"(《食货》二及六三)

> (绍兴六年三月)二十日,诸路军事都督行府言:"契勘和州田产兵火,正当水陆之冲,比之他处,残破至极。……"(《食货》六三)

> 七年正月一日,无为军言:"本军累遭兵火之后,耕种尚少。……"(《食货》七〇)

> 十年二月十七日,臣僚言:"淮甸诸州累经兵火。贼马屯泊,良田为旷土……"(《食货》一及六三)

> 李浩,字德远,绍兴十二年擢进士第,院司农少卿。尝因而对陈经理两淮之策。至是为金使接伴还,奏曰:"臣亲见两淮可耕之田,尽为废地,心尝痛之。……"(《食货》六三)

> (绍兴十六年)十月十四日,知临安府沈该言:"两淮之地,昨缘蹂躏,荒弃田畴。……"(《食货》六三)

这种耕地荒芜的情形,直至高宗下半期,还是不能复原。同书《食货》六及六一云:

> (绍兴)二十九年十二月十六日,直敷文阁淮南东路转运副使魏安行言:"淮东州县闲田甚多。……"

到了高宗末年及孝宗初年,由于金主亮南侵,及孝宗与张浚恢复中原的企图,两淮农田又复受到蹂躏。同书《食货》三及六三云:

> (绍兴三十一年)五月七日,中书门下省言:"两淮诸郡营田官庄,佃户数少,因多荒废。……"

> 绍兴三十二年九月□日,孝宗已即位,故改元,江淮东西路宣抚使司言:"两淮自经兵火,田莱多荒。……"

又同书《食货》五八及六一云：

> 孝宗隆兴元年二月十八日，尚书户部员外郎奉使两淮冯方言："据高邮军百姓状，自前年金贼犯顺，烧毁屋宇农具稻斛无余。……"
>
> 七月十九日，权知盱眙军周淙言："泗州盱眙军，去岁虏人惊移，不曾耕种。……"
>
> （二年正月二十五日）（刘）宝又言："淮东自经兵火凋残之后，荒田甚多。……"

又《宋史》卷四三〇《黄榦传》云：

> （黄榦）乃复告李珏曰："……向者轻信人言，为泗上之役，丧师万人。……盱眙东西数千里，莽为丘墟。……"

又叶适《水心文集》卷二《定山爪步石跋三堡坞状》云：

> 顷自虏寇惊骚，淮人奔进南渡，生理破坏，田舍荒墟。

再往后，到了孝宗乾道年间，两淮耕地也是一样地被破坏。《宋会要·食货》六三载：

> （乾道元年）七月五日，权发遣滁州杨由义言："……本州近缘两遭北军侵犯，牛畜农具不存，营田庄客衣食不继，星散逃移，致所管营田多成荒废。……"

又同书《食货》八及六一云：

> （乾道）五年三月二十六日，大理正措置两淮官田徐子寅言："两淮荒芜之田，一目百里。……"

又同书《食货》六及六一云：

> （乾道）六年正月十四日，太府少卿总领淮西江东钱粮兼提领屯田叶衡言："合肥濒湖有圩田四十里，旧为沃壤，久废垦辟。……"
>
> （七年）六月三十日，新除淮南运判向士伟言："两淮田亩荒芜……"
>
> 九月正月十八日，资政殿学士新知扬州王之奇言："淮上之田，例多

荒弃。……"

其后,到了宁宗时代,两淮仍有不少的荒田。《宋会要》云:

> (庆元)四年八月二十九日,臣僚言:"……淮西安丰军田之荒闲者,视光濠为尤多。……"(食货六)

> 嘉定元年八月十三日,御史中丞章良能言:"……两淮……今胡骑蹂践……不耕之田,处处弥望。……"(《食货》六三)

又《宋史》卷四三七《真德秀传》云:

> (嘉定年间)充金国贺登位使。及盱眙,闻金人内变而返,言于上曰:"臣自扬之楚,自楚之盱眙,沃壤无际,陂湖相连。……顾田畴不开,沟洫不治……"

两淮田地既然大部分是荒闲,其米粮出产自然不足了。

上述湖北和两淮之所以米产不足,多半是军事的原因,即因为接近金国,常作战争牺牲品。复次,沿海一带,当日也有两个稻米产量不足的区域,即浙东与福建。

不过这两个地方之所以米产不足,并不如上述湖北和两淮那样由于军事的理由,而是天然的原因。

就地形上说,浙东山地较多,平原较少,这对于稻米的栽种自然不大适宜。故每遇水旱,稻米即告失收。如朱熹《朱文公文集》卷二六《上宰相书》云:

> 又以连日不雨,旱势复作,绍兴诸邑,仰水高田,已尽龟拆。而山乡更有种不及入土之处。明婺台州,皆来告旱,势甚可忧。

又《宋会要·食货》一云:

> (乾道)九年八月九日,诏:"浙东州军,间有阙雨去处,不无损伤田亩。……"

> 九月二十六日,臣僚言:"伏见今夏以来,雨不及期,浙东诸郡,旱者甚众。……田野之间,以艰食为虑。……"

以上是旱灾对于浙东米产影响的情形。复次,当日浙东沿海的稻田,又常受风灾和水灾的打击,以致收成不好,如《宋会要·食货》六八云:

> (乾道二年)九月七日,诏浙东提举常平宋藻:"前去温州,将常平义仓米赈济被水阙食人户。如本州米不足,通融取拨。"权发遣温州刘孝韪言:"本州八月十七日风潮,伤害禾稼,漂溺人命。……"

> 十月一日,诏:"温州近被大风驾潮,淹死户口,推倒屋舍,失坏官物,其灾异常,合行宽恤。……"继而唐琢言:"切见温州四县,并皆海边。今来人户田亩,被海水冲荡,咸卤浸入土脉,未可耕种。及缺牛具,不能遍耕。……"

> (五年十月)六日,权发遣两浙路转运副使刘敏士言:"温台二州,近因风水飘损屋宇禾稼,虽将义仓米赈济,缘被水丁口至多,窃虑来年秋成尚远,将何以继?……"

因此,上引《宋史》卷八八《地理志》说两浙路有"粳稻之产",事实上只能就浙西来说,对于浙东是不十分合适的。

福建的地形,有如浙东那样,也是山地多,平原少。那里的农民,善于把山地开垦成梯田,及利用溪谷的泉水来灌溉种植中的稻米;同时,对于硗瘠的土地,也设法开辟为稻田。方勺《泊宅编》卷中云:

> 七闽地狭瘠而水源浅远。其人虽至勤俭,而所以为生之具,比他处终无有甚富者。垦山垅为田,层起如阶级然。每援引溪谷水以灌溉,中涂必为之砲,下为碓,米亦能播精。(播精为去其糠秕,以水运之,正如人为。其巧如此也。)

又《宋会要·瑞兴》二载:

> (嘉定八年)七月二日,臣僚奏:"……臣闽人也。闽地瘠狭,层山之巅,苟可置人力,未有寻丈之地,不垦而为田。泉溜接续,自上而下,耕垦灌溉,虽不得雨,岁亦倍收。其有平地而非膏腴之田,无陂塘可以灌注,无溪涧(涧?)可以汲引,各于田塍之侧,开掘坎井,深及丈余,停蓄雨潦,以为旱乾一溉之助,炎云如灼,桔槔俯仰,不以为劳。所济虽微,不犹胜

于立视其槁而缚手无策乎?"

又《宋史》卷八九《地理志》云：

> 福建路……西北多峻岭。……川源浸灌,田畴膏沃,无凶年之忧。而土地迫隘,生籍繁夥,虽硗确之地,亦耕耨殆尽。亩直浸贵,故多田讼。

不过,福建农民虽然努力精耕,由于自然环境的不良,收获并不丰富;而且,因为该地人口密度甚大,稻米产量更感不足。关于此点,除分见于刚才所引各文外,赵汝愚《赵忠定奏议》卷二《请支拨和籴米十万石付泉福兴化三州赈粜奏》(原题云《宋孝宗时集英殿修撰帅福建上奏》)云：

> 只缘本路(福建路)地狭人稠,虽上熟之年,犹仰客舟兴贩二广及浙西米前来出粜。

又黄榦《黄勉斋集》卷四《建宁社仓利病》云：

> 窃见闽中之俗,建宁最为难治,山川险峻,故小民好斗而轻生。土壤狭隘,故大家寡恩而啬施。米以五六升为斗,每斗不过五六十钱。其或旱及逾月,增至百金。大家必闭仓以俟高价;小民亦群起杀人以取其禾。

又真德秀《真文忠公文集》卷一五《奏乞拨平江百万仓米赈粜福建四州状》云：

> 福与兴泉,土产素薄,虽当上熟,仅及半年。
> 臣所治福州,去秋水涝,下田薄收。蠲减既多,军饷不足,籴价日踊,民食孔艰。

又同书卷一七《知泉州谢表》云：

> 泉虽闽镇,古号乐郊,其奈近岁以来,浸非昔日之观。……涝伤相继,而农亩寡收。……粟生于地者几何? 日伺邻邦之转饷。

又同书卷四〇《福州劝农文》云：

> 福之为州,土狭人稠,岁虽大熟,食且不足,田或两收,号再有秋,其实甚薄,不如一获。

又《宋会要·食货》六二云：

(嘉定)七年三月九日,臣僚言:"福建地狭人稠,岁一不登,民便艰食。……"

综括上述,我们可知南宋各地稻米生产的大概情形。大致说来,南宋的疆域适处于亚洲东南部,即东南季风流域,雨量丰富,气候温和,大多宜于稻米的栽种。不过因为地理环境及军事上的特殊情形,故南宋各地,除了稻米产量丰富的区域以外,又有米产不足的地方。在长江流域方面,稻米的重要产区有四,即长江三角洲(江南东路及浙西路)、江西、湖南及四川。这几个地方稻米生产之所以丰富,多半是土壤的肥沃,外国种子的输入,水利灌溉的优良,进步农具的使用,外地劳力的输入,以及其他原因。此外,在珠江流域方面,两广也是当日重要的稻米产区;那里气候炎热,稻米的种植可以一年收成两次。至于稻米产量不足区域,在长江流域方面,为湖北及两淮。这都是与金国接壤的地方,每次宋金战争,多半变作战场,故耕地常受蹂躏,从而米粮的出产遂感不足。复次,沿海一带,浙东与福建也是米产不足的区域。这两个地方的地理环境,因为山地多,平原少,都不宜于稻米的大规模生产。在另一方面,如福建一带,人口数量又相当多。故浙东、福建出产的稻米,都不足以养活当地的人口,从而成为米产不足的地方。

三、南宋稻米运销情况

稻米的运销情形,与它在各地的生产状况有很密切的关系。由上所述,可知南宋时代长江流域的三角洲、江西、湖南和四川,以及珠江流域的两广,稻米生产都很丰富。这些稻米产区,其出口除供当地人口消费外,既然还有大量的剩余,自然能够向外输出,于是成为稻米的出口地方。在另一方面,长江流域的湖北及两淮,沿海的浙东及福建,由于军事方面或地理环境方面的特殊情形,本土所产的稻米都不足以养活当地的人口,不得不取给于外地,遂成为稻米的入口地方。不过,稻米生产地与消费地间的距离有远近的不同。其相互间运输规模的大小也因交通的便利与否而定,故当日稻米运销的实际情况,有详加研讨的必要。兹为便利计,分为长江流域的稻米运销情况与沿海的稻米运销情况,叙述如下。

(一) 长江流域稻米运销情况

南宋长江流域的稻米运销情形,大致说来,有如长江水流的方向那样,其特点为由上游的生产地运往下游的消费地。现在沿着长江流域,由西往东,顺次考察当日稻米的运销情形。

上面说过,四川是南宋长江流域的稻米产区。在这里生产的稻米,除供当地人口的食用外,还有借长江的水道顺流而下,运往湖北销售的。《水心文集》卷二六《赵公(不息)行状》云:

> 除夔路转运判官。……夔州在蜀四路尤穷。公既奉使,访其所疾苦。僚吏皆曰:"夔路银两估六千。恭涪忠万夔,最凋郡也;今以银绢上供,则五州之困久矣。"公以大宁盐者,夔路财货之所出也。……乃出钱市盐数十万斤,视恭涪以上米贱而盐贵大宁数倍,使卖之,得米三万余斛。时湖北大饥,以米至,荆南民歌舞于道。易银而归。遂代五郡上供银一万五千七百两,绢一万二千二百匹,总缗钱十五万余。

由四川往东,长江流域的稻米出口地便是湖南。关于湖南稻米的大量输出,上引《水心文集》卷一《上宁宗皇公札子》已经说过。湖南的米,就是在水旱失收的时候,也输出颇多。《真文忠公文集》卷一○《中朝省借拨和籴米状》云:

> 窃见湖南一路,今夏一旱甚广,而潭州为甚。……徒以般贩出境,为数颇多,今春以来,米价翔踊,甚至无米出粜。

由此我们可以推知,在收成好的时候,湖南稻米的输出量一定更大有可观。

由湖南沿长江再东往,江西也是稻米的出口地。湖南与江西的米,都好像长江的水流那样,运往长江下游出售。这两生产地的米,借船只的运输,先集中于长江、赣江交叉点的南康军(治今星子县)。《朱文公文集》卷二六《与漕司画一札子》云:

> 闻得赣、吉诸州及湖北鼎、澧诸州[①]皆熟。得湖南詹宪书云:"湖北

---
① 今属湖南省。

米船填街塞巷,增价招邀,气象甚可喜。"欲乞更与帅相商度奏乞指挥两路,不得阻节客贩,许下流被害州军①径具奏闻,重作行遣。

又同书卷二六《与(江东)陈帅书》云:

> 前此屡以上流遏籴利害申禀,未蒙施行。今本军(南康军)籴米人船,已为隆兴邀截,不许解离。又凡客贩,皆为阻绝。江西本有得熟州郡,本自不须如此。又况著令及屡降指挥皆有明文?已作书力恳之,恐其未必经意。盖自初籴,已节次恳之。今乃约束愈峻,其意亦可见矣。切乞早赐移文,仍申朝省,或具奏闻,乞遍下诸路约束。不独此邦蒙大赐也。顷时刘枢遭旱,首奏此事。其后客船辐凑,米价自减。此最为救荒之急务。……然赣吉鼎澧湖南诸郡皆熟,若用刘枢旧例请奏,此米皆可致,而一路受赐矣。

其中关于江西稻米之运销于南康军,记载更多。同书卷二六《与江西张漕札子》云:

> 比以民饥,告籴隆兴,已具曲折恳禀张帅阁学。意必蒙其怜悯,拯此困急。今乃闻其约束愈峻,所遣牙吏得米而不能归。至于客贩,亦复断绝。窃缘本军(南康军)地瘠民贫,虽号熟年,不免仰食上流诸郡。况今凶俭,事势可知。然若上流果亦荒旱,则亦不敢固请。今赣吉临川诸郡及隆兴属邑皆有丰熟去处,则使节所临江西一路决当不至阙食,而其余波自可惠及邻境。是以敢布其私,私望台慈一言于张帅,早得放行本军所籴,及弛客贩之禁。则台座活人之恩被于邻道,此邦之人所以感激归戴者为何如哉!(《与江西钱漕札子》略同)

又同书卷二六《与江西张帅札子》一云:

> 熹以不德,招殃致凶,又无术略,以济饥馑,已屡伸告籴之请。然小郡贫薄,不能多致储蓄,远近军民,唯仰客贩沿流而下,得以糊口。其引领南望朝夕之勤,盖不啻农夫之望岁也。今乃窃闻督府所临,南自赣吉,

---

① 时朱熹知南康军,所谓"下流被害州军"当即指此。

西极袁筠,东被南城,方地数千里,幸蒙德政之余休,皆有秋成之庆。而任事者私忧过计,未撤津梁之禁。熹愚窃意高明方以天下之重自任,其视邻道何以异于吾民,愿赐一言,俾除其禁!

又朱熹《朱文公别集》卷九《乞行下江西从便客旅兴贩米谷》云:

> 契勘本军(南康军)并管属诸县,今岁旱伤,全藉江西丰熟州军客旅兴贩米斛出粜,接济细民。本军已行散出文榜,招诱兴贩前来,与免附载杂物税钱,行下城下税务约束及出榜晓示米牙人,不得减克分文牙钱,令客人自行出粜。切虑向上州军阻节,不令谷米下河,致使客旅不通,及间有兴贩米谷舟船州军,妄以杂物为名,倚收税钱,是致商贾不肯搬贩米谷前来出粜,细民失望,为害非轻。欲望钧慈速赐行下江西丰熟州军,许令商贾从便兴贩米谷向下以来出粜,应接民间食用。仍乞严行禁戢场务,不得妄作各色收纳税钱,庶得客旅通行,米价不致腾踊。

又同书卷九《行下置场不许留滞客旅》云:

> 契勘本军(南康军)今岁旱伤,细民阙食,虽移文江西州县通放到客米舟船,又虑牙铺解落及市民日籴数少,阻滞客旅不便,遂行委官置场,支拨官钱,依市价两平交量收籴客米,以备赈粜,应接细民食用。

又同书卷一〇《移文江西通放客米及本军籴米船事》云:

> 契勘本军(南康军)管属久岁旱伤,细民阙食,及无军粮支遣,本军节次借拨官钱五万三百四十四贯三百七十九文,差拨官吏前去江西得熟州军,收籴到米共二万三千五百二十二斛四升五合,回军赈粜及支遣军粮。……遂移文江西转运司安抚司并奉新县等,通放米船,回军赈粜,支遣军粮施行。

这些由湖南、江西贩往南康军的稻米,除一部分为当地人士购买外,其余则转运往其他下游地方出卖。《朱文公别集》卷九《措置赈恤粜籴事件》云:

> 如遇客贩米到岸,欲就军(南康军)出粜,仰赴务陈状看验税物讫,令就石寨内梢泊出粜,即与免在城税钱三分。或有粜不尽之数,欲载往他

处,须再经本务出给关引,方得起离前去,庶可关防欺隐透漏之弊。

又同书卷九《革住米船隐瞒情弊》云:

> 契勘赈粜场收籴米斛,如遇米船到岸,内过税船只收籴三分,住粜米船只籴一分。其住籴米船法格并与免收税钱外,访闻客旅多生奸猾,动是数只到岸,于内却将一两只作住粜,结计在市米牙人,令其虚解牙钱,称就市粜讫,欲将在船住粜米斛,夤夜搬传往过税船内,隐瞒官司。合行出榜约束。

由湖南、江西输出的稻米,借长江、赣江等水道的运输,集中于南康军一带以后,其中一部分又复顺流而下,转运至长江下游出售。如《宋会要·食货》五九说这些地方的米贩往江浙一带出卖云:

> (隆兴二年)九月四日,知镇江府方滋言……其后方滋又言:"今岁江东二浙皆是灾伤去处,独湖南广南江西稍熟。相去既远,客贩亦难,势当有以诱之。欲乞朝廷多出文榜,疾速行下湖广诸路州军,告谕客人:如般贩米斛至灾伤州县出粜,仰具数目经所属陈乞,并依赏格,即与推恩。……"从之。(同书《食货》六八同)

又同书《食货》一八云:

> (淳熙)十四年八月十三日,浙西总领赵汝谊言:"今岁之旱,惟江东两浙为甚。而江西湖南北①两淮,其间多有熟处。今诚能通诸路之米,散之江浙,则民得足食,籴不腾贵。然欲求诸路之米,须免征税而后可。朝廷于征米之禁,非不切至。州县每遇米船,则别为名目,谓之收力胜喝花税。……如潭州之桥口、隆兴府之樵舍、江州之湖口、和州之施团,以类是也。行旅之人,受重征苛取之苦,无所赴诉。乞行下江东西湖南北两淮守臣,许听从客人兴贩米斛赴江浙旱伤州郡;仍约束所在场务,遇有米船经过,不得以力胜、喝花税为名,时刻留带。……"……从不。

---

① 上面说过,湖北米产有限,只有靠近湖南的鼎澧等州垦田较多。这里说湖北稻米丰熟的地方,当即指此而言。

又同书《刑法》二云：

> （绍熙）五年二月十八日，臣僚言："遏籴之风近日尤甚。去岁江浙湖南皆有旱伤去处，唯是江东为甚。而湖南江西所损差多，米价甚贱，足可远近通流。州县各顺其私，听信城市之民，妄言不可放米出界。乞督责两路监司，约束州县不便（使）遏籴以惠斯民。"从之。

又同书《食货》一七亦说江西稻米运销于浙中云：

> （绍兴）十五年八月十三日，上宣谕宰臣曰："朕谓天下之物，有不当税者甚多，如柴面之类是也。"（秦）桧奏曰："如去岁浙中艰食，陛下令不收米税，故江西诸处客贩俱来，所全活者不可胜计。"（《系年要录》卷一五四绍兴十五年八月丙戌条略同）

当日江浙人口密集的都市，如建康、镇江及杭州等，都输入湖南、江西的稻米。《朱文公文集》卷八八《刘公（珙）神道碑》云：

> 淳熙二年，除知建康府，安抚江南东路，留守行宫。会水旱，公奏，……禁上流税米遏籴，即他路有敢违者，请亦得以名闻，抵其罪。诏皆从之。以是得商人米三百万斛散之民间。又贷诸司钱合三万万，遣官籴米上江，得十四万九千斛，籍农民当赈贷，客户当赈济者，户以口数给米有差。（同书卷九七《刘公行状》略同）

这里说建康稻米取给地的"上流"，是指湖南、江西等地而言。这由于《宋会要·食货》一七载：

> （建炎三年）九月一日，御营使司参议官兼措置军前财用李迨言："客人多自江西、湖南般运斛斗竹木前来建康府……"

可以推知。复次，镇江在当日也购用荆楚商人贩来的稻米。《宋史》卷四〇六《陈居仁传》云：

> （嘉定年间）镇江大旱，又移居仁守镇江。请以十四万给兵食。不报。为书以义撼丞相，然后许发。时密往觇之。间遣籴运于荆楚商人。商人曰："是陈待制耶！"争以粟就籴。居仁区画有方，所存活数

万计。

此外，湖南、江西的米又有运销于杭州的。《朱文公文集》卷九四《李公(椿)墓志铭》云：

> 京师①月须米十四万五千石，而省仓之储多不能过两月。公请给南库钱以足岁籴之数，又籴洪吉潭衡军食之余及鄂商船，并取江西湖南诸寄积米，自三总领所送输，以达中都，常使及二百万石，为一岁备。久之不行。

这里说李椿运湖南、江西等地的米入杭的计划虽然没有实现，但这两地稻米在当日之贩入杭州是很明显的事实。上引《宋会要·食货》一七、一八及五九都曾说这两地米运销于江浙，而杭州在当日是江浙中人口最密集的消费都市②，当然有输入这些稻米的需要。

由长江中部各稻米产区贩往下游的米，除如上述运销于江浙外，又有运往两淮出售的。上面曾经说过，两淮在当日因为地接金国，农田常被兵燹破坏，稻米生产不足，故须从湖南、江西等地输入稻米。《宋会要·食货》一八载：

> (淳熙二年)闰九月十八日，诏湖南北江西漕司："行下沿江州军，出榜晓谕客人：有愿贩米往淮东者，即经州军陈乞，出给公据，沿路照验放行。如税务妄作名色，非理阻节，即行觉察劾治，仍许客人越诉。"以中书门下省言："淮东旱伤，访闻湖南北江西有客旅贩米往彼，沿路税务妄以力胜征税邀阻，乞行约束。"

又同书《刑法》二云：

> (嘉定)三年三月二十日，臣僚言："淮甸旱蝗，江湖中熟，商贩不通。乞下诸路监司，严戒州县官，通贩米之舟，弛下河出界之禁，无得出税截籴，或巧作名色，拘留米舟。许客人经所属陈诉，监司按劾以闻。"从之。

---

① 南宋以杭州为行都，这里说的"京师"当即指此。
② 详见拙著《南宋杭州的消费与外地商品之输入》，《集刊》七本二分。

此外,同书《食货》一七亦说这些地方的米贩往淮南东路的扬州云:

  (建炎二年)六月二十一日,诏:"应荆湖江浙路客贩米斛赴行在①,而经由税务,辄于例外增收税钱,罪轻者徒一年。许诣尚书省越诉。"

自然,亘南宋一代,两淮并不完全是输入稻米的地方,有时甚至有稻米出口。如上引《宋会要·食货》一八所载,淳熙年间,两淮稻米丰收,也贩米往水旱失收的江浙出售。不过,就大体上说,两淮既常作宋金冲突的战场,农业时遭破坏,自以输入稻米的时候为多。

除长江上游及中部的稻米产区外,"苏常熟,天下足"的长江三角洲,也有多量稻米出口。这里出产的米,多贩往杭州出售,因为杭州是南宋"中央"政府所在的政治中心,在那里居住的大量人口,最需要这个产区的稻米来养活。② 其次,这个产区的稻米,又有贩往扬州出卖的。关于此点,已见于刚才所引的《宋会要·食货》一七。此外,长江三角洲的米又沿着海道交通线,大量向外输出。关于此事的详细情形,当于下文述之。

综括上述,可知南宋长江流域稻米运销的特点,大致来说,有如长江水流那样,其方向为由西往东。在当日,长江上游的四川,中部的湖南与江西,以及下游的三角洲,因为稻米产量甚大,每年都有大量稻米的出口。至于与金国接境的湖北与两淮,因为常受宋金战争的蹂躏,米产不足,则须从上述各重要产区输入稻米。自然,我们也不否认:当日荆湖北路的鼎澧等州,及稻米丰收时的两淮,有时也有稻米出口。不过,就大体上说,这两地以输入稻米的时候为多。因为鼎澧等州,只占荆湖北路的一小部分而已,其余湖北的大部分,因为米产有限,是很需要外地稻米之输入的。至于两淮,当日农田破坏得相当利害,事实上丰收的时候并不算多,故稻米的出口量也是远不及其入口量那么多。

(二) 海道稻米运销情况

南宋时代,一方面因为政治中心(杭州)的移居海滨,另一方面又由于政

---

① 时宋高宗因与金作战,驻于扬州,故扬州称"行在"。
② 详见拙著《南宋杭州的消费与外地商品之输入》。

府当局努力提倡贸易,以助国计①,中国的海上交通,有空前的发展,这时海道运输的商品,因为海船运输能力大且运费廉,遂不如以前那样只限于体积重量小而价值大的奢侈品,也包括体积重量较大而价值较小的稻米。

上面曾说,南宋沿海地带有两个重要的稻米产区,即长江三角洲及珠江流域。这两个地方的稻米,产量都非常之大;而长江三角洲的人口,除食用本地的米外,又有沿长江顺流而下的湖南、江西稻米的接济,米的供给量更大。因此,长江三角洲与珠江流域出产的米,除供当地人口消费外,都有大量的剩余,从而可以利用海道交通线,向外输出。复次,南宋沿海区域又有两个米产不足的地方,即浙东与福建。它们的地理环境,因为山地多、平原少,都不适于稻米大规模的生产。无论这两地的农民怎样努力精耕,注意灌溉,他们每年收获的稻米都不足以养活当地的人口。因此,遂成为稻米的输入区域。

现在我们首先考察当日长江三角洲(即浙西一带)稻米的输出情形。米产有限的浙东,因为是近水楼台,自然要输入浙西的米。这里的米之贩往浙东,固然可以利用内地河流,但也有由海道运往的。《朱文公文集》卷二一《乞禁止遏籴状》云:

> 缘本路(浙东)两年荐遭水旱,无处收籴。熹今体访得浙西州军极有米稔去处,与本路水路相通,最为近便,已行差官雇舰前去收籴,及印榜遣人散于浙西福建②广东沿海去处,招邀客贩。

又同书卷九九《约束籴米及劫掠状》云:

> (浙东)州县目今米价高贵,止缘早禾旱伤。……兼当司已蒙朝廷给降本钱,及取拨别色官钱,见今广招广南福建浙西等处客贩,搬运米斛前来出籴,准备阙米州县般运前去出籴。

又楼钥《攻媿集》卷八六《皇伯祖太师崇宪靖王行状》云:

> (乾道九年)(明州)岁饥,籴价翔踊。王曰:"此富者闭籴以幸灾。治

---

① 《宋会要·职官》四四载绍兴七年"闰十月三日,上(宋高宗)曰,市舶之利最厚。若措置合宜,所得动以百万计。岂不胜取之于民?朕所以留意于此,庶几可以少宽民力尔"。
② 福建稻米产量有限,当地人口食用所需,尚须仰给外来,自然没有稻米出口。这里说由福建贩往浙东的米,其生产地当为珠江流域,福建不过是这些米的转运地方而已。

之则益甚"。乃出二十万缗,遣人籴于浙西。闭籴者计穷,争先出籴。米舟寻亦踵至。其价大平,饥而不害。官无一金之失,而行者又得其利。

又《宋会要·食货》六八亦载:

(乾道五年十月)六日,权发遣两浙路转运副使刘敏士言:"温台二州近因风水飘损屋宇禾稼……窃虑来年秋成尚远,将何以继?臣今措置欲令各州劝募上户,官借其赀,往浙西诸州丰熟去处般贩米粮,中价出粜。至来年秋间,却输纳钱本归官。庶几般贩既多,米稍停蓄,其价自平。今来温州已募上户,借与钱本,见行措置。唯是台州财赋窘迫,无以为计。臣欲支钱五七万贯给与台州,令劝募上户般贩米斛,以济饥民"。诏令两浙转运司差拨人船,于近便州军户部桩管米及常平义仓米内,收拨三万石前去台州,委官于被水去处,减价出粜。其粜到钱,令本司拘收拨还元取米去处。

复次,浙西的米又贩往福建出卖。《赵忠定奏议》卷二《请支拨和籴米十万石付泉福兴化三州赈粜奏》云:

只缘本路(福建路)地狭人稠,虽上熟之年,犹仰客舟兴贩二广及浙西米前来出粜。……臣方欲措置差人于二浙丰熟去处博籴,又闻得浙西日来米价亦自顿长,见今疑惑未敢发遣。

又《朱文公文集》卷二七《与赵帅书》云:

又闻浙西来(闽)者颇多,市价顿减,邦人甚喜。而识远者,虑其将不复来。此一道安危之大机也。谓宜多方招致,稍增市价,官为收籴,以劝来者。比之溪船海道,官自搬运,糜费损失,所争决不至多。

又《真文忠公文集》卷一五《奏乞拨平江百万仓米赈粜福建四州状》云:

臣所治福州,去秋水涝,下田薄收。蠲减既多,军饷不足。籴价日踊,民食孔艰。近尝具申朝廷,乞行下浙西,少宽港禁,容本州给据付商旅前去收籴十万石回州散粜,以活一郡十二县百万生灵之命。仁圣在上,必蒙矜许。

此外，当日长江三角洲出产的米，甚至贩往外国，而且每船所载数量甚多。《宋会要·食货》三八云：

> 嘉定十年三月一日，臣僚言："沿海州县，如华亭、海盐、青龙、顾迳，与江阴、镇江、通泰等处，奸民豪户，广收米斛，贩入诸蕃。每一海舟所容，不下一二千斛。或南或北，利获数倍，谷价安得不昂，民食安得不乏？又况南北贸易之际，能保其不泄漏事体，以挺衅召变乎？乞下沿海州军，各敕所属县镇，籍定海舟。应有买贩入蕃，先具名件，经官给据，委官检实，方得出海。巡警官司必看验公凭，方许放行。如海商过蕃，潜载系禁之物，许令徒党告首。事涉重害者，以舟中之物与之充赏。至若米斛在舟，只许会计舟人期程公用，不得过数般贩入蕃，庶几奸民知所畏戢。"从之。

又同书《刑法》二亦载此事云：

> （嘉定）十年三月一日，臣僚言："近因职事，检职天府，其间王正国等屡入番国漏舶一事，案椟所供，殊骇观听。复闻沿海州县，如华亭、海盐、青龙、顾（迳）、江阴、镇江、通泰等处，奸民豪户，广收米斛，贩入诸番，此尤利害之切者！……"

在输入长江三角洲稻米的外国中，其中一个为金国。同书《兵》二九云：

> （建炎）四年八月，枢密院言："闻海密等州米麦踊贵，通泰苏秀有海船民户，贪其厚利，兴贩前去密州板桥、草桥等处货卖。……"

又同书《刑法》二云：

> （嘉定）十一年四月四日，臣僚言："朝廷以浙左诸郡去岁小歉，民生艰食，权宜通变，从商贩运米过江。救灾恤民，不容不尔。夫何乘隙好利之徒，抵冒法禁，一离江岸，荡无禁止，遵海而往，透入虏界者不一。迩者浙右如华亭、海盐、江阴、顾迳等处，其为漏泄米斛，不可胜计。且天祸彼国，连年饥馑，犹逞其凶暴。而吾之奸民，趋利玩法，以资盗粮，利害岂小！……"

又文天祥《文山文集》卷三《御试策》一道云：

> 曩闻山东荐饥，有司贪市榷之利，空苏湖根本以资之。廷绅犹谓互易！

南宋沿海地带，从长江三角洲算起，由北往南，便是浙东。上文曾说，浙东山多，耕地有限，其出产的米稻绝不足以养活当地的人口。因此，浙东每岁须从外地输入稻米。这些外来的米，先集中于明州及温州，然后分配于浙东各地。如陆游《渭南文集》卷三九《苏君（玭）墓志铭》云：

> 通判明州。……会岁饥，常平使者朱公元晦檄公，属以一郡荒政。客米自海道至者多，公请于朱公，请发积钱广籴，以为后备。朱公为闻于朝，如其请。

又《攻媿集》卷二一《论流民》云：

> 臣试郡永嘉（即温州），……近闻有流徙之民，日夜念之。民生岂欲轻去乡土？自非水旱太甚，何忍散流？……州郡既为之减收苗米，招来海商，存抚镇恤，虽得少定，而去者已多，不得不为之计也。

又吴泳《鹤林集》卷二三《与马光祖互奏状》云：

> 臣守永嘉，光祖守处，温与处实为邻境。平时处之面下而易温之所无，温之米上而济处之所乏。光祖既严面之禁，不使之下；臣亦防米之泄，不使之上。因此徼隙，遂几积怨。
>
> 光祖疏谓："郡通海道，商舶往来其间，傥能措置招徕，不患米艘不集。泳乃折支度牒，低价敷籴，以致客舟望风奔遁，米不入境。"臣比准朝廷乞降度牒二百道，提举司一十道，皆是给付诸县，令自变卖，籴米粜济。本州原不曾立价敷籴。又尝出榜晓谕，招诱米客。其来者二十五万余桶。流入处州者亦此米也。光祖乃谓客舟奔遁，不知奔遁于何所也？

按浙东人口消耗的稻米，以来自长江三角洲及珠江流域为最多。关于前者，上文已经说过。关于后者，将于下文述之。

由浙东向南走，便是福建。福建也因本地米产有限，不足以维持当地人口的生存，故须由其他稻米生产地输入大量的米。如《朱文公文集》卷九八《傅公(自得)行状》云：

> 复为福建路转运副使。……至是泉州大旱，而守利督租，讳之。公奏请募舟广籴，以助民食。由是米不翔贵。

又《真文忠公文集》卷一五《奏乞拨平江百万仓米赈粜福建四州状》云：

> 福与兴泉，土产素薄，虽当上熟，仅及半年。专仰南北之商转贩以给。自冬及春，来者绝少，故其价值日益以昂。

又上引同书卷一七《知泉州谢表》也说泉州：

> 涝伤相继，而农亩寡收。……粟生于地者几何？日伺邻邦之转饷。

按上文曾说福建要由浙西输入稻米。此外，珠江流域的米也运销于福建。关于此点，下文将有详细叙述。

由福建向南走，便到两广，即珠江流域。珠江流域在当日也是稻米的大生产地，其出产的米多先集中于广州，然后沿着海道交通线北上，运销于福建江浙等地①，或向南贩往琼州出卖。如李曾伯《可斋续藁》后卷六《奏乞调兵船戍钦仍行海运之策》云：

> 顷岁尝闻琼筦饥，仰广东客籴以给。又如闽浙之间，盖亦尝取米于广。大抵皆海运，虽风涛时乎间作，然商舶涉者如常。既可以至闽至浙至琼，则亦可以至钦，明矣。

其中关于两广稻米之运销于福建，《赵忠定奏议》卷二《请支拨和籴米十万石付泉福兴化三州赈粜奏》亦云：

> 只缘本路(福建路)地狭人稠，虽上熟之年，犹仰客舟兴贩二广及浙西米前来出粜。今岁适值二广亢旱，米价比常年增及一倍以上，州县闭籴，客舟至彼者皆空载而返。缘此虽是秋成之际，本州(福州)米价全不

---

① 关于此点，作者在《宋代广州的国内外贸易》(《集刊》第八本第三分)一文中，曾根据《宋史》《宋会要》《朱文公文集》《真文忠公文集》《梦粱录》及宝庆《四明志》等书，加以详细论述。现在为避免重复起见，凡该文引用过的材料，都不再引用。这里只举出该文尚未用过的几条材料，加以论述。

甚减,泉州兴化其价尤贵。

复次,广东东部因为靠近福建,其地出产的米,也多由潮州及惠州转运到福建出售。《朱文公文集》卷二五《与建宁诸司论赈济札子》云:

> 般运广米须得十余万石,方可济用。合从使府两司及早拨定本钱,选差官员使臣,或募土豪,给与在路钱粮,令及冬前速到地头趁熟收籴。(潮惠州与本路界相近)。往回别无疏虞,即与支赏。其籴到米数最多之人,仍与别议保奏推赏施行。上件广米既到府城(建宁),即城下居人自无阙食之理。

又《水心文集》卷一六《著作正字二刘公墓志铭》云:

> 隆兴乾道中,天下称莆(今福建莆田县)之贤,曰二刘公。著作讳凤,字宾之。弟正字讳朔,字复之。……著作之还自温,疾有间,莆亦大旱。手为救荒十余事,率乡人行之。招潮惠米商,白守免力胜。四集城下,郡以不饥。

其次,关于两广稻米之贩往浙东,记载也很多。如《朱文公文集》卷一七《奏明州乞给降官会及本司乞再给官会度牒状》说两广的米,由广州及潮州转运往明州,然后分配于浙东各地云:

> 臣据明州申:契勘本州今岁阙雨,管下六县皆有旱伤去岁。窃虑细民阙食,本州遂于七月十八日具奏,乞支降官会一百贯,下本州循环充本,雇备人船出海,往潮广丰熟州军收籴米斛,准备赈粜赈济。

又同书卷九三《转运判官黄公(洎)墓碣铭》说两广的米贩运往温州云:

> 改广南东路提举市舶。……更为转运判官。……江浙岁饥,有旨发二广义仓航海诣永嘉。往时尝有此役,吏并役以扰民,而米不时达。公处之有方,且并西道所发转致之。不越月,而至永嘉者八万斛。永嘉之人,焚香迎拜步下曰:"此广东运使活我也!"

又《台州金石录》卷五载《石公孺台州临海县灵康庙碑》说广东商人贩米往台州云:

先是郡大饥。有诣闽广告其贾客曰："吾赵氏,台之富人也。台贵籴,倪运而往,将捆载□□□□吾宅也。"不阅旬,海舶麇至,访赵氏,乃□□□王也。

此外,当日珠江流域的米,又有贩往大消费中心的杭州①,以养活在该地密集的人口的。《建炎以来系年要录》卷三四载建炎四年六月甲午:

中书门下奏:"行在仰食者众,仓廪不丰,请委诸路漕臣及秋成和籴。"诏广东籴十五万斛……

又同书卷九〇载绍兴五年六月辛未:

左丞议郎值宝文阁知婺州周纲特迁一官。纲,绍兴初为广东转运判官,奉诏以本司钱市米十五万斛,自海道至闽中,复募客舟赴行在,故迁之。

又李心传《建炎以来朝野杂记》卷一五亦载此事云:

(绍兴)五年,上在临安,又命广东漕臣市米至闽中,复募客舟赴行在。

又《宋会要·食货》四〇更详载此事云:

(绍兴五年六月)二十九日,诏:"前广南东路转运判官周纲特转一官,籴买官各减二年磨勘,选人比类施行,人吏五人令本司犒设一次。"先是有诏差纲措置分委官于沿海产米州县,随市价收籴粮斛一十五万石,逐旋差雇舟船,由海道般运至福泉漳州交割。如能依期籴买起发数足,不致搔扰,当议优兴推恩。至是本路转运判官章杰言,"其米一十五万石,并各已收籴了足,分纲差官管押赴行在下卸,别无搔扰,及无陈腐湿恶"。故有是命。

最后,当日甚至有人提议把珠江流域的米贩往江淮一带,以救济该地的饥民。《真文忠公文集》卷二《己巳四月上殿奏札》云:

---

① 关于杭州消费米粮及其他商品之巨,详见拙著《南宋杭州的消费与外地商品之输入》。

> 三数年来,生灵穷困,可谓极矣。淮民流离,死者什九。仅存者馆粥弗给;既毙者亡所盖藏。陛下轸恤之仁,无往不至,而有司奉行,未得其术,江淮之间,以人为粮者,犹自若也。……又闻广南数州,粒米狼戾。臣愿斥内帑封椿之储,及今收籴,以济其饥。是亦振救之一端也。

又《宋史》卷四〇九《唐璘传》亦载理宗时:

> 江淮旱,议下广右和籴。

由此可见当日珠江流域稻米运销之远。

综括上文,可知南宋海道稻米运销的发达情况。在当日沿海地带中,北端的长江三角洲,南端的珠江流域,都是稻米的大生产地,其出品除供当地人口的消费外,还有大量的剩余作为出口之用。至于沿海地带的中部,即浙东与福建,因为地理环境不适于稻米的大规模的生产,其有限的差额不足以养活当地的人口,故须输入大量的稻米。因此,南宋沿海稻米运销的特点,为由南北两端的稻米产区输往中部的稻米消费区域。此外,长江三角洲出产的稻米,又沿着海道交通线,大量运往外国出售,从而成为当日东亚的谷仓;因此,"苏常熟,天下足"这一句俗语,就当日长江三角洲稻米产销的情形来说,实在是最恰当不过的。

四、结　　论

综括上述,我们可知南宋稻米产销的大概情形。当日长江上游的四川,中部的湖南与江西,以及下游的三角洲,都是稻米的重要产区,其产区除供当地人口食用外,还有剩余作输出之用。至于湖北与两淮,因为地接金国,常受战争的蹂躏,米产甚少,不足以养活当地的人口,须输入上述各地的米。复次,沿海一带,米产丰富的长江三角洲及珠江流域,也把米贩往米产不足的浙东与福建。

南宋稻米的产销概况,已如上述。现在我们要讨论的,还有下列数点。

首先,我们要问:南宋稻米在各地间流通得这样频繁,在中国经济史上有什么意义? 据作者看,这是当日交换经济势力增大,自足经济销声匿迹的表示。当日米产不足的区域,年年都要从外地输入大量的米,那不是每年都要流出许多金钱吗?这些地方的居民,哪里有这许多金钱来购买稻米呢?原来这些米产不足区域的人口,虽然不耕田种稻,却另外从事其他职业,如工、商、运输等。例如农业落后的湖北,其人口多以工商为业。《宋会要·食货》六云:

> (庆元)四年八月二十九日,臣僚言:"……湖北路平原沃壤,十居六七。占者不排,耕者复相攘夺,故农民多散于末作。……"

两淮的人口多以茶、盐、纺织、贸易及运输为生。《宋史》卷八八《地理志》云:

> 淮南东西路……土壤膏沃,有茶盐丝帛之利。人性轻扬,善商贾,廛里饶富。多高赀之家。扬寿皆为巨镇,而真州当运路之要,符离、谯亳、临淮、朐山,皆便水运,而隶淮服。

浙东的人口多以鱼、盐、工、矿及海外贸易为生。《宋史》卷八八《地理志》云:

> 两浙路……东西际海……北又滨于海,有鱼盐布帛粳稻之产。人性柔慧……善进取,急图利,而奇技之巧出焉。余杭四明,通蕃互市,珠贝外国之物,颇充于中藏焉。

又《宋会要·兵》三云:

> 开禧二年三月十六日,臣僚言:"浙东诸郡,濒海则有贩鬻私盐之利,居山则有趁逐坑场之利。利之所在,民争趋之。……"

福建的人口多以工、矿、茶、盐、海产及海外贸易为生。《宋史》卷八九《地理志》云:

> 福建路……其他东南际海,西南多峻岭。……有银铜葛越之产,茶盐海物之饶。

又《宋会要·刑法》二载:

> 嘉定十四年九月十日,明堂赦文:"勘会漳泉福兴化四郡濒海细民,以渔为业……"

又宋代福建的泉、福、漳等州，海外贸易都很发达，其中泉州的买卖，在南宋时更其首屈一指。① 总之，这些米产不足区域的居民，虽然不自耕而食，却从事农业以外的其他职业，以便赚钱来购买外地的稻米。同时，当日各稻米产区，既然大多数人口从事于农业的生活，其农业以外的其他产业自然不会特别发达，从而有购买米产不足区域出产的工业品及其他商品的必要。这样一来，当日全国各地人民的经济生活，不是要发生密切的关系，大有牵一发而动全身的趋势吗？由此可知，当日交换经济的势力已经非常雄厚，至于自足经济的踪影则已日趋于消灭。

南宋这种稻米大量流通的情形，对于当日国民的经济生活自然要产生很大的影响。我们试想想：当自足经济势力雄厚的时候，如果某地因水旱等灾而农产失收，其结果是何等悲惨！各地既都处于自给自足的状态下，此地的剩余米粮自然不能运至彼地，结果收成不好地方的居民自然只好活活饿死。可是，在南宋时，情形却大不相同了。当日各地的稻米，除少数特别情形外，多半可以自由流通。某地虽然失收，却可取给于丰收之地，其人口自能不至于活活饿死。复次，当自足经济占势力的时候，各地人民既然都忙于为自己谋充分米粮的供给自然没有工夫发展其他产业。但到了地域分工发达的南宋，米产不足的区域，为着要赚钱来购买外地的稻米，自然可以发展农业以外的其他产业。

再次，由于当日海道稻米运销的发达，我们可以得到当日中国海上交海发达的消息。因为重量体积大而价值低的稻米之活跃于海上，是以海船运输能力增大，运费降低为条件的。这种重量体积大而价值低的稻米既然成为海道运销的主要商品，以前海上贸易只限于重量体积小而价值高的奢侈品的局面遂被打破。这不啻是说，此后的海上贸易，已不再专门为有钱的贵族阶级服务，而且要为一般劳苦大众服务了。因为以前由海道运来的珍贵奢侈品，只有那些富有的特殊阶级才买得起；如今由海道运来的稻米，价格既远较奢侈品为低廉，其需要又普及于一般平民，其主顾当然是要普遍得多了。

---

① 见桑原骘藏著，陈裕菁译《蒲寿庚考》页三四至三七，及藤田丰八著，魏重庆译《宋代之市舶司与市舶条例》页五二至六七。

最后，我们可以拿南宋稻米的产销状况与现在的情形进行比较。两者间相同之处甚多。如长江流域各产区稻米产量的丰富，在今日也很相似。不过其中也有不少的异点。第一，南宋时本国出产的稻米，除供本国人口的消费外，还有剩余输往外国。现今中国则米产不足，须输入大量的洋米。第二，当日广东的广州、潮州及惠州都是稻米的出口地。如今这些地方都须从本国各稻米产区及暹罗安南等国输入大量的米。第三，芜湖在今日是全国较大的米市，但在南宋时无所闻，其稻米贸易并不发达。

民国三十年(1941年)一月十五日于昆明龙头村

南宋杭州的消费与外地商品之输入

一、消费的商业都市之南宋杭州

政治的都市,由于政治的目的而成立。唯其如此,所以它吸收了大量的人口,于是购买力增加,外边的商品源源而来,具备了商业都市的形态。但这种商业都市是偏于消费的,而不是生产的;即使有工业品或其他的生产,也不是占主要的位置。所以 H.B. George 说:"首都同时是工业制造要地,是例外,不是常例。"(*The Relation of Geography and History*,p.46)

南宋的临安,即现今的杭州,也是这种性质的一个都市。

自隋炀帝开运河以来,杭州因为是漕运的要地,经济已经相当发达。《隋书》卷三一《地理志》云:

> 余杭……川泽沃衍,有海陆之饶;珍异所聚,故商贾并凑。

其后黄巢的举动、五代的纷扰,以及北宋初年赵氏的征战,它都没有受到兵祸,所以社会经济繁荣起来。葛澧《钱塘赋》云:

> 如论钱塘,请申厥旨。自唐乾符之后,拥戎车者接轨。徐约刘浩之徒,孙儒董昌之辈,或毒螫于淮甸之邦,或房掠于二浙之内。苏常近境,允常故都,鞠为战场,荡为兵墟。至钱塘则不然,赖守土以安居。虽黄巢之众,不能逾临安而深入。虽田頵之暴,勿克破北门而驰驱。历五季之后,迄圣朝之初,几百年间,安堵无虞,干戈有备而不试,四民奠枕于里闾。方太宗皇帝之当天,繄太平兴国之三年,镠裔曰俶,遂捧图籍以所管而献焉。是邦之内,曰民曰军,讵知血战之忧苦,畴当矢石之辛劬。……兹其繁富日增者也。

又叶绍翁《四朝闻见录》甲集云:

> 钱唐自五季以来，无干戈之祸。其民富丽，多淫靡之尚。

此外欧阳修《有美堂记》(《欧阳文忠公文集》卷四十)亦说：

> 独钱塘自五代时知尊中国，效臣顺。及其亡也，顿首请命，不烦干戈。今其民幸富完安乐。

因此，杭州在北宋诗人的心目中，已经是一个很富丽的天堂。潘阆《逍遥集·酒泉子》有云：

> 长忆钱塘，不是人寰是天上。

陶谷《清异录》卷一亦云：

> 轻清富丽，东南为甲。富兼华夷，余杭又为甲。百事繁庶，地上天宫也。

所以俗语说："上有天堂，下有苏杭。"

可是事实上北宋的杭州和当时的政治中心汴梁比较起来，实在瞠乎其后。所以过惯汴梁的奢华生活的人忽然南渡到杭州，感到大大的不满意。袁褧《枫窗小牍》卷上云：

> 汴中呼余杭百事繁庶，地上天宫。及余邸寓，山中深谷，枯田林莽塞目。鱼虾屏断，鲜适莫构。惟野葱、苦荬、红米作炊；炊汁许许，代脂供饭。不谓地上天宫，有如此享受也！

杭州之真正成为"地上天宫"，实自宋室南渡，变作政治中心时始。吴自牧《梦粱录》卷十二云：

> 绍兴间辇毂驻跸，衣冠纷集。民物阜蕃，尤非昔比。

又陆游《老学庵笔记》卷八云：

> 大驾初驻跸临安，故都及四方士民商贾辐辏。又创立官府，扁榜一新。

这是南宋初年的情形。此后南宋百余年间，杭州因为是政治中心，一直发展下去，成为全国社会经济最昂进的地方。潜说友《咸淳临安志》卷五四载楼钥

南宋杭州的消费与外地商品之输入

《钱塘县壁记》云：

> 钱塘古都会，繁富甲于东南。高宗南巡，驻跸于兹，历三朝五十余年矣。民物百倍于旧。

同书卷五三载程珌《城南厢厅壁续记》云：

> 粤自东幸，于今百年。钱塘版籍，百倍往昔。

又耐得翁《都城纪胜序》云：

> 自高宗皇帝驻跸于杭，而杭山水明秀，民物康阜，视京师其过十倍矣。虽市肆与京师相侔，然中兴已百余年，列肆相承，太平日久，前后经营至矣，辐辏集矣，其与中兴时又过十倍也。

关于南宋杭州的商业情形，《梦粱录》卷十三记载得很清楚：

> 自大街及诸坊巷大小铺席，连门俱是。即无空虚之屋。每日清晨两街巷门浮铺上行百市，买卖热闹。至饭前市罢而收。盖杭城乃四方辐辏之地，即与外郡不同。所以客贩往来，旁午于道，曾无虚日。至于故楮羽毛，皆有铺席发客。其他铺可知矣。
>
> 大抵杭城是行都之处，万物所聚。诸行百市，自和宁门杈子外至观桥下，无一家不买卖者。行分最多，且言其一二。……前所罕有者，悉皆有之。……每日街市不知货几何也。

这是就量的方面言。至于质的方面，杭州的买卖亦有可观。例如：

> 自融和坊北至市南坊，谓之珠子市。如遇买卖，动以万数。又有府第富豪之家质库，城内外不下数十处。收解以千万计。

杭州商业既是这么发达，税收当然很大。所以蒙古兵占领杭州以后，非常注意此城。《马可·波罗游记》云：

> 因为这城是蛮子的首都，而且其中商业甚盛，税收数目大到令人难以置信，所以大汗守视得特别注意。（Henry Yule and Henri Cordier, *The Book of Ser Mareo Polo*, vol. II, p.189）

这里要指出的,是南宋杭州商业的内容或性质。杭州自南渡后成为政治的中心,从外边流入了大量的人口。人口多了,购买力大增,商业因之繁荣起来。在这种条件下发展的商业,其主要的使命当然是供给这大量人口的生活必需品及其他(如奢侈品)。[自然,杭州本身也有工业品及其他的出产,运输到别一地方去卖①;同时它也从事于囤贩贸易(Transit trade),把外来商品贩运到别一地方去②,如荷兰的都市转贩外来商品往莱茵河内地那样。但这在杭州的商业上并不占主要位置。]故南宋杭州实是消费的商业都市。

二、南宋杭州的人口及其消耗

欲知南宋杭州的消耗状况,先要知道杭州的人口数量。上文说过,杭州自南渡时起,"历三朝五十余年"便"民物百倍于旧",过了百年便"版籍百倍往昔"。这是说得浮泛一点。《梦粱录》卷十九说:

> 柳永咏钱塘词曰:"参差十万人家。"此元丰前语也。自高庙车驾由建康幸杭驻跸,几近二百余年。户口蕃息,近百万余家。

这里所说,未免太过夸张。"近百余万家",那就是说南宋杭州是数百万人口的大都市了。此种人口过度集中于都市的现象,实起自近代工业革命以后。在工业革命以前的南宋杭州,虽然因为是政治中心,吸收了大量的人口,实在亦不会有这许多。所以《梦粱录》作者吴自牧在同书的其他地方,便自己打起自己的嘴巴来。如卷十六云:

> 杭州人烟稠密,城内外不下数十万户,百十万口。

又卷十八列举隋、唐以来杭州人口的确数云:

---

① 例如范公称《过庭录》说杭州"许昌笔人郭纯隶业甚精。远人多求之"。又如《梦粱录》卷五说:"市井扑卖土水纷捏妆彩小象儿并纸画者,外郡人市去为土宜遗送。"
② 如鲁应龙《闲窗括异志》说海南香料输入杭州后,再转贩往绍兴云:"华亭人黄翁,世以卖香为业。□□□后徙居(绍兴)东湖杨柳巷。世以卖香为生。每往临安江下收买甜头,归家修事为香货卖。甜头者,香行俚语也;乃海南贩到柏木及藤头是也。黄遂将此木断截挑拣,如笺香片子,与蕃香相和。上甑内蒸透。以米汤调合墨水,用茆帚蘸墨水就甑内翻洒。此香遍班,取出摊干。上市货卖。淳熙间……"

南宋杭州的消费与外地商品之输入

> 杭城今为都会之地，人烟稠密，户口浩繁，与他州外郡不同。自隋、唐朝考之：
>
> 隋户一万五千三百八十。
>
> 唐正观中，户三万五千七十一，口一十五万三千七百二十九。
>
> 唐开元户八万六千二百五十八。
>
> 宋朝《太平寰宇记》，钱塘户数，主六万一千六百八，客八千八百五十七。
>
> 《九域志》，主一十六万四千二百九十三，客三万八千五百二十三。
>
> 《中兴两朝国史》，该户二十万五千三百六十九。
>
> 《乾道志》，户二十六万一千六百九十二，口五十五万二千六百七。
>
> 《淳祐志》，主客户三十八万一千三十五，口七十六万七千七百三十九。
>
> 《咸淳志》，九县共主客户三十九万一千二百五十九，口一百二十四万七百六十。

这些数目都是从《咸淳临安志》卷五八转录来的（但"九县共主客户"数字，《咸淳志》原作"今主客户"，想是《梦粱录》作者转录之误），当然比较可靠。①

南宋杭州有百多万的人口，大致可以相信。因为那时杭州的市区，不限于城镇以内，而且扩充到城外附近各处。《梦粱录》卷十九云：

> 杭城之外，城南西东北各数十里，人烟生聚，民物阜蕃。市井坊陌铺席骈盛，数日经行不绝。各可比外路一州郡。足见杭城繁盛矣。

又《咸淳临安志》卷十九云：

> 绍兴十一年五月十日守臣俞俟奏请：府城之外，南北相距三十里，人烟繁盛，各比一邑。乞于江涨桥浙江置城南北左右厢，差亲民资序京朝官主管本厢公事，杖六以下罪听决。旨依。

---

① 日人日野开三郎《东洋中世史》（《世界历史大系》）第三篇第二〇六页说南宋末年杭州人口约共百五十万。其根据的文章是《南宋的首府临安の户口》（《平沼淑郎博士古稀祝贺记念社会经济史论集》）。此文尚未见到，不知如何论断。

因此，西湖本来是在杭州城外的，而《马可·波罗游记》却说它在城内。（Yule 书，vol. II，p.186）

复次，南宋杭州除了因为是政治中心，吸收大量人口以外，由于杭州都市文明的进步，物质生活的优越，亦足以吸引外地住居人民的迁入。《异闻总录》（撰人佚）卷四记载邢孝扬讨厌在湖州住居的不好，于是搬家往杭州云：

> 邢太尉孝扬，初南渡，寓家湖州德清驿。湫隘不足容，谋居于临安甚切。得荐桥门内王璎太尉宅……尽室徙之。

又同书记载沈唯之因为要参观杭州热闹的郊祀礼，自湖州携家至杭寓居云：

> 乾道丁亥岁，沈唯之自湖州携家观郊礼于都下，寓居荐桥门内一空宅楼上。

由此可见杭州有百多万人口是很可能的。

在南宋时，杭州已有百多万的人口，自然是很有可观了。有这许多人口的杭州，其所消耗的物品当然不少。陈亮《上孝宗皇帝第一书》（《龙川文集》卷一）云：

> 夫吴、蜀，天地之偏气也。钱塘，又吴之一隅也。……及建炎、绍兴之间，为六飞所驻之地。当时论者固已疑其不可以张形势而事恢复也。秦桧又从而备百司庶府，以讲礼乐于其中。其风俗固已华靡，士大夫又从而治园囿台榭以乐其生于干戈之余。上下宴安，而钱塘为乐国矣。一隙之地，本不足以容万乘而镇压。且五十年山川之气，盖亦发泄而无余矣。故谷粟桑麻丝枲之利岁耗于一岁，禽兽鱼鳖草木之生日微于一日，而上下不以为异也。……陛下据钱塘已耗之气，用闽、浙日衰之士，而欲鼓东南习安脆弱之众，北向以争中原，臣是以知其难也。

《宋史》卷四三六《陈亮传》及《四朝闻见录》乙集都有相似的记载。陈亮反对孝宗继都钱塘的一个理由是"士大夫又从而治园囿台榭以乐其生于干戈之余"；其另一个理由是"五十年山川之气，盖亦发泄而无余"。而所谓"山川之气""发泄而无余"指的是"谷粟桑麻丝枲之利岁耗于一岁，禽兽鱼鳖草木之生日微于一日"。由此可见南宋杭州人士关于享乐及衣食住的消耗之大。其中关于享乐方面,杭州被称为"销金锅儿",其消耗的厉害更可想见了。周密《武林旧事》卷三说西湖:

> 承平时,头船如大绿、闲绿、十样锦、百花、实胜、明玉之类,何翅百余。其次则不计其数。皆华丽雅靓,夸奇竞好。而都人凡缔姻、赛社、会亲、送葬、经会、献神、仕宦、恩赏之经营,禁省台府之嘱托;贵珰要地,大贾豪民,买笑千金,呼卢百万;以至痴儿呆子,密约幽期,靡不在焉。日靡千金,靡有纪极。故杭谚有"销金锅儿"之号。此语不为过也。

在南宋杭州的种种消耗中,以饮食方面为最大。这可分开三点来说:

(1) 因为杭州的人口多,所消耗的食料也从而加多。《梦粱录》卷十六云:

> 杭州人烟稠密,城内外不下数十万户,百十万口。每日街市食米,除府第官舍宅舍富室及诸司有该俸人外,细民所食,每日城内外不下一二千余石。

又周密《癸辛杂识续集》卷上云:

> 余向在京幕闻吏魁云:杭城除有米之家,仰籴而食者凡十六七万人。人以二升计之,非三四千石不可以支一日之用。而南北外二厢不与焉,客旅之往来又不与焉。

按周密,南宋末年人。这里说他所"向在"的"京幕"的"京",当然指的是杭州,而不是汴梁,虽然杭州通常被呼为"行在"或"行都",而不被呼为"京师"。又《武林旧事》卷六云:

> 俗谚云:"杭州人一日吃三十丈木头。"以三十万家为率,大约每十家日吃擂槌一分。合而计之,则三十丈矣。

这段记载颇为费解。按《玉篇》卷六云:

> 擂力堆切。研物也。

又《广韵》卷一云:

椎,椎钝不曲挠。亦棒椎也。又椎髻。槌同上。又直畏切。

由此可知,"擂"有研物的意义;"槌"是"棒槌",是一种木头。合起来讲,"擂槌"是用来研磨米麦或其他食料的木头的意思。这有两种旁证:① 作者的家乡广东有一种木头名叫"擂浆棍",是用来把湿过水的米研磨成浆或粉的。按"擂槌"的"擂"与"擂浆棍"的"擂"相同;"槌"即"棒槌",而《辞源》说"俗称棒为棍"。可见"擂槌"与"擂浆棍"实是同一作用的木头,不过因为时间及空间上的差异,故名词上略有不同而已。② 原书记载"擂槌"之前,记有"舂米""劈柴"等项。这都是关于饮食方面的事情。所以这里的解释,大约是不会与原意相差太远的。至于全段文字,则可以这样解释:檐前滴水,石为之穿。擂槌老是用来研磨米麦或其他食料,如磨墨那样,自然是要变短或变薄的。杭州人每日因研磨食物而耗去的木头共长三十丈。这无形中消失去了的木头是夹杂在食物里边被杭州人吃到肚中去了。所以说"杭州人一日吃三十丈木头"。由此可见杭州人每日消耗食料之多。

(2) 杭州都市文明进步的结果,饮食也讲究起来。就时间上说,夏天有夏天的食品,冬天有冬天的食品。《梦粱录》云:

冬天卖五味肉粥、七宝素粥。夏月卖义粥、馓子豆子粥。(卷十三)

今杭城茶肆……四时卖奇茶异汤。冬月添卖七宝擂茶、馓子葱茶,或卖盐豉汤。暑天添卖雪泡梅花酒,或缩脾饮暑药之属。(卷十六)

就地点上说,杭州的饮食除本地制法外,各地的制法都有。据《都城纪胜》,有北食、川饭、衢州饭等:

如酪面亦只后市街卖酥贺家一分。每个五十贯。以新样油饼两枚夹而食之。此北食也。

南食店谓之南食川饭分茶。

衢州饭店又谓之䦱饭店,盖卖盒饭也。

杭州人对于饮食是这样的讲究,其中好些名贵食品所消耗的食料是很多的。如陈世崇《随隐漫录》卷二云:

> 偶败箧中得上每日赐太子玉食批数纸,司膳内人所书也。……略举一二。如羊头签止取两翼。土步鱼止取两腮。以蟛蜞为签,为馄饨,为橙瓮,止取两螯。余悉弃之地,谓非贵人食。有取之,则曰:"若辈真狗子也!"

按陈世崇,南宋末年人。他这段文字的记载当然指的是杭州的皇宫,而不是汴梁。这种大量消耗食料于一二种名贵食品中的情形,实不限于皇宫内,而且普遍于当时士大夫间。洪巽《旸谷漫录》(《说郛》卷七三)云:

> 京都中下之户,不重生男。每生女,则爱护如捧璧擎珠。甫长成,则随其姿质,教以艺业,用备士大夫采拾娱侍。名目不一,有所谓身边人、本事人、供过人、针线人、堂前人、杂剧人、拆洗人、琴童、棋童、厨娘等级,截乎不紊。就中厨娘最为下色,然非极富贵家不可用。予以宝祐丁巳参闱,寓江陵,尝闻时官中有举似其族人置厨娘事,首末甚悉。谩申之以发一笑。其族人名某者,奋身寒素,已历二倅一守。然受用淡泊,不改儒家之风。偶奉祠居里,便嬖不足使令,饮馔且大粗率。守念昔留某官处晚膳,出京都厨娘,调羹极可口。适有便介如京,谩作承受人书,嘱以物色,价不屑较。未几,承受人复书曰:"得之矣。其人年可二十余。近回自府地。有容艺,能算能书。旦夕遣以诣直。"不二旬月,果至。初憩五里头时,遣脚夫先申状来。乃其亲笔也。字画端楷。历叙庆新,即日伏事左右,千乞以回轿接取,庶成体面。辞甚委曲,殆非庸碌女子所可及。守一见之,为之破颜。及入门,容止循雅,红衫翠裙,参侍左右乃退。守大过所望。小选亲朋辈,议举杯为贺。厨娘亦遽致使厨之请。守曰:"未可展会。明日且具常食五杯五分。"厨娘请食品菜品资次。守书以示之。食品第一为羊头签,菜品第一为葱齑,余皆易办者。厨娘谨奉旨,数举笔砚具物料。内羊头签五分,合用羊头十个;葱蒜五棵,合用葱五斤;他称是。守因疑其妄。然未欲遽示以俭鄙,姑从之。而密觇其所用。翌旦,厨师告物料齐。厨娘发行奁,取锅铫盂勺汤盘之属,令小婢先捧以行。燁灿耀目,皆白金所为,大约正该五十七两。至如刀砧杂器,亦一一精致。傍观啧啧。厨娘更围袄围

裙,银索攀膊,掉臂而入,据坐胡床。徐起切抹批砍,惯熟条理,真有运斤成风之势。其治羊头也,滗置几上,剔留脸肉,余悉掷之地。众问其故。厨娘曰:"此皆非贵人之所食矣。"众为拾置他所。厨娘笑曰:"若辈真狗子也!"众怒,无语以答。其治葱齑也,取葱彻微过汤沸,悉去须叶,视楪之大小分寸而裁截之;又除其外数重,取条心之似韭黄者,以淡酒醯浸喷;余弃置了不惜。凡所供备,馨香脆美,济楚细腻,难以尽其形容。食者举箸无赢余,相顾称好。既撤席,厨娘整襟再拜曰:"此日试厨,幸中台意照例支犒。"守方迟难,厨娘曰:"岂非待检例耶?"探囊取数幅纸以呈曰:"是昨在某官处所得支赐判单也。"守视之,其例每展会支赐或至千券数匹,嫁娶或至三二百千双匹,无虚拘者。守破悭勉强,私切嗟叹曰:"吾辈事力单薄,此等筵宴不宜常举,此等厨娘不宜常用。"不两月,托以他事,善遣以还。其可笑如此。

由于这段文字中记有南宋宝祐的年号,可知其中所说的"京都"及"京官"的"京"是就杭州而言。

(3) 最后,由于杭州饮食商店之多,我们也可见出杭州关于饮食的消耗之大。《梦粱录》卷十三说杭州:

> 处处各有茶坊、酒肆、面店、果子、彩帛、绒线、香烛、油酱、食米下饭鱼、肉、鲞、腊等铺。

《梦粱录》卷十六更把杭州的饮食商店分为五大类,每一类又分为好几种。兹列举如下:

① 茶肆

大凡茶楼多有富室子弟,诸司下直等人,会聚习学乐器、上教、曲赚之类,谓之挂牌儿。……又有茶肆专是五奴打聚处。亦有诸行借工卖伎人会聚行老,谓之市头。大街有三五家开茶肆楼上,专安着妓女,谓之花茶坊。……更有张卖面店隔壁黄尖咀蹴球茶坊。又中瓦内王妈妈茶肆名一鬼窟茶坊,大街车儿茶肆,蒋检阅茶肆,皆士大夫期朋约友会聚之处。

② 酒肆

大抵酒肆除官库、子库、脚店之外,其余谓之拍户,兼卖诸般下酒食次。……更有包子酒店,专卖灌浆馒头……之类。又有肥羊酒店……零卖软羊……有一等直卖店不卖食次下酒,谓之角毬店。……更有酒店兼卖血脏豆腐羹……之属。

③ 分茶酒店

凡分茶酒肆卖下酒食品。……又有托盘担架至酒肆中歌叫买卖者。如炙鸡、八焙鸡……更有台床卖熟羊、炙鳅……物。

④ 面食店

大凡面食店,亦谓之分茶店。若曰分茶,则有四软羹、石髓羹……更有专卖诸色羹汤、川饭并诸煎肉鱼下饭。……有店舍专卖饦饳面……又有专卖素食分茶,不误斋戒。……又有专卖家常饭食……更有专卖血脏齑肉菜面……又有卖菜羹饭店……

⑤ 荤素从食店

市食点心,四时皆有。任便索唤,不误主顾。且如蒸作面作卖四色馒头……更有专卖素点心从食店……更有馒头店……又有粉食店……及沿街巷陌盘卖点心……及沿门歌叫熟食燘肉……

杭州之所以有这许多饮食商店,绝不是偶然,而是适应当地大量人口的需要而产生的。

以上是南宋杭州消费的概况。其中较详细的情形,如建筑材料的消耗,因为材料排列的方便,于下文述之。

南宋杭州要消耗这许多日常衣食住及享乐方面的物品,当然不能自给。就是杭州本身可以生产,亦生产不了这许多。尤其食料方面的生产,在一般都市中实在是很少,甚至没有的。Henri Pirenne 说:"都市的群众,事实上,唯有从外边输入食料才能生存。"(*Medieval Cities* p.105)又说:"他们(市民)迫于备办大量人口的给养,不得不从外边取得食料。"(同上,p.216)一般的都市已经是这样;杭州在当时是政治的中心,所包含的人口,生产者少,消费者多,其所消耗的一切更有待于外地的供给了。

杭州与外界的交通，以水道为主、陆道为辅。与浙江内地交通，大多靠浙江。与国内各地交通，靠运河及通运河的川流。与闽、粤及海外交通，则由海道。由各地贩运来杭的货物大半经由这几条路线。

以下让我们分别考察由各地输入杭州的货物。

三、饮食类商品之输入

(一) 柴、米之输入

《咸淳临安志》卷二二云：

> 薪南粲北，舳舻相衔。

由这两句话可看出南宋杭州从外边输入柴、米的热闹情形。但这里没有指出它们的来源是哪里。周必大《二老堂杂志》卷四云：

> 车驾行在临安，土人谚云："东门菜，西门水，南门柴，北门米。"
>
> 盖东门绝无民居，弥望皆菜圃。西门则引湖水注城中，以小舟散给坊市。
>
> 严州、富阳之柴聚于江下，由南门而入。苏、湖米则来自北关云。

由此可知杭州的柴来自严州、富阳二地，米则来自苏州及湖州。此外，柴炭的来源还有婺、衢、徽等州。《梦粱录》卷十二云：

> 其浙江船只，虽海舰多有往来，则严、婺、衢、徽等船多尝通津买卖往来，谓之长船等只。如杭城柴炭、木植、柑橘、干湿果子等物多产于此数州耳。

以上兼述柴、米。以下请专说后者。

杭州米的来源，并不限于苏州、湖州二地，常州、秀州及镇江等处也有米船贩运往杭州。施谔《淳祐临安志》卷十云：

> 城外运河　在余杭门外东新桥之北。通苏、湖、常、秀、镇江等河。凡诸路纲运及贩米客船皆由此河达于行都。（《梦粱录》卷十二有同样的记载，不过"城外运河"作"新开运河"。）

《梦粱录》卷十六更加上淮南、广东①二地：

> 然本州所赖苏、湖、常、秀、淮、广等处客米到来。

此外，婺州米也贩运往杭州卖。《夷坚续志》(《适园丛书》本。不著撰人姓名，只题"澄江河东思善堂"数字)《后集》卷一云：

> 徐上舍涂，婺州人。一日自乡泛舟趋杭。乘米舟。每日坐于米袋之上，惟叠足坐，人亦不知其有疾也。……

以上各地中，以湖州贩运到杭州的米为最多。所以杭州北关门外有一镇市叫做"湖州市"(见《梦粱录》卷十三)，以米为其最主要的买卖。《梦粱录》云：

> 杭州里河……又有大滩船，系湖州市搬载诸铺米……船只。(卷十二)

> 湖州市、米市桥、黑桥俱是米行接客出粜。(卷十六)

又洪迈《夷坚甲志》卷十九亦有湖州人运米赴杭的记载，更可见其盛况：

> 沈持要枢，湖州安吉人。绍兴十四年妇兄范彦辉监登闻鼓院，邀赴国子监秋试。既至，则有旨：唯同族亲乃得试，异姓无预也。范氏亲戚有欲借助于沈者，欲令冒临安户籍为流寓。当召保官。共费二万五千。沈不可。范氏挽留之，为共出钱以集事。约已定，沈殊不乐。而湖州当以八月十五日引试，时相去才二日耳。虽欲还，亦无及。是日晚，忽见室中长人数十，皆如神祇。叱之曰："此非尔所居，宜速去。不然，将杀汝。"沈惊怖得疾，急遣仆者买舟归，行至河滨。见小舟，呼舟人平章之。曰："我安吉人，贩米至此。官方需船，不敢归。若得一官人，当不取其僦直。然所欲载何人也？"曰沈秀才。复询其居。曰："吾邻也。虽病，不可不载。"即率舟人共异以登。薄暮出门，疾已脱然如失。十六日早，抵吴兴城下……

---

① 南宋时广东有米贩往杭州，似颇难令人致信。但那时四明亦输入广东的米，可以作为广米贩往杭州的旁证。《宝庆四明志》卷四云："明之谷有早禾，有中禾，有晚禾。……一岁之入，非不足赡一邦之民也。而大家多闭籴，小民率多仰米浙东、浙西，歉则上下皇皇。劝分之，令不行州郡。至取米于广以救荒。"

各地米船抵杭,先到米市。上边说过:"湖州市、米市桥、黑桥俱是米行接客出粜。"其中黑桥,《咸淳临安志》卷十九云:

> 米市,在余杭门外崇果院黑桥头。

此外,新开门外亦开米市(《梦粱录》卷十六)。这些米市的任务是一方面接受外来的米,另一方面分发给各米店去卖:

> 又有新开门外草桥下南街亦开米市三四十家。接客打发分俵铺家及诸山乡客贩卖。

> 且言城内外诸铺户,每户专凭行头于米市做价,径发米到各铺出粜。铺家约定日子支打米钱,其米市小牙子亲到各铺支打发客。(《梦粱录》卷十六)

这些前前后后的贩运手续,因为各种工作人员的组织严密,是非常便利的:

> 且叉袋自有赁户。肩驼脚夫亦有甲头管领。船只各有受载舟户。虽米户搬运混杂,皆无争差。故铺家不劳余力,而米径自到铺矣。(同上)

"杭城常愿米船纷纷而来,早夜不绝可也。"(同上)这是大量人口消费的需要所致,前面已经说过。《马可·波罗游记》记载宋元之交杭州外来粮食买卖之好,更可证明这种说法:

> 你在街上所遇见的种种式式的行人常常都是这么挤拥,实在没有人相信能有充分的粮食来供给他们的消费,除非他们看见每一市日,市场各处挤拥着购物者和从水陆贩运粮食来卖的商人,以及一切运到的货物全都售罄的情形。(Yule 书,vol. II,pp.203 - 204)

因为外来粮米对于杭州居民是这么重要,所以政府非常注意。如淳祐七年,临安府尹赵与𥲅开浚河道,其主因是要通米舟。《淳祐临安志》卷十云:

> 宦塘河　在余杭门外板桥之西。丁未(淳祐七年)亢旱,资尹赵公与𥲅开浚,以通米舟。

> 淳祐七年夏大旱,城外运河干涸。吏部尚书安抚知临安府赵公与𥲅

新开河奏:"照得临安府客旅船只,经由下塘,系有两路。一自东迁至北新桥。今已断流,米船不通。一自德清沿溪入奉口,至北新桥。则有积水去处,亦皆断续。每米一石,步担费几十余千。米价之增,实由于此。若不亟行开浚,事关利害。今委官相视,见得自奉口至梁渚仅有一线之脉,止可载十余石米舟。自梁渚至北新桥则皆干涸,不可行舟。共三十六里,计五千五百三十九丈五尺。除已雇募乡夫,差委官属,分段开掘外,又契勘塘岸一带都保,久失修筑,日渐隳坍,纤路狭窄,艰于行往。今就此河所掘之土,帮筑塘路,庶几水陆皆有利济,实一举而两得。谨具奏闻。"奉圣旨皆依奏。

(二) 水产之输入

《马可·波罗游记》说离城二十五哩的大海,每日有大量的鱼供给杭人食用(Yule 书,vol.Ⅱ,p.202)。《梦粱录》更指出杭州的鱼所来自的海滨各地的名称:

> 姑以鱼鲞言之,此物产于温、台、四明等郡。(卷十六)
> 明、越、温、台海鲜,鱼、蟹、鲞、腊等货,亦上通于江、浙。(卷十二)

关于四明鱼之在杭州销售,《夷坚续志前集》卷一亦有说及:

> 建炎中高宗幸四明,尝执一折叠扇。中有玉孩儿为扇坠。金人至,登舟仓卒,失手沈扇于江。及都杭州十余年,忽一日循王张俊预内宴,手执一扇坠玉孩儿。上熟视。乃向年四明所沉者。遂问循王得之何所。答曰:"臣于清河坊铺家买至。"上即遣人往问铺家所买之由。谓于每日提篮者得之。遂转问提篮者。乃谓得之候潮门外陈宅厨娘。继又问之厨娘。答云:"破黄花鱼,重十斤,腹中有此一物。"奏闻,上大悦,以为失物复还之兆。铺家、提篮者各与进议校尉。厨娘仍诰封孺人。

贩鱼到杭州卖的地方,除海滨各地外,湖州因为距离杭州较近,亦有很多鱼运销到杭州去。如范成大《骖鸾录》记载湖州德清县:

> 龟溪倚山,而薪蒸贵。溪,而不数得嘉鱼。以其密迩行都,尽贩

以往。

又如《癸辛杂识后集》说苕溪的鱼运往杭州云：

> 贾师宪当柄日，尤喜苕溪之鲾鱼。赵与可因造大盘养鱼至千头，复作机使灌输不停。鱼游泳拨剌自得，如在江湖中。数舟上下，递运不绝焉。余尝于张称深座间，有以活鲩鱼为献。其美盖百倍于槁干者。

以上所言，偏于鱼类。此外，其他水产亦多由各地运销到杭州去。如《夷坚支丁》卷三说浙东的海蜥云：

> 临安荐桥门外太平桥北细民张四者，世以海蜥为业。每浙东舟到，必买而置于家。计逐日所售，入盐烹炒。杭人嗜食之。积戕物命百千万亿矣。淳熙十六年二月之夜……

又如《夷坚志补》卷四说昆山的鳖云：

> 昆山县东近海村中一老叟梦门前河内泊一大舟。舟中罪人充满，皆绳索缠缚。见叟来，各哀呼求救。继而舟师携钱诣门籴米。寤而怪焉。迨旦启户，岸下果有一舟。舟子市米，与所梦合。亟趋视，满舱皆鳖也。垛叠缧缚，莫知其数。询其所。曰："将贩往临安鬻之。"叟悚悟此梦，问所直若干。为钱三万。叟家颇富赡，如数买之。尽解缚放诸水。是夜梦数百人被甲，于门外唱连珠喏。惊出视之。相率列拜，谢再生之恩。且云："令君五世大富，一生无疾，寿终生天。"自是叟日康宁，生计日益。乾道日事也。方可从说。

《咸淳临安志》卷十九云：

> 鲜鱼行　候潮门外
> 鱼行　余杭门外水冰桥头
> ……
> 蟹行　在崇新门外南土门
> ……

> 鳖团　在便门外浑水闸头（《武林旧事》卷六所载大致相同）

这些鱼鳖行团之所以都在城外，为的是便于外来货物的接收。接收后，再分发给各商店零卖。如《梦粱录》卷十六云：

> 城南浑水闸有团招客旅鳖鱼聚集于此。城内外鳖铺不下一二百家，皆就此上行。

（三）牲口之输入

《梦粱录》卷十六云：

> 杭城内外肉铺不知其几。……市上纷纷……至饭前，所挂之肉骨已尽矣。盖人烟稠密，食之者众故也。更待日午，各铺又市爊膁……红白爊肉等。或遇婚姻日，及府第富家大席华筵数十处，欲收市腰肚，顷刻并皆办集，从不劳力。盖杭州广阔可见矣。

杭州肉铺的买卖是这么发达，其销售外来的牲口自然很多。兹分别述之：

(1) 猪。何薳《春渚纪闻》卷三记秀州的猪在杭州销售云：

> 秀州东城居民韦十二者，于其庄店豢豕数百，散市杭、秀间数岁矣。建炎初，因干至杭。过肉案，见悬一豕首，顾之。而人言曰："韦十二，我等偿汝债亦足矣。"从者亦闻其言。韦愕然悔过。还家，尽毁圈牢，取所存豕市之。得钱数千缗，散作佛事，及印造经文，冀与群豕求免轮回刀刃之苦。知者谓韦善补过。

(2) 羊。《嘉泰会稽志》卷一说会稽的羊贩于杭州云：

> 会稽往岁贩羊临安，渡浙江，置羊艎版下。羊啮船茹，舟漏而沉溺者甚众。至今人以为戒。

(3) 牛。大约来自婺州。由于《桃源手听》（《说郛》卷二九）说杭州的牛筋取给于婺州，可以推论出来：

> 孝宗朝诏婺州市牛筋五千斤。时李侍郎椿，字寿翁，为守，奏："一牛之筋才四两。今必求此，是欲屠二万牛也。"上悟，为收前诏。

（四）水果之输入

《梦粱录》云：

> 其浙江船只，虽海舰多有往来，则严、婺、衢、徽等船多尝通津买卖往来，谓之长船等只。如杭城柴炭、木植、柑、橘、干湿果子等物多产于此数州耳。（卷十二）

> 四时果子：……福柑……福李、台柑、洞庭橘……衢橘……又有陈州果儿、密云柿……（卷十六）

又《西湖老人繁胜录》云：

> 罗浮橘　洞庭橘　……温柑

由于上述各种水果的名称，及其所附记的地名，南宋杭州人士消耗外地水果之多，可以概见。现更分述其主要者如下：

（1）柑。《夷坚志补》卷八述杭州贩卖温州黄柑云：

> 李生将仕者吉州人。入粟得官，赴调临安。舍于清河坊旅馆。……会有持永嘉黄柑过门者，生呼而扑之。输万钱，愠形于色曰："坏了十千，而一柑不得到口！"……

又陈耆卿《嘉定赤城志》卷三十六说台州乳柑运往杭州云：

> 乳柑出黄岩断土者佳。……未霜，以饷行都。贵游谓之青柑。

（2）樱桃。来自越州（如上述的会稽）。田汝成《西湖游览志余》卷二云：

> 董宋臣始为小黄门，稍进东头供奉官。极善逢迎。如樱桃宴，即于樱桃未出时遣人往越州买得百颗，奏曰："请赏樱桃！"

（3）荔枝及圆眼。来自福建的福州及泉州。《梦粱录》卷十三云：

> 五间楼泉、福糖蜜及荔枝、圆眼汤等物。

而福州荔枝在杭州的买卖尤大。《西湖老人繁胜录》云：

> 福州新荔枝到，进上御前，送朝贵，遍卖街市。生红为上，或是铁色。

或海船来，或步担到。直卖至八月，与新木弹相接。

(4) 蜜林檎。来自苏州。范成大《吴郡志》卷三十云：

> 蜜林檎实，味极甘，如蜜。虽未大熟，亦无酸味。本品中第一。行都尤贵之。

(5) 葡萄。《马可·波罗游记》说：

> 葡萄及葡萄酒在那里（指杭州）都没有出产，很好的葡萄干来自外地，葡萄酒也是这样。(Yule 书，vol. Ⅱ，p.202)

按《西湖老人繁胜录》记有"太原葡萄"及"番葡萄"等。马可·波罗所指的或者就是这些。

(五) 菜、盐、酒、药等之输入

(1) 菜。《咸淳临安志》卷十九云：

> 菜市在崇新门外南北土门及东青门外坝子桥等处

菜市之所以在城外，与米市、鱼行等同样，是因为便于接受外来货物。杭州每日所消耗的菜蔬甚多，单是胡椒一项，每日由外地运往杭州食用的就有四十三担之多。《马可·波罗游记》记载宋末元初杭州人消耗外来胡椒的数量云：

> 马可君曾听见一个大汗的征税官说："每日运入行在消耗的胡椒共四十三担，每担重二百二十三磅。"(Yule 书，vol. Ⅱ，p.204)

又天台出产的桐蕈亦为杭州居民所食用。《癸辛杂识后集》云：

> 天台所出桐蕈，味极珍。然致远必渍之以麻油，味未免顿减。诸谢皆台人，尤嗜此品。乃并拚桐木以致之。旋摘以供馔，甚鲜美，非油渍者可比。

(2) 盐。《西湖游览志余》卷五记载贾似道令人从外地运盐至杭州销售云：

> 似道令人贩盐百艘至临安卖之。太学生有诗云："昨夜江头长碧波，满船都载相公鹾。虽然要作调羹用，未必调羹用许多。"

（3）酒。《武林旧事》卷六记载南宋杭州的种种酒名，并说出它们各自的出产地云：

> 琼花露，扬州；六客堂，湖州；齐云清露、双瑞，并苏州；爱山堂、得江，并东总；留都春、静治堂，并江闾；十州春、玉醑，并海闸；海岳春，西总；筹思堂，江东漕；清若空，秀州；蓬莱春，越州；第一江山、北府兵厨、锦波春、浮玉春，并镇江；秦淮春、银光，并建康；清心堂、丰和春、蒙泉，并温州；萧洒泉，严州；金斗泉，常州；思政堂、龟峰，并衢州；错认水，婺州；谷溪春，兰溪。

关于扬州的琼花露，刘壎《隐居通议》卷二一云：

> 陈丞相文龙咸淳初为太学生。是年学中引放公试之旦，适奔驰弗及。既至公闱，则试者毕入，已扃钥绝关矣。公既弗得入，亟陈于当国者。贾师宪特笔送入试。已而同舍生忌公才名，幸其不试。又以为此贾相送至，有司必观望私取，则有妨同进。竞白于监试者。卒不启关。公以此终不得试，惟以一启谢庙堂。当时传诵。……启曰：……既上，贾师宪嘉其材，馈以莲花露百瓶，盖扬州名酒也。

又上边引的《马可·波罗游记》说过，杭州的葡萄酒是从外地输入的。

（4）药。杭州人所用的药物，有来自四川及广东的。所以《西湖老人繁胜录》记有"川、广生药市"。又来自淮南的。《鬼董》（撰人佚）卷五记临安商客往淮南市药云：

> 周宝先贩药时，尝债顾八船往来，多与之赀，使匿税。又时商客杂沓，顾八不以为怪也。至是亦用之。谓曰："我与数布客欲往淮南市药，不欲昼行。夜分当集于舟。俟我来，即疾出临安界。必倍酬汝。"顾舣舟新桥以待。……

按同书又云"淳熙间木工周宝以小商贩易安丰场"，那么，这里所说的"往淮南市药"的"药"是不限于淮南出产的药，也包括在榷场与金人榷易所得的药了。

此外，会稽出产的药也运往杭州去卖。《嘉泰会稽志》卷十七云：

> 紫石英……今诸暨枫桥山间每雷雨后民竞往采之。然必祠神而后入山。盖用谢敷故事。但土豪为垄断，民得石多归之。它人未易得也。自此至婺女，地产紫石英甚多。但不如诸暨之莹絜有光彩尔。都下及吴中药肆所卖紫石英，皆此石也。

至于杭州输入的海外香药，于后文述之。

四、服用类商品之输入

南宋杭州是一个人口极多的大都市，需要很多服用类的商品。所以杭州虽以丝织著名，有待于外来之供给者亦不少。《马可·波罗游记》云：

> 男女都非常文雅，大多数穿着丝绸；这许多材料的供给，一方面是行在自织，另一方面是商人由各省输入。（Yule 书，vol.II，p.187）

现将各地贩往杭州的服用类商品分述如下：

(1) 绫。来自苏州。《夷坚丁志》卷六云：

> 又有吴信者，京师人。父为内诸司官。独此一子，爱之甚笃。遣从临安蔡长忠先生学。信自僦一斋。好洁其衣服。左顾右眄，小不整，即呼匠治之。以练罗吴绫为鞋袜。微污，便弃去。浣濯者不复着。

(2) 纱。《都城纪胜》记载杭州的商业云：

> 且夫外郡各以一物称最，如吴纱……之类。

可见吴郡（苏州）的纱在杭州的销路是很好的。

(3) 绢。来自会稽。《嘉泰会稽志》卷十七云：

> 绢，旧称吴绢。今出于诸暨者曰花山，曰同山，曰板桥。其轻匀最宜春服。邦人珍之。或贩鬻，颇至杭而止。以故声价亦不远也。

(4) 丝帐。由杭州附近的乡村输入。《错斩崔宁》(《京本通俗小说》第十五卷)记载南宋杭州的一件杀人公案，其中有云：

那后生又手不离方寸:"小人是村里人。因往城中卖了丝帐,讨得些钱。要往褚家堂那里去的。"

那后生道:"小人姓崔名宁,是乡村人氏。昨日往城中卖了丝,卖得这十五贯钱。今早偶然路上撞着这小娘子,并不知他姓甚名谁。那里晓得他家杀人公事?"

(5) 布。杭州人所用的布来自福建及广东。《夷坚支戊》卷一载闽商贩布往浙江的故事云:

陈公任者,福州长乐县巨商也。淳熙元年正月一日其妾梦三人入门。其二衣绿袍。文牒大书于壁间曰:"陈公任今年四月初七日主恶死。"妾识字能读。明旦告其侣曰:"夜来梦极不祥。"相与视壁上字,一无所有。皆匿讳不敢说。久之,众商张世显、何仲立、仲济十余辈识云:"福清东墙莫少俞治船,欲以四月往浙江,可共买布同发。"如期而行。至州界鬼鹰港,夜可二鼓,船师报船无故自折。世显遽拥衾出。是时碇泊处去岸犹丈许,觉如有人拥其背至岸。余人相继腾上。惟公任、仲立留恋货财,未肯舍。顷之舟沈,而缚出水面。二人急抱缚逐浪上下,哀呼求救,不可忍闻。腹为缚所摇,几至于裂。竟堕死波中。正四月初七夜也。世显之婿林深之说。

又《西湖游览志余》卷二载广商贩布至杭云:

正月十四夜蒋安礼进竹丝灯,其明过于栅子灯。上(理宗)大喜。(董)宋臣奏曰:"明日臣亦献此灯。"安礼退而笑曰:"吾经年乃成。岂一夕可办?"时有广商贩布、竹至杭。宋即买数匹罩以为灯。顷刻而成,细而且薄。

(6) 芦席。由华亭(上海前身)输入。《夷坚志补》卷十二记载华亭客商贩运芦席往杭州的故事云:

绍兴二十八年华亭客商贩芦席万领往临安。巍然满船。晚出西栅,一道人呼于岸,欲附载。商曰:"船已塞满,全无宿卧处。我自露立,岂能容尔?"道人曰:"与汝千钱,但辍一席地足矣。"商曰:"遇雨奈何?"道人曰:"更与汝百钱,买芦席一领,遇雨自覆。"商利其钱,使登舟。坐于席上,仅容膝。不见其饮食便溺。在途亦无雨。到北关乃辞去,曰:"谢汝载我,使汝多得二十千以相报。"商殊不晓。适是年郊祀,大礼青城,用芦席甚广。临安府惧乏,凡贩此物至者,每领额外增价钱二文,尽买之。遂赢二万。搬卸既毕,最下一领有墨书六大字曰:"吕洞宾曾附舟。"字画遒劲。好事者争来观视,知为仙翁。

五、建筑类商品之输入

南宋杭州消耗许多建筑类的商品。这有两种原因:

(1) 宋室南渡,杭州成为政治中心,一方面增加了许多政治机关,另一方面流入了大量的人口,以前的房屋不够用,于是大兴土木。结果,杭州原有的荒地,南渡后全被稠密的房屋覆盖着。如杨和浦《行都纪事》(《说郛》卷二十)云:

> 俞家园在今井亭桥之南。向时未为民所占,皆荒地,或种稻,或稻麦,故因以园为名。今则如蜂房蚁窝,尽为房、廊、屋舍、巷陌,极为难认。盖其错杂与棋局相类也。

又《西湖游览志余》卷二三云:

> 前宋时杭城西隅多空地,人迹不到。宝莲山、吴山、万松岭,林木茂盛,阒无民居。城中僧寺甚多,楼殿相望。出涌金门望九里松,更无障碍。自六辈驻跸,日益繁艳。湖上屋宇连接,不减城中。有为诗云:"一色楼台三十里,不知何处是孤山。"其盛可想矣。

建造这些新兴的房屋,自然要消耗许多建筑材料。

(2) 房屋多了,互相紧接着,街道亦因之狭小。结果火警容易发生。《梦粱录》卷十云:

> 临安城郭广阔,户口繁夥。民居屋宇高森,接栋连檐,寸尺无空。巷陌壅塞,街道狭小,不堪其行。多为风烛之患。

按《西湖游览志余》卷二五云：

> 宋朝建都，城中大火二十一度，其尤烈者五度。绍兴二年五月大火，顷刻飞燔六七里，被灾者一万三千家。六年十二月又火，被灾者一万余家。嘉泰元年辛酉三月二十八日，宝莲山下御史台吏杨浩家失火，延烧御史台、司农寺、将作监、进奏文思院、太史局、皇城司、法物库及军民五万二千四百家，绵亘三十里，凡四昼夜乃灭。……嘉泰四年甲子三月四日，粮料院后刘庆家失火，延烧粮料院、右丞相府、尚书省、中书省、枢密院、左右司谏院、尚书六部，南至清平山、万松岭、和宁门，西及太庙、三茅观，下及军民七千家，二昼夜乃灭。绍定二年辛卯大火，比辛酉之火加五分之三，虽太庙亦不免，城市为之一空。

其余较小的火警，在南宋杭州简直不可胜数，只要一翻《宋史》中南宋各帝纪便可知道。大火过后，房屋多被焚毁，建筑材料的需要自然大增。

南宋杭州既消耗这许多建筑材料，因为本身没有出产，或出产而不够用，自然要取给于外地。如《夷坚志再补》记载杭州大火时，裴某大作投机事业，大规模在外收买建筑材料，输入城中贩卖云：

> 《夷坚戊志》载"裴老智数"谓：绍兴十年七月临安大火，延烧城内外室屋数万区。裴某寓居，有质库及珍珠肆在通衢，皆不顾，遽命纪纲仆分往江下及徐村，而身出北关，遇竹、木、砖、瓦、芦苇、椽桷之属，无论大小，尽评价买之。明日有旨：竹木材料免征税抽解城中。人作屋者皆取之。裴获利数倍，过于所焚。

关于杭州火警后，建筑材料可免税输入，《宋史》卷一八六《食货志》亦有说及：

> 绍兴三年临安火。免竹木税。
>
> 光、宁以降，亦屡与放免商税，或一年，或五月，或三月。凡遇火，放免竹木之税亦然。

以下分述各地建筑材料之输入杭州：

（1）竹　最远有来自广东者。上引《西湖游览志余》卷二有云：

> 时有广商贩布、竹至杭。

可见一斑。

（2）木　产于歙浦，集中于严州，再由严州运往杭州销售。《骖鸾录》云：

> 三日泊严州。渡江上浮桥，游报恩寺。……浮桥之禁甚严。歙浦杉排，毕集桥下。要而重征之。商旅大困。有濡滞数月不得遇者。余掾歙时，颇知其事。休宁山中宜杉。土人稀作田，多以种杉为业。杉又易生之物，故取之难穷。出山时价极贱。抵郡时已抽解不赀。比及严，则所征数百倍。严之官吏方曰："吾州无利孔。微歙杉，不为州矣。"观此言，则商旅之病，何时而瘳！盖一木出山，或不直百钱；至浙江乃卖两千：皆重征与久客费使之。

按"渐江"即"浙江"。《西湖游览志余》卷二一说："更名为'渐'者，字之讹也。"歙浦的杉木既贩运到浙江（水名），当然运到当时浙江流域中的大消费地杭州了。这可证诸《梦粱录》卷十二：

> 其浙江船只，虽海舰多有往来，则严、婺、衢、徽等船多尝通津买卖往来，谓之长船等只。如杭城柴炭、木植、柑橘、干湿果子等物，多产于此数州耳。

按产杉的歙浦及休宁均属徽州，严州是杉木的集中地，杉木当即是这里所说的"木植"之一种。

（3）砖瓦灰泥。由下塘输入。《梦粱录》卷十二云：

> 杭州里河……又有大滩船，系湖州市搬载诸铺米及……下塘砖瓦、灰泥等物……船只。

关于杭州所用的瓦之由外输入，《西湖游览志余》卷二三亦云：

> 高宗南渡后驻跸临安，草创禁苑为行在所。适造一殿，无瓦而值雨。临安府与漕司皆忧之。忽一吏白于官长曰："多差兵士以钱镪分俵关厢铺席，赁借楼屋腰檐瓦若干。候旬日，新瓦到，照数赔还。"府司从之。殿瓦唯诺而办。

六、奢侈品之输入

《都城纪胜》（《武林掌故丛书》本）云：

> 自大内和宁门外新路，南北早间珠玉、珍异及花果、时新、海鲜、野味、奇器天下所无者，悉集于此。
>
> 锦体社、八仙社……七宝考古社，皆中外奇珍异货。

又耐得翁《古杭梦游录》（《五朝小说大观》本）云：

> 自大内和宁门外新路，南北宝玉，珍异及花果、时新、海鲜、野味、奇器天下所无者，悉集于此。

按《都城纪胜》与《古杭梦游录》的作者同是耐得翁，而两书的内容又大致相同，想是同书异名的缘故。将两段文章一比，知《都城纪胜》中的"早间"二字实是衍文。由于"南北珠（或作宝）玉、珍异及……奇器天下所无者"及"中外奇珍异货"等词句，可见出南宋杭州输入外国或外地的奢侈品之一斑。

南宋杭州设有市舶务，以掌国外贸易。周淙《乾道临安志》卷二云：

> 市舶务在保安门外诸家桥之南。

《淳祐临安志》卷七云：

> 市舶务，在保安门外。淳祐八年，拨归户部，于浙江清水闸河岸新建，题曰"行在市舶务"。

又《咸淳临安志》卷九云：

> 市舶务在保安门。海商之自外舶至杭者，受其券而考验之。又有新务，在梅家桥之北，以受舶纲。

海外商人，有亲自运货至杭州买卖的。在那里有很好的房子给他们存放货物。《马可·波罗游记》云：

> 与大街平行，而在市场后边，有一大运河。在这直达市场的河堤上

有石建的房子,由印度及其他各国来的商人都在这里储藏货物,然后运往市上。(Yule书,vol.Ⅱ,p.201)

关于这种储藏货物的栈房,可证诸《梦粱录》卷十九:

> 且城郭内北关水门里,有水路周回数里。自梅家桥至白洋湖方家桥,直到法物库,市舶前有慈元殿及富豪内侍诸司等人家于水次起造塌房数十所,为屋数千间。专以假赁与市郭间铺席、宅舍及客旅寄藏物货并动具等物。四面皆水,不惟可避风烛,亦可免偷盗,极为利便。盖置塌房家月月取索假赁者管巡廊钱会,顾养人力,遇夜巡警,不致疏虞。

这种塌房建筑在"市舶前",是因为要便利外来"客旅寄藏货物"。而这些外来货物之所以要存放在这么好的房子里,花好些钱("管巡廊钱会"),以保安全,当然不是普通货物,而是珍贵的货物或奢侈品。除此以外,杭州的海外奢侈品,又有由泉州、广州等地转贩来的。这是因为泉州和广州在当时是最大的国际贸易海港。如《夷坚丁志》卷六记泉州海贾贩运沉香、龙脑等物往杭州云:

> 泉州杨客为海贾,十余年致赀二万。每遭风涛之厄,必叫呼神明,指天日立誓,许以饰塔庙,设水陆为谢。然才达岸,则遗忘不省,亦不复记录。绍兴十年出海洋,梦诸神来责偿。杨曰:"今方往临安。俟还家时,当一一赛答,不敢负。"神曰:"汝那得有此福?皆我力尔。心愿不必酬,只以物见还。"杨甚恐。以七月某日至钱塘江下,幸无事。不胜喜。悉萃物货置抱剑街主人唐翁家。身居柴垛桥西客馆。唐开宴延伫。杨自述前梦,且曰:"度今有四十万缗。姑以十之一酬神愿,余携归泉南置生业,不复出矣。"举所赍沉香、龙脑、珠琲,珍异纳于土库中。他香、布、苏木,不减十余万缗,皆委之库外。是夕大醉。次日闻外间火作……稍定还视,皆为煨烬矣。遂自经于库墙上。暴尸经夕,仆告官验实,乃得槁葬云。

又《宋会要》(引自《北平图书馆馆刊》第五卷第五号《宋代提举市舶司资料》)记载商客由泉、广贩运珍贵香药等物往杭州云:

> 嘉定六年四月七日，两浙转运司言：临安府市舶务有客人于泉、广蕃名下转买已经抽解胡椒、降真香、缩砂、豆蔻、藿香等物，给到泉、广市舶司公引，立定限日指往临安市舶务住卖。从例系市舶务收索公引，具申本司，委通判主管官点检，比照原引色额数目，一同发赴临安府都税务收税放行出卖。如有不同，并引外出剩之数，即照条抽解。将收到钱分隶起发上供。……

南宋杭州输入的奢侈品，除上述的海外出产外，尚有多种。兹分别述之：
(1) 珠。除上述海外所产的"珠琲"外，混同江中所产的珠，名叫"北珠"，亦自金国贩到杭州。《宋史》卷二四七《宗室传》记赵师𥲅在杭州购北珠赂韩侂胄诸妾云：

> （韩）侂胄有爱妾十四人。或献南北珠冠四枚于侂胄。侂胄以遗四妾。其十人亦欲之。侂胄未有以应也。（赵）师𥲅闻之，亟出钱十万缗市北珠，制十冠以献。妾为求迁官。得转工部侍郎。

此事在《庆元党禁》（撰人佚）中记载得更详细：

> 侂胄妻早死。有四妾，皆得郡封，所谓四夫人也。其次又十人，亦有名位。丁巳秋冬之间，有献北珠冠四枚者。侂胄喜，以遗四夫人。其十人皆愠曰："等人耳，我辈不堪戴耶！"侂胄患之。赵师𥲅时以列卿守临安，微闻其事。侂胄入朝未归，京尹忽遣人致馈。启之，十珠冠也。十人者大喜，分持以去。侂胄归，左右以告侂胄；未及有言，十人者咸来致谢，遂已。翌日，都市行灯，群婢皆顶珠冠而出。明日语侂胄曰："我曹夜来过朝天门，都人聚观，直是喝采。郡王奈何不与赵大卿转官耶？"翌日又言之。于是有工部侍郎之命。

按《都城纪胜》云："自融和坊北至市南坊，谓之珠子市头。如遇买卖，动以万数。"赵师𥲅买珠制冠十个即需钱十万缗，与此正合。

(2) 胡乐。来自金国。《鬼董》卷五云：

> 十四弦，胡乐也。江南旧无之。淳熙间，木工周宝以小商贩易安丰场，得其制于敌中。始以献群阉。遂盛行。

(3) 玩具。如《夷坚续志》后集卷二载平江玩具在杭州销售云：

> 临安风俗，嬉游湖上者相尚。多买平江泥孩儿，仍与邻家，谓之土宜像。

(4) 珍禽。南宋杭州人士玩弄珍禽的风气很盛，而珍禽亦有待于外地之供给。《咸淳临安志》卷四十载绍兴二年八月禁止输入花木珍禽的诏令云：

> 访闻行在渐卖花木窠株，或一二珍禽。引风不可长。及有舟船兴贩，多以旗帜妄作御前物色。可严行禁止。或官司合行收买者，须明坐所属去处。其花木窠株珍禽，可割下临安府诸门晓示，不得放入。

在这些珍禽中，有一种是鹰，由萧山输入。赵叔向《肯綮录》云：

> 予顷在萧山时，地近武林，一族人家好养鹰。一日，有中贵人以百余钱买一鹰去。……

(5) 奇异花木。南宋杭州有许多奇异花木，以供欣赏。《都城纪胜》说：

> 东西马塍诸园，乃都城种植奇异花木处。

既然说是"奇异"，当然是远道贩运来的花木，而不是习以为常的土产了。关于这些奇异花木的产地，名称，《西湖游览志余》卷三云：

> 二月八日为桐川张王生辰。霍山行宫朝拜极盛。百戏竞集……高丽、华山之奇松，交、广海峤之异卉，不可缕数。莫非动心骇目之观也。

在这些奇花异卉中，有茉莉、素馨等花。陈善《扪虱新语》卷十五说闽商贩运这些花卉赴浙云：

> 近日浙中好事家亦时有茉莉、素馨。皆闽商转海而至。

又张邦基《墨庄漫录》卷七云：

> 闽、广多异花，悉清芬郁烈。而末利花为众花之冠。岭外人或云抹丽，谓能掩众花也。至暮则尤香。今闽中以陶盎种之。转海而来。浙中人家以为嘉玩。

闽商既贩运此花至浙中，当然贩至杭州的。按《西湖老人繁胜录》记有"茉

莉",可证。此外,杭州的外来花卉,又有从潭州及福建输入的红梅。《梦粱录》卷十八云:

> 红梅有福州红、潭州红、柔枝千叶红、邵武红等种。

七、总　　结

总括上述,杭州自宋室南渡后,因为是政治的中心,人口集中,消耗大增,本身不能自给,遂有赖于外地商品的输入。杭州商业于是负起这种使命而大加发展。就各地输入杭州的商品中,我们可以看出当时有几条通达杭州的商业路线:

(1) 由两浙各地至杭州。这以浙江及运河为主。因为两浙(如苏、湖、常、秀、婺、越、温、台等州)是米、水果及丝织的生产地,故输入杭州以此三者为主。浙东滨海各地,是水产要地,故输入杭州以鱼鲎为主。此外歙州的木材,由严州转运赴杭;秀州及会稽的牲口,因为距离很近,均大批输入杭州。总之,由两浙各地输入杭州的商品,大致以饮食类为主,其他为副。

(2) 由淮南至杭州。这以运河为主。淮水是南宋与金的国界,两国贸易的榷场多在那里。故由淮南运往杭州的商品,大部分是与金榷易所得之物,如药材、北珠、胡乐、密云柿儿、太原葡萄等。此外扬州的名酒亦运往杭州销售。

(3) 由四川至杭州。这以长江为主。四川是药材及蚕丝的大生产地,有许多热闹的药市及蚕市(见费著《岁华纪丽谱》及黄休复《茅亭客话》等书)。杭州有四川生药市,可见四川药材大批输入杭州。但四川的锦帛,除岁输上供(凡费著《蜀锦谱》及李心传《建炎以来朝野杂记甲集》卷十四)外,尚未见有商人贩运往杭州的记载。这或许因为两浙的丝织已"近水楼台先得月",所以四川的锦帛便被逐于杭州市场之外。

(4) 由闽粤至杭州。这以海道为主。福建的水果、花卉及布,广东的布、生药、米及竹,都运往杭州销售。福建的泉州,广东的广州,都是当时中国最大的通商口岸。海外各国的货物多由此输入,然后转运往杭州。这以奢侈品为多。

除此以外，当然还有其他通达杭州的商业路线。然而文书记载有缺，我们一时所可得而考者，不过上列几条而已。

附记：此文蒙傅孟真师多加指正，特此致谢。

民国二十五年(1936年)四月至五月

宋末的通货膨胀及其对于物价的影响

一、宋末的通货膨胀

中国的纸币,有些人以为始于唐的飞钱。但飞钱不过是一种汇票的性质,其本身并不就是纸币。① 真正的纸币当始于北宋的交子。北宋真宗时,四川人民患铁钱太重,买卖不便,故发行交子,以便交易。初由富民十六户主持,后以准备金不足,改归政府办理。其流通区域以四川为主,陕西虽亦曾经一度行使,但时间很短。至于数量方面,也不算多。② 所以当时并没有通货膨胀的现象。

到了南宋,纸币的流通遂普遍化。当时纸币分为行在会子、川引、淮交及湖会数种。其流通地点,各有一定范围。大体来说,行在会子行使于两浙、福建、江东、江西;川引行使于四川、陕南;淮交行使于淮南;湖会行使于湖广。③ 这些纸币,在南宋上半期,因为措施得当,发行谨慎,尚能持维币值,没有通货膨胀的现象。宋孝宗曾对洪迈说:"朕以会子之故,几乎十年睡不着。"④ 皇帝因为纸币而长期患失眠症,其对于纸币发行的小心翼翼,及币值维持的努力,可想而知。

可是,从宁宗开禧年间(1205—1207年)⑤起,这种发行纸币的审慎政策,

---

① 见陶希圣、鞠清远《唐代经济史》,页109—110。
② 见《宋史》卷一八一《食货志》。
③ 见朱偰《两宋信用货币之研究》,《东方杂志》第三十五卷第六号。
④ 见洪迈《容斋三笔》卷一四"官会折阅"条。又见于戴埴《鼠璞》。此外卫泾《后乐集》卷一五《知福州日上庙堂论楮币利害札子》,及吴泳《鹤林集》卷一《乾淳讲论会子五事》,亦说宋孝宗发行会子,非常审慎。
⑤ 西历某年不完全相当于中国某年,因为阴历十一月即为西历的岁首,一年中可有九分之一左右的错误。现在仍是这样表示,只是无可奈何中的一种权宜办法而已。希望将来能想出一个较为切当的办法。

却因庞大战费的筹措而被迫放弃了。从这时起,南宋不断对外作战。开禧年间,韩侂胄举兵伐金。嘉定十年至十七年(1217—1224年),宋金屡次交战。理宗绍定五年至六年(1232—1233年),又与蒙古一同灭金。金亡后,端平元年(1234—1235年),又屡与蒙古作战,国境日蹙。政府为筹措战费,除加税外,只好以通货膨胀的形式,把人民的购买力转移于政府。《宋史》卷四二三《王迈传》云:

> 俄召试学士院,策以楮币。迈援据古今,考究本末,谓:"国贫楮多,弊始于兵。乾淳初行楮币,止二千万,时南北方休息也。开禧兵兴,增至一亿四千万矣。绍定有事山东,增至二亿九千万矣。议者徒患楮穷,而弗惩兵祸。姑以今之尺籍校之,嘉定增至二十八万八千有奇。用寡谋之人,试直突之说,能发而不能收,能取而不能守。今无他策,核军实,窒边衅,救楮币第一义也。"

又同书卷四一五《黄畴若传》云:

> 自军兴费广,朝廷给会子数多,至是(嘉定年间)折阅日甚。

又王迈《臞轩集》卷一《乙未馆职策》云:

> 谋国者亦知楮之所以大坏极弊之由乎?方开禧之开边以误国也,增造之数至于一亿四千万。比之前时,凡数倍矣。绍定之养奸以耗国,增而至于二亿九千万。方之开禧,抑又倍焉。
>
> 谋国而曰理财,理财而必济之以楮,此后世权宜之策。……耗财之事不一,而好兵者其耗大。
>
> 欲重楮,自节费始。欲节费,自省兵始。军实核而不滥,边衅窒而不开,谨之重之,皆以高孝两朝为法。此救楮币之第一义也。

又《后乐集》卷一五《知福州日上庙堂论楮币利害子札》云:

> 自绍熙以来,用度滋多,展界①添印。驯至开禧既启兵衅,费耗无

---

① "界"是期限的意思。宋代发行纸币,以二年三年,甚至十年为一界。近阅李埏君在民国二十九年(1940年)四月十六日发表的《宋代四川交子兑界考》一文,内言:"仁宗天圣元年迄庆元五年之间,为二年一界。宁宗庆元五年迄宝祐四年之间,为三年一界。"——民国二十九年(1940年)五月一日补。

涯,见行会子,通计一亿四千万,其弊极矣。

又许应龙《东涧集》卷八《称提利害札子》云：

> 今日之券,大抵耗于用兵。

又真德秀《真文忠公文集》卷一八《讲筵进读大学章句手记》云：

> 某对曰："会价所以不登,固缘……自故相在时,印造多了。今又边事方动,未能减印造之数,所出太多,故贱。……"

又杜范《杜清献公集》卷九《嘉熙四年被召入见第二札》云：

> 自边烽未撤,楮券印造之数,不啻数十倍。

又高斯得《耻堂存稿》卷一《轮对奏札》云：

> 主兵,大臣之责也。国家版图日蹙,财力日耗,用度不给。尤莫甚于迩年。闻之主计之臣,岁入之数,不过一万二千余万,而其所出,乃至二万五千余万。盖凿空取办者过半,而后仅给一岁之用。其取办之术,则亦不过增楮而已矣。呜呼！造币以立国,不计其末流剥烂糜灭之害,而苟然以救目前之急,是饮鸩以止渴也。

又黄震《黄氏日抄》卷八三《吴县拟试策问三道》云：

> 楮以太多而轻,则住造固宜也。然事变方殷,供亿尚繁,亦住之,得乎？或欲以措办军食为先,或欲以通行破会为助。博采群议,卒成悠悠。其果无策以处此耶？

这样一来,政府大量发行纸币的结果,有钱来打仗了；可是人民却因纸币太多,价值低跌,从而物价腾贵,损失了一大部分的购买力——等于无形中向政府缴纳一大笔重税。

上边说自开禧年间起,南宋政府因为战费的筹措,大量发行纸币。这些纸币的发行额,究竟有多少？这个数目,要按各年代的不同而不同。兹根据各种文献,把考出的数目按时间的先后列表如下：

时　　间	数　　目	根　据　文　献
乾淳间(1165—1189 年)	二千万缗	《鼠璞》
淳熙间(1184—1189 年)	二千四百万缗	《宋史》卷四三二《王迈传》
开禧间(1205—1207 年)	一亿四千万缗	《王迈传》《鼠璞》《朦轩集》卷一及《后乐集》卷一五
嘉定间(1208—1224 年)	二亿三千万缗	《鼠璞》
绍定间(1228—1232 年)	二亿九千万缗	《王迈传》及《朦轩集》卷一
绍定五年(1232—1233 年)	三亿二千九百余万缗	《宋史》卷一八一《食货志》
绍定六年(1233—1234 年)	三亿二千万缗	《鼠璞》
淳祐六年(1246—1247 年)	六亿五千万缗	孙梦观《雪窗集》卷一《丙午轮对第二札》
景定四年(1263—1264 年)	每日增印一十五万缗	《宋史》卷一八一《食货志》

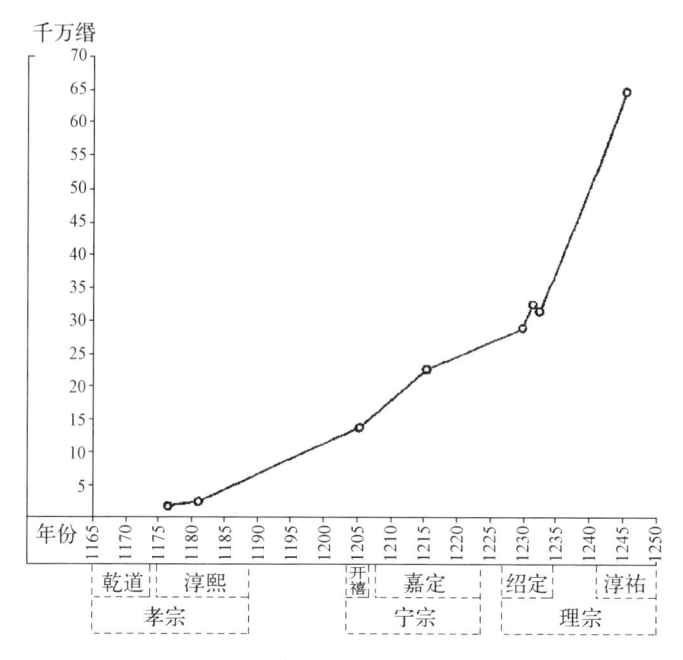

宋末纸币流通数量

俗语说，"物以少为贵"。在需要不变的情形下，物品供给多了，其本身价格是要下跌的。宋末纸币的发行既是越来越多，其价值自然要低跌下去。上引《真文忠公文集》卷一八,曾说会子"所出太多,故贱";又《黄氏日抄》卷八三亦说,"楮以太多而轻"。除此以外,关于宋末纸币因发行太多而价值低跌的情形,记载甚多。如《朦轩集》卷一《乙未馆职策》云:

> 楮币至是术穷矣,其将何以救之欤?非楮之不便民用也,其法贵少,而今多焉,故也。物视轻重为相权。使黄金满天下,多于土,而楮之难得甚于金,则金土易价矣。然则天下非物之贵也,楮之多也。

又徐鹿卿《清正存稿》卷五《论待虏救楮二策上枢密院》云:

> 夫楮之所以轻者,以其多也。

又《杜清献公集》云:

> 今楮券之出,视昔不知其几十倍矣。欲压以威力,而强重贵之,万无是理。此令一行,则人惟有惧罪而不敢用,则楮为弃物矣。(卷八《殿院奏事第一札》)

> 欲增重会价,必使省印造,然后可以免于折阅。……印造省,则人之求楮必多。……如是,则楮价可增矣。此重楮券之策也。(卷九《嘉熙四年被召入见第二札》)

又袁甫在《蒙斋集》卷四《秘书少监上殿第二札子》后附记云:

> 上(宋理宗)又问:"近日楮币之价,日益减削,秤提无策,如何则可?"……某奏:"臣谓朝廷若要作规模,只是减印造之数。但目今百需皆要会子,如何省得?……"

又刘克庄《后村先生大全集》卷五一《备对札子》(端平元年九月)云:

> 臣窃惟财用不足,今日不可药之病也。……于是日造楮十六万,以给调度。楮贱如粪土,而造未已。

上述宋末因数量太多而价值低跌的纸币,大多偏于"中央"政府发行的会子。复次,由地方政府发行的纸币,如四川政府的宝祐二年(1254—1255年)增印的银会,也因发行过多而价值低跌。李曾伯《可斋续稿后》卷三《救蜀楮密奏》云:

> 窃惟蜀楮之弊极矣。见今三界行使，其第三料视第一料以五当一，楮价犹未甚辽绝。自宝祐二年，更印银会，以一当百，一时权于济用，将以重楮，然自此而楮益轻。盖楮之低昂，物亦随之；楮之轻，物之贵也。……以此会算，则是近两年所造银会之数，比之前十三年内所造第一料第三料之数，几已增一倍以上。楮之立价非不重，而印造乃愈多，物贵乃愈甚，支用乃愈不继。视而弗救，长此安穷。

宋末纸币的大量发行，足以促使它的价值下跌，已如上述。除此以外，再加上当日纸币的发行，并没有健全的准备金来作保证，更足以加重它的价值下跌的程度。原来宋代纸币之所以为纸币，是因为有充分的准备金来作它的保证的。《鼠璞》说：

> 自商贾惮于般挈，于是利交子之兑换。故言楮则曰称提，所以见有是楮，必有是钱以称提之也。

可是，到了宋末，由于战费开支的庞大，政府却不顾准备金之有无①而滥发纸币了。《宋史》卷四三〇《李燔传》云：

> 燔又入札争之曰："钱荒楮涌，子母不足以相权。不能行楮者，由钱不能权之也。"

又同书卷一八〇《食货志》云：

> （淳祐）八年，监察御史陈求鲁言："……急于扶楮者……不思患在于钱之荒，而不在于钱之积。……"

又《文献通考》卷九云：

> 今也钱乏而制楮，楮实为弊。

又《后乐集》卷一五云：

> 某伏领别缄，垂论会子事，敬悉。……且所为称提，犹权衡之于物也。权与物均而生衡，言权与物均齐，而衡所以平。今会犹权，钱犹物

---

① 宋末纸币之所以缺乏准备金，另一原因为铜钱的外漏。详见拙著《宋代广州的国内外贸易》。

> 也。既会多而钱少,是权重而物轻。势已至此,何术称提而使之平乎?(《答提刑程少卿》)
>
> 某不敢僭论大体,姑以三路言之,交割见在之数,会子日增,见钱日削。……向有十余万见钱者,今止存一二万缗尔。……若以必出见钱,依官价收兑,而后可以称提,抑不知数年之后,诸路州郡见钱净尽,将何以为继乎?(《知福州日上庙堂论楮币利害札子》)

又《清正存稿》卷一《九月朔有旨令伺候内引壬子入国门是日内引奏札》云:

> 今……见缗空而虚楮将不行。

又李昴英《文溪集》卷九《宝祐甲寅宗正卿上殿奏札》云:

> 楮不行而钱币竭……

这样一来,宋末纸币的价值,遂因准备金的缺乏而更为下跌。《宋会要·刑法》二云:

> (嘉定十年)十一月二十九日,臣僚言:"臣闻楮币之折阅,原于铜钱之消耗。……"
>
> 十二年六月十八日,都省言:"勘会见钱稀少,会价渐至低减。……"
>
> 八月九日,臣僚言:"今日楮券……不无折阅去处。然振起其折阅之渐,而杜绝其致弊之因,其策在钱而不在楮;盖钱者,所以权乎楮者也。今日……铜钱日少,而无以济楮之流行。乞……则铜钱可以渐裕,子母可以相权,楮币之价不至于随起而随仆矣。……"

又同书《职官》四三云:

> 嘉定十五年七月二十二日,臣僚言:"铜钱浸少,楮券浸轻,不可不虑。……"

又《后乐集》卷一五《知福州日上庙堂论楮币利害札子》云:

> 今之议者莫不曰:"不惜官钱兑换,可以增长价值。"殊不知官钱有限,会子无穷,兑换未尝间断,而价之消长全不相关;盖多寡之异,理势使然,非区区兑便所可遽回也。

又《真文忠公文集》卷三二《馆职策》云：

> 楮币日轻，本由钱乏。

又《杜清献公集》云：

> 所谓铜乏楮多之为患……自近岁楮券日轻，铜钱日少，上下交以为病。……楮币折阅，日甚一日，职此之由。（卷八《便民五事奏札》）

> 自边烽未撤，楮券印造之数，不啻数十倍。而钱监所铸之钱，比祖宗盛时，□二十之一。上下百费，悉仰于楮。昔也，楮本以权钱之用；而今也，钱反无以济楮之轻，钱日荒而楮日积。端平初，谋国者不思所以变通之宜，而但拘以一易一之说。循至于今，楮价之损；几不可言。（卷九《嘉熙四年被召入见第二札》）

又《清正存稿》卷五《论待虏救楮二札上枢密院》云：

> 夫楮之所以轻者，以其多也。吾既无见缗可以用官价而大收之，则当有权宜之术以救其穷。

又阳枋《字溪集》卷一《上洪中书论时政书》云：

> 循至楮币日轻，货泉日竭，中外岌岌，末如之何。

> 楮由此而日轻，镪由此而日匮。君臣上下，穷思竭谋，而终莫能以究其弊。

总括上述，可知宋末的纸币，一方面由于发行额的大增，他方面由于准备金的不充分，价值下跌得很利害。关于当日纸币跌价的情形，除分见于上引各种文献外，记载甚多。《宋史》云：

> 政府议楮币日轻，欲令诸州再用印及他为称提之法。（卷四一三《赵必愿传》）

> 时（端平年间）楮币亏甚。（卷四一九《许应龙传》）

又叶适《水心文集》卷二五《孟达甫墓志铭》云：

> 会子减贱不行。

又魏了翁《鹤山大全文集》卷八七《陈公（贵谊）神道碑》云：

> 行之逾年，论报山积，楮直益损。

又洪咨夔《平斋文集》卷三〇《饶州堂试九》云：

> 顷以楮币益轻，多为秤提之术，而未底于重。

又《杜清献公集》卷一二《签书直前奏札》云：

> 楮价益下，宜急扶持，以助国用。

又戴复古《石屏诗集》卷三《广东漕李实夫四首》云：

> 楮贱伤财力，兵骄稔祸端。

又《文溪集》卷七《淳祐丙午十月朔奏札》云：

> 楮轻如毛。

宋末纸币既因滥发及没有充分的准备金而跌价，人民对它自然采取怀疑的态度了。《宋史》卷四一五《黄畴若传》云：

> 自军兴费广，朝廷给会子数多，至是折阅日甚。朝论颇严称提，民愈不售。郡县科配，民皆闭门牢避。行旅持券，终日有不获一钱一物者。

又《真文忠公文集》卷二《辛未十二月上殿奏札》云：

> 今新令之行，以旧券之二，而易新券之一。倘郡县推行唯谨，则实惠岂不周流？然虑其间未能亡弊。……远近之人，赍持旧券，彷徨四顾，无所用之，弃掷燔烧，不复爱惜，岂不逆料他时之必至此乎？

又《鹤林集》卷二一《缴薛极赠官词头》云：

> 独惟楮币一事……新令一行，物情疑骇，怨嗟之声，盈于道路。豪家大姓，至有聚楮而焚于通衢者。

人民这样不信任政府发行的纸币，对于政府的财政前途是非常不利的。为着巩固纸币的信用，政府遂借法律的力量，强迫人民使用，从而生出种种流弊。《真文忠公文集》卷二《癸酉五月二十二日直前奏事》云：

宋末的通货膨胀及其对于物价的影响

> 窃惟今日关国脉盛衰,系民生休戚,其惟楮币一事乎?……而自楮币之更,州县奉行失当,于是估籍徒流,所在相踵,而重刑始用矣。科敷抑配,远近骚然,而厚敛始及民矣。告讦公行,根连株逮,而苛政始肆出矣。假称提之说,逞朘削之私者,唾掌四起,而酷吏始得志矣。……而臣观今之州县间,务为新奇,创立科调,乃多出于朝廷约束之外。故有一夫坐罪,而昆弟之财并遭没入者矣;有亏陌田钱,而百万之赀,悉从没入者矣,谓之奉法可乎?至于科富室之钱,朝廷之令所无也;拘盐商之舟,朝廷之令所无也;以产税多寡为差,令民藏券,此又朝廷之令所无也。……如此谓之体国,可乎?

又《宋史》云:

> 是岁(嘉定九年)春至夏不雨。积应诏言:"……楮币之改,以一夺二。……皆足以召怨而致旱。"(卷四一五《危稹传》)
>
> 楮币之换,官民如雠。(卷四三六《刘清之传》)

又《文献通考》卷九云:

> 自是①岁月扶持,民不以信,特以畏耳。

二、通货膨胀对于物价的影响

(一) 概说

在讨论宋末通货膨胀对于物价的影响以前,我们先要明了经济学上的货币数量学说。② 根据此说,在物品供求不变的情形下,社会上货币流通数量的大小与物价的高低成正比例。例如自 16、17 世纪起,因美洲银矿开发,大量的银流入欧洲,欧洲物价遂因银的流通量增加而高涨。又如欧战后,各国多以金③向美国还债,美国恐金在外流通太多,以致物价高涨,遂收藏大量的

---

① 指嘉定二年,时以旧会之二易新会之一。参考《宋史》卷一八一《食货志》。
② 参考 Fisher, I., *The Purchasing Power of Money*.
③ 当时各国货币多以金为本位。

金,以免流通。这都是就金属货币来说的。至于纸币,更是这样。如美国在南北战争时,因发行绿背纸币(greenback)过多,物价上涨。又如欧战时及战后,欧洲各国因滥发钞票,物价大大增高,其中尤以战败的德国为甚。这种学说,事实上绝不是西洋所独有,中国先哲也早就发挥过了。在古代,《管子·山国轨篇》说:

> 币重而万物轻;币轻而万物重。

这虽然只就货币价值的贵贱来说,但货币价值的贵贱与它的流通数量是有很密切的关系的。到了唐代,陆贽《陆宣公翰苑集》卷二二《均节赋税恤百姓六条》说:

> 物贱由乎钱少。……物贵由乎钱多。……是乃物之贵贱系于钱之多少。

到了北宋,李觏《李直讲文集》卷一六《富国策第八》说:

> 大抵钱多则轻,轻则物重;钱少则重,重则物轻。

到了南宋,戴埴《鼠璞》说:

> 钱多易得,则物价贵踊。此汉唐以后议论也。……今日病在楮多,不在钱少。如欲钱与楮俱多,则物益重矣。且未有楮之时,诸物皆贱。楮愈多,则物愈贵;计以实钱,犹增一倍。盖古贸通有无,止钱耳。钱难得,则以物售钱,而钱重。钱易得,则以钱售物,而钱轻。复添楮以佐钱,则为贸通之用者愈多,而物愈贵。

根据上述货币数量学说来讨论宋末通货膨胀对于物价的影响,我们可以知道宋末物价要因纸币流通量之增加而腾贵。不过,在宋末数十年间,纸币的流通额因年代而不同,从而物价昂贵的程度亦因之而异。现在为便利起见,把它分为宁宗(1205—1224 年)[①]、理宗上半期(1225—1239 年,即由宝庆元年到嘉熙三年)、理宗下半期(1240—1264 年,即由嘉熙四年到景定五年)及度宗(1265—1274 年)4 个时期来说。

[①] 从开禧元年说起。

(二) 宁宗时期(1205—1224年)

上面曾经说过,南宋的通货膨胀开始于宁宗开禧年间,因为这时韩侂胄要与金人打仗,战费的开支很大。开禧(1205—1207年)过后,便是嘉定(1208—1224年)。嘉定初年,因为过去发行会子过多,价值低跌,政府乃另发新的会子,以换取旧会,其比率为以旧会之二易新会之一。[①] 其之所以这样规定,是因为旧会在民间早已跌价。可是,在人民方面看来,旧会既可以跌价,新会将来也是免不了要遇到同样的命运的。这正如上引《真文正公文集》卷二《辛未十二月上殿奏札》所说:

> 远近之人,赍持旧券,彷徨四顾,无所用之,弃掷燔烧,不复爱惜,岂不逆料他时之必至此乎?

这样一来,由于纸币之大量发行,及其信用在人民心目中的消失,物价遂从而上涨。《文献通考》卷九云:

> 自是(嘉定二年)岁月扶持,民不以信,特以畏耳。然籴本以楮,盐本以楮,百官之俸给以楮,军士支犒以楮,州县支吾,无一而非楮。铜钱以罕见为宝,前日桩积之本,皆绝口而不言矣。是宜物价翔腾,楮价损折……

又袁燮《絜斋集》卷一三《黄公(度)行状》云:

> 是(嘉定四年)冬更定楮令,金陵得新会三百万。……金陵军民杂处,舟车辐凑。米麦薪炭醯茗之属,悉资客贩。商贾逆知旧会将废,人所不惜,骤增物价,以术笼之。

以上是说一般物价之因通货膨胀而腾贵。复次,《宋史》卷二四七《赵师𩆜传》说米价因纸币跌价而上涨云:

> 时(嘉定初)楮轻籴贵。师𩆜尹京(临安),未数月,楮价浸昂,籴亦稍平。执政愈益贤之。

[①] 见《宋史》卷一八一《食货志》及《文献通考》卷九。

《水心文集》卷二四《赵公师罩墓志铭》亦载此事云：

> 公奏："陛下始缘都城楮贱米贵，牵挽用臣。今楮虽稍重，而贱之源犹在；籴渐平，而贵之根自若。惧终不足寄委。"上（宁宗）不能夺，解府事。

又《宋会要》云：

> （嘉定）二年八月三十日，江东提举司奏："缘会子在处兑换折阅，米价日渐腾踊……"（《瑞异》二）
>
> 十二月十四日，臣僚言："都城内外，一向米价腾踊，钱币不通。……"（《食货》六八）
>
> 七年四月三日，尚书勘会："……米价高贵，会价减损……"（《食货》七〇）

又《平斋文集》卷三一《吏部巩公墓志铭》说矿产价格因纸币低跌而昂贵云：

> 公讳嵘，字仲同。……擢都大提点坑冶钱司，职事修举。直秘阁，因其任，七十余年旷典也。……宝庆丁亥（三年，即西历 1227）三月庚申终于武义里。……冶司孝宗朝定铸额岁十五万缗，积久浸亏，六不及一。公推原弊端，知楮轻矿重，售不酬费，故入少而铸亏。……①

这种因通货膨胀而物价腾贵的现象，一直到宁宗嘉定末年也是这样。魏了翁《鹤山大全文集》卷一六《论事变起伏人心向背疆场安危邻寇动静远夷利害五几》②云：

> 今试请陈其略。……师老财殚，币轻物贵，常产既竭，本根易摇。此人心向背之几也。

宁宗嘉定年间的物价，比前代高涨了多少？关于此点，岳珂曾就田价及米价加以比较。岳珂《愧郯录》卷一五云：

---

① 巩嵘任都大提点抗冶钱司后，再历数任，然后死于宝庆三年，可知巩氏任此官时，约在嘉定初年，所谓"楮轻矿重"亦当是就此期间而言。
② 据《宋史》卷四三七本传，知奏于嘉定十七年。

承平时，钱重物轻，本业具举，故粒米狼戾之价，与今率不侔，而田之直亦随以翔贵。珂按李文简焘《续通鉴长编》：熙宁二年十一月壬午，御迩英阁，进读《通鉴》毕，赐坐。司马光、吕惠卿议青苗事。司马光曰："太宗平河东，轻民租税；而戍兵甚众，命和籴粮草以给之。当是时，人稀物贱，米一斗十余钱，草一围百钱，民乐与官为市。其后人益众，物益贵。而转运司常守旧价，不肯复增；或更折以茶布，或复支移折变。岁饥，租税皆免，而和籴不免，至今为膏肓之疾。又熙宁八年八月戊午，中书进呈户房，乞下两浙提举水利及转运司各差官定验两浙兴修水利不当事。"吕惠卿曰："臣等有田在苏州，一贯钱典得一亩田，岁收米四五六斗；然常有拖欠，仅如两岁一收。上田得米三斗，斗五十钱，不过直百五十钱。而今收堤岸所率，每亩二百钱。有千亩田，即出二百千，如何拼得？"观太平兴国至熙宁止百余年，熙宁至今[①]亦止百余年，田价米价乃十百倍蓰如此！

不过，宁宗嘉定年间的物价虽然较前代为高，但和以后比较起来，便宜多了。据前文所说，这时期的纸币已经发到二亿三千万，固然多于以前，但和以后的恶性通货膨胀比较起来，轻微得多。所以这时期的物价虽然昂贵，但其昂贵的程度远不如以后；而且，如遇到贤明的政府加以平价，物贵的风潮也是可以缓和的。例如上引《宋史》卷二四七《赵师睪传》说，嘉定初年，临安的米价曾因纸币价值的低跌而上涨；但由于当地长官赵师睪的努力改革，米价略为下落。又如上面曾说，嘉定四年金陵物价曾因通货膨胀而上涨；但经当地长官黄度努力平价后，物价又复降落。《絜斋集》卷一三《黄公(度)行状》云：

> 公急救之，发官米三万石，下旧直之半，许民以旧会赴籴。招米商平其价，而粜于官场。所得旧券，易之以新，大略如前日所以收铁钱救饥民者。及其他物价种种裁定，人莫敢增，视旧直或反贱。

(三) 理宗上半期(1225—1239 年)

宁宗死，理宗(1225—1264 年)即位。理宗在位的时间很长，故为便利起

[①] 《愧郯录》成于嘉定年间，见本书《自序》。

见,把理宗时代的物价分为两个时期来说。现在先说理宗上半期(1225—1239年),即由宝庆元年到嘉熙三年。

理宗初年,因为通货膨胀仍旧继续下去,物价甚贵。《鹤山大全文集》卷一七《直前奏六未喻及邪正二论》①云:

> 而贪暴之吏……得失薰心,罔有艺极。所谓饰厨传,营土木,事游观,求赢余,又不与焉。方币轻物贵,田里萧条,此何等气象,而必使此辈肆于民上!

又同书卷一七《封事奏体八卦往来之用玩上下交济之理以尽下情》②云:

> 且上之人曰:"方今事势庶几其暂安矣。……虽曰物价未平,而临安一城,钱会稍通。……"此上之说然也。而下之人则曰……尚曰可以暂安,谁实僧之!

又同书卷八六《王聘君墓志铭》云:

> 上(理宗)元年恭默遵养,权凶伺间,窃弄威柄,丑正仇善,是与比周。予友王万里时为博士,应诏言事,其略有三:"而况揆诸今日之事……币轻物重,十室九空,非无货财不聚之叹。……"

上述楮贱物贵的现象,到端平年间(1234—1236年)更为厉害。洪咨夔③《平斋文集》卷一四《从臣李埴等乞将所得俸给减半帮支不允诏》云:

> 朕承世治,垢敝之极,楮轻物重,公私交瘁,夙夜不皇宁。

又同书卷二一《川秦都大茶马桂如琥除户部员外郎制》云:

> ……币轻物重,若何而权?推此类具言之,用观尔韫。

又同书卷三〇《饶州堂试》云:

> 至若……谷贵尤艰于和籴,楮轻尚费于称提。凡此数端,莫非当今之急务。

---

① 内言时为起居郎,知奏于宝庆元年。参阅《宋史》卷四三七《魏了翁传》。
② 内言"今陛下(理宗)临御几一年",知奏于宝庆元年。
③ 洪氏于端平年间在"中央"政府任职,见《宋史》卷四〇六本传。

> 钱币久壅而未通，谷价方踊而未艾。

又吴潜《许国公奏议》卷一《应诏上封事条陈国家大体治道要务凡七事》（端平元年）云：

> 朝廷以楮价减落，收换十四十五两界，诚为知务。但……新楮之出既多，人亦视同旧楮，不甚爱惜。……是以物价翔踊，愈甚于前。

又《蒙斋集》卷四《秘书少监上殿札子》①云：

> 重以楮令日变，物价日增，民生无聊，怨谤并起。

又《秘书少监上殿第二札子》云：

> 今物耗且贵，气象萧条，岂无所以然之故？

又《臞轩集》卷一《乙未馆职策》（端平二年）云：

> 逮我孝宗之隆兴，而复行楮币于天下。……沿流至于今日，数日以夥，用日以轻。变之欲其通，而行者愈滞。令之欲其信，而听者终疑。于是物价翔腾，闾间憔悴，……

又《杜清献公集》卷八《殿院奏事第一札》②云：

> 楮价暗折，物价显增。

又《鹤林集》卷一三《祈晴祝文》③云：

> 况钱荒而楮会弗起，米贵而薪刍益高。

当日因通货膨胀而引起的物价腾贵，因为在社会上已经根深蒂固，遂成为非常棘手的问题。这可由下述两事来加以证明：

（1）当负一时重望的真德秀入朝执政的时候，人人都很热诚地希望他能解决楮贱物贵的问题；可是，结果却大失所望。周密《癸辛杂识》前集云：

> 真文忠负一时重望，端平更化，人徯其来，若元祐之涑水翁也。是时

---

① 袁甫于端平年间迁秘书少监，凡《宋史》卷四〇五本传。
② 此札上于端平年间，见同书卷首黄震《戊辰修史传》及《宋史》卷四〇七本传。
③ 此文约作于端平年间，参考同书卷首《提要》。

楮轻物贵,民生颇艰,意谓真儒一用,必有建明,转移之间,立可致治。于是民间为之语曰:"若欲百物贱,直待真直院。"及童马入朝,敷陈之际,首以尊崇道学,正心诚意为第一义;继而复以《大学衍义》进。愚民无知,乃以其所言为不切于时务,复以俚语足前句云:"吃了西湖水,打作一锅面。"市井小儿,嚣然诵之。士有投公书云:"……楮币极坏之际,岂一儒者所可挽回哉?责望者不亦过乎!"公居文昌几一岁。洎除政府,不及拜而薨。

又张端义《贵耳集》卷下亦云:

真西山负一世盛名。……及史同叔之死,天下之人皆曰:"真直院入朝,天下太平可望。"及其入朝,前誉少减。……都下谚曰:"若要百物贱,须是真直院。及至唤得来,搅做一镬面。"

(2) 鉴于楮贱物贵给予人民生活的痛苦,政府曾拿出金银来收回过多的纸币,但结果亦"无救于楮币之滥"。《鹤山大全文集》卷一九《被召除礼部尚书内引奏事第四札》[①]云:

重以楮币泛滥,钱荒物贵,极于近岁。人情疑惑,市井萧条。禁奴(帑?)出黄白金四千余万缗,并销两界,此非常之赐也;然徒伤公私之财,而无救于楮币之滥。

因通货膨胀而急剧上涨的物价问题,在端平年间既然无法解决,遂一直拖延到嘉熙年间(1237—1239 年)。《宋史》卷四二《理宗纪》载:

(嘉熙元年)秋七月壬子,湖北提举董槐朝辞,奏楮币物价重轻之弊。

又同书卷四二三《李诏传》云:

嘉熙二年召。明年,上疏乞寝召命云:"端平以来,天下之患,莫大于敌兵岁至,和不可,战不能,楮券日轻,民生流离,物价踊贵,遂至事无可为。……"

[①] 奏于端平二年。参考《宋史》卷四二《理宗纪》及卷四三七《魏了翁传》。

又《蒙斋集》卷七《中书舍人内引第二札子》[①]云：

> 臣窃见端平更化之始，魁垒耆艾俊杰之彦，济济在列；陛下锐意望治，众贤交进嘉谟。……言救楮则曰节用。……而算计见效，茫如捕风，内阻外讧，楮轻物贵，人情惶惑，国势阽危。

又同书卷四《戊戌风变拟应诏封事》（嘉熙二年）云：

> 而又物价翔踊，日甚一日。

上述通货膨胀对于物价腾贵的影响，偏重于一般的情形。复次，在文献上，又有专述各地情形的记载。关于临安方面，《宋史》卷四一七《乔行简传》云：

> 拜参知政事，兼知枢密院事。[②] 时议收复三京，行简在告，上疏曰："……欲行楮令，则外郡之新券虽低价而莫售；欲平物价，则京师之百货视旧直而不殊。……"

又《真文忠公文集》卷一三《召除户部内引札子一》（端平元年）云：

> 至于行都近甸，为沐浴雨露之首，而楮轻物贵，为生孔蠚，愁叹之声，在在而有。

关于襄阳方面，《鹤林集》卷一九《论中原机会不易言乞先内修政事札子》（绍定六年八月）云：

> 陛下自视今日，比孝宗时何如耳？……铜楮阢于会通，糗粮渗于博易。襄州石米，贵直百千。

又周密《齐东野语》卷五《端平襄州本末》云：

> 至是（端平二年十二月）物价踊贵。

又《许国公奏议》卷一《应诏上封事条陈国家大体治道要务凡九事》云：

---

① 《宋史》卷四〇五《袁甫传》："嘉熙元年，任中书舍人。"
② 事在绍定六年（1233年）十月，见《宋史》卷四一《理宗纪》。

> 京裏十年闭境,仅无乏兴。一与鞑通,公私大困。……京鄂之间,米石为湖会六七十券。百姓狼顾,枕藉道涂。

关于四川方面,《鹤山大全文集》卷一〇〇《绍定六年劳农文》云:

> 东川之俗,素号淳朴;乃自近岁,物贵钱囏。

又同书卷三七《与郑丞相书》(端平元年)云:

> 窃惟泸介渝、夔之间,自为一隅,于中都近事,咸罔闻之。……今职授任事,多牵制饷所,以楮轻物贵,立见狼狈。此等琐屑,尚嗣陈之。

又同书卷一九《被召除礼部尚书引内奏事第四札》云:

> 蜀自董居义丧蹙国,郑损弃五州,并边膏腴之地,人莫敢耕。……所谓百万斛者,既无从出。所仰给者,惟一分水运耳。几何不乏于供乎?而况楮贱物贵,商贬(贩)不行,二千里溯流,势难责以时至。……则蜀计之可忧者又如此。

又《鹤林集》卷三九《神泉县劝农文》①云:

> 但自比岁以来,雨雪时降,年谷顺成。物价之昂,视昔加倍。闾里末作者,或有食贵之忧。

> 向者物贱引贵,不免称贷而为之息。今则米斗千钱,生计颇优裕也。

由此可见当时因通货膨胀而物价高涨的现象,并不是局限于一两个特殊地方,而是普遍全国的。

理宗上半期,因通货膨胀而影响物价的腾贵,已如上述。这里还要说明的是:这时期的物价究竟高涨到怎么样的程度?我们在上一节曾经说过,宁宗嘉定年间的物价虽然腾贵,但因当时的通货膨胀较为轻微,故腾贵的程度并不怎么大。可是,到了这个时期,由于纸币发行之加多,物价腾贵的程度可利害得多了。据种种记载,我们可以断定,这时期的物价要比上一期开始时(开禧年间)贵一倍以上。《鹤山大全文集》卷二六《辞免督视军马乞以参赞军

---

① 神泉县属成都府路,见《宋史》卷八九《地理志》。

事从丞相行奏札》①云：

> 异时督府非千万缗不行。今楮轻物贵之时，而所给仅三百万，则不及异时②百五十万之用。

又《宋史》卷四〇五《李宗勉传》云：

> 时③王㮣复求岁币银绢各二十万。宗勉言："轻诺者多后患，当守元约可也。然比之开禧时，物价腾踊，奚啻倍蓰矣。"

又《鼠璞》云：

> 且未有楮之时，诸物皆贱。楮愈多，则物愈贵；计以实钱，犹增一倍。④

按上章曾说纸币老是跌价，故实钱当比纸币贵重得多。所以，这时期的物价，既然"比未有楮之时"，"计以实钱，犹增一倍"，那么，如果计以纸币，当然增加得更为利害了。

（四）理宗下半期（1240—1264 年）

我们现在讨论理宗下半期的物价，所以要从嘉熙四年（1240—1241 年）说起，其原因有两个：① 这年水旱为灾，农产失收，米价加速度腾贵，从而其他物品的价格也因受米贵的影响而一致上涨。俞文豹《吹剑录外集》说这年米价的腾贵云：

> 嘉熙庚子（四年）大旱。京尹赵存耕科敷巨室籴米，始官给三十六千一石。

> 未几，粒价增四五倍，豪民巨姓破家荡产，气绝缢死者相踵。至今父老痛之。

又戴复古《石屏诗集》卷三《嘉熙己亥大旱荒庚子夏麦熟》云：

---

① 时为端平二年十一月。参看《宋史》卷四二《理宗纪》。
② 当即指开禧年间，据下引《宋史》卷四〇五《李宗勉传》可以推知。
③ 嘉熙二年二月，见《宋史》卷四二《理宗纪》。
④ 《鼠璞》记载纸币发行数目，至绍定六年为止。这里说"楮愈多，则物愈贵"的时间当即指此。

>　　旱潦并为虐，三农哭岁饥。当秋谷价贵，出广米船稀。
>　　琐琐饥年事，骎骎谷价高。

又同书卷三《庚子荐饥》云：

>　　连岁遭饥馑，民间气索然。十家九不爨（一作饱），升米百余钱。
>　　乘时皆闭籴，有谷贵如金。
>　　休言谷价贵，菜亦贵如金。
>　　去岁未为歉，今年始是凶。谷高三倍价，人到十分穷。

一切物品都要有劳力才能生产。而工人是要吃饱了饭才有力量工作的。米价贵了，赖粮食来生产的劳力自然随之而贵。这就是说，工资要增贵。工资是物品生产成本的一种，既然上涨，各种物品的价格自亦随之上涨。范浚①《范香溪文集》卷一五《议钱》云：

>　　今钱货既乏，而百物皆翔贵，岂今之钱与古之钱异哉？盖谷甚贵之所致也。……夫人视食为命，其于谷粟不可一日不求。……彼市百物者，皆非不饥之人，固将量食费以取百物之直，则百物亦不得不甚贵。

这话虽然是就南宋初年而言，但亦可适用于这个时期。② 从这年起，政府大量发行新纸币——十八界会子，以十八界会子之一准十七界会子之五，强迫人民使用。《续文献通考》卷七云：

>　　（嘉熙）四年九月，令措置十八界会子，收换十六界，将十七界以五准十八界一券行用。如民间辄行减落，或官司自有违戾，许径赴台省越诉。

这样一来，政府作进一步通货膨胀的结果，物价遂更为上涨。《蒙斋集》卷七《论会子札子》②云：

>　　近者因有更张之说，犹未见诸施行，而中外之人，已自惶惑；两月之间，物价骤增，会价顿削，城市荒索，气象萧条。
>　　臣窃详白札子所陈，不欲明换，而欲暗销者，盖恐一新易五旧，非民

---

① 范浚为南宋初年人。
② 《续通考》系此札子于嘉熙四年九月项下。

所乐,故只令纽价输赋,神而化之耳;意非不善也。然日来物值翔踊,正缘旧会数多之故,民方苦之。

关于嘉熙四年因农产失收及进一步的通货膨胀而物价上涨的情形,除分见于上引各文外,记载甚多。《宋史》卷四一三《赵与懽传》云:

> (嘉熙年间)迁户部尚书,兼权吏部。……论楮币……折阅益甚。……又言:"膏雨不降①,星变频仍。在京物价腾踊,民讹士躁。……"

又同书卷四一九《徐荣叟传》云:

> 嘉熙四年,拜右谏议大夫。入对言:"自楮币不通,物价倍长,而民始怨;自米运多阻,粒食孔艰,而民益怨。此见之京师者然也。……"

关于此事,《杜清献公集》记载尤多。如卷九《嘉熙四年被召入见第一札》云:

> 且陛下视今之时,为何如时耶?旱暵荐臻,民无粒食。楮券猥轻,物价翔踊,行都之内,气象萧然。左浙近辅,殍死盈道。……是内忧既迫矣。(黄震《戊辰修史传》及《宋史》卷四〇七《杜范传》略同)

又卷一〇《(嘉熙四年)八月已见札子》云:

> 物价腾踊,昔固有之。而升米一千,其增未已,日用所需,十倍于前,昔所无也。……楮券折阅,昔固有之。告缗讥关,钱出楮长。而物价反增,人以为病,昔所无也。(《戊辰修史传》同)

又卷一〇《吏部侍郎已见第一札》②云:

> 且去岁浙左旱暵异常,浙右虽得中熟,而仰食既多,米价十倍其涌。垂罄之腹,闵闵望岁。

又卷一一《上巳见三事》(吏部侍郎)云:

> 楮券之弊极矣。新旧并行,虽曰下策;然舍此之外,无策可行,则其

---

① 当即指嘉熙四年的大旱。
② 杜范于嘉熙四年迁吏部侍郎,见《宋史》卷四〇七本传。

> 行也,亦岂得已? 此议既出,远近传闻,楮价日低,物价日长。
>
> 臣窃见今岁之旱,京辅为甚。……斗米十千,又复日长。

又《鹤林集》卷二四《知温州丐祠申省状》①云:

> 旧楮非不称提,而直日下;新谷非不平粜,而价日增。

又《申省二状》云:

> 率十分减三,而谷尚贵;以五券税一,而楮弗昂。

又吴潜《许国公奏议》卷三《内引第三札奏论尹京三事非其所能》(嘉熙四年)云:

> 米乃民之命脉,而苦于直之涌。楮乃民之血脉,而苦于直之低。

又《奏尹京事并乞速归田里》(嘉熙四年)云:

> 惟有百物之时直未平,良由四方之会陌浸落。此非朝廷速行措置,无缘郡县可以转移。使内外之楮价相登,则郡邑之物价自定。此则庙堂之事,非独微臣之责矣。

又《经筵奏论救楮之策所关系者莫重于公私之籴》(嘉熙四年)云:

> 朝廷亟思所以救楮,则百物之价,便可以损三分之二。而其最所关系者,莫重于公私之籴事。以朝廷和籴言之,则可以宽国计。以闾阎日籴言之,则可以宽民生。夫古今未有石米之直为缗丝三百四十千,而国不穷,民不困,天下不危乱者也。

又《清正存稿》卷一《奏乞科拨籴本账济饥民札》②云:

> 臣入境以来……自南康、池阳、太平,以达于建康,凡历四郡。所至延见士民,咨询利害;而足迹之所未及者,亦博加采听。其病民之事固非一端,然最以岁事不登,粒直翔踊为大苦。……目下米一斛,廉者六七十千,高者至百余千。流离殍死,气象萧然。

---

① 唐泳于嘉熙四年知温州,见李琬等修《温州府志》卷一七。
② 内言大旱及十八界新会等事,知作于嘉熙四年。

嘉熙以后，便是淳祐（1241—1252年）。到了淳祐年间，因农产失收恶性的通货膨胀而引起的物价飞涨现象，仍是一样严重。《宋史》卷一八〇《食货志》云：

> （淳祐）八年，监察御史陈求鲁言："议者谓楮便于运转，故钱废于蛰藏。自称提之屡更，圜法为无用。急于扶楮者……不思患在于钱之荒，而不在于钱之积。夫钱贵则物宜贱，今物与钱俱重，此一世之所共忧也。……"

又李曾伯《可斋杂稿》卷一七《除淮阃内引奏札》[①]云：

> 姑以迩年已验者言之。星妖地震，数见屡书。蝗孽旱灾，所在为虐。京畿近地，米石百千。殍殣相望，中外凛凛。天变可谓极矣。

又《第二札》云：

> 乃者适丁歉岁，物价翔踊。

再往后，到了宝祐年间（1253—1258年），物价也因为恶性的通货膨胀而高涨。李昂英《文溪集》卷九《宝祐甲寅宗正卿上殿奏札》云：

> 楮不行而钱币竭，物踊贵而兵民贫。

又李曾伯《可斋续稿后》卷三《救蜀楮密奏》云：

> 窃惟蜀楮之弊极矣。……自宝祐二年，更印银会，以一当百，一时权于济用，将以重楮，然自此而楮益轻。盖楮之低昂，物亦随之，楮之轻，物之贵也。……楮之立价非不重，而印造乃愈多，物价乃愈甚，支用乃愈不继。视而弗救，长此安穷。姑举一二言之。银价去春每两仅三千引，今每两七千五百引矣。籴价去春每石仅二千引，今每石五千引矣。其他百货增长者称是。

到了理宗末年，物价也是一样昂贵。时贾似道执政，对于物贵问题，简直漠不关心。《齐东野语》卷一七《景定彗星》云：

[①] 约作于淳祐年间。参考同书卷首《提要》及《宋史》卷四二〇本传。

> 景定五年(1264年)甲子七月初二日四戌,御笔作初三日乙亥,彗星见东方,柳宿光芒烜赫,昭示天变。……丁丑,避殿减膳,下诏责己,求直言,大赦天下。……又京庠康隶杨坦第一书谓:"……以秋壑(贾似道)而压溪壑之渊薮,踏青泛绿,不思闾巷之萧条;醉酿饱鲜,遑恤物价之腾踊?人心怨怒,致此彗妖。谁秉国钧,盍执其咎?……"

这可以下列二事为证:

(1)《宋史》卷四○九《高斯得传》云:

> 彗星见:应诏上封事曰:"……而庚申(开庆元年)己未(景定元年)之岁,大水为灾,浙西之民,死者数百千万。连年旱暵,田野萧条,物价翔跃,民命如线。今妖星突出,其变不小。若非大失人心,何以致天怒如此之烈?"封事之上也,似道匿不以闻。(高斯得《耻堂存稿》卷一《彗星应诏言事略》同)

(2)《宋史》卷四二五《刘应龙传》云:

> 会京师米贵,应龙为《劝粜歌》。宦者取以上闻。帝(理宗)问知应龙所作,问似道:"米价高,当亟处之。"似道访其由,亦怒应龙。迁司农少卿。寻以右谏议大夫孙附凤言,遂去。

贾似道对于物贵问题这样讳疾忌医,物价当然更要上涨了。

最后,我们还要说明的是这时期的物价,究竟要上涨到怎么样的程度?上引《赵清献公集》卷一〇《吏部侍郎已见第一札》说嘉熙四年"米价十倍其涌";又《八月已见札子》说当时"日用所需,十倍于前"。可见这时的物价,由于恶性的通货膨胀,再加以农产的失收,要比从前昂贵十倍。至于嘉熙四年以后,物价更要上涨到怎么样的程度,因为文献有缺,我们不能详细知道。不过,根据上引各种记载,从这年以后,直至理宗末年,物价有继续增长的趋势,却是我们可以断言的。

(五)度宗时期(1265—1274年)

上文说,理宗末年,贾似道对于当前最严重的物贵问题,简直漠不关心。

假如光是这样,度宗时期的物价还不至于腾贵得那么利害。事实上,他不单是消极地对于物贵问题漠不关心,而且积极地造成更恶性的通货膨胀,结果物价的腾贵终于在度宗时期达到最高峰。他于理宗刚死、度宗快要即位的时候,不理过去纸币流通量的大小,及准备金的有无,发行一种纸币,名叫金银关子,或称金银见钱关子,于是物价更加速度上涨。《齐东野语》卷一七《景定彗星》载:

> (景定五年)十月乙丑,忽闻圣躬(理宗)不豫,降诏求医。丁卯,违诏升遐,而金银关子之令乘时颁行,换易十七界楮券。物价自此腾涌,民生自此憔悴矣。

又区仕衡《九峰先生集》卷一《奏宰臣矫诏行私朋奸害正疏》云:

> 今先帝(理宗)宫车晏驾,四海臣民,方举首企俟新政,似道乃敢于矫诏废十七界会子,而行关子,以楮贱,作银关,以一准十八界会之三。物价踊,楮益贱。关子之不便于民,匪但川蜀荆襄为然,吴越闽广俱不便也。陛下宅哀未发纶音,似道首即矫诏。悖逆不道,莫斯为甚。

又《宋史》卷四七四《贾似道传》云:

> 复以楮贱,作银关,以一准十八界会之三,自制其印文如"贾"字状行之。十七界废不用。钱关行,物价益踊,楮益贱。

又《宋季三朝政要》(撰人佚)卷三载景定五年正月①:

> 造金银见钱关子,以一准十八界会之三。出奉宸库珍货收弊楮,废十七界不用。其关子之制:上刻印如"西"字;中红印三,相连如"目"字;下两傍各一小长黑印。宛然一"贾"字也。关子行,物价顿踊。

又吴自牧《梦粱录》卷一三云:

> 至咸淳年间(1265—1274年),贾秋壑为相日,变法增造金银关子,

---

① 这是制造金银关子的时间,不是发行的时间。发行的时间是在理宗刚死度宗快要即位的时候,有如上引《齐东野语》卷一七及《九峰先生集》卷一所说。

以十八界三贯准一贯关,天下通行。自因颁行之后,诸行百市,物货涌贵,钱陌消折矣。

又元陶宗仪《南村辍耕录》卷一云:

世皇《下江南檄》,杖举贾似道无君之罪。宋国臣民其不诚服者与?其文曰:"……变关会而物价溢涌。……"

除上述外,关于因贾似道发行金银关子而物价飞涨的情形,《耻堂存稿》的诗,记载得尤为详细。如卷七《物贵日甚》云:

自从为关以为暴,物价何止相倍蓰!人生衣食为大命,今已剿绝无余遗。真珠作襦锦作袴,白玉为饭金为糜。苍天苍天此何人,遘此大疾谁能医?无食吾欲食其肉,无衣吾欲寝其皮!

又卷六《物贵》云:

一从泉法乱,都野咸荒荒。片楮母偏重,无子相低昂。奸人窃其权,百物因大翔。握薪重寻桂,尺鱼贵河鲂。我闻辇縠下,鞅法牛毛详。物物揭成价,大字悬康庄。臐鲍榷公肆,饼师聚官场。市易祖嘉问,均输肖弘羊。罻罗四面布,摇首触刑章。哀哉今之人,逢时何不祥!

又《桑贵有感》云:

我老与时忤,十年守穷空。衣食相驱迫,遂师田野翁。每当春蚕起,不敢怠微躬。晨兴督家人,留心曲箔中。客寓无田园,专仰买桑供。岂谓桑陡贵,半路哀涂穷。三百变三千,十倍价向穹?家赀已典尽,厥费犹未充。乃知楮法坏,流毒刀兵同!

又《酒阑》云:

币轻物痛跃,赤子命一丝。尚曰此元祐,天平欲谁欺!

因贾似道滥发金银关子而飞涨的物价,在度宗咸淳年间简直有增无减。关于此点,除见于上引各文外,《宋史》卷一七八《食货志》亦云:

咸淳二年,监察御史赵顺孙言:"今日急务,莫过于平籴。……今粒

> 食翔踊，未知所由。市井之间，见楮而不见米。推原其由，实富家大姓所至闭廪，所以籴价愈高，而楮价阴减。……愿陛下课官吏，使之任牛羊刍牧之责；劝富民，使之无秦越肥瘠之视。籴价一平，则楮价不因之而轻，物价不因之而重矣。"

赵顺孙此言，目的偏重于平米价，故说纸币跌价由于米价增高。这显然是倒果为因之论，但由此亦可见出贾似道滥发纸币的恶果——物价飞涨。此外，关于咸淳年间物价腾贵的情形，李之彦《东谷所见》①亦云：

> 几年养军，今日掣肘。物价腾踊，民不聊生。万一荒歉，群盗必起。诸军素抱乏粮之怨，孰为可备惊急之人？

又金履祥《仁山集》卷四《泛免口舌》附注云：

> 后因侍北山先生②，言："朝廷泛免，鼓舞数州。士子云集京师，费尽物贵。……"

又黄震《黄氏日抄》卷七八《咸淳七年三月二十八日中途先发上户劝粜公札》云：

> 抚州米贵，于斯为极。

又《四月初十日入抚州界再发晓谕贫富升降榜》云：

> 昨到建德路上，已作札劝谕上户，出榜晓谕细民，预行发去外，继此沿途探问，乃闻闭粜自若，米价日增。

这里，我们还要一述度宗时期物价腾贵的程度。上引《耻堂存稿》卷六《桑贵有感》，说贾似道发行金银关子钱，桑价"三百变三千，十倍价何穹？"至于其他物品价格昂贵的程度，在文献上并没有明确的记载。不过，我们可以断言，其他物品的价格也一定昂贵得很利害；这由一般人攻击贾似道的激烈，可以推知。

---

① 《四库全书总目提要》卷二四："是书凡十三则，皆愤世疾俗，词怨以怨……前有自序，题'咸淳戊辰（四年）小春，'正宋政弊极之时也。"
② 何北山卒于咸淳四年十二月，见同书卷五。

三、结　论

　　总括上述,可知南宋自开禧年间(1205—1207年)起,因为常常对外作战,开支太大,遂不顾准备金的有无,发行多量的纸币,以补收入之不足。这种通货膨胀,就其过程而论,起初比较轻微,其后则越来越利害。通货膨胀的程度既因时间而异,其对于各时期物价腾贵的影响,亦从而有大小之不同。一般来说,在开始时物价不算贵得太利害,其后则越来越高涨。就时间上言,宁宗嘉定年间(1208—1224年)物价固比以前为贵,但腾贵的程度并不怎样大。其后,到理宗上半期(1225—1239年),物价腾贵的程度可利害多了。这时期的物价比开禧年间要高涨一倍以上,即为开禧年间的物价之两倍有多。及理宗下半期(1240—1264年),一方面由于通货膨胀之恶性化,他方面由于水旱米贵的影响,物价更为上涨,要比以前增贵十倍。最后,到了度宗时期(1265—1274年),因为贾似道滥发金银关子,物价的上涨遂达到最高峰。这几十年物价的上升,因为光是理宗上半期有较明确的记载①,其余各时期的物价,文献上虽说比以前增贵多少倍,但并没有明说"以前"是指哪年哪月而言,故不能正确地做出物价上升的曲线;不过,如果要做出的话,这条曲线的方向是越向右越高,有如上载《宋末纸币流通数量图》那样,却是可以断言的。

　　以上为本文概括的叙述。最后,请一言物价腾贵的影响。

　　本来,物价上涨有时并不一定是坏事,反而是好事。一般资本家天天所焦虑的便是物价的低落。如果物价低落得太利害,许多商店工厂要因亏本而关门。上一次的世界经济恐慌,便是例证。所以在商业循环(Business cycles)中,物价昂贵时期属于繁荣时期(Prosperity stage)。而美国政府的收买白银政策,其目的也是使物价提高。由此可见物价腾贵对于生产者本来是有利的。不过,这种物价腾贵的程度要有限制。如果物价高涨得太利害,一般薪水或工资不能随着物价的飞涨而按比例增加的人民,因为他们薪水或工

---

① 上边说这时期的物价比开禧年间高涨一倍以上。

资所入的购买力①不及以前远甚,只好把生活标准降低;这样一来,生产者也就因消费者购买力之降低而买卖不好了。宋末物价太贵的结果,生产者便是这样倒霉的人。如上引《鹤山大全文集》云:

> 币轻物贵,田里萧条。(卷一七《直前奏六未喻及邪正二论》)
>
> 重以楮币泛滥,钱荒物贵,极于近岁。人情疑惑,市井萧条。(卷一九《被召除礼部尚书内引奏事第四札》)
>
> 楮贱物贵,商贩不行。(同上)

以上专论宋末物贵对于生产者的影响。至于消费者,尤其是固定收入的人,因为高涨的物价足以压低他们的购买力,使他们不得不放弃原来的生活标准。当然是大受其害了。上引《宋史》云:

> 楮券猥轻,物价腾踊。行都之内,气象萧条。左浙近辅,殍死盈道。(卷四〇七《杜范传》)
>
> 物价翔跃,民命如线。(卷四〇九《高斯得传》)
>
> 在京物价腾踊,民讻士躁。(卷四一三《赵与懽传》)
>
> 自楮币不通,物价倍长,而民始怨。(卷四一九《徐荣叟传》)
>
> 楮券日轻,民生流离,物价踊贵(卷四二三《李韶传》)

又《真文忠公文集》卷一三《召除户书内引札子一》云:

> 楮轻物贵,为生孔艰,愁叹之声,在在而有。

又《鹤山大全文集》卷八六《王聘君墓志铭》云:

> 币轻物重,十室九空,非无货财不聚之叹。

又《平斋文集》卷一四《从臣李墓等乞将所得俸给减半帮支不允诏》云:

> 楮轻物重,公私交瘼……

又《石屏诗集》卷三《庚子荐饥》云:

> 谷高三倍价,人到十分穷。

---

① 即就他们的真实工资(Real wages)而言。

又《清正存稿》卷一《奏乞科拨籴本赈济饥民札》云：

> 其病民之事固非一端，然最以岁事不登，粒直翔踊为太苦。……流离殍死，气象萧然。

又《蒙斋集》卷四云：

> 而又物价翔踊，日甚一日。民将无所得食，直立而须死耳。（《戊戌风变拟应诏封事》）

> 重以楮令日变，物价日增。民生无聊，怨讟并起。（《秘书少监上殿札子》）

又《癸辛杂识》前集云：

> 楮轻物贵，民生颇艰。

又《齐东野语》卷一七《景定彗星》云：

> 物价自此腾涌，民生自此憔悴矣。

上述宋末物价昂贵对于消费者的影响，是就一般人民说的。此外，当日中下级的公务员及军人，都是固定收入的消费者[①]，物价腾贵对于他们的毒害也非常之大。《文献通考》卷九云：

> 是宜物价腾翔，楮价损折，民生憔悴，战士常有不饱之忧，州县小吏无以养廉为叹，皆楮之弊也。

其中关于楮轻物贵对于公务员的影响，许应龙《东涧集》卷八《汰冗官札子》亦云：

> 矧今之楮币，折阅已甚。以锱计之，不及元俸三分之一，何以养廉？

又《鹤林集》卷三九《劝士文》云：

> 关表……五县吏之俸，不及中州之二三曹官之请，仅当内部之一；重

[①] 当日公务员及军人的收入，如下引《清正存稿》卷五《论待房救楮二札上枢密院》所说，也有增加的；可是，由于当日物价上涨的利害，我们可以断言，他们薪俸增加的速度远不及物价增长那么快。

之以库帑之压,加之以银会之折阅,小官之所得,厪厪无几矣。……大率边吏之俸薄,起于折会之太轻。

复次,关于楮轻物贵对于军人的影响,《鹤山大全文集》卷一七《直前奏本未喻及邪正二论》亦云:

况又物价翔踊,廪稍不给,士卒常有饥寒之怨。……而尚以谢军之心为皆可恃乎?

又《杜清献公集》卷一四《三月初四日未时奏》云:

臣窃见自楮券折阅以来,边上诸军请给,不足以供衣食之费,饥困蓝缕,常有怨声。臣向也尝言于当国者,以其重縻国用,议弗及而止。臣此番造朝,闻其怨声日甚,窃恐或有离心,不唯难以责其用命死敌,而劳之所激,必有不可追之悔。

又《可斋杂稿》卷一七《除淮阃内引奏第二札》云:

若乃沿边士卒,连年困于久戍,糇食之仰给于县官者,旬支月给,具有定数。乃者适丁歉岁,物价翔踊。累重之家,不能自给。……憔悴蓝缕,不言可知。当此四郊多垒之时,捐躯赴敌,政赖其力。乃俾衣食之不赡,啼号之不免。气象如此,宁有壮心?

又《桐江集》卷六《乙亥前上书本末》载方回上书诛贾似道云:

自更易关子以来,十八界二百不足以买一草屦,而以供战士一日之需。……饥寒窘用,难责死斗!

楮币贱,物价穷。军中数口之家,寒无衾炭,日炊不给,腹枵衣弊,累累可怜,目见市井鱼肉盐酱而不识味,困苦极矣!

又《文溪集》卷九《宝祐甲寅宗正卿上殿奏札》云:

物踊贵而兵民贫。

宋末因通货膨胀而物价飞涨,对于一般民众、军人及公务员的影响,固然非常劣恶;就是对于政府本身,也不见得有什么好处。自然,在最初,通货膨胀的程度很轻微,物价也不特别昂贵的时候,为着弥补战费的不足,而增发数量不太多的纸币,对于政府是相当有利的。可是,当通货膨胀恶性化,物价急剧飞涨以后,政府实行这种政策的结果,却是所得不偿所失了。关于此点,徐鹿卿曾就当日政府经费收支的增减上,加以说明。《清正存稿》卷五《论待虏救楮二札上枢密院》云:

> 自轻楮以来,民间随其低昂,入以此直,则出以此直,初不为病。受其弊者独朝廷尔。二税之数,无增也;祠牒官告之直,无增也;征商牙契之入,无增也。及其出也,市物之直增矣;戍兵之生券增矣;诸军衣粮虽如故,而非时之给犒增矣;官吏正俸虽如故,而添给之暗增者,亦不少矣。

总括上述,我们可知宋末因通货膨胀而引起的物价高涨,对于一般民众、军人、公务员,甚至政府本身的影响,都非常之坏。除外患的原因以外,南宋为什么要亡国,我们不是可以在这里得到多少消息吗?所以嘉熙年间袁甫说:

> 楮币蚀其心腹,大敌剥其四支。危亡之祸,近在旦夕。(《宋史》卷四〇五本传)

附记:

① 关于宋末纸币流通的数量,有可补入者二则,兹录如下:

> 目今(嘉熙四年)十六十七两界会子五十千万,数日夥,价日低,其术可谓穷矣。

> 目今旧会散在民间者,为数五十千万。(均见于《蒙斋集》卷七《论会子札》云)

② 《宋末纸币流通数量表》的"表"字,应改作"图"字。

③ 本文蒙傅孟真师、岑仲勉先生及梁方仲先生分别予以指正,又蒙潘实君先生代为绘图,特此致谢!

民国二十八年(1939年)五月三十日初稿,是年年底增订于昆明

自宋至明政府岁出入中钱银比例的变动

一

自宋(960—1279年)至明(1368—1644年),中国政府每年的国课收入及国用支出,内容相当复杂,但大体上可以分为实物和货币两大类。在自宋至明的政府岁出入中,包括有不少的米、麦、绢、布、丝、绵等实物,但随着货币经济的发展,金属货币也日渐重要起来。当日流通的金属货币,以金、银、铜钱为主。不过黄金本身价值较高而数量较少,事实上在政府岁出入中所占的地位并不怎样重要,故本文只把宋明岁出入中的银两与钱币提出来进行比较研究。根据这种研究,我们可以看出,自宋至明,随着时间的推移,银、钱在岁出入中先后占有主次地位的变化。

现在我们先把宋明岁出入中的银、钱数额比较一下,然后再进一步加以解释。

二

四十余年前,日本加藤繁教授发表他的著作《唐宋时代金银之研究》[1],已经注意到宋代文献中关于岁出入银、钱的数字,并根据当日银、钱的比价,把银两折算成钱数来加以比较。现在根据他的研究,撰成下列数表。

---

[1] 原著为日文本,《东洋文库论丛》第六,东京大正十五年(1926年)。兹根据中译本,北京中国联合准备银行调查室编辑,中国联合准备银行发行,民国三十三年六月,上册,页200—206。

表一　至道三年(997年)岁出入钱、银数

	岁　　入	岁　　出
钱	12 325 000(＋)贯	16 930 000(＋)贯
银	376 000 两＝钱 300 800 贯	620 000 两＝钱 496 000 贯
银数为钱数的百分比	2.4	2.9

资料来源：李焘《续资治通鉴长编》卷九七天禧五年条；加藤繁《唐宋时代金银之研究》，上册，页200—201。

作者注：表中银数，根据银一两为钱 800 文，折算而成；岁入钱数，则把上供钱 1 692 000(＋)贯，及榷利所获(按即专卖利益收入)11 233 000 贯，加在一起，计算得来。

表二　天禧五年(1021年)岁出入钱、银数

	岁　　入	岁　　出
钱	26 530 000(＋)贯	27 140 000(＋)贯
银	883 900(＋)两＝钱 1 414 240(＋)贯	580 000(＋)两＝钱 928 000(＋)贯
银数为钱数的百分比	5.3	3.4

资料来源：李焘前引书卷九"七天禧五年"条；加藤繁前引书，上册，页201—202。

作者注：表中银数，根据银一两为钱 1 600 文，折算而成。

表三　熙宁年间(1068—1077年)岁入钱、银数

钱	60 000 000(＋)贯
银	2 909 086 两＝钱 2 909 086 贯
银数为钱数的百分比	4.85

资料来源：王应麟《玉海》卷一八〇钱币引《六朝国朝会要》；李心传《建炎以来朝野杂记》甲集卷一四《财赋》一；加藤繁前引书，上册，页203—204。

作者注：加藤繁原来根据靖康元年(1126年)正月汴京银一两换钱 1 500 文的比价，来把表中银数换算成钱数。可是，根据他后来于昭和十九年(1944年)一月在《东洋学报》第二九期发表的论文，《南宋时代银的流通以及银和会子的关系》(加藤繁《中国经济史考证》，吴杰译，商务印书馆，1962年，第二卷，页128)，我们可知熙宁二年(1069年)福建银一两为钱 1 000 文。因为后者在时间上比较接近，故现在根据它来把表中银数折算成钱数。

表四　元祐元年(1086年)岁出入钱、银数

	岁　　　入	岁　　　出
钱	48 480 000 贯	50 300 000 贯
银	57 000 两＝钱 57 000 贯	117 000 两＝钱 117 000 贯
银数为钱数的百分比	0.12	0.23

资料来源：苏辙《栾城后集》(《四部丛刊》本)卷一五，页七，《元祐会计录收支叙》；加藤繁前引书，上册，页 204—205。

作者注：按加藤繁原来根据靖康元年正月银一两换钱 1 500 文的比价来把银数折算成钱数，兹改按熙宁二年银一两换钱 1 000 文的比价来折算。

关于宋代岁出入钱、银的数字，我们只找到北宋(960—1126 年)时代的记载。看过上列四表以后，我们可以判断，在北宋政府历年的岁出入中，除各种实物以外，就金属货币来说，钱币所占的地位要远在银两之上。和岁入钱数比较起来，在天禧五年(1021 年)银两约等于它的 5.3％，到元祐元年(1086 年)更低至只有它的 0.12％。就岁出来说，天禧五年银数只为钱数的 3.4％，到元祐元年更低至 0.23％。

三

经过数百年社会经济的变迁，到了明朝中叶以后，银、钱在政府岁出入中的比重，和北宋时代完全不同。换句话说，在政府岁出入中，除米、麦、绢、布等实物以外，每年国课收入和国用支出，都以银两为主，钱币则降低至无足重轻的地位。明代财政制度有一个特点，即国家财政与宫廷费用完全分开。负责国家财政的机构，名叫户部，在那里设有太仓库(又称银库、太仓银库，或太仓)，约相当于现在的国库①，其收入主要用于京边费用，即用来应付"中央"政费及沿边国防经费的开支。复次，内廷设有内承运库，贮银供宫廷费用，其

---

① 《明史》(百衲本)卷七九，页一四《食货志》说："正统七年(1442 年)，乃设户部太仓库，各省直派剩麦、米，(内府)十库中绵、丝、绢、布，及马草、盐课、关税，凡折银者，皆入太仓库；籍没家财，变卖田产，追收店钱，援例上纳者，亦皆入焉。专以贮银，故又谓之银库。"

收入主要来自金花银(在长江以南交通不便地区,把夏税秋粮课征的米、麦,以每石折银二钱五分的比率来征收的银子,每年为一百万两多点)。除给武臣禄十余万两外,尽供御用。① 现在根据《明实录》("中央研究院"历史语言研究所校印,1966 年 9 月初版)及其他记载,把明中叶后太仓岁出入银、钱数撰成下列数表;但在各表之前,先列表说明明中叶后的银、钱比价,以便把岁出入的银两与铜钱折算成为同一单位,来加以比较。

表五 明中叶后每两银换钱数

年　代	钱数(单位:文)	根　据
隆庆年间(1567—1572 年)	1 000(隆庆金背、火漆钱、镟边钱)	《明神宗实录》卷一六四,页六下至七,"万历十三年八月丁卯"。
万历四年(1576 年)	1 000(万历金背、火漆钱、镟边钱)	同上卷四九,页八下,"万历四年四月壬申";《明史》卷八一,页八,《食货志》
万历十三年(1585 年)八月	400(嘉靖金背) 500(万历金背)	《明神宗实录》卷一六四,页六下至七,"万历十三年八月丁卯"。
万历十三年(1585 年)八月后	800(万历金背)	同上。
万历十五年(1587 年)六月前	500(嘉靖金背) 800(万历金背)	《明神宗实录》卷一八七,页七下,"万历十五年六月辛未"。
约万历四七年(1619 年)	1 000	徐孚远等辑《皇明经世文编》(台北市国联图书有限公司影印明崇祯年间平露堂刊本)第二九册(卷四八二),页六〇〇,熊廷弼《答李孟白督饷》(约撰于万历四七年为兵部右侍郎,经略辽东时,参考《明史》卷二五九,页八,《熊廷弼传》)。
泰昌元年(1620 年)	815(泰昌通宝)	《明熹宗实录》卷四,页三载泰昌元年十二月戊申,"工部覆……泰昌通宝……在南应从南议,以百文为(银)一钱,在北应从北宜,以六十三文为一钱。……上是之。"把这里说的南北方银钱比价平均计算,可知当日银每两约换钱 815 文。

---

① 《明史》卷七八,页三至四,及卷七九,页一四,《食货志》。

自宋至明政府岁出入中钱银比例的变动

续表

年　代	钱数(单位：文)	根　据
天启年间(1621—1627年)	600	杨士聪《玉堂荟记》(《明清史料汇编》初集第三册,文海出版社)卷上,页四一。

表六　庆历元年(1573年)太仓岁出入银、钱数

	岁　　入	岁　　出
银	2 819 153.662 两	2 837 104.278 两
钱	2 677 945 文＝银 2 678 两	2 780 666 文＝银 2 780(＋)两
钱数为银数的百分比	0.095	0.098

资料来源：《明神宗实录》卷二〇,页六下至七,"万历元年十二月辛未"。

作者注：按表中记载的岁出入数,并不是始于万历元年正月,终于是年十二月;而是始于隆庆六年(1572年)十二月,终于万历元年十一月。至于把钱数折算为银数,是按照银一两换钱1 000文的比率来折算的。

表七　万历八年(1580年)太仓岁入银、钱数

银	2 845 483.4 两
钱	21 765 400 文＝银 21 765(＋)两
钱数为银数的百分比	0.76

资料来源：孙承泽《春明梦余录》(《古香斋鉴赏袖珍本》)卷三五,页一〇下。

作者注：表中钱数,根据每两银换钱1 000文,折算成银数。

表八　万历九年(1581年)太仓岁出入银、钱数

	岁　　入	岁　　出
银	3 704 281.625 8 两	4 424 730.905 两
钱	21 765 400 文＝银 21 765(＋)两	3 341 650 文＝银 3 341(＋)两
钱数为银数的百分比	0.59	0.08

资料来源：陈仁锡辑《皇明世法录》(学生书局影印本)卷三六,页一五下至一六,《理财》引《会计录》(万历九年)

作者注：按表中钱数换算为银数,是根据银一两为钱1 000文的比率来折算的。

表九　万历年间(1573—1619年)太仓岁入银、钱数

银	4 503 000(+)两
钱	20 800 000(+)文＝银 29 131(+)两
钱数为银数的百分比	0.65

资料来源:《明史》卷八二,页一九至二〇,《食货志》。

作者注:表中钱数,根据银每两换钱714文(据表五所载万历各年数字平均计算),折算成银数。

表一〇　泰昌元年(1620年)太仓岁出入银、钱数

	岁　入	岁　出
银	5 830 246.094 983 两	6 086 692.861 169 两
钱	39 357 904 文＝银 48 292 两	36 606 616 文＝银 44 916 两
钱数为银数的百分比	0.83	0.74

资料来源:《明熹宗实录》卷四,页二九下至三一,"泰昌元年十二月"。

作者注:表中钱数,根据银一两换钱815文,折算成银数。按表中岁入银、钱数,《实录》原文注明"太仓银库共收过浙江等处布政司并南北直隶等府州解纳税银、粮、马草、绢布、钱钞、子粒、黄白蜡扣价、船料、商税、税契、盐课、赃罚、事例、富户协济、俸粮附余、辽饷、漕折等项"。在这段记载之前,《实录》又说是年全国收入项下有金价银5 569两,银3 023 718.096 617 7两,户口里钞银259 703.373 68两,牧地子粒银28 604.077 55两,屯折银24 822.887 6两,额征解京盐课并赃罚等银1 455 435.79两,各运司径解宣(北)、大(同)、山(西)、陕(西)等镇银259 092.529 2两,广东、福建、四川、云南本省留充兵饷银66 987.08两,合共银5 123 932.334 647 7两。这可能是不由(至少有一部分不由)太仓银库经手的岁入银数。如果把它和太仓银库收过银数加在一起,是年岁入银数共为10 954 178.429 630 7两。由此计算,是年岁入钱数只为银数的0.44%。至于表中的岁出银、钱数,在《实录》中注明"太仓放过京边辽饷等银……铜钱……"

表一一　天启元年(1621年)太仓岁出入银、钱数

	岁　入	岁　出
银	3 252 556.962 两	3 187 899.566 545 两
钱	31 019 205 文＝银 51 698(+)两	24 733 065 文＝银 41 221(+)两
钱数为银数的百分比	1.6	1.3

资料来源:《明熹宗实录》卷一七,页三一至三二,"天启元年十二月"。

作者注:据表五,天启年间每两银换钱600文,现在按照这个比率把表中钱数换算为银数。由于辽东战争爆发,政府自万历四十七年(1619年)起陆续加征新饷(即辽饷),故除表中的岁入银、钱外,上引《实录》紧跟着说天启元年太仓银库又有新饷各项银两的收入,计共5 500 188.450 000 7两。把它和表中

银数加起来,是年太仓岁入银共为 8 752 745.412 007 两。由此计算,是年岁入钱数约为银数的0.59%。复次,除表中的岁出银、钱外,《实录》又说是年共发过新兵饷银 5 381 007.224 两。把两数加在一起,是年太仓岁出银共达 8 568 906.790 545 两。由此计算,是年岁出钱数约为银数的 0.48%。此外,《实录》又说是年全国收入项下有金价银 5 569 两,银 3 023 718.996 667 7 两,户口盐钞银 259 703.373 68 两,牧地子粒银 28 604.477 55 两,屯折银 24 822.887 6 两,合共银 3 342 418.735 497 7 两。如果把它和上述太仓岁入银数加在一起,是年岁入银数共为 12 095 164.145 504 7 两。由此计算是年岁入钱数更低至只为银数的 0.43%。

表一二　天启二年(1622年)太仓岁入银、钱数

银	2 052 698.077 29 两
钱	24 370 512 文＝银 40 617(＋)两
钱数为银数的百分比	2

资料来源:《明熹宗实录》卷二九,页三一,"天启二年十二月"。
作者注: 表中钱数,根据银一两换钱 600 文,折算成银钱。除表中银数外,上引《实录》又说是年因征收新饷而收到的各项银两,共达 2 916 097.287 两。把两数加在一起,是年太仓岁入银共为 4 968 795.364 29 两。由此计算,是年岁入钱数只为银数的 0.81%。

表一三　天启三年(1623年)太仓岁出银、钱数

银	4 493 489.356 014 两
钱	47 779 322 文＝银 79 632(＋)两
钱数为银数的百分比	1.77

资料来源:《皇明世法录》卷三六,页一五下至一六,《理财》。
作者注: 表中钱数换算为银钱,是根据每两银为钱 600 文的比率来折算的。据《明熹宗实录》卷四二,页三一至三二,天启三年岁入银多至 12 139 934.8(＋)两。由此可以推知,表中所记是年太仓岁出银数,并没有把发过新兵饷银及其他支出计算在一起。如果把这些支出都包括在内,是年岁出银数当然要远较表中数字为大,从而岁出钱数和银数比较起来,更要小得多。

表一四　天启五年(1625年)太仓岁出入银、钱数

	岁　入	岁　出
银	3 030 725.580 104 两	2 854 370.131 716 两
钱	80 661 111 文＝银 134 435(＋)两	79 021 929 文＝银 131 703(＋)两
钱数为银数的百分比	4.4	4.6

资料来源:《明熹宗实录》卷六六,页三二下,"天启五年十二月"。
作者注: 表中钱数,按照银一两换钱 600 文的比率,折算成银数。

表一五　天启六年(1626 年)太仓岁出入银、钱数

	岁　　入	岁　　出
银	3 986 241.712 538 两	4 279 417.398 201 两
钱	69 553 658 文＝银 115 922(＋)两	70 322 022 文＝银 117 203(＋)两
钱数为银数的百分比	2.9	2.7

资料来源：《明熹宗实录》卷七九，页三四，"天启六年十二月"。
作者注：表中钱数，按照银一两换钱 600 文的比率，折算成银数。

根据表六至表一五的记载，我们可以判断，明代在中叶以后的岁出入中，除实物以外，以银两为主，铜钱常常不及银两的 1％，有时甚至不及 1‰。至于天启五、六年太仓岁入钱数之所以多至等于银的 4.4％及 2.9％，岁出之所以多至等于银的 4.6％及 2.7％，那是因为这些银数并没有把新饷及其他收支的银两包括在内。除太仓银库的岁出入以外，专供宫廷费用的内承运库，收到的金花银以及其他银两，每年都在一百万两以上。如果把这些银两和太仓银库的岁出入数加在一起，明中叶后政府岁出入的银数当然更大，和它比较起来，钱币当然更相形见绌。

明中叶后政府岁出入中银、钱所占的比例，与五六百年前的北宋比较起来，可说完全相反。由于银、钱前后所占地位的不同，我们可以察知中国货币制度前后变迁的消息。换句话说，北宋各地流通的货币以铜钱为主，银在当日虽然也当作支付手段来行使，可是行使的规模远不及铜钱那么大；到明中叶以后，银两的使用却特别发达起来，其重要性要远在铜钱之上。自宋至明的货币流通既然有由钱转而为银的趋势，政府的岁出入自然也因受到影响而发生重大的变化。

四

我们现在要问：为什么钱在北宋政府岁出入中曾经作为主要的支付手段，及明中叶后却变为无足重轻？银在北宋岁出入中的重要性本来远不如钱

自宋至明政府岁出入中钱银比例的变动

那么大,为什么到了明中叶后却特别重要起来?

钱在北宋岁出入中之所以成为特别重要的支付手段,主要由于流通量之空前的增大。说到我国钱币的流通情况,早在西汉(206B.C.—9A.D.)时代已经相当发达。根据《汉书·食货志》下的记载,自武帝元狩五年(118B.C.)至平帝元始(1—5A.D.)年间,共约120年,每年平均铸钱二十三万余贯。[1] 可是,在汉末以后,国家四分五裂的长时间内,社会经济遭受大规模战争的破坏,再加上佛教寺院因构造佛像而消耗大量的铜,钱便因缺铜而铸造减少,行使情况大不如前,以致各地市场上都改用绢帛等实物货币来交易。其后,随着隋、唐的统一,到了开元、天宝(742—755年)的升平盛世,钱又复在市场上活跃起来。[2] 由于行使规模的扩大,中唐的理财家刘晏,"自言如见钱流地上"[3]。

钱在盛唐流通的盛况不过是一个开始,自此以后,北宋更成为钱币行使最发达的时代。铸钱的原料以铜为主,唐代铜的年产量,多时曾达二百一十九万余斤,少时为二十六万余斤。到了北宋中叶,每年产铜多至五百一十余万斤,或六百九十余万斤,在元丰元年(1078年)更高达一千四百余万斤,造成中国历史上铜产额的最高纪录。[4] 为着节省原料的运费,政府多在铜矿采

---

[1] 加藤繁《中国经济史考证》,吴杰译,商务印书馆,1962年,第一卷,页65。
[2] 拙著《中古自然经济》,《"中央研究院"历史语言研究所集刊》第十本第一分,民国三十七年,页73—179。
[3] 《新唐书》(百衲本),卷一四九,页三,《刘晏传》。又参考前引拙著,页152。
[4] 翁文灏氏曾经根据正史及官书记载,研究历代铜矿产额,兹列表如下:

表一六 唐、宋铜产额

年　　代	每年铜产额(单位:斤)
唐天宝(742—755)年间	2 198 800
元和(806—820)初叶	266 000
太和(827—835)年间	266 000
大中(847—859)年间	655 000
宋皇祐(1049—1053)年间	5 100 834
治平(1064—1067)年间	6 970 834
元丰元年(1078年)	14 605 960

资料来源:《第二次中国矿业纪要》,1926年,页175—176。原书未见,兹引自陈真编《中国近代工业史资料》第四辑,北京,1961年,页946。

炼地区设监铸钱。大约由于铜产额多少的不同,唐代一共只设置 8 个铸钱监,到了北宋则增加至 36 个。① 说到每年铸钱的数量。在唐天宝(742—755 年)间为三十二万七千贯,其后较为减少,每年铸十余万贯。到了北宋,铸钱数量急剧增加,除了初期每年铸钱不到一百万贯以外,在北宋百余年间,差不多每年铸钱在一百万贯以上,在熙宁六年(1073 年)以后,每年的铸钱额更超过六百万贯,约为唐天宝年间的 20 倍。②

北宋中叶大量铸钱的盛况,到了明代完全烟消云散。根据洪武二十六年(1393 年)的则例,当时除南京外,全国各地的炉座,一年共可铸钱一十八万九千余贯。这和宋熙宁六年后每年约铸钱六百万贯的数字比较起来,只为后者的百分之三多点。事实上,这些炉座并不年年铸造,就是在铸造的年头,也不一定按照定额来铸。据估计,明朝到 16 世纪末为止的 200 余年间,铸钱总数一共不过千把万贯。换句话说,明代头 200 余年所铸的钱,不过等于北宋熙宁六年后两三年的铸钱额,明代铸钱额之所以锐减,一方面由于铜的缺乏,他方面由于银的竞争。明朝初叶的货币,本来以大明宝钞为主。可是这些由明太祖(1368—1398 年)开始发行的宝钞。由于发行过多,就在他在位的后期,其价值已经不能维持得住而向下低跌。到了明朝中叶,当宝钞渐渐不能通用的时候,大家便改以钱银等金属货币来交易。但铜钱本身价值低下,当商业发展,交易量增大的时候,用它来作交换媒介,大家都感到很不方便,因此自然而然都改以价值较大的银两来交易。而且,明代某一皇帝死了,上面刻有他的年号的钱便不再通用,从而价值下跌,或打折扣才能行使。再加上钱法屡次变更,钱的价值不免剧烈波动,使持有者大受损失,故大家都不愿用钱,而改以银来交易。根据靳学颜在隆庆四年(1570 年)的估计,当日全国各地市场上的交易,就价值来说,用钱作交换媒介的占不到 10%,其余 90% 以上用银来交易。用钱来做的买卖,不过限于价值微小的零星交易而已。③

---

① 《春明梦余录》卷三八,页五。
② 拙著《唐宋政府岁入与货币经济的关系》,《"中央研究院"历史语言研究所集刊》第二十本上册,民国三十七年,页 189—221。
③ 拙著《宋明间白银购买力的变动及其原因》,《新亚学报》(香港九龙,1967 年)第八卷第一期,页 157—186。

当明中叶左右银两取钱币的地位而代之的时候，银的供应量也开始发生变动。对于银矿的开采和煎炼，宋、明政府每年都按照产额的大小抽取其中一部分，作为银课。自 10 世纪末叶以后，北宋政府每年平均的银课收入，为二十二万三千余两。这虽然比明成祖朝（1402—1423 年）及宣宗朝（1426—1434 年）的银课为少，但和明代政府在 14 世纪末叶以后一百余年中每年平均约十万两的银课比较起来，为后者的两倍有多。因此，自北宋至明中叶，中国银矿的产额可能有减小的趋势。[1] 幸而在明人普遍用银作货币以后，日本银矿产量增加，故在嘉靖（1522—1566 年）年间，通过中、日间的走私贸易，已经有不少银子自日本输入中国。[2] 到了嘉靖四十四年（1565 年），西班牙人以西属美洲为基地，开始占据菲律宾。自此以后，直至 1815 年，为着要加强美、菲间的联系，西班牙政府每年都派遣两三艘大帆船（galleon），横渡太平洋，来往于墨西哥阿卡普鲁可（Acapulco）与菲律宾马尼拉（Manila）之间。因为太平洋上有这些大帆船来回船运，美、菲间的贸易自然要发展起来。自 16 世纪开始，美洲银矿出产非常丰富，光是秘鲁南部波多西（Potosi）的银矿，于 1581—1600 年间每年平均产银，占当日世界总额的 60% 多点。这许多产于美洲的银子，随着太平洋上大帆船贸易的开展，自然有不少运往菲岛。西班牙人到达菲岛以后，因为那里天然资源还没有怎样开发，他们日常生活的消费品，以及自菲向美输出的大宗商品的中国丝货（生丝及丝织品），都有赖于中国商人的大量供应。在中国方面，自明中叶左右开始，因为普遍以银作货币来交易，对银需求甚殷，大家视银为至宝，故为着要获取巨额的利润，中国商人正好乘机向菲大量输出，以便把西班牙人自美运菲的银子，大量赚回本国。每年自菲输华的银子，初时约为数十万西班牙银元（即 peso，以下简称西元）；其后越来越增加，到了 16 世纪末叶已经超过一百万西元；及 17 世纪前半叶，每年更

---

[1] 拙著《明代的银课与银产额》，《新亚书院学术年刊》（香港九龙，1967 年）第九期，页 245—267。
[2] 陈文石《明嘉靖年间浙福沿海寇乱与私贩贸易的关系》，《"中央研究院"历史语言研究所集刊》第三六本上册，1965 年，页 375—418。例如页 387 引胡宗宪《筹海图编》卷四《福建事宜》说："漳、潮乃滨海之地，广、福人以四方客货预藏于民家，倭至售之。倭人但银置买，不似西洋人载货而来，换货而去也。"又页 388 引朱纨《义处夷贼以明典刑以消祸患事疏》说："又据上虞知县陈大宾申抄黑鬼番三名……一名嘛哩丁长……称：佛郎机十人，与伊十三人，共漳州、宁波大小七十余人，驾船在海，将胡椒、银子换米、布、绸缎卖买，往来日本、漳州、宁波之间。……"

增加至二百万或二百余万西元。① 由于这许多银子的输入,明中叶后各地银供应量自然较前激增,故市场上能够普遍用银来交易。

根据以上的讨论,我们可以断言,北宋政府岁出入中的钱,之所以远多于银,主要因为中国历代铸钱的盛况,在北宋达到了最高峰。后来经过数百年的衍变,到明中叶以后,银在岁出入中的比重之所以远较钱为大,这是因为当日铸钱量大减,银则因自国外源源流入,供应激增所致。

五

综括上述,我们可知,钱在北宋政府岁出入中的地位远在银两之上,但到明中叶以后正好相反,银在岁出入中所占的比重特别增大,钱则退居无足重轻的地位。对于银在明中叶后岁出入中比重的增大,如果把当日银购买力特别增大这一点也放在一起来考虑,我们更可想见银在岁出入中所占地位的重要。在上引拙著《宋明间白银购买力的变动及其原因》一文中,作者曾经指出自宋至明白银购买力上升的趋势,说明明代江南平均每石米价(以银表示)约为宋、元间的50％,每匹绢价约为38％,每两金价约为63％。综合起来,我们可以判断,明代白银的购买力,为宋、元时代的两倍左右。当然,由于资料的不完备,这只能算是一种非常粗略的估计,但在明季辽东战事爆发及流寇之乱扩大以前,即在明代物价比较稳定的大部分时间内,银的购买力要远较宋代为大,是没有什么疑问的。银在当日既然具有较大的购买力,自然被人视为至宝,怪不得不独各地市场用银来交易,就政府每年的财政收支,也都用银而废钱了。

1970 年 7 月 19 日于九龙

附记:本文曾蒙张德昌先生赐正,特此致谢!

---

① 拙著《明季中国与菲律宾间的贸易》,香港中文大学《中国文化研究所学报》(香港九龙,1968 年)第一卷,页 27—49;《明清间美洲白银的输入中国》,同上刊物第二卷第一期(1969 年),页 59—79。

元代的纸币

一、绪　　论

中国的纸币,开始于宋真宗时(998—1022年)四川一地的发行,中经宋、金政府分别在南北印造流通以后,到了蒙古开始统治中国的时候,已经有200多年的历史了。积累了过去长时间发行纸币的经验,元朝政府的纸币制度比较以前改进许多。其中最重要的一个特点,是不像宋、金那样准许金属货币(银两及铜钱等)伴着纸币来流通,而只以纸币为当日的本位币,剥夺了银与钱的货币的资格。这时纸币,在法律上有强制流通的力量;凡人民买卖货物,都须以纸币为价值的单位和交易的工具。如《元史》卷五《世祖纪》载中统三年(1262年)七月：

> 敕,"私市金银,应支钱物,止以钞为准"。[①]

又《元典章》卷二〇载至元二十四年(1287年)三月的法令云：

> 应典质田宅,并以宝钞为则,无得该写解(谷?)粟丝绵等物,低昂钞法;如违治罪。

又《马可·波罗游记》云：

> 大汗令这种纸币普遍流通于他所有的各王国、各省、各地以及他权力所及的地方。无论何人,虽然自己以为怎样权要,都不敢冒死拒绝使用。事实上,人们都乐于用它,因为一个人不论到达大汗领域内的什么地方,他都发现纸币通用,可以拿来做各种货物买卖的媒介,有如纯金的

[①]　《续通考》卷九四。

货币那样。①

又 Ibn Batuta 游记云：

> 中国人不用金银铸成的钱币来交易。……他们买卖所用的媒介，是一种大如手掌，上面印有皇帝玉玺的纸币。这种纸币二十五张称为-balisht②，约等于我们的一个 dinar。……如果某人拿金银到市上购买东西，人们是不会收受的；等到他把金银换成 balisht 以后，人们才予以注意，他才买到他想要买的物品。③

纸币的流通区域，据上引《马可·波罗游记》所载，实与大汗的领域相等。这是不错的，因为当日的纸币，绝不限于中国本部，就是漠北的和林和西北的畏吾儿（今天山南路一带），也一样流通使用。《元史·世祖纪》说：

> （至元九年，1272年）五月戊午朔，立和林转运司，以小云失别为使，兼提举交钞使。（卷七）
>
> （十七年三月）辛未，立畏吾境内交钞提举司。（卷一一）
>
> （二十年三月）辛巳，立畏吾儿四处驿及交钞库。（卷一二）

又《新元史》卷七四《食货志》说：

> （至元十七年）立畏兀儿交钞提举司。先是至元九年，立和林转运使兼提举交钞。至是畏兀儿亦置提举司。二十年，又立畏兀儿交钞库。盖钞法通行西北边矣。

除此以外，甚至在海洋各国，元朝政府发行的纸币也可以通用；因为在当日的

---

① Yule and Cordier, *Travels of Marco Polo*, vol. I, p.424. 按马可·波罗于1275年（元世祖至元十二年）5月抵上都（又称开平府，在今察哈尔多伦县东南），于1292年初（至元二十八年末）离泉州西返。参考同书同卷 pp.21—23。

② Samuel Couting, *The Encyclopaedia Sinica*, p.42 云："Balis, Balishi, 或其他拼法，是中古著作用来指某种数量的中国货币的名词。这个字大约源于波斯语称鞋或拖鞋的 Balik。因此无疑的，它是指一锭的金、银，或价值相当的纸币。"按元代的纸币通常以锭的多少来计算，当日来华外人所说的 Balisht 当即一锭钞币的意思。Ibn Batuta 于至正五年（1345年）左右来华，这时行用的至元钞，价值最高者二贯一张，二十五张便是五十贯，即一锭，与他的计算正合。

③ Yule, *Cathay and the Way Thither*, VI, pp.112—113.

海外贸易中,中国有大量的货物出口①,可用来支持在国外流通的纸币的价值。《元史》卷一三《世祖纪》载至元二十二年(1285年)六月:

> 丙辰,遣马速忽、阿里斋钞千锭,往马八图求奇宝。赐马速忽虎符,阿里金符。

又同书卷三二《文宗纪》载致和元年(1328年)九月:

> 中书左丞相别不花言:"回回人哈哈的,自至治间(1321—1324年)贷官钞,违制别往番邦,得宝货无算。法当没官。……"

又《岛夷志略》"罗斛"②条云:

> 以𧉧子代钱流通行使,每一万准中统钞二十四两,甚便民。③

又同书"乌爹"④条云:

> 每个银钱重二钱八分(原注:"朋加剌"条所谓唐加),准中统钞一十两,易𧉧子计一万一千五百二十余。

又同书"交阯"条云:

> 流通使用铜钱,民间以六十七钱折中统银⑤一两。

由此可知,元代的纸币着实是当日最重要的一种货币,其流通状况是很值得我们注意的。⑥

当蒙古族僻处漠北,尚未在成吉思汗的领导下,扩展版图,组成帝国的时

---

① 参考汪大渊《岛夷志略》各条,及《元典章》卷二二"市舶"。
② 即今之 Lophuri,在暹罗南部湄南河上。参考藤田丰八《岛夷志略校注》。
③ 到了明代,暹罗还使用元代的中统钞。明费信《星槎胜览》卷一"暹罗国"条说:"以海𧉧代钱,每一万个准中统钞二十贯。"
④ 乌爹之说有二:一说谓即《西域记》的乌荼(Udra),后世的 Orissa;一说谓等于乌士,即今缅甸一带。见藤田丰八《岛夷志略校注》。
⑤ 银字当是"钞"字之误,因元代无"中统银",只有"中统钞";参看上引同书各条,当可推知。
⑥ 固然,我们也不否认,元代除纸币外,银钱及𧉧子(一种贝的名称,参考《元史》卷九《世祖纪》"至元十三年正月丁亥"条,卷二一"大德九年十一月丁未"条,卷一二五《赛典赤赡思丁传》及《通制条格》卷一八"至元十三年四月十三日"条)都曾以货币的资格出现于市场上。可是,银两之作货币,只限于元初纸币尚未独占及元末不能独占流通界的时候;铜钱的流通,只限于至大二年至四年(1309—1311年)及元末至正十年(1350年)以后;至于𧉧子的流通,则只限于云南一地。故就流通的时间及空间方面说,纸币的重要性都远在当日其他各种货币之上。

候,他们还滞留在游牧社会的阶段,生活简单,虽然相互间偶然也发生商业买卖的行为,但只限于物物交换,并没有像他们南边的邻居金国或南宋那样使用纸币。《元朝秘史》说:

> 朵奔篾儿干将得的鹿肉驮着回去,路间遇着一个穷乏的人,引着一个儿子行来。朵奔篾儿干问他:"你是什么人?"其人说:"我是马阿里黑伯牙兀歹人氏。我而今穷乏,你那鹿肉将与我,我把这儿子与你去"。朵奔篾儿干将鹿一只后腿的肉与了,将那人的儿子换去家里做使唤的了。(卷一)

> 帖木真、札木合两个到豁儿豁纳黑主不儿地面,一同下了,想着在前契合时交换物的意思,又重新亲爱咱,共说了。初做安答时,帖木真十一岁,于斡难河冰上打髀石时,札木合将一个麅子髀石与帖木真,帖木真却将一个铜灌的髀石回与札木合,做了安答。在后春间,帖木真、札木合各用大小木弓射箭时,札木合将一个小牛的角,粘做响髐头,与了帖木真;帖木真也将一个柏木顶的髐头与了札木合。(卷三)

> 帖木真将篾儿乞惕处掳得的金带与札木合系了,又将掳得数年不生驹的马与了。札木合也将篾儿乞惕歹亦儿兀孙处掳得的金带与了帖木真,又将掳得有角的白马与了。(卷三)

> 成吉思随即起去,至巴泐渚纳海子①行住了。那里正遇着……阿三名字的回回,自汪古惕种的阿剌忽失的吉惕忽里处来,有羯羊一千,白驼一个,顺着额洏古涅河易换貂鼠青鼠,来至巴泐堵纳海子,饮羊时遇着成吉思。(卷六)

其后,大约因为与邻近文化较高的民族接触的结果,始知使用银两作货币,以银来买卖商品,或交给回回来经营高利贷和商业。李志常《长春真人西游记》卷一云:

> (太祖辛巳年六月,1221年)二十八日,泊窝里朵之东(此即和林,今在土谢图汗之内)。……黍米斗白金十两。

---

① 在俄国赤塔以南,斡难河以北。参考那河通世译注《成吉思汗实录》卷六。

> （壬午年，1222—1223年）路逢征西人回，多获珊瑚。有从官以白金二锭易之，近五十株，高者尺余。

又宋彭大雅徐霆《黑鞑事略》云：

> 其贾贩则自鞑主以至伪诸王伪太子伪公主等，皆付回回以银，或贷之民，而衍其息。一锭之本，展转十年后，其息一千二百四十锭。或市百货而留迁，或托夜偷而责偿于民。

> 霆见鞑人只是撒花，无一人理会得贾贩。自鞑主以下，只以银与回回，令其自去贾贩以纳息。回回或自转贷与人，或自多方贾贩……

同时，中国北部自金末政府滥发纸币，致纸币价值狂跌以后，人民遂改用银来交易。① 因此，当蒙古政权最初出现于中国的时候，银两是在市场上最通用的货币。如《元史》卷一五〇《张荣传》说：

> （太祖丙戌年，1226—1227年）授金紫光禄大夫，山东行尚书省，兼兵马都元帅，知济南府事。时贸易用银，民争发墓劫取。荣下令禁绝。

银两并没有使用多久。因为过去有宋、金长时间使用纸币的历史背景，蒙古统治者君临中土不久以后，便学会了中国以前发行纸币的办法。结果，纸币的流通越来越普遍，银两在流通界中的地位便被排挤出来。

关于元代纸币流通的状况，自世祖中统元年（1260年）十月发行中统元宝交钞以后，始有比较详细的记载。但事实上，在此以前，蒙古统治下的中国之发行钞币，已有三十多年的历史了。在这个时期内，据苏天爵《元文类》卷四〇《经世大典·序录》所载，诸路有行用钞的流通，但"行用钞之法，文牍莫稽"②。不过，根据各种史实，我们还可以略知道一些中统钞发行以前纸币流通的状况。

远在太祖丁亥年（1227—1228年），当蒙古军队还没有把金国全部占领的时候，何实即已在博州（今山东聊城县）以丝为准备金，发行会子，以便人民

---

① 《金史》卷四八《食货志》。
② 根据《经世大典》来修的《元史·食货志》也说"元初仿唐宋金之法，有行用钞，其制无文籍可考"。（卷九三）

交易之用。《元史》卷一五〇《何实传》云：

> 丁亥，赐金虎符，便宜行元帅府事。……博值兵火后，物货不通。实以丝数①印置会子，权行一方。民获贸迁之利。②

其后，到了太宗八年（1236 年）正月，政府又复印造交钞来流通使用。《元史》卷二《太宗纪》云：

> 八年丙申春正月……诏印造交钞行之。

又同书卷一四六《耶律楚材传》云：

> 丙申春……有于元者奏行交钞。楚材曰："金章宗时，初行交钞，与钱通行。有司以出钞为利，收钞为讳，谓之老钞。至以二万贯唯易一饼。民力困竭，国用匮乏。当为鉴戒。今印造交钞，宜不过万锭"。从之。

再往后，到了宪宗三年（1253 年）夏，政府又印钞以增加收入。《元史》卷四《世祖纪》说：

> 岁癸丑（宪宗三年）……夏……又立交钞提举司，印钞以佐经用。

又 Rubruck 游记说：

> 在契丹境内通用的货币是一种棉质的纸③，大如手掌，上面盖有像蒙可汗玉玺上那般的印纹。④

这时纸币流通的状况，有两个特点：第一是流通的数量不大。如上引《元

---

① 按博州在金时属东平府，而东平府"产……丝、绵、绫、锦、绢"（《金史》卷二五《地理志》）。可见何实在博州印行会子，是利用当地比较丰富而又有价值的物资来支持它的价值的。
② 《新元史》卷七四《食货志》略同，下加"是为用交钞之始"一语。
③ Rockhill 译注 Rubruck 游记时，因见元代来华的其他外人如（Marco Polo 及 Cdorie 等）都说元钞所用的纸由桑树纤维造成，对于 Rubruck 以棉制的只当作钞票的说法，颇表怀疑（见 W. W. Rockhill, *The Journey of William of Rubruck*, p.201）。按元代最初的纸币，多以棉质的纸充用。还有实物可以为证。王树枏《新疆访古录》"元中统元宝交钞"条云："曾炳燧云：宣统纪元春正，吐鲁番伊拉里克户民入山采薪，憩于沙碛水沟石圮中，有绣金绸袱，败絮重叠，隐隐有字，献诸厅署。启视为元世祖中统元宝交钞，棉质，印文漫漶破裂。""右元中统元宝交钞，纸质纯棉……"在中统元年（1290 年）发行的纸币既然以棉质的纸造成，比它约早六七年印造的纸币自然也是以棉质的纸造成了。故 Rubruck 的说法是很对的。
④ Rockhill (tr. and ed), *The Journey of William of Rubruck*, p.201。按 Rübruk 于 1253—1255 年（宪宗三年至五年）东来。

史·耶律楚材传》所说,太宗八年纸币的流通量不过一万锭。其后,发行额究竟一共多少,因为文献有缺,我们不得而知。不过,到了宪宗末年,中统钞将要开始发行的时候,以真定(今河北正定县)为发行中心,而一直流通至河北的燕、赵和河南的唐、邓的银钞,一共也不过八千余贯①而已。第二是各道有各道行用的纸币,不得出境。《元史》卷一四七《史楫传》云:

> 以楫为真定兵马都总管,佩金虎符。辛亥(1251—1252年)……各道以楮币相贸易,不得出境,二三岁辄一易。钞本日耗,商旅不通。楫请立银钞相权法。人以为便。

又王恽《秋涧先生大全文集》卷五四《史公楫神道碑铭》云:

> 辛亥岁……各道发楮币贸迁,例不越境。所司较固取息,二三岁一更易。致虚耗元胎,商旅不通。公腾奏皇太后,立银钞相权法,度低昂而为重轻,变涩滞而为通便。

把这两段材料合并起来考察,我们可以推知:当日政府的发行纸币,以银作准备金(钞本)来维持它的价值。因为各道有各道通用的纸币,不能越界行使,人民如果要往他道贸易,必须预先在本道把纸币兑换为现银才成。这样一来,因为使用频繁的结果,钞本的银自然越来越少,有如上引文字所说。这种情形,自宪宗辛亥年(即元年)史楫请立银钞相权法后,便渐渐发生变动;故到了宪宗末年,真定行用银钞之流通于燕、赵、唐、邓之间者,已有八千余贯之多。

上述是元代中统钞发行前纸币流通的状况。这时期纸币的流通,到了中统元年左右,渐渐发生流弊。为着要改革这种流弊②,元世祖即位不久以后,便于是年七月,仿效何实以前在博州发行会子的办法,以丝为本,印造交钞,规定丝钞一千两易银五十两。③ 这种丝钞的重要性,不久以后,便渐渐减小;

---

① 苏天爵《元朝名臣事略》卷一○"尚书刘文献公"条,《元史》卷一六○《刘肃传》。
② 《元文类》卷四○《经世大典序录》云,"世祖皇帝中统元年七月,创造通行交钞,以革诸路行用钞法之弊也。"但"行用钞法之弊"究竟怎样,现已不能详细知道。
③ 《元文类》卷四○《经世大典序录》,《元史》卷九三《食货志》。《新元史》卷七四《食货志》更多加一句,"盖犹沿(何)实之办法。"

因为政府又于同年十月，另外发行一种纸币，名叫"中统元宝交钞"①，规定诸路一律流通，每一贯同交钞一两，两贯同白银一两行用。按照面值的大小，分为二贯文、一贯文、五百文、三百文②、二百文、一百文、五十文、三十文、二十文、一十文，凡十等；其后，又添造五文、三文、二文三种厘钞。中统钞在最初发行的二十年内，价值昂贵，流通状况至为良好。及世祖末叶以后（约自至元十八九年起），价值渐渐下跌。到了至元二十四年（1287年）三月，为着要提高纸币的价值，政府另外发行一种面值较高的纸币，名叫"至元通行宝钞"③，自二贯至五文，凡十一等，以一贯准中统钞五贯，与中统钞一同行使。再往后，随着时日的推移，价值又复下跌。到了武宗至大二年（1309年）九月，政府又另外印造一种面值较高的纸币，名叫"至大银钞"，自二两至二厘，凡十三等，每一两准至元钞五贯，白银一两，赤金一钱，并恢复铜钱的行使。但为期不够两年，到了至大四年四月，又复停罢。自此以后，到了顺帝至正十年（1350—1351年），因钞法虚弊，加以内乱迭起，开支大增，政府又改发大量的"至正交钞"，又名"中统交钞"，以一贯准至元钞二贯，权铜钱一千文，同时并恢复铜钱的货币的资格。可是因为发行数量太多，价值狂跌，各地多拒绝使用，以至于亡。④

上述元代纸币流通的历史，为便利计，我们可以把它划分为三个时期：第一个时期为中统钞最初发行的二十年，即约由中统元年（1260年）起，至至元十六七年（1279—1280年）止。这时钞币价值昂贵，流通状况至为良好。第二个时期包括的时间较长，约由至元十八九年起，至至正十年（1350—1351

---

① 以下简称中统钞。中统元年（1909年）正月，吐鲁番伊拉里克户民曾于沙碛水沟石圯中发现一张二贯文的中统钞，其样式见于王树枏的《新疆访古录》"元中统元宝交钞"条。王氏云："右元中统元宝交钞，纸质纯棉，破裂不完，而字迹尚可辨识，印文尤鲜艳如新，其缘即以绣金绸袱裂而饰之。古色照人洵收藏家所仅见也！"
② 《新旧元史·食货志》均无"三百文"一种，兹据王恽《中堂事记》卷上（《秋涧先生大全文集》卷八〇）补入。
③ 以下简称至元钞。现存的至元钞有二贯文、壹伯文及叁拾文三种，样式均见于罗振玉《四朝钞币图录》。罗氏并考释云："右至元二贯宝钞铜版，近年出土"。"右至元壹伯文及叁拾文宝钞二种，今藏俄京亚细亚博物馆，乃得之我国甘肃，东友狩野博士直喜以影照本示予者。照时已缩小，其尺寸初不可知矣。其式与二贯宝钞同。衡阑上有印文，已不可辨。右侧斜捺合同印，亦漫漶，当是支钱路名。其制亦与金钞无殊也。……此钞阴面初不知有无印记文字。东友羽田学士亨昨至俄京归，言曾见博物馆所藏至元二贯钞，具阴实无文字印记云。"
④ 《元史》卷九三《食货志》，《元典章》卷二〇，《续文献通考》卷九。

年)止,中经至元钞及至大银钞的发行,前后约共 70 年。这时纸币价值逐渐下跌,但因为时间较长,故下跌的速度还不算快,我们可以称为轻微的通货膨胀时期。第三个时期自至正十年起,以至于亡(1268 年),前后约共 18 年。这时纸币数量大增,价值一落千丈。假如前一时期是轻微的通货膨胀时期的话,这一时期便应称为恶性的通货膨胀时期了。现在按照时间的先后,把这三个时期纸币流通的状况分别探讨如下。

二、元初纸币价值的昂贵

当世祖中统元年十月,中统钞最初发行的时候,中国的北部,即原来金国的疆域,早已完全为蒙古族所统治。因此,配合着当日政治上的统一,中统钞的发行便统一了各地行用的货币。为着要保持旧钞持有人的利益,政府以新钞如数收换不再行用的旧钞。王恽《中堂事记》卷上云:

> 省府为发下中统元宝交钞榜省谕诸路,其文曰:"……各路元行旧钞并白帖子,止勒元发官司库官人等依数收倒,毋致亏损百姓;须管日近收倒尽绝,再不行使。"

又《元朝名臣事略》卷一〇"尚书刘文献公"条云:

> 上(世祖)即位,励精为治,置十路宣抚司,以总天下之政。公治真定。真定行用银钞,奉太后旨交通燕、赵以及唐、邓之间,数计八千余。中统新钞将行,银钞之价顿亏。公私嚣然,不知措手。公言救之之术有三:旧钞不行,下损民财,上废天子仁孝之名,依旧行用,一也;新旧兼用,二也;必欲全行新钞,直须如数收换,庶几小民不致虚损,三也。省议是之,从其第三策。[1]

其后,世祖灭宋,下令禁用南宋旧有的铜钱[2],并以一与五〇的比价把南宋会子收回,换发中统钞。《元文类》卷四〇《经世大典·序录》云:

---

[1] 《元史》卷一六〇《刘肃传》略同。
[2] 《元史》卷九及一一《世祖纪》。

> （至元）十三年，江南平，左丞吕文焕首以主茶税为言，以宋会五十贯准中统钞一贯。①

又陆友《研北杂志》卷下云：

> 宋会五十贯，准中统钞一贯。

货币统一工作既告完成，中统钞遂畅通于全国各地。

虽然元初人民还没有忘掉金末政府滥发纸币，以致价值狂跌的事实②，中统钞自发行以后，却能在各地畅通无阻，长时间保持着价值的稳定。当日中统钞的发行，为什么能够有这样优良的成绩？对于此点，王恽在《中堂事记》卷上曾列举四个原因：

> 时（中统二年二月）钞法初行，惟恐涩滞，公私不便，省官日与提举司官，及采众议，深为讲究利病所在。其法大约：① 随路设立钞库，如发钞若干，随降银货，即同见银流转。据倒到课银，不以多寡，即装垛各库作本，使子母相权，准平物估。钞有多少，根本常不亏欠。至互易银钞，及以昏换新，除工墨出入正法外，并无增减。又中间关防库司，略无少弊。② 所纳酒醋税盐引等课程大小一切差发，一以元宝（按即"中统元宝交钞"之省称）为则。其出纳者，虽皆烂，并令收受。③ 七道宣抚司管限三日午前，将彼中钞法有无底滞，及物价低昂，与钞相碍，于民有损者，画时规措，有法以制之。④ 在都总库印到料钞，不以多寡，除支备随路库司关用外，一切经费虽缓急不许动支借贷。……又当时钞法有甚便数事：艰得，一也；经费省，二也；银本常足不动，三也；伪造者少，四也；视钞重于金银，五也；日实不虚，六也；百货价平，七也。

文中很扼要的举出当日钞法健全的原因，共有四个：① 用作准备金的银，常达钞额百分之百，以供人民兑现之用；② 各种税收均须用钞缴纳，以增加钞币的需要或价值；③ 注意物价的变动而加以管制，以免因涨价而反映出钞值

---

① 《元史》卷九四《食货志》，略同。长谷真逸辑《农田余话》卷上云，"前元印造中统交钞……得江南初，以一贯准宋朝里（旧？）会三十五贯"。所说比价不同，疑误。

② 参考《金史》卷四八《食货志》。当元初发行中统钞于北方时，在南宋方面，正是通货膨胀达到最严重的阶段的时候。见拙著《宋末通货膨胀及其对于物价的影响》，集刊十本二分。

的下降;④ 控制钞币流通的数量,以免因过多而价跌。末尾说到对于当日钞法有利的数事中,"艰得""经费省"及"伪造者少"三事都与流通量有关,可归并入④来讨论;"银本常足不动"一事,与准备金有关,可归并入①来讨论;"百货价平"一事,与③有关,亦可合并来看。现在再根据其他史料,把这四点详加探讨如下。

第一,元初纸币的发行,不像宋、金末年纸币那样的欠缺准备金,而由政府预先存贮充分的金银及其他有价值的物品——其中尤以银为最主要——来作钞母或钞本,以支持它的价值。如《古今治平略》①云:

> 成宗时(1294—1307年)郑介夫议曰:"……国初以中统钞五十两为一锭者,盖则乎银锭也,以银为母,中统为子。……"

又《元史》卷一七二《赵孟頫传》云:

> 孟頫曰:"始造钞时,以银为本,虚实相权。……"②

又同书卷一二五《布鲁海牙传》云:

> 中统钞法行,以金银为本,本至乃降新钞。时庄圣太后已命取真定金银,由是真定无本,钞不可得。布鲁海牙遣幕僚邢泽往谓平章王文统曰:"昔奉太后旨,金银悉送至上京。真定南北要冲之地,居民商贾甚多。今旧钞既罢,新钞不降,何以为政?且以金银为本,岂若以民为本?又太后之取金帛,以赏推戴之功也。其为本不亦大乎?"文统不能夺,立降钞五千锭。民赖以便。③

这些因发钞而存贮于平准行用库的准备金,专供钞票持有人兑现之用。人民如果持钞要求兑现,只消扣除百分之三的手续费,便可换到现银或其他物品。如《中堂事记》卷上载中统二年正月,

> 省府为发下中统元宝交钞榜省谕随路,其文曰:"……如有诸人赍元

---

① 引自《图书集成·经济汇编·食货典》卷三五六"钱钞部"。《新元史》卷一九四《郑介夫传》同。
② 赵孟頫《松雪斋文集》附录杨载《赵公行状》,及欧阳玄《圭斋文集》卷九《赵文敏公神道碑》同。
③ 文中说"以金银为水,本至乃降新钞",可见当时发钞的慎重。至于执政者王文统因布鲁海牙的特别要求而发钞,只是一种临时变通的权宜办法,不能当作常例来看。

宝交钞从便却行赴库倒换白银物货,即便依数支发,并不得停滞,每两止纳工墨钞三分外,别无克减添答钱数,照依下项拟定元宝交钞例行用。如有阻坏钞法之人,依条究治施行。……"

其后,人民以钞易银所付的手续费减为百分之二上下。《元典章》卷二〇载有至元十九年十月颁布的"倒换金银价例",其中规定出入库价相差的数目就是手续费:

> 课银每定(原作"疋",误)　入库价钞一百二两五钱;出库价钞一百三两。
> 白银每两　入库价钞一两九钱五分;出库价钞二两。
> 花银每两　入库价钞二两;出库价钞二两五钱(分?)。
> 赤银每两　入库价钞一十四两八钱;出库价钞一十五两。

此外,关于以钞兑换金银或其他物品的记载,《元典章》卷二〇亦云:

> 至元十九年九月,御史台承奉中书省札付:"……照勘自至元十三年以后,倒讫金银人等姓名,除百姓客旅依理倒换之数,不须追理外……"

又《马可·波罗游记》云:

> 凡王公贵人或其他人等需要金银珠宝来制造器皿,腰带或其他物品,可往造币厂以纸币照所开列者购买。①

又魏源《元史新编》卷八七《食货志》云:

> 中统建元,王文统执政,尽罢诸路交钞,印造中统元宝,以钱为准,每钞二贯倒白银一两,十五贯倒赤金一两。稍有壅滞,出银收钞。恐民疑惑,随路桩积元本金银,分文不动。

当日这些预备给持钞人兑换的准备金,在保管方面,关防至为严密。至元三年(1266—1267年),因平准行用库的银两出入有偷滥之弊,由于诸路交钞都

---

① Yule and Cordier, *Travels of Marco Polo*, Ⅰ, p.425. 文中所说的造币厂,当即指平准行用库而言。

提举杨湜的提议,政府把它铸造为锭来使用,计重五十两,文曰元宝。① 同时,"有贾胡恃制国用使阿合马,欲贸交钞本,私平准之利,以增岁课为辞",结果因户部尚书马亨的抗议而没有实行。②

第二,元初政府既然要发行纸币,命令人民一律行使,便不得不以身作则,自己首先收受,以增加纸币的需要或价值。因此,政府特地规定人民可以钞缴纳各种租税。关于此点,除见于上引《中堂事记》外,同书卷上亦载中统二年正月:

> 省府为发下中统元宝交钞榜省谕随路,其文曰:"省府钦依印造到中统元宝交钞,拟于随路宣抚司所辖诸路,不限年月,通行流转。应据酒税醋盐铁等课程,并不以是何诸科名差发内,并行收受。……"

又《元史·世祖纪》云:

> (中统四年三月)已亥,诸路包银以钞输纳,其丝料入本色;非产丝之地,亦听以钞输入。凡当差户,包银钞四两,每十户输丝十四斤;漏籍老幼钞三两,丝一斤。(卷五)

> (至元十七年十一月)戊申,中书省臣议通钞法:凡赏赐宜多给币帛,课程宜多收钞。制曰可。(卷一一)

又同书卷二〇六《王文统传》云:

> 是年(中统元年)冬,初行中统交钞,自十文至二贯文,凡十等,不限年月,诸路通行,税赋并听收受。

第三,因为物价的升降足以反映出纸币价值的高下,故元初政府一方面发行纸币,他方面又同时设法管制物价,以谋币值的稳定。上引《中堂事记》曾说,当中统钞初发行时,政府命令各地方长官限期"将彼中钞法有无底滞,及物价低昂,与钞相碍,于民有损者,画时规措,有法以制之"。到了中统四年

---

① 《元史》卷一七〇《杨湜传》。
② 《元史》卷一六三《马亨传》。这个外国商人活动的目的很明显,在把当日国家发钞之权移到他们手里。

五月，政府"诏立燕京平准库，以均平物价，通利钞法"①。次年正月，又"设备路平准库，主平物价，使相依准，不至低昂"②。因为在各种物价中，尤以粮价为最重要，故政府又立常平仓③，在平时收买大量的粮食，存贮起来，以备粮价上涨时控制粮价之用。王恽《乌台笔补》(《秋涧先生大全文集》卷八八)《论钞息复立常平仓事》云：

> 参详合无亦将随路平准行用钞库工墨钞息增余见在等钞，分标州郡，作常平粟本，就令本路转运司兼以提举收籴勾当；续用逐年所得钱数，源源不已。则三年之间，百万石之粟，可不劳而办。是常有一年之蓄矣。……岁稍不丰，平价出粜，钞本不失，人赖以安。

又同书为《蝗旱救治事状》云：

> 随路交钞库铁冶所，即目若有见在物斛去处，亦宜取会见数，仰所在运司出榜，照依元价粜卖。

由于这两段文字记载常平仓与发钞机关联系的密切，我们可以想见当日政府管制物价以维持纸币价值的情形。

最后，然而并不是最不重要的一点，当日纸币价值之所以昂贵，是由于流通数量不大。根据货币数量学说，货币价值的大小与流通量的多寡成反比例。由于金末通货膨胀的教训，元初政府深悉此中道理，故很努力来控制纸币流通的数量。上引《中堂事记》曾说："在都总库印到料钞，不以多寡，除支备随路库司关用外，一切经费虽缓急不许动支借贷"。又《秋涧先生大全文集》卷九〇《论钞法》云：

> 其钞法初立时，将印到料钞，止是发下随路库司换易烂钞以新行用外，据一切差发课程内支使。故印造有数，俭而不溢，得权其轻重，令内外相制，以通流钱法为本。致钞常艰得，物必待钞而后行。如此，钞宁得不重哉？

---

① 《元史》卷五《世祖纪》。
② 《元史》卷九三《食货志》"钞法"条，卷五《世祖纪》。
③ 《元史》卷九六《食货志》"常平义仓"条。

又《元史新编》卷八七《食货志》云：

> 中统建元……印造中统元宝……当时支出无本宝钞未多，易为权治。诸老讲究扶持，日夜战兢，如捧破釜，惟恐失坠。

说到流通的数量，远在太宗八年，由于耶律楚材的提议，钞币的发行额不过一万锭左右。[①] 其后，越来印造越多，到了至元六年（1269—1270年），总共为七十余万锭。王恽《玉堂嘉话》卷四云：

> 至元六年，行用元宝钞止七十余万锭。[②] 于时为御史，曾照刷提举司文按，故知。

按一锭为五十贯，此数合算起来，不过三千五百多万贯。这和宋末淳祐六年（1246—1247年）纸币流通最高达六万五千万贯[③]比较起来，真是渺乎其小了。自此以后，直至至元十三年，印造的数量也不算多，每年少者不过数万锭，多者不过二三十万锭[④]而已。物以少为贵，元初纸币的流通量既然比较小，价值自然比较昂贵。

总括上述，我们可知元初政府在发行中统钞的时候，为着要免蹈金末政府和同时间的南宋政府滥发纸币，以致价值狂落的覆辙，对于钞币价值的维持曾做过种种的努力：第一，贮备着充分的金银及其他有价值的物品来作准备金，以供持钞人兑换之用；第二，准许人民用钞纳税，以增加钞币的需要或价值；第三，注意管制物价，以免钞值因物价上涨而反映出下跌的现象；第四，控制发行数量，以防因流通过多而价值下跌。结果，由于政府在这几方面的措施得当，中统钞在最初发行的近二十年内，流通状况非常之好，价值也很昂贵。上引《中堂事记》曾说，当中统钞初发行的时候，一般人士"视钞重于金银"。又《元史新编》卷八七《食货志》亦说：

> 中统建元……印造中统元宝……行之十七八年，钞法无少低昂。

钞值昂贵在物价方面的反映，是一般物价的低廉，即钞币购买力的强大。上

---

① 《元史》卷一四六《耶律楚材传》。
② 把《元史》卷九三《食货志》所载自中统元年至至元六年岁印钞数加在一起，与此数恰恰相等。
③ 见拙著《宋末通货膨胀及其对于物价的影响》。
④ 《元史》卷九三《食货志》"钞法"条。

引《中堂事记》曾说,中统年间,"百货价平"。又《元典章》卷一九说:

> 大德元年(1297年)六月,江西行省据龙兴路申:"……江南归附之初①,行使中统钞两,百物价直低微。……"

又《大元海运记》②卷上载至大四年(1311年)中书奏云:

> 三十年前海运创始之初③,钞法贵重,百物价平。

三、世祖末叶以后纸币价值的下跌

(一) 下跌的原因

根据上述,我们可知在元世祖掌握政权(1260—1294年)的最初二十年内,由于钞值维持的努力,中统钞流通的状况至为良好,价值非常稳定。可是,这二十年来发行钞币的成绩并没有永远保持下去,从世祖末叶(约自至元十八九年算起,包括他在位的最后十二三年)以后,钞币的价值便日渐下跌了。④ 这时纸币价值之所以不能再像过去二十年那样稳定,主要原因是政府发钞政策的转变,或原来钞值维持办法没有继续执行。为什么自世祖末叶以后,政府渐渐放弃过去维持钞值的政策?这与当日的财政问题有很密切的关系。因此,在说明世祖末叶以后发钞政策的改变之前,我们先要把这几十年的财政收支情形检讨一下。

元自世祖末叶以后,由于经费开支的增大,所入不敷所出,收支的不均衡遂成为在财政上日趋严重的问题。当日开支之所以增大,最重要的一个原因是军事费用的激烈增加。世祖自平定南宋,统一中国以后,即屡次从事于海

---

① 按至元十三年二月元兵入临安,十六年二月陆秀夫负帝昺溺海死,宋遂亡。
② 罗以智跋文云:"《大元海运记》二卷,胡书裴学士辑自《永乐大典本》,盖即《经世大典》之海运一门也。按天隆二年九月,敕翰林国史院官同奎章阁学士采辑本朝典故,准《唐宋会要》,著为《经世大典》八一卷。今已佚,仅散见《永乐大典》中。……海运为有元一朝规制。……幸学士辑存是编,俾传抄行世,尚可参考而得其崖略云。"
③ 按元海运创始于至元十九年(1282年)(见《元史》卷九三《食货志》"海运"条),下距至大四年恰为三十年。
④ 自世祖末叶开始的钞值下跌时期,我们暂时规定至至正十年(1350年)为止;因为自此以后,钞币特别滥发,踏入恶性的通货膨胀时期,和至正十年以前的情形又复不同。

外的远征,其中规模较大者有五次:① 至元十八年(1281—1282年),命阿塔海、范文虎、忻都、洪茶邱等率兵十万渡海征日本,遇飓风破舟,丧师而回。其后仍拟再征,到至元二十三年,以安南寇边,须集中兵力应付,乃止。② 至元十九年至二十一年,先后以索多、脱欢等征占城。③ 及至元二十一年,以伐占城须假道安南,脱欢又举兵击之,凡三征,至三十一年始罢兵。④ 至元十九年起,又征缅国,至二十四年缅始平。⑤ 此外,又于至元二十九年遣史弼、亦黑迷失、高兴等发舟千艘征爪哇,至次年始已。当日连年海外用兵的结果,战费开支自然要激增起来。

当世祖下半叶的海外远征告一段落以后,元室的财政又因诸王赏赐的激增和佛事用费的膨胀而开支大增。元帝对诸王贵族常有赐与,自中叶起赐与的金、银、钞、帛尤其增多。例如"武宗即位(1307年),命中书省臣议诸王朝会赐与,依成宗(1294—1307年)例,比世祖所赐金五十两者增至二百五十两,银五十两者增至百五十两。以金二千七百五十两,银十二万九千二百两,钞万锭,币帛二万二千二百八十匹奉兴圣宫。赐皇太子亦如之。赐越王秃剌钞万锭。至大元年(1308—1309年),中书省臣言:朝会应赐者总三百五十万锭,已给者百七十万,未给者犹百八十余万,两都所储已罄。……"其后,"仁宗即位(1311年),以诸王朝会,普赐金三万九千六百五十两,银百八十四万九千五十两,钞二十二万三千二百七十九锭,币帛四十七万二千四百八十八匹"①。故许有壬说:"至大以来,赏赐不赀,造作不节,与夫一切蠹财之事,不可枚举,而经费始有不足之患矣。"②复次,元代崇奉佛教③,从中叶以后,政府因佛事而花的费用也着实不小。如泰定元年(1324年)六月,张珪说:"且以至元三十年(1293—1294年)言之,醮祠佛事之目,止百有二。大德七年(1303—1304年),再立功德使司,积五百有余。今年一增其目,明年即指为例,已倍四之上矣。……所需金银钞币不可数计,岁用钞数千万锭,数倍于至元间矣。"④又天历二年(1329年)正月,中书省臣说:"又佛事岁费,以今较旧,增多金千一百五十两,银六千二百两,钞

---

① 《新元史》卷七八《食货志》,《元史》卷二二《武宗纪》,卷二四《仁宗纪》。
② 许有壬《至正集》卷七七《正始十事》。
③ 关于元代崇奉佛教的情形,参考赵翼《陔余丛考》卷一九"元时崇奉释教之滥"条。
④ 《元史》卷一七五《张珪传》。

五万六千二百锭,币帛三万四千余匹。"①又元统二年(1334年)四月,中书省臣说:"佛事布施,费用太广。以世祖时较之,岁增金三十八锭,银二百三锭四十两,缯帛六万一千六百余匹,钞二万九千二百五十余锭。"②总之,元自世祖逝世以后,虽然军费因海外远征的终结而减少,政府经费的开支却因诸王赏赐和佛事用费的增加而特别庞大。

由于上述的三个原因,世祖末叶以后的财政遂常常发生收支不能相抵的问题。例如至元二十九年(1292年)十月,完泽等说:"一岁天下所入,凡二百九十七万八千三百五锭。今岁已办者才一百八十九万三千九百九十三锭,其中有未至京师而在道者,有就给军旅及织造物料馆传俸禄者。自春至今凡出三百六十三万八千五百四十三锭,出数已逾入数六十六万二百三十八锭矣。"③又大德十一年(1307年)九月,中书省臣说:"帑藏空竭,常赋岁钞四百万锭,各省备用之外,入京师者二百八十万锭。常年所支,止二百七十余万锭。自陛下(武宗)即位以来,已支四百二十万锭,又应求而未支者一百万锭。臣等虑财用不给……"④又至大四年(1311年)十一月,李孟奏:"今每岁支钞六百余万锭;又土木营缮百余处,计用数百万锭;内降旨赏赐复用三百余万锭;北边军需又六七百万锭。今帑藏见贮止十一万余锭。若此安能同给?"⑤又天历二年七月,监察御史把的千思说:"若以岁入经赋较之,则其所出已过数倍。况今诸王朝会,旧制一切供亿,俱尚未给。"⑥又至顺二年(1331年)九年,陈思谦说:"一切泛支,以至元三十年以前较之,动增数十倍。至顺经费缺二百三十九万余锭。"⑦因此,对于元中叶以来财政上的危机,柯劭忞在《新元史》卷六八《食货志》中很扼要地说:"元中叶以后,课税所入,视世祖时增二十余倍……而国用日患其不足。……夫承平无事之日,而出入之悬绝如此。若饥馑荐臻,盗贼猝发,何以应之? 是故元之亡,亡于饥馑盗贼。盖民穷财尽,

---

① 《元史》卷三三《文宗纪》。
② 《元史》卷三八《顺帝纪》。
③ 《元史》卷一七《世祖纪》。
④ 《元史》卷一二《武宗纪》。
⑤ 《元史》卷二四《仁宗纪》。
⑥ 《元史》卷三一《明宗纪》。
⑦ 《元史》卷一八四《陈思谦传》。

公私困竭,未有不危且乱者也。"

元自世祖末叶以后入不敷出的情形,已如上述。当日政府弥补财政亏空的办法,除却增税①和借债②以外,便是发钞政策的改变,即渐渐放弃过去二十年来维持钞值的办法,以谋收入的增加。关于政府在这方面措施的情形,兹分别论述如下。

第一是纸币准备金的动用。上面曾说,元初中统钞的发行,有充分的金银及其他物品作准备,以供持钞人兑现之用;结果钞值昂贵,人民甚至"视钞重于金银"。可是,自世祖至元十三年起,政府却渐渐把存贮于各地平准行用库的金银拨作他用,以后增发的纸币当然不会给它预先存贮好准备金了。如《秋涧先生大全文集》卷九〇《论钞法》云:

> 窃见元宝交钞,民间流转不为涩滞,但物重钞轻,谓如今用一贯,才当往日一百,其虚至此,可谓极矣。究其所以,法坏故也,其事有四。自至元十三年以后,据各处平准行用库倒到金银,并元发下钞本课银,节次尽行起讫,是自废相权大法,此致虚一也。

又《元史新编》卷八七《食货志》云:

> 后阿合马专政……将随路平准库金银,尽数起赴大部,以要功能。是以大失民信,钞法日虚。每岁支遣,又逾向者。所行皆无本之钞,以至物价腾踊,奚止十倍。

同时,官豪之家又恃势倒换平准行用库的金银。《元典章》卷二〇说:

> 至元十九年九月,御史台承奉中书省札付:"近为各路平准行用库元关钞本买到金银,倒下昏钞并工墨息钱,不见起纳,诚恐埋没;及知窥利

---

① 如《元史》卷九三《食货志》云:"自时厥后,国用浸广,除税粮科差二者之外,凡课之入日增月益。文宗天历之际视至元大德之数,盖增二十倍矣。"此外,关于茶盐税及商契本的增加情形,参考《元史》卷九四《食货志》、《元典章》卷二二及苏天爵《滋溪文稿》卷二八《书两淮盐运司使博公去思诗后》。
② 当日政府借债的办法是"预卖盐引",即以未来的盐税为抵押来借款应用;预买的人因已得到盐引,届时便不必因贩盐而纳税。如《元史》卷二二《武宗纪》载至大元年(1306年)二月,中书省臣说:"陛下登极以来,锡赏诸王,恤军力,赐百姓,及殊恩泛赐,帑藏空竭,预卖盐引。"又卷二〇五《铁木真儿传》载他于延祐元年(1314年)提议"预买(按当作卖)山东、河间来岁盐引及各冶铁货,庶可以足本岁之用",仁宗从之。

之人,倚赖权势,将买下金银,倒换出库,中间作弊。为此于至元十九年四月十六日,奏准都省枢密院御史台差官前去……照勘自至元十三年以后,倒讫金银人等姓名。除百姓客旅依理倒换之数,不须追理外,官豪之家恃势倒讫金银,追征本物纳官,元买价折依数给主。若有阿合马亲戚奴婢人等买讫数目,其价钱不给。……"

结果,钞币的准备金越来越少,以致影响到它的价值。《元史》卷一六八《刘宣传》云:

（至元)二十三年十二月,中书传旨议更钞用钱。宣献议曰:"原交钞所起……日增月益,其法浸弊。欲求目前速效,未见良策。新钞必欲创造,用权旧钞,只是改换名目,无金银作本称提,军国支用不复抑损,三数年后亦如元宝矣。宋、金之弊,足为殷鉴。……"

为着要补救这种流弊,当至元二十四年另发至元钞的时候,政府对于钞币准备金的筹划也很注意。《元史》卷二〇五《桑哥传》云:

世祖尝召桑哥谓曰:"朕以叶李言,更至元钞,所用者法,所贵者信。汝无以楮视之,其本不可失。汝宜识之!"

同时又"依中统之初,随路设立官库,贸易金银,平准钞法。每花银一两,入库其价至元钞二贯,出库二贯五分;赤金一两,入库二十贯,出库二十贯五百文"①。可是,曾几何时,到了至元三十一年八月,政府又下令把各地钞币准备金的绝大部分运往首都,移作他用。《元史》卷一八《成宗纪》载至元三十一年八月:

诏诸路平准交钞库所贮银九十三万六千九百五十两,除留十九万二千四百五十两为钞母,余悉运至京师。

《续通考》作者在这段文字底下附按语云:

臣等谨按:银悉敛而归之上,而徒借钞为流转之资,此罔利愚民之隐痼,钞所以日虚日轻,法所以屡变而不胜其弊也。

---

① 《元史》卷九三《食货志》。

从此以后,金银便有入而无出,人民不复能够持钞向发行机关兑换到现银了。刘壎《隐居通议》卷三一云:

> 元贞(1295—1297年)新政,有北士吴助教陈定本十六策,其言虽若泛滥,至其条例时弊处,沉着痛快。今摘其要以示后:"今……金银有入而无出,不在乎钞之旧新。……布帛翔涌,而号寒者溢甚。米粟渐平,而啼饥者愈多。……穷则变,变则通,楮币失母子相权之道。……"

当钞币因准备金的不足而价值下跌的时候,朝野上下曾提议由政府筹措大量的金银来收回过多的钞币,以稳定钞值。如张之翰《西岩集》卷一三《楮币议》云:

> 天下之患,莫患于财用之不足。财用之患,莫患于楮币之不实。夫楮币裁方寸为飞钱,敌百千之实利。制之以权,权非不重也;行之以法,法非不巧也。然未有久而不涩滞者,唯在救之何如尔。自中统至今二十余年……楮日多而日贱,金帛珠玉等日少而日贵;盖不知称提所致也。问:称提有策乎?曰:有。今南北混一,此楮必用,不过自上贵信之尔。如出金以兑换,使之通行,一策也。……愚见若此,未审可否?惟详择焉。

又《秋涧先生大全文集》卷九〇《论钞法》[1]云:

> □谓救其虚,莫若用银收钞。大路止用得课银一□□余锭,小处一二百锭。民间钞俭,必须将银赴库□倒钞货。是钞自加重,银复归于官后。今却以钞回□,则愈致子虚矣。何是(?)又官止重银,不重其钞,此复□虚一也。

但事实上,政府哪里有这许多金银呢?结果正如上引《秋涧集》所说,只是发行新钞来收回旧钞而已。此外,当日又有人提议恢复铜钱的行用,以便用钱作钞币准备金来补金银之不足的。如程钜夫《雪楼集》卷一〇《铜钱》云:

---

[1] 作于至元二十八年,见同书卷末附录《王公神道碑铭》。

> 今国家虽以宝钞为币,未尝不以铜钱贯百为数。然则钞乃钱之子,
> 钱乃钞之母也;子母相权,乃可经久。实废其母,而虚用其子,所以钞愈
> 多而物愈贵也。……今……合收拾民间见有铜钱,量宜立价,官为收买
> 现数,与宝钞相权并行,庶使利权归一,不启侥幸之心,其于钞法亦有补
> 益。又兼即日行用库皆以平准为名。以官库金银与宝钞相准立价故也。
> 今既开禁①,民间金银价愈腾踊,若不收拾铜钱为钞之平准,诚恐将来日
> 久弊深,猝难整治。愚见如此,取自集议闻奏施行。

又黄潛《黄学士文集》卷二〇《国学蒙古色目人策问》②云:

> 问:钱出于古,而交会创于近代。然所谓交会者,必以钱为之本。
> 盖合券所以取钱,非以彼易此,使之舍实钱而守虚券也。方今钞法独行,
> 而钱遂积于无用之地。立法之初,固有因有革。及其既久,亦宜有变通
> 之道焉。请试言之,以待执事者之财择。

可是,因为元初以来不用铜钱,原有的钱多输出海外,或销毁作器③;如重新铸造,又因技术和原料等条件的不完备,成本太大,产额有限。④ 结果,复行铜钱之议遂因事实上的困难而作罢。这样一来,元初以来能够兑换的纸币,自世祖末叶以后便渐渐变为不兑换纸币了。这实是元代纸币的一大变动。

当日政府拥有的金银既因经费开支的庞大而动用了去,以致影响到钞币的价值,政府便于至元十九年十月开始下令禁止民间金银的自由买卖,规定人民买卖金银,须以官价与政府交易,以便集中金银来支持钞法。《新元史》卷七四《食货志》云:

---

① 金银的开禁,事在至元二十二年正月,详见后。
② 约作于顺帝初年(1333 年),参考同书卷末附录《金华黄先生行状》。
③ 如《雪楼集》卷一〇《铜钱》云,"民间为见公家不用铜钱,所在凡有窖藏钱宝之余,往往充私立价,贩卖与下海商船,及炉冶之家销铸什器。"其中关于铜钱的出口,《元史》卷二〇八《日本传》亦载至元"十四年日本遣商人持金来易铜钱。许之"。又同书卷九四《食货志》云,"至元十九年,又用耿左丞言,以钞易铜钱,令布舶司可以钱易海外金珠货物"。
④ 《雪楼集》卷一〇《铜钱》说,"铜钱事重费多"。《元史》卷一六八《刘宣传》说,"国朝废钱已久,一旦行用功费不赀,非为远计"。其后到了至大二年,虽然一度恢复铜钱的行用,但过了一年多,"以贮藏弗给",又复废罢不行(《元名》卷九三《食货志》)。

至元十九年，中书省奏："准治钞法（《元典章》原文作准下项整治钞法，较易明了）其通行条画凡九事：……买卖金银，付官库依价倒换；私自买卖者金银断没，一半给告捉人充赏（原作偿，兹据《元典章》改正），十两以下决杖有差。卖金银者自首免本罪，官收给价；买主自首者，依上施行。金银匠开张打造之家，凭诸人将金银打造，凿记名姓于上，不许自用金银造买；违者依私倒金银例断罪。挐获买卖金银人等私行买放者，依例追没断罪；放者罪与同科。……钞库官吏将倒下金银添价倒出，更将本库金银捏合买者姓名，用钞换出，暗地转卖与人者，无论多寡，处死。诸人将金银到库，不得添减殊色，非理刁蹬；违者杖五十七，罢职。然法虽严密，行之既久，物重钞轻，不胜其弊也。"[①]

又《元史·世祖纪》云：

（至元二十年）六月丙戌，申严私易金银之禁（卷一二）。

（二十一年十一月）敕中书省整治钞法，定金银价，禁私自回易，官吏奉行不虔者罪之（卷一三）。

初时政府向民间收买金银所定的官价，据《马可·波罗游记》所说，大约与市价相等，或甚至高些：

而且，由印度或他国来此的商人，他们带来的金银珠宝，一律不准售与任何人，只能售给皇帝。他派十二个精明熟练的人来主持这种买卖；他们评定这些物品的价格，便以纸币支付货款。商人们都乐于接受，因为他们不能从他人得到那样合适的价格，而且货款又可立刻到手。他们在帝国各地都可以拿这种纸币来购买任何想要买的物品，而且旅途携带这种纸币又很轻便。……复次，政府每年数次向城中宣布：凡藏有金银珠宝的人，如卖给造币厂，都可获得善价。物主都乐于出售，因为他们找不到其他主顾会给那样高的价格。虽然不愿出售的人并不勉强，每年因此而换到的金银珠宝，数量是很可观的。这样一来，全国的金银珠宝便

[①] 此文节取自《元典章》卷二〇"整治钞法"条。因《元典章》文字过于冗长，故引此文作代。

几乎全部集中在大汗的府库中了。①

经过相当时日以后,集中于政府的金银越来越多,藏于民间的金银便越来越少。结果,金银的市价便因民间存有量的减少而上涨;于是除官价以外。当日金银还发生远较官价为高的黑市价格。② 这样一来,钞币与金银原有一定的比价(官价)便因黑市价格的发生而被破坏,从而影响到钞币的价值。因此,金银自由买卖的禁令不过实行两年多。到了至元二十二年正月,政府又复解除禁令,准许民间自由买卖金银。《元史》卷一三《世祖纪》云:

> (至元)二十二年春正月,以命相,诏天下民间买卖金银。

又同书卷二〇五《卢世荣传》云:

> 世荣既骤被显用,即日奉旨中书,整治钞法,遍行中外,官吏奉法不虔者加以罪。……世祖……乃下诏云:"金银系民间通行之物,自立平准库,禁百姓私相买卖。今后听民间从便交易。……"③

又《续通考》卷九云:

> 至元二十二年正月,诏民间买卖金银弛其禁。

其后,政府因为另发新钞,须集中金银来稳定钞值,民间自由买卖金银的禁令还颁布了两次:第一次颁布于至元二十四年三月,当至元钞初发行的时候。《元典章》卷二〇云:

> 至元二十四年三月,尚书省奏奉圣旨定到至元宝钞通行条划,开具

---

① Yule and Cordier, op, cit, pp.424—425.
② 参考下引《元典章》卷二〇至大四年四月圣旨。
③ 赵翼根据此文,说元代民间用金银作货币(《廿二史札记》卷三〇云:"然有元一代,民间究以何市易?案……卢世荣传;立平准库,禁民间以金银私相买卖。世祖诏,金银乃民间通用之物,今后使民从便交易。是朝廷原未禁金银也。既造交钞,欲其流通,则赋税不得不收钞。而民间自用金银。则实者常在下,而虚者常在上,于国计亦何补哉?"),大误。按文中说准许民间买卖的金银,只是一种货物的性质,并不是交易的媒介,因为当日人民交易用钞不用银。关于此点,一看下列两个例子,便可明了。杨瑀《山居新话》云:"应中甫……取出,皆白银也。往三桥银铺货得钞三十两,以为祭物用。"又元张国宾《罗李郎大闹相国寺》云:"(银匠上)自个是个银匠,清早起来开开铺儿,看有什么人来?(外上)一路上将盘缠马匹都使尽了,则有这两个银子,拿去银匠铺里换些钱钞使用。(见科)哥哥,作揖。(匠)你待怎地?(外)我有一锭银子,换些盘缠使用,你要也不要?(匠)将来我看!……"(见《元明杂剧》)

于后：……依中统之初，随路设立官库，买卖金银，平准钞法。私租（自？）买卖，并行禁断。……今后若有人私下买卖金银者，许诸人首告，金银价值没官，于内一半付告人充赏。

此次禁令实行起来非常扰民。如字术鲁翀《菊潭集》卷二《平章政事致仕尚公神道碑》云：

(至元)二十四年，置尚书省。……时至元钞始行，置宝钞提举司，隶都省，金与银禁私易。小民挟威，张罟攫，饱饕餮，摧破民产，动再年。……或诬熊氏子买藏金尺，讯则无之。讯益酷，乞输直，不听。聚贷簪珥作新尺符其妄，乃已。刘氏子诬其弟贷利潜易金银，狱久不绝。事皆类此。

故到了大德八年，又复准许人民买成金银。《元典章》卷二一云：

大德八年七月，江浙行省准中书省咨，户部呈，诸路宝钞都提举司备光熙行用库申："……湖广行省咨，钦奉诏书内一款节该：金银开禁，听从民便买卖，钦此。……"

第二次颁布于至大二年九月，当至大银钞初发行的时候；此次除严禁金银的自由买卖外，并明令禁止金银的出口，以便集中金银来支持钞法。《元史》卷二三《武宗纪》载：

(至大二年)九月庚辰朔……颁行至大银钞诏曰："……随路立平准行用库，买卖金银……金银私相买卖，及海舶与贩金银铜钱棉丝布帛下海者，并禁之。……"

可是，实行不到两年，到了至大四年四月，因金银黑市价格高涨，又复解除金银自由买卖的禁令，但仍旧禁止金银出口。《元典章》卷二〇载至大四年四月圣旨云：

确(榷？)禁金银，本以权衡钞法。条令虽设，其价益增，民实弗便。自今权宜开禁，听从买卖。其商舶收买下番者，依例科断。①

---

① 《通制条格》卷二七同。

由此可知,当日政府集中金银,禁止自由买卖,以便支持钞法的政策,虽然前后颁布了三次,但并没有长时间实行过;实行以后,除了金银的官价以外,还要发生黑市价格,以致破坏原来金银与钞币的比价,从而影响到钞币的价值。本来,这时政府如果能抛出已经集中的金银来收回过多的钞币,金银的黑市价格是可以消灭的。但事实上,当日政府因财政上庞大的支出,连原来用作发钞准备的金银都动用了去,这些因自由买卖的禁令而集中来的金银自然也被动用,而不能充当钞币的准备金了。

第二是纸币发行额的增加。上面说过,当世祖上半期中统钞初发行的时候,纸币的发行额不大,价值至为稳定。可是,自至元十三年财政大臣阿合马增发大量的纸币以后,情形便发生激剧的变化了。这时政府经费开支大增,所入不敷所出,故增发纸币以资弥补。《元文类》卷五八李谦《中书左丞张公神道碑》云:

> 阿合马当国,创立宣慰司、行户部于东平、大名,不与民事,唯印楮币是务。①

又《元史新编》卷八七《食货志》云:

> 后阿合马专政,不究公私利害,出纳多寡,每一支贴,有十有余万锭者。

又《西岩集》卷一三《楮币议》云:

> 自中统至今二十余年,中间奸臣柄国,惟聚敛贸易是务,其数十倍于初。楮日多而日贱,金帛珠玉等日少而日贵。

又《秋涧先生大全文集》卷九〇《论钞法》云:

> 今……印造无算。一切支度,虽千万锭,一于新印料钞内支发,可谓有出而无入也。其无本钞数,民间既多而易得,物因踊贵而难买。此致虚二也。

因此,到了至元二十五年,当中统钞行用将及三十年的时候,由于连年发行的

---

① 事在至元十三年,见《元史》卷九《世祖纪》。

增加,钞币多到中书"省官皆不知其数"①。自此以后,因为各种费用的浩繁,政府还是不断增发钞币。如张养浩《归田类稿》卷二《时政疏》(至大三年)云:

> 近年以来,稽厥庙谟,无一不与世祖皇帝时异者。……世祖皇帝时楮币有常数,今则随所费以造之。

又陆文圭《墙东类稿》卷四《流民贪吏盐钞法四弊》②云:

> 称钞法之策三:一曰住印造;二曰节用度;三曰禁奢侈。……今中统之造,五十余年矣。物以少而贵,多而贱,贱则折阅,贵则宝重,此势然也。易之以至元,以五准一,犹云可也。更之以至大,低昂太骤,民间惶惑,已行辄罢,亦势然也。故虑楮之轻,莫若住造。民间鲜得,市价自平。取数既多,后何以继？或虑经用之阙,则又有说矣。此印造不可不住也。……江南既平……外而四方之朝聘,内而千官之俸秩,近而诸司之侍卫,远而边庭之供亿,日增月盛,时异事殊。而况赏赐滥及于俳优,营缮力殚乎土木。商舶市宝,价莫能名。藏室翻经,费不胜计。山林莫供于野烧,海水终泄于尾闾。桑谷渐空,工役方急。楮轻物重,职此之由。真人践阼,履躬节俭,力改前非;然财散不可复收,弊久未能损革,此用度不可不节也。

又《元史》卷三二《文宗纪》载天历元元年十月庚午:

> 监察御史言:"……迩者倒剌沙以上都经费不足,命有司刻板印钞。……"③

又 Oderic 游记云:

> 人们不必惊奇大汗怎能应付这样大的开支;因为在他国内交易不用金钱,只用纸币,当纸币印发后无数的金银财宝便流入他的手里。④

---

① 《元史》卷一五《世祖纪》,《续通考》卷九。
② 奏于延祐年间(1314—1320年),参考《新元史》卷二三七本传。
③ 《续通考》卷九略同。
④ Yule, *Cathay and the Way Thither*, Ⅱ, p.240. 按 Oderie 于 1321 年(至治元年)至 1328 年(天历元年)来华。

又 Sdltania 大主教的著作云：

> 皇帝财库的富裕，至为可观，这是因为发行纸币的缘故。①

又苏天爵《滋溪文稿》卷二六《灾异建白十事》（约作于顺帝初）云：

> 钞法之行，岁久不能无弊。……爰稽造钞以来元额已逾数倍，以致钞日益轻，物日益实。

兹根据元史卷九三《食货志》，并参考《元史》各本纪，把元代每年所印钞数，列表如下：

年　　份	钞 名	印钞数 （以锭为单位）	累积数	根据文献
世祖中统元年 （1260—1261年）	中统 （下同）	73 352	同前项 （下同）	《元史·食货志》 （下同）
二年		39 139		
三年		80 000		
四年		74 000		
至元元年 （1264—1265年）		89 208		
二年		116 208		
三年		77 252		
四年		109 488		
五年		29 880		
六年		22 896		
七年		96 768		
八年		47 000		
九年		86 256		
十年		110 192		

---

① Yule, op, eit, Ⅲ, p.98.按 Soltania 大主教的著作，约撰于1330年，即至顺元年。

续表

年　份	钞　名	印钞数（以锭为单位）	累积数	根据文献
十一年		247 440		
十二年		308 194		
十三年		1 419 665		
十四年		1 021 645		
十五年		1 023 400		
十六年		788 320		
十七年		1 135 800		
十八年		1 094 800		
十九年		969 444		
二十年		610 620		
二十一年		629 904		
二十二年		2 043 080		
二十三年		2 181 600		
二十四年		83 200		
	至元（下同）	1 001 017	5 005 085	
二十五年		921 612	4 608 060	
二十六年		1 780 093	8 900 465	
二十七年		500 250	2 501 250	
二十八年		500 000	2 500 000	
二十九年		500 000	2 500 000	
三十年		260 000	1 300 000	
三十一年		193 706	968 530	
成宗元贞元年（1295—1296年)		310 000	1 550 000	

续表

年 份	钞 名	印钞数（以锭为单位）	累积数	根据文献
二年		400 000	2 000 000	
大德元年（1297—1298年）		400 000	2 000 000	
二年		299 910	1 499 550	
三年		900 075	4 500 375	
四年		600 000	3 000 000	
五年		500 000	2 500 000	
六年		2 000 000	10 000 000	
七年		1 500 000	7 500 000	
八年		500 000	2 500 000	
九年		500 000	2 500 000	
十年		1 000 000	5 000 000	
十一年		1 000 000	5 000 000	
成宗至大元年（1308—1309年）		1 000 000	5 000 000	
二年		1 000 000	5 000 000	
三年	至大银钞	1 450 368	36 259 200	
四年	至元	2 150 000		
	中统	150 000	10 900 000	
仁宗皇庆元年（1312—1313年）	至元	2 222 336		
	中统	100 000	11 211 680	
二年	至元	2 000 000		
	中统	200 000	10 200 000	
延祐元年（1314—1315年）	至元	2 000 000		

元代的纸币

续表

年　份	钞名	印钞数 （以锭为单位）	累积数	根据文献
	中统	100 000	10 100 000	
二年	至元	1 000 000		
	中统	100 000	5 100 000	
三年	至元	400 000		
	中统	100 000	2 100 000	
四年	至元	480 000		
	中统	100 000	2 500 000	
五年	至元	400 000		
	中统	100 000	2 100 000	
六年	至元	1 480 000		
	中统	100 000	7 500 000	
七年	至元	1 480 000		
	中统	100 000	7 500 000	
英宗至治元年 （1321—1322 年）	至元	1 000 000		
	中统	50 000	5 050 000	
二年	至元	800 000		
	中统	50 000	4 050 000	
三年	至元	700 000		
	中统	50 000	3 550 000	
泰定帝泰定元年 （1324—1325 年）	至元	600 000		
	中统	150 000	3 150 000	
二年	至元	400 000		
	中统	100 000	2 100 000	

续表

年　份	钞名	印钞数（以锭为单位）	累积数	根据文献
三年	至元	400 000		
	中统	100 100	2 100 000	
四年	至元	400 000		
	中统	100 000	2 100 000	
明宗天历元年（1328—1329年）	至元	310 920		
	中统	30 500	1 585 100	
二年	至元	1 192 000		
	中统	40 000	6 000 000	
文宗至顺元年（1330—1331年）	至元	400 000		《元史》卷三三《文宗纪》
	中统	50 000	2 300 000	
二年	至元	890 050		《元史》卷三五《文宗纪》
	中统	5 000	4 455 250	
三年	至元	996 000		《元史》卷三六《文宗纪》
	中统	4 000	4 984 000	
顺帝至元三年（1337—1338年）	至元	2 700 000	13 500 000	《元史》卷三九《顺帝纪》
至正元年（1341—1342年）	至元	990 000		《元史》卷四〇《顺帝纪》
	中统	10 000	4 960 000	
十二年（1352—1353年）	至正	1 900 000		《元史》卷四二《顺帝纪》
	至元	100 000	19 500 000	
十三年	至正	1 900 000		《元史》卷四三《顺帝纪》
	至元	100 000	19 500 000	
十六年	至正	6 000 000	60 000 000	《元史》卷四四《顺帝纪》

我们在参考这个表时,有两点应加注意:① 除第一年外,某年所印钞数,并不等于某年钞币的流通量,因为除却某年所印外,还有过去各年印造的钞币在流通着;② 某年钞币的流通量,又不等于过去各年印造钞数的总额,因为钞币流通较久,便因昏烂而不能行用,或由政府收回烧毁去了。不过,随着时间的推移,钞币的流通量要因印造的增加而越来越多,却是可以断言的。

如果仅仅是由于政府的大量印造,世祖末叶以后纸币的流通量还不至于增加得太大。除此以外,当日私人的印造纸币,又增加了纸币流通的数量,以致影响到它的价值。私人印造纸币,有合法的,有非法的,但同样可以增加纸币的流通量。合法的私人印钞,可以朱清和张瑄为例。朱、张因为创造海运,有功于元,政府特许他们自己印钞流通,以赚取大量的财富。明叶子奇《草木子》云:

> 元海运自朱瑄张璧①始。……朝廷以二人之功,立海运万户府以官之,赐钞印,职其自印。钞色比官造加黑,印朱加红。富既埒国,虑其为变,以法诛之(卷三)。

> 国朝初,朱、张二万户以通海运功,上宠之,诏赐钞印,令自造行用。自是富倍王室。及事败,死于京。(卷四)

又《续通考》卷九云:

> (至元)二十三年(1286年)十一月,以张瑄、朱清并为海道运粮万户,赐钞印。

按朱清的自杀,张瑄的弃市,事在大德七年(1303—1304年)。② 他们的印造钞币,始于至元二十三年十一月,直至大德七年死时为止,共十七年左右。印钞行用的时间既然那么长,所印的钞自然很多,怪不得他们能够"富倍王室"了。朱、张死后,私人的印钞行用并不因而停止,不过由合法变为非法而已。当日人们违法印造伪钞,可以得到巨额的利润。《滋溪文稿》卷六六《灾异建白十事》云:

---

① 当改为"朱清张瑄"。按《元史》卷一六六《罗璧传》云:"(至元)十九年……立运粮万户三,而以璧与朱清张瑄为之。"叶氏大约因此误记。
② 《元史》卷二一《成宗纪》,《新元史》卷一八二《张瑄传》。

> 昔者世祖皇帝始立法制，遂行中统交钞；其后又行至元宝钞。夫行之既久，真伪不无。坐罪虽曰匪轻，获利自是甚重。

故伪钞的印造甚多。《古今治平略》载成宗时郑介夫说：

> 惟钞用本之轻，故伪造者纷然。立法虽严，终莫能戢。

又《元史》卷九七《食货志》云：

> 至正十年……左司都事武祺尝建言云："……比年以来……伪钞滋多。"……偰哲笃武祺又曰："至元钞多伪，故更之尔。"思诚曰："至元钞非伪，人为伪尔。交钞若出，亦有伪者矣。……"

这些伪造的纸币与真钞无异，连平准行用库的官吏也不易辨识。《至正集》卷六二《罗公（文焕）神道碑》云：

> （约顺帝初）除胶州判官。……行用库胥岁率遍扰，应者必破产。择精识楮币者十余家，以次应求。

故江西铅山人民伪造的钞币，当加上严密的组织后，曾经长时间流通于江、淮、河北一带。《元史》卷一九二《林祖兴传》云：

> 铅山素多伪造钞者，豪民吴友文为之魁。远至江、淮、燕、苏，莫不行使。友文奸黠悍鸷，因伪造致富，乃分遣恶少四五十人为吏于有司，伺有欲告之者，辄先事戕之。前后杀人甚众，夺人妻女十一人为妾。民罹其毒，衔冤不敢诉者十余年。

除铅山外，其他地方多大规模伪造纸币来行用。如虞集《道园学古录》卷四一《建宁路崇安县尹邹君去思之碑》说福建山地的人民制造伪钞云：

> 国家立钞法以通天下之利，几百年矣。……而山谷之民，愚不知法，广而狃利，伪造者滋多，亦四方之通患也。君之未至崇安也，民有阻险以为奸，衽利刃以拒逮，大张声势，以恐公私。莫之胜者，或反为之用。不测之忧，几在旦夕，盖六七年矣。

又同书卷三五《新喻州重修宣圣庙儒学记》说广东海寇在海船上伪造纸币云：

> 李侯……尝至南海上（约顺帝初）……沿海有大寇，维十数舟，近在岸谷，交结豪横，私盐伪钞，汗漫不可收拾。复引小寇为耳目，出入不可极。

此外，在仁宗时代，浙江诸暨"奸民以伪钞勾结党与，胁攘人财"①。同时，在安徽，"徽州民伪造纸币于僧舍"②。

第三是管制物价的疏忽。因为物价的变动足以反映出纸币的价值，元初政府发行中统钞时，对于物价的管制非常注意，曾先后在首都及各路设立平准库以均平物价，同时又创办常平仓以控制粮价。可是，政府在这方面的措施，大约因财政上的困难，自世祖末叶以后便渐渐疏忽起来了。卢世荣在至元二十二年正月的奏疏中，曾说到当日常平仓及平准库有名无实的情形：

> 今国家虽有常平仓，实无所畜。臣将……籴粟积于仓，待贵时粜之，必能使物价恒贱而获厚利。国家虽立平准，然无晓规运者，以致钞法虚弊，诸物踊贵。……③

卢世荣虽然说要充实常平仓以稳定物价，但事实上过了几年常平仓还是一样的空虚，故王恽复作充实常平仓的提议云：

> 常平仓设自至元八年，随路收贮斛粟八十余万。今仓廪具存，起运久空，甚非朝廷救荒恤民本意。……如往年定时估以平物价，竟不克行，殊不若常平之有粟也；盖低昂权在有司，兼并利无专擅故也。若复实常平，倘遇凶歉，出粜三二千石，谷价自平，楮币亦复加重。④

这时政府人员不独疏忽物价的管制，当钞贱物贵的时候，他们的投机行为更加促使物价上涨，钞值下跌。《秋涧先生大全文集》卷九〇《论钞法》云：

> 又总库行钱人等，物未收成，预先定买，惟恐或者先取，故视钞轻易添买。物重币轻，多此之由。此致虚三也。

---

① 《元史》卷一八一《黄㵆传》。
② 《黄学士文集》卷二六《揭公（傒斯）神道碑》。
③ 《元史》卷二〇五《卢世荣传》。
④ 《秋涧先生大全文集》卷三五《上世祖皇帝论政事书》。内言世祖在位三十年，知约作于至元二十六年。

总括上述，可知元自世祖末叶以后，初时由于战费的庞大，后来由于诸王赏赐和佛事用费的激增，经费开支浩繁，以致收支不能相抵。政府弥补财政亏空的一个主要办法，是改变过去的发钞政策，以增加收入：第一，元初发钞有充分的金银作准备金；此后却因经费支出而被动用了去。第二，元初纸币的发行额非常有限；此后却因财政上的困难而发行大增。第三，因为物价的上升足以反映出纸币价值的下降，元初政府特地设立常平仓来存贮大量的物资，以控制物价；此后却因开支太大而把这些物资拨作他用，总之，自世祖末叶以后，由于财政收支的不均衡，政府在纸币政策方面的措施，与元初维持钞值的办法完全相反，故此后纸币的价值便不能再像过去二十年那样稳定，而日渐下跌了。

（二）下跌的情形

　　由于维持钞值的政策没有继续执行，自世祖末叶以后，纸币的价值便一反过去长期稳定的情形而向下跌落。如上述，自至元十三年伐宋时起，阿合马即已大发纸币及动用纸币的准备金，纸币价值的下跌当亦始于此时。故《新元史》卷一八五《王磐传》云：

> 诏集百官问钞轻物重事。磐言："物贵则不足，物贱则有余。要以节用而不妄费，庶钞货可平。"时方伐宋……磐所奏每称上意。

不过因元灭宋后，中统钞流通的区域大增，多发一些也不要紧，故钞值一时还不至于下跌得太利害，但下跌的趋势已经开始了。以后再经过数年的变动，到了至元二十一年十一月，当卢世荣开始执政的时候，钞贱物贵的问题已相当严重；他上台时宣言以解决这个问题为己任，可是结果却大大失败，钞值下跌的问题不但没有解决，反而愈加严重起来。《元史》卷二〇五《卢世荣传》载：

> （至元二十二年四月）监察御史陈天祥上章劾之，大概言："……考其所行与所言者，已不相副，始言能令钞法如旧，弊今愈甚（《元文类》及《元史·陈天祥传》均作"钞今愈虚"）。始言能令百物自贱，今百物愈贵。……"[①]

[①] 《元文类》卷一一四《陈天祥论卢世荣奸邪状》及《元史》卷一六八《陈天祥传》略同。

> 丞相安童言:"世荣昔奏能……令钞复实,诸物悉贱,民得休息,数月即有成效。今已四阅月,所行不符所言。……"

再往后,钞值更为低落,以致须另外发行面值较中统钞高五倍的至元钞。《松雪斋文集》附录杨载《赵公行状》载:

> (至元二十三年)诏集百官于刑部议法。公(赵孟頫)适侍立左右,上命公往共议。众欲以至元钞二百贯赃满处死。公曰:"始造钞时,以银为本,虚实相权。今二十余年间,轻重相去至数十倍。虽改中统为至元,历二十年后,则至元必复如中统。使民计钞抵法,疑于太重。……欲以此断人死命,似不足深取。"……刑部郎中杨某作色而起让公曰:"今朝廷行至元钞,故犯法者以之计赃。公以为非,岂欲沮至元钞耶?……"公曰:"……中统钞虚,改至元钞。谓至元钞终无虚时,岂有是理哉?……"①

又《元典章》卷一云:

> 至元二十四年闰二月,钦奉皇帝圣旨:"钞法之行,二十余载,官吏奉法不虔,以致物重钞轻,公私俱弊。比者廷臣奏请,谓法弊必更,古之道也。朕思嘉之,其造至元宝钞颁行天下,中统宝钞通行如故;率至元宝钞一贯文,当中统宝钞五贯文。……"

至元钞发行后,果然不出赵孟頫所预料,钞值还是一样低跌。在至元二十八年,王恽说,"物重钞轻,谓如今用一贯,才当往日一百,其虚至此,可谓极矣"②。当成宗时,郑介夫说:"今钞中明具钱贯,即是铜钱之形。古者怀十文而出,可以饱醉而归,民安得而不富?今则怀十文钞而出,虽买冰救渴亦不能敷,民安得而不贫?"③因此,到了至大二年,当至元钞值下跌得太利害的时候,政府只好又另外发行面值较至元钞高五倍的至大银钞。《元史》卷二三《武宗纪》载:

---

① 《圭斋文集》卷九《赵文敏公神道碑》,《元史》卷一七二《赵孟頫传》略同。
② 《秋涧先生大全文集》卷九〇《论钞法》。
③ 《古今治平略》。

> (至大二年)九月庚辰朔……颁行至大银钞诏曰："昔我世祖皇帝既登大宝，始造中统交钞，以便民用。岁久法隳，亦既更张，印造至元宝钞。逮今复二十三年，物重钞轻，不能无弊。乃循旧典，改造至大银钞颁行天下。至大银钞一两，准至元钞五贯……"①

又《滋溪文稿》卷一一《高公(昉)神道碑铭》云：

> 特拜中奉大夫中书参知政事。……至大……二年，尚书省立，议更钞法。公言，"钞今已虚数倍。若复抑之，则钞愈虚而物愈贵，非法之善也"。时不能用其言，出公为浙江行省参知政事。

可是，钞币制度虽然改革，钞轻物贵的问题还是一样严重，故过了一年多，政府又下令将至大银钞废罢，仍旧行用中统至元二钞。《元史》卷二四《仁宗纪》载：

> (至大四年四月)丁卯，诏曰："我世祖皇帝参酌古今，立中统至元钞法，天下流行，公私蒙利，五十年于兹矣。比者尚书省不究利病，辄意变更，既创至大银钞……钞以倍数太多，轻重失宜。……曾未再期，其弊滋甚。爰咨廷议，允协舆言，皆愿变通，以复旧制。……"属帝(仁宗)御便殿，李孟进曰："陛下御极，物价顿减。方知圣人神化之速，敢以为贺。"帝蹙然曰："……至于秋成，尚未敢必。今朕践阼，曾未逾月，宁有物价顿减之理？……"孟愧谢。

又《农田余话》卷上云：

> 至大中，行铜钱；印造至大钞，一贯为钱一千文，准银一两，当中统二十五贯。数太多，物价腾踊，斯年乃罢。

自此以后，直至至正十年，民间交易仍以中统、至元二钞为主。但因钞值下跌之势已成，故交易时钞币不免折阅，或甚至涩滞而不能畅通。如吴师道《吴礼部文集》卷一九《又拟(策问)二道》②云：

---

① 《续通考》卷九略同。
② 按吴师道为至治元年进士，由此推算，此策问约作于天历至顺间。参考《元史》卷一九〇本传。

元代的纸币

> 国朝始行楮币，一再变法，币益轻而奸益众。

又孛术鲁翀《菊潭集》卷二《大都乡试策问》①云：

> 钞法久堕，农末交病，市扰不测，有无俱艰，徼幸者公私相欺，折阅者上下莫愬，其何术以平之？

又《黄学士文集》卷二四《亦辇真公神道碑》云：

> （顺帝初）迁山东东西道宣慰使。钞法之不通……者，悉建白而更张之。

又同卷二七《捏古鯣公神道碑》云：

> （至正初）授大中大夫，济南路总管。钞法滞不行，首为立变通之方。公私咸便之。

钞值下跌在物价方面的表现是钞币购买力的低落，或物价水准的上升。元初自中统钞开始发行后，由于维持钞值政策的实施，物价曾经长时间下降。可是，自至元十三年钞值渐渐下跌以后，物价变动的曲线便一反过去下落的方向而慢慢开始向上升高；以后再经过相当时期的变动，到了世祖末叶，物价便较以前上涨许多。《松雪斋文集》附录杨载《赵公行状》云：

> 丁亥（至元二十四年）六月，授奉训大夫兵部郎中。公总天下驿置使客饮食之费，一岁之中，不过中统钞二千定。此数乃至元十三年所定。计今物直高下，与是时相去几十余倍。……请于中书，增至二万定。②

自此以后，物价虽或有涨有落，但一般物价水准总远较世祖中叶为高。如《元典章》卷一九说成宗大德元年物价较初平宋时增高数倍云：

> 大德元年六月，江西行省据龙兴路申："……江南归附之初，行使中统钞两，百物价直低微。……目今百物踊贵，买卖房舍，价增数倍。……"

又《大元海运记》说武宗至大四年物价较至元十九年创办海运时昂贵十倍云：

---

① 同书卷四苏天爵《术鲁公神道》碑铭说他于"至顺元年，同知礼部贡举"。本策问当作于此时。
② 《圭斋文集》卷九《赵文敏公神道碑》略同。

> （至大四年中书奏）三十年前，海运创始之初，钞法贵重，百物价平……今则物重钞轻，造船物料十倍价高。

再往后，到了仁宗时代，物价也是较前高涨得多。《元典章》卷二二云：

> 皇庆元年二月初十日，中书省奏过事内一件："……如今比在前物价增了数倍……"

> 皇庆元年五月，江西行省准中书省咨，户部备主事片呈："……照得近年以来，物价涌贵，比之向日，增添数十余倍。……"

这都是世祖末叶以后钞币购买力低落，或一般物价上涨的情形。现在再把当日各种物价、运费和工资上升的状况分述于后：

（1）米价——《农田余话》卷上说自灭宋至世祖末叶江南米价上涨的情形云：

> 前元印造中统交钞……得江南初，以一贯准宋朝旧（原误作里）会三十五贯，时米（原误作来）沽一贯一石。后造至元钞兼行，以一当五……至是米值十倍于前。以其中统言之，十余贯矣。

自此以后，到大德年间，江南平时米价为十贯（即十两）中统钞一石，贵时更上涨至三十多贯一石。刘壎《水云村泯稿》卷一四《呈州转申廉访分司救荒状》云：

> 大德十年丙午岁春夏间，江浙大饥。……常年米硕价止中统钞一十两，佘户犹曰艰难。今则价值日增，倍而又倍……每硕乃成三十两之上。

再往后，到了文宗天历二年，江南米价又因饥荒而上涨，武昌城中曾贵至斗米万文，即一百贯一石。揭傒斯《揭文安公文集》卷七《董公（守中）神道碑》云：

> 明年（天历二年）天下大饥，武昌群豪控诸米商闭粜，以徼大利。城中斗米至万钱。

这固然是饥荒时特别贵的价格，但平时米价仍卖三四十贯一石。如杉村勇造《元公牍拾零》①说至正六年五月的米价云：

---

① 《服部先生古稀祝贺记念论文集》第五七一至五八三页。按文中材料原记于元大字刊本《大学或问》及《论语集注》的纸背。

  粳米　上等每石(中统)钞肆拾两；中等每石钞叁拾柒两伍钱；下等每石钞叁拾伍两。

  占米　上等每石钞叁拾柒两伍钱；中等每石叁拾伍两；下等每石钞叁拾二两。

(2) 田宅价——世祖末叶以后，各种田土和房屋的价格都一天比一天上涨。上引《元典章》卷一九曾说大德元年"买卖房舍，价增数倍"。又同书云：

  至元二十一年五月，中书户部承奉中书省札付："该东平路申、杨介等啜老百户男三哥，强占原卖旧业，议拟施行间，据御史台，已前年份典卖田产房舍，其房亲人等不曾画字，为物价均平，不行争告。今比年添十倍之上，其尊长卑幼亲邻人等乃以不亲画字，为辞争兢(竟?)，政令词讼不能杜绝。……"(卷一九)

  大德六年二月□日，湖州路承奉江浙行省札付来申："陈天得告潘万七，至元二十七年买讫卑幼田土，……即目地价比之往日陡高数倍，……今经一十余年，田土价高……"(卷一五)

  大德七年三月，湖广行省准中书省咨来海北海南道宣慰司呈："雷州路申吴粪状告：至元二十四年，兄吴秋来将田四亩五分卖与唐政为主，价钱三十两。至元三十年，唐政添价一百两，卖与王冯孙为主。大德元年，王冯孙添价一百二十五两，卖与韩二十为主。……"(卷一九)

  大德八年八月，钦奉恤隐省刑诏书内一款："近年以来，田宅增价……"(卷三)

  至大四年四月，钦奉住罢银钞铜钱诏书一款："近年田宅增价……"(卷三)

(3) 金银价——前引《元典章》卷二〇曾说至元十九年十月政府规定："花银每两，入库价钞二两，出库价钞二两五钱(分?)。"又引《元史》卷九三《食货志》说至元二十四年规定："每花银一两，入库其价至元钞二贯，出库二贯五分；赤金一两，入库二十贯，出库二十贯五百文。"如以中统钞折算，则此时政府收买金银价格为花银十贯一两，赤金一百贯(或二锭)一两。这虽是官定的价格，但据上引《马可·波罗游记》第四二四至四二五页所说，当日金银的市价也差不了多少,并不比官价为高。其后经过 50 多年的变动,到了至正五六年,金银市价都比以前上涨两倍多至三倍。郑玉《师山集》卷四《颂叶县丞平金课时估诗序》云:

> 至正五年,市中金买两以钞计,才五锭有奇。

又杉村勇造《元公牍拾零》说至正六年五月的金银价云:

> 金 赤色金每两(中统)钞陆定;九成色每两钞伍锭贰拾两;七成色每两肆锭贰拾两。

> 银 花银每两钞叁拾两;九成色每两钞贰拾柒两;七成色每两钞贰拾壹两。

(4) 运费——随着一般物价水准的上升,自世祖末叶以后,各地水陆运费也不断上涨。如《元典章》卷二六云:

> 至元三十一年正月,湖广行省为起运真州粮一十五万石事,移准江西行省咨:"先为年例攒运真州米粮旧例,每石下水百里,支钞三分,船户揭用不敷。本省议得每米一石,量添三分,通作六分。……相应依上添支去讫。又照得至元二十九年淮东米粮五万石,三十年起运真州粮二十万石,亦依前项脚力体例放支了当。……"

> 大德五年十二月,江浙行省准中书省咨兵部呈奉省判本部呈伯颜签省言扰民不便事,内一件:"东平路起运诸物,元定千斤百里,中统钞一十两。草料涌贵,官吏脚价不敷。目今街下顾脚,千斤百里,该钞一十七两。若依街下脚价中统钞一十七两顾觅,不致扰民。曹州申:今后千斤百里脚惯例,量添一倍。汀州路申:如蒙照依街市,两平和顾相应。河南省咨河南府申:和顾脚力,元定千斤百里,山路一十二两,平川一十两。近来诸物涌贵,其得脚价不数,合无照依目今各路车杖实该价钱,预为支发,两平和顾,似不扰民。……本部议得:山路脚钱一十二两,平川一十两,虽是在先已定通例,却缘比年诸物涌贵,递运额数,止循旧例,实是亏民。参除大都至上都并五台脚价外,其余诸路今后应有递运诸物水脚价钱,比附行省所拟,上水添一两,下水止依旧例六钱,旱脚山路作十

五两,平川一十二两,于不以是何钱内随即放支。……"

其中关于海道运费的粮食,《大元海运记》记载得更为详细:

> 至大元年四月初十日奏过:"海运粮脚价每石六两五钱。如今粮食诸物涌贵,量添五钱,为七两。已后不与照依先体例与六两五钱。"(卷下)

> 至大三年,准尚书省咨该本省咨:"至大三年,海运粮斛,差官召顾海船。即日诸物涌贵,春运脚价每石添作至元钞一两六钱。……今夏运粮船户依准所拟,照依春运例,每石添支至元钞三钱。咨请照验本年脚价,糙白粳每石至元钞一两六钱,香糯每石至元钞一两七钱。"(卷下)

> 至大四年,准中书省咨该尚书省准本省咨:"讲究拯治海运,至大三年十月二十九日奏准运粮脚价,每石支至元钞一两六钱,如今添为二两;稻谷一石支至元钞一两,如今添为一两四钱至元钞。本年为头脚价,糙白粮每石至元钞二两,香糯每石至元钞二两八钱,稻谷每石一两四钱。"(卷下)

> (中书奏)三十年前海运创始之初……运粮一石,支脚钞(中统)八两五钱……今……虽蒙每石添作至元钞二两,其物价愈翔,不敷其用。……今量拟远者温台庆元船只运粮,每石带耗添至元钞一两,通作三两;其余船只装运糙白粮,每石添钞六钱,通作二两六钱;稻谷每石添钞六钱,通作二两。(卷上)

> 仁宗皇帝皇庆二年十月,增海运粮脚价浙东每石中统钞一两五钱,其余处所每石一两。中书省奏:"江浙行省言:今岁……造船物料,比之往岁,价增数倍。臣等议量其地理远近,比元脚价之上,除浙东每石添中统钞一两五钱,其余处所每石添一两。"奏可。(卷上)

(5) 工资——由于各种生活费用的昂贵,世祖末叶以后的工资也跟着上涨。现因材料的方便,姑以公务员的薪俸为例。据王士点、商企翁编《元秘书监志》(《学术丛编》)卷二,自至元二十年七月起,由于物价的腾贵,一部分低级公务员的薪俸即已增加50%。计"令史月俸二十两,今添一十两;典书奏差月俸一十两,今添五两;公使人月俸五两,今添二两五钱"。到了二十二年二月,这种加薪的办法更普及于一切内外官吏。《元典章》卷一五云:

> 至元二十二年二月，钦奉诏条内一款："设官颁俸，民（？）近年诸物增价，俸禄不能养廉，以致侵渔百姓，公私俱不便益。自今内外官吏俸给，以十分为率，添支五分。仰中书省依上施行。"

其后，到了大德七年，因物贵俸薄，政府又按官吏薪俸的多寡来增给俸米。《元秘书监志》卷二云：

> 大德七年闰五月二十二日，准中书户部关奉中书省札付："钦奉圣旨节该：官吏俸薄，不能养廉，增给俸米，钦此！都省与集贤大学士商议中书省事，一同议得：无职田官吏俸米……内外官吏俸一十两以下人员，依大德三年添支小吏俸米例，每一两给米一斗；十两以上至二十五两，每员支米一石；余上之数，每俸一两为米一升扣算给付。……"奉圣旨："依着怎商量来的与者，钦此！……"①

再往后，到了至大三年，因薪俸又复赶不上当日高涨的物价，乃按官阶的高下，把原来俸额的一部或全部改发至元钞，同时俸米方面亦有一翻调整。《南台备要》"行御史台官吏俸给"条云：

> 至大三年二月初七日，准御史台咨该奉尚书省札付："钦奉诏书内一款节该：官吏俸薄，不能养廉，以致侵渔百姓，治效不修。尚书省从长计议颁给，钦此！"送户部照议到各项事理。至大二年十二月二十八日奏："天下诸衙门官吏俸钱不敷的上头，交俺商量了添与者，么道行了诏书来。俺众人商量来，随朝衙门官员并军官每，如今见请的俸钱内减了加五，改换与至元钞，住支俸米。外任有职田的官员，三品的每年与禄米一百石，四品的六十石，五品的五十石，六品的四十五石，七品以下的四十石，俸钱改支至元钞，将职田拘收入官。又外任宣慰司军官杂职等官，俸钱十分中减去三分，余上七分改支至元钞两。随朝衙门行省宣慰司的吏员，俸钞减去加五，其余钞数与至元钞。至元钞十两以下，每月与俸米五斗。外任行的小吏每年的俸钞，依数改作至元钞，俸米依旧与呵。"怎生

---

① 《南台备要》"行御史台官吏禄米"条，《元典章》卷一五略同。

奏呵,奉圣旨:"那般者,钦此!"①

总括上述,可知自世祖末叶以后,因为政府不再像元初那样维持钞值,钞币价值遂长期低落。随着钞值的低落,各种物价、运费及工资等便升涨,处处都表现着钞币购买力的薄弱。固然我们也不忽视物品供求失调这一因素对于这几十年物价上涨的影响,但钞币既是当日最主要的货币,它的价值的下跌自然要反映于物价的变动上。

四、元末的通货膨胀

世祖末叶以后钞值下跌的情形,已如上述。当日钞币的价值,有时虽然下跌得很快,但因经过的时间约有七十年那么久,当和这个时期配合起来,也就显出下跌的速度是相当的慢了。这种钞值变动的情形,从元末顺帝至正十年后却发生激剧的变动,因为自此时起,恶性的通货膨胀时期就要开始了。

元代货币理论有两大派别:其中一派主张专用纸币,不用铜钱,这可以刘秉忠②来作代表,元代的执政者多采用之。另外一派主张钱钞并用,其代表在世祖时为程巨夫,成宗时为郑介夫,仁宗时为杨朵儿只,顺帝初年为黄缙及揭傒斯。③ 他们的主要理由是"以实济处"或"轻重相权",换句话说,是使实在货币的铜钱与钞币一同行使,以补救钞法的虚弊。这一派的主张在武宗至大二年曾实行过,但实行不到两年,因用钱的条件不完备,到了至大四年又复废罢。其后,到了至正十年,因钞贱物贵问题亟待解决,这一派的理论反复抬头,终于见诸实行。这时币制改革的内容包括两点:第一,恢复铜钱的行用;第二,除至元钞仍旧流通外,又另外发行一种新钞,名叫中统交钞④,以新

---

① 《通制条格》卷一三,《元秘书监志》卷二,《元典章》卷一五略同。
② 陶宗仪《辍耕录》卷二"钱币"条。
③ 《雪楼集》卷一〇铜钱及江南买卖微细宜许用铜钱或多置零钞,《古今治平略》,《元史》卷一七,《杨朵儿只传》,《黄学士文集》卷二〇《国学蒙古色目人策问》,卷二六《揭公(傒)斯神道碑》,《圭斋文集》卷一〇《揭公墓志铭》,及《元史》卷一八一《揭傒斯传》。
④ 《元史》卷一三八《脱脱传》,卷一八四《韩元善传》,《续通考》卷九及《草木子》卷三均作"至正交钞"。

钞一贯等于至元钞二贯或铜钱一千文来行使。《元史》卷九七《食货志》载：

> （至正十年）下诏云："朕闻帝王之治，因时制宜，损益之方，在乎通变。惟我世祖皇帝建元之初，颁行中统交钞，以钱为文，虽鼓铸之规未遑，而钱币兼行之意已具。厥后印造至元宝钞，以一当五，名曰子母相权，而钱实未用。历岁滋久，钞法偏虚，物价腾踊，奸伪日萌，民用匮乏。爰询廷臣博采舆论，佥谓拯弊必合更张。其以中统交钞一贯文省权铜钱一千文，准至元宝钞二贯。仍铸至正通宝钱，与历代铜钱并用，以实钞法。至元宝钞通行如故。子母相权，新旧相济，上副世祖立法之初意。"

可是这种钱钞兼用的办法实行以后，钞值不独不能稳定，反而狂跌起来。本来在币制改革的前夕，吕思诚已经大加反对，深恐钱钞并行后，人民"藏其实而弃其虚"，结果反为不美。《元史》卷九七《食货志》云：

> 至正十年，右丞相脱脱欲更钞法，乃会中书省枢密院御史台及集贤翰林两院官共议之。……吏部尚书……偰哲笃言："更钞法，以楮币一贯文省权铜钱一千文为母，而钱为子。"众人皆唯唯，不敢出一语。惟集贤大学士兼国子祭酒吕思诚独奋然曰："中统至元，自有母子，上料为母，下料为子。比之达达人乞养汉人为子，是终为汉人之子而已。岂有故纸为父，而以铜为过房儿子者乎？"一坐皆笑。思诚又曰："钱钞用法，以虚换实，其致一也。今历代钱及至正钱，中统钞及至元钞、交钞，分为五项，若下民知之，藏其实而弃其虚，恐非国之利也。"[①]

然而当日的执政者并没有注意到这一点，仍旧实行钱钞兼用的办法。实行以后，其流弊果然不出吕思诚的预料；在有实在价值的铜钱之反映下，再加上当日钞币的滥发与无准备，钞值一落千丈，结果人民要钱不要钞，以至于亡。

在至正交钞发行的前两年（至正八年），方国珍即已起兵于浙东。及发钞的次年（至正十一年），刘福通、韩林儿、芝麻李、徐寿辉等红巾军领袖开始大

---

① 《元史》卷一八五《吕思诚传》略同。

规模作乱于颍州、徐州及湖广一带。其后郭子兴、朱元璋、张士诚、明玉珍、陈友谅等亦相继割据称雄,把元代的河山弄得四分五裂。这时军费开支大增,政府为谋收支的均衡,遂印造大量面值较至元钞高一倍的至正交钞。如《元史》卷九七《食货志》云:

> 行之(指至正钞)未久,又值海内大乱,军储供给,赏赐犒劳,每日印造不可数计。舟车相运,轴轳相接,交料之散满人间者,无处无之。

又朱德润《存复斋续集送张德平序》云:

> 迩者(至正年间)军旅数起,钞币倍出,物重钞轻,而官民困矣。

又《草木子》卷三云:

> 至正间,丞相脱脱……别立至正交钞……及兵乱,国用不足,多印钞以贾(《续通考》卷九引作赏)兵,钞贱物贵。无所于授,其法遂废。

又《农田余话》卷上云:

> 至至正庚寅……印造中统交钞……后用兵,率印造以买军需和籴米。

说到印造的实在数量,在初时每年还只限于数百万锭。[①] 但其后因为军事费用激剧增加,"每日印造不可数计",每年的发行额也就多到不可胜数了。印行既多,连钞币所用的纸张也恶劣起来,《草木子》卷三云:

> 至正交钞,料既窳恶易败,难以倒换,遂涩滞不行。

> 先是至正庚寅间……造至正交钞,楮币窳恶,用未久,辄腐烂,不堪倒换,遂与至正宝钞俱涩滞不行。物价腾贵。

元末纸币的发行,不但数量太多,而且又绝无准备金。自世祖末叶以后,因为财政困难,政府已经渐渐把纸币的准备金动用了去。到了元末,当群雄在各地割据,收支差额特别大的时候,政府大量增发的纸币当然更谈不到准备金了。关于此点,明人已经详细指出。叶子奇在《草木子》卷三说:

---

① 参考前文"元代岁印钞数表"。

> 元之钞法，即周、汉之质剂、唐之钱引、宋之交会、金之交钞。当其盛时，皆用钞以权钱。及当衰叔，财货不足，止广造楮币以为费。楮币不足以权变，百货遂涩而不行，职此之由也。必也欲立钞法，须使钱货为之本。如盐之有引，茶之有引，引至则茶盐立得，钞法如此，乌有不行之思哉？当今变法，宜于府县各立钱库，贮钱若干，置钞准钱引之制，如张咏四川行交子之比，使富室主之，引至钱出，引出钱入，以钱为母，以引为子，子母相权，以制天下百货，出之于货轻之时，收之于货重之日，权衡轻重，与时宜之，未有不可行之理也。譬之池水，所入之沟与所出之沟相等，则一池之水动荡流通，而血脉常活也。借使所入之沟虽通，所出之沟既塞，则水死而不动，惟有涨满浸淫而有滥觞之患矣。此其理也，当时不知，徒知严刑驱穷民以必行，刑愈严而钞愈不行，此元之所以卒于无术而亡也。

> 又如富人粜谷以给批，行批得谷，其批行矣。贫人给批，以无谷，批乃虚文，又何以行之哉？

又丘濬《铜楮之弊》（黄训《皇明名臣经济录》卷二四）云：

> 自宋人为交会，而金、元承之以为钞。所谓钞者，所费之直不过三五钱，而以售人千钱之物。呜呼！世间之物，虽生于天地，然皆必资于人力而后能成其用；其体有大小精粗，其功力有浅深，其价有多少。直而至于千钱，其体非大则精，必非一日之功所成也；乃以方尺之楮直三五钱者而售之，可不可乎？下之人有以计取人如是者，上之人不能禁之，固已失上之职矣；况上之人自为之哉？民初受其欺，继而畏其威，不得已而黾勉从之。行之既久，天定人胜，终莫之行。非徒不得千钱之息，并与其所费三五钱之本而失之。且因之以失人心，亏国用，而致乱亡之祸。如元人者，可鉴也已。

元末一贯的纸币既然只是花三五文钱的成本来造成的东西，自然没有准备金之可言了。

由于上述的原因，元末纸币的价值遂越来越低，以至于不可收拾；结果人民拒绝使用，改以铜钱或物货来交易。孔齐《（静斋）至正直记》卷一"楮币之患"条云：

> 至正壬辰(十二年)，天下大乱，钞法颇艰。癸巳(十三年)又艰涩。至于乙未年(十五年)，将绝于用。遂有观音钞、画钞、折腰钞、波钞、煤不烂之说。观音钞，描不成，画不就，如观音美貌也。画者，如画也。折腰者，折半用也。波者，俗言急走，谓不乐受即走去也。煤不烂，如碎絮筋查也。丙申(十六年)绝不用，交易惟用铜钱耳。

又《元史》卷九七《食货志》云：

> 既而所在郡县皆以物货相贸易。公私所积之钞，遂俱不行，人视之若弊楮。而国用由是遂乏矣。

又《农田余话》卷上也说当日的纸币，"民间贸易，不复顾视；至群雄割据，遂无用矣"。

元末钞值狂跌在物价方面的反映是物价的暴涨。关于元末物价暴涨的记载，除已见于上引各文外，《元史》卷九七《食货志》亦说至正钞"行之未久，物价腾涌，价逾十倍"。

又王礼《麟原前集》卷五《送王录判补宪掾序》云：

> 至正十五年正月……当今时弊……宜先楮币(原误作弊)通行，官民利赖。窒而不流，自上坏之。物价翔踊，民不聊生。

其中关于米粮价格的飞涨，记载更多。陈基《夷白斋稿补遗》吴侬谣(至正十四年)云：

> 遂令斗米如斗珠，不贵楮币贵青蚨。

又袁彦章《书林外集》卷一《征粮叹》云：

> 至正十七载，丁酉夏六月，江淮尚干戈，岁久未休息。……顾兹田野间，青黄曾未接。米船久无来，楮币不堪籴。

又同书卷五《丙申岁》(至正十六年)云：

> 华发骎骎五十余，此生那见此艰虞！人情世上弃如土，米价年来贵

似珠。

至于米粮的实在价格，因时因地而异，但都较前高涨得多。如至正十年，江南"米石价旧钞六十七贯，至是六十七倍于国初"①。十九年冬，杭州"城中米价涌贵，一斗直二十五缗"②。差不多在这个时候，"京师料钞十锭，易斗粟不可得"③。此外，柴、盐、鸡及猪肉的价格，也都较前昂贵得多。如吴皋④《吾吾类稿》卷二《正初始晴忽雪即事》云：

> 东薪涌高价，无论桂与珠。

又周霆震《石初集》卷五《纪事》云：

> 万斛北盐局海隅，迩来商贩竞南趋。去年（至正壬辰）今日城中价，一贯文才十四铢。
>
> 山村肉价何须问，近日鸡豚倍北羊。（当年北羊二贯一斤，今猪鸡四贯一斤。）

当日各种物品价格之所以高涨，一部分固然由于供求的失调，但钞值的狂跌仍不失为其中一个主要的原因。

由上述，我们可知元末的纸币，在有实在价值的铜钱之反映下，再由于发行额的激增和准备金的缺乏，价值狂跌，从而物价暴涨，造成恶性通货膨胀的局面。纸币既然越来越没有价值，最后人们遂不复过问，而改用铜钱或物货来交易。

五、结　　论

总括上文，我们可知元代纸币的流通，差不多与元代的政权相终始。由于过去宋、金长期使用纸币的影响，在太祖晚年，即开始在他们占领下的山东博州一带发行纸币。往后，随着版图的扩张，纸币流通的区域也渐渐扩大。

---

① 《农田余话》卷上。
② 《辍耕录》卷一一。
③ 《元史》卷九七《食货志》。
④ 元末人。

过了三十多年，当元世祖即位以后，配合着当日政治上的逐渐统一，政府遂开始发行中统元宝交钞来统一各地的货币。自此以后，因为政府很努力来充实纸币的准备金，控制纸币的流通量，注意物价的管制，及准许以钞纳税，纸币的价值非常昂贵，人民甚至"视钞重于金银"。结果物价下落，纸币在市场上有很高强的购买力，流通状况至为良好。

可是，元初纸币价值昂贵的时期不过二十年左右，自世祖末叶以后，由于纸币政策的转变，它的价值便渐渐下跌了。这时纸币政策之所以转变，主要由于财政收支的不均衡。原来自世祖末叶以后，初时由于海外战争用费的激增，后来由于诸王赏赐和佛事用费的庞大，政府经费开支大增，差不多年年收支都不能相抵。政府解决财政困难的一个主要办法是纸币政策的转变，即渐渐放弃以前维持钞值的办法，而采取与此相反的措施。例如政府因为经费支出的庞大，便逐渐把元初非常充实的纸币准备金动用了去，把因管制物价而存贮好的物资拨作他用，同时不再像元初那样控制纸币的流通量，而发行大量的纸币。总之，自世祖末叶以后，由于财政收支的不均衡，政府在纸币政策方面的措施，实在与元初维持钞值的办法完全相反。结果纸币价值不再像过去那样的昂贵而向下跌落，物价则相反向上升涨。但因经过的时间约有 70 年那么久，当和这一段时间配合起来，钞值下跌和物价上涨的程度也

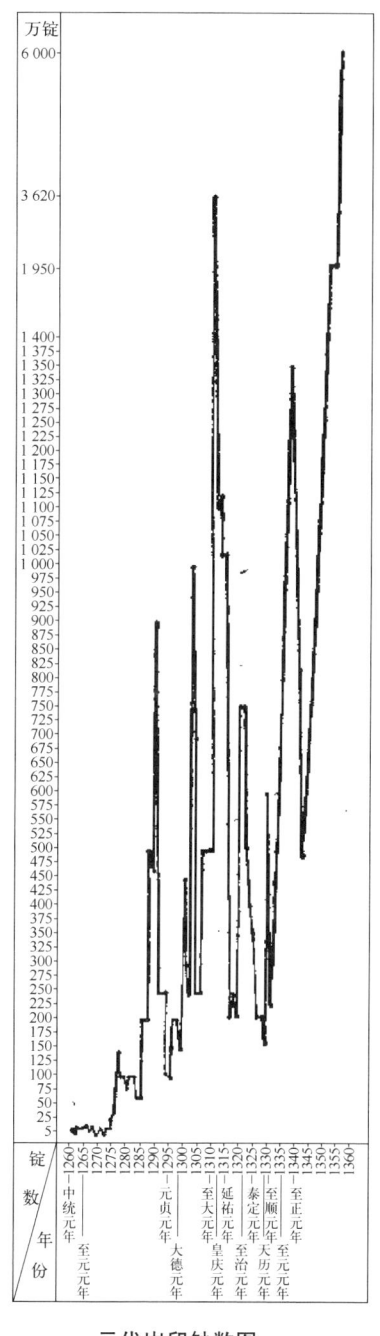

元代岁印钞数图

就不见得如何的利害了。故这七十年虽然已经显示出通货膨胀的征候,也只是轻微的通货膨胀时期而已。

世祖末叶以后轻微的通货膨胀时期,到了至正十年即告终止,自此以后便踏入恶性的通货膨胀时期了。这时因为各地群雄并起,把元代的河山弄得四分五裂,政府收支差额越来越大。为着要弥补收支的差额,政府不惜采用饮鸩止渴的办法,无限制发行没有准备的纸币。结果钞值狂跌,物价暴涨,人民用钱不用钞,以至于亡。由此可知,元末政权之所以终被推翻,最后固然直接由于军事上的崩溃,初时实种因于统治者在财政经济奋斗上的失败。

民国三十二年(1943年)二月二十六日于李庄栗峰

明季中国与菲律宾间的贸易

一

美国于1783年独立革命成功后,即于翌年(1784年,即清乾隆四十九年)派遣第一艘商船来华贸易。这艘船名叫中国皇后号(The Empress of China),于1784年2月22日自纽约出发,横渡大西洋,再经过南非的好望角,于8月28日抵达广州的黄埔。[①] 此后便展开一个中美贸易的新时代。

可是,这不过是中美两国贸易的开始,而不是中国与美洲间贸易的开始。较中国皇后号来华的时间早两个多世纪,即自明嘉靖(1522—1566年)末年、隆庆年间(1567—1572年)开始,由菲律宾居中作媒介,位于太平洋两岸的中国与美洲,虽然有远洋的阻隔,双方的贸易关系已经开始发展起来了。

由于西班牙政府的资助,哥伦布于1492年(明弘治五年)发现美洲新大陆。自此以后,西班牙政府在那里积极经营,分别征服墨西哥(1519年)、秘鲁(1533年)以及其他地方。在太平洋方面,麦哲伦(Ferdinand Magellan)于1519年自西班牙出发,由大西洋经美洲南端入太平洋,于1521年航抵菲律宾。其后经过长期的准备与经营,西班牙的远征队,于1565年(嘉靖四十四年)自墨西哥出发,终于占领了菲律宾。[②]

当欧洲人发现新航路,向海外拓展的时候,罗马教皇曾经给葡萄牙、西班牙两国划分在地球上统治的界线,其中规定自欧洲经南非好望角至东方来的

[①] K.S. Latourette, *The History of Early Relations between the United States and China 1784—1844*, New Haven, 1917, pp.13—15.
[②] 陈荆和先生《十六世纪之菲律宾华侨》,香港九龙新亚研究所,1963年,页8—17。

航线由葡人独占。① 在这条航线上,西班牙人既然不能向东方发展,他们只好以墨西哥为根据地来从事菲律宾群岛的统治与殖民。同时,西班牙人认为菲律宾是西属美洲的屏障,他们占领菲岛以后,可以防阻敌人自太平洋方面入侵美洲。② 在西班牙帝国中,西属美洲与菲律宾之间既然具有这样密切的关系,为着加强联系起见,西班牙政府便每年都派遣马尼拉大帆船(Manila galleon)横渡太平洋,来往于菲律宾马尼拉与墨西哥阿卡普鲁可(Acapulco)之间。在这条航线上的定期航行,自 1565 年开始,至 1815 年为止,一共继续了 250 年之久。③ 因为西班牙商船曾经这样长期活跃于太平洋上,故后者有"西班牙湖"(Spanish Lake)之称。④

可是,位于大帆船航线西端的菲律宾,在 16、17 世纪间,由于土人文化水准低下,生产落后,既不能供应在菲西班牙人生活上的需要,也没有什么重要商品,可以大量输往美洲。幸而在菲律宾以西,约六百五十英里至七百英里,便是中国大陆。和菲岛比较起来,那里资源丰富,人口众多,生产技术相当进步,因此,中国各种特产的丰富都远在菲律宾之上,从而可以大量输出,以满足菲岛西班牙人的需要。在中国出口的各种货物中,丝货(生丝及丝织品)的出口尤其重要,除在菲岛消费以外,更自那里由大帆船转运往美洲出卖,在菲律宾对美洲输出总值中每年都要占最大的百分比。在另外一方面,西班牙人在美洲大规模开采银矿的结果,除把银运回本国以外,有不少用大帆船运往菲岛,正好作为支付中国商人向菲输出货物的代价。这样一来,在 16、17 世纪间发展起来的中菲贸易,便成为墨西哥与菲律宾间大帆船贸易发展的必需条件,同时也成为中国与西属美洲贸易之重要的一环。因为明(1368—1644 年)季七八十年间的中、菲贸易具有这样重大的意义,故我们可以根据中外有关的材料,初步检讨一下。

---

① 陈荆和先生《十六世纪之菲律宾华侨》,香港九龙新亚研究所,1936 年,页 8—17。
② E. H. Blair and J. A. Robertson, eds., *The Philippine Islands*, *1493—1898*(以下简称 *Phil. Isls.*, 55 vols., Cleveland, 1903—1909), vol. 45, p. 42; William Lytle Schurz, *The Manila Galleon*, New York, 1939, pp. 244—245。
③ Schurz,前引书,p. 15。
④ 同书,pp. 287—302。

二

菲律宾和中国只有一水之隔,故双方贸易开始的时间并不太晚。中国东南沿海地区,自 12 世纪开始,由于宋金战争,宋室南渡,已有大量人口自北向南移徙,集中在那里居住。到了 13 世纪末,光是在福建、浙东沿海狭小区域的人口,多到要占全国人口 20%。① 因为这一地区山多田少,过度密集的人口不能完全倚赖农业为生,故自然而然要"以海为田",即航海前往国外贸易或移民。中国商人自东南沿海地区出发,菲律宾既然距离较近,自然要成为他们向海外扩展的一个目标。根据宋赵汝适《诸蕃志》(撰于宋宝庆元年,1225 年)卷上"麻逸国"条,及元汪大渊《岛夷志略》(约撰于元至正九年,1349 年)的记载,13 世纪初年至 14 世纪中叶之间,中国商船已经往来于麻逸(Mindoro 岛)、三屿(又称三岛,即 Calamian,Palawan 及 Busuanga 诸岛)及吕宋岛西南海岸诸地。换句话说,他们前往菲律宾贸易,和西班牙人航抵菲岛比较起来,在时间上早 300 余年。②

在西班牙人抵达菲律宾以前,中国商船虽然早已前往贸易,可是要等到 16 世纪的 60 年代西班牙人占领菲岛的时候,中、菲贸易才开始大规模发展起来,从而进入一个新的时代。这个新时代之所以来临,有三个因素值得我们特别注意:

第一个因素是白银在太平洋东西两岸供求情况的不同。中国各地银矿的蕴藏,为数本来有限,而挖掘出来的矿砂,含银成分也不很高。经过长期开采,到了明朝中叶以后,各地银矿渐渐耗竭,每年产量有长期递减的趋势。③ 可是,

---

① E.A. Kracke, Jr., "Sung Society: Change within Tradition," in *Far Eastern Quarterly*, vol.14, no.4, August 1955, pp.479—488.
② 梁方仲《明代国际贸易与银的输出入》,《中国社会经济史集刊》("中央研究院"社会科学研究所出版)第六卷第二期,页 267—324;陈荆和前引书,页 1—2。
③ 拙著《明代的银课与银产额》,《新亚书院学术年刊》(香港九龙,1967 年)第九期,页 245—267。根据拙著第三表,明代政府自银产额中每年平均收到的银课,由成祖朝(1402—1423 年)的 224 313(+)两,仁宗朝(1424—1425 年)的 106 432 两,宣宗朝(1426—1434 年)的 256 450(+)两,减为英宗朝(1435—1453 年)的 46 541(+)两,宪宗朝(1464—1486 年)的 61 913(+)两,孝宗朝(1487—1504 年)的 54 628(+)两(包括金课),及武宗朝(1502—1520 年)的 32 920 两(包括金课)。

明代的白银,在需要方面却特别增大。明代流通的货币,本来以钞票和铜钱为主。但当日流通的钞票,因为发行太多,价值不断低折,结果大家为着保护自己利益起见,都争着用银而拒绝用钞。各地铜钱的使用,由于供应不足,价值低下而不稳定,也多由白银代替来流通。银在中国求过于供的结果,价值自然要特别增大。①

当中国白银在明代因供求失调而价值高昂的时候,在太平洋彼岸的美洲,却由于西班牙人的大规模采炼而银产额大增。西人于 15、16 世纪间抵达新大陆以后,在那里发现储藏丰富的银矿,于是从事大规模开采。其中光是秘鲁南部(Upper Peru,今属 Bolivia)的波多西(Potosi)银矿,于 1581—1600 年每年平均产银 254 000 公斤,占世界产额 60％多点;② 及 1624—1634 年,每年平均产银 5 232 425 西班牙银元(pesos,以下简称西元)。自 1545 年这个银矿在一万六千余英尺的高山上被人发现以后,至 1789 年,约共生产价值 234 693 840 镑的银子。③ 经过长期开采,这个银矿后来渐渐耗竭,产量减少,但从 17 世纪末叶开始,墨西哥银矿又取而代之,产量激剧增加,成为全世界产银最多的地方。它的产量,在 18 世纪约增五倍,到了 1789 年每年平均产量为全世界银产总额的八分之五以上。④ 在菲律宾的西班牙人,因为有银产丰富的西属美洲做他们的后盾,当和把白银视为至宝的中国商人贸易的时候,购买力便非常之大,从而引起中国商人扩展中菲贸易的兴趣。根据 17 世纪一位意大利旅行家的记载,中国皇帝曾经称呼西班牙国王为"白银之王"(King of Silver)。⑤ 这一件事,我在中国文献中一时还没有找到相似的记载,但这至少表示出,当日前往菲岛贸易的中国商人,看见西班牙人手中持有那

---

① 拙著《宋明间白银购买力的变动及其原因》,《新亚学报》(香港九龙新亚书院,1967 年)第八卷第一期,页 157—186。
② A. Kobata, "The Production and Uses of Gold and Silver in Sixteenth-and Seventeenth-Century Japan," in *Economic History Review*, Second Series, vol. XVIII, no.2, August 1965, p.247。根据此文,1581—1600 年,世界每年平均银产额为 418 900 公斤,故在这个时期内波多西每年平均银产额为全世界的 60％多点。
③ 拙著《明代的银课与银产额》。
④ A.V. Judges, "Money, Finance, and Banking from the Renaissance to the Eighteenth Century," in Edward Eyre, ed., *European Civilization: Its Origin and Development*. New York, 1937, vol. V, p.407.
⑤ Schurz,前引书,p.63.

么多的银子，兴趣非常之大，因此自然而然要努力发展对菲贸易，以便把西班牙人自美洲运来的银子，赚回中国使用。

　　第二个因素是明代政府对于国外贸易管制的放宽。明初政府采取的国外贸易政策，以怀柔外国及防御海寇——尤其是倭寇——为目的。因为要怀柔外国，故在宁波、泉州和广州设立"市舶提举司"（简称"市舶司"），以管理各国使臣的朝贡和对外贸易。宁波通日本，泉州通琉球，广州通占城（Champa，在印度支那半岛，即今越南中圻）、暹罗、南洋诸国。这些市舶司分别在浙江设安远驿，福建设来远驿，广东设怀远驿，以作招待外国使臣之用。各国商人如果要来中国贸易，他们可以利用朝贡方式来进行，即每隔两三年，或甚至十年（例如日本），由各国政府派遣使臣来华，向明廷朝贡。他们驶抵中国的贡船，除运载进贡方物以外，又输入大量的货物，名曰"附来货物"，在市舶司所在地的广州、泉州或宁波出售；或把它转运往首都，于使臣向皇帝朝贡以后，在会同馆（在首都的外宾招待所）与中国商人开市互易。明朝政府对外国使臣进贡的方物，例有回赐，同时为怀柔远人起见，对外国商品的输入，不再征收关税。① 这种朝贡贸易制度，偏重于对外人来华贸易的管理。复次，随着海洋交通的发展，到了明代，中国沿海常有海寇——尤其是倭寇——的骚扰，国防渐渐开始发生问题。可是，和海防比较起来，明初北方的边防更为吃紧。原来自从元朝灭亡以后，蒙古军队虽然被迫撤离中国，但仍然据有漠北，构成对明室政权的严重威胁。明初政府既然要忙于维护北方边境的安全，对于骚扰东南沿海的倭寇只好采取一种消极的政策。这种政策称为"海禁"，即禁止本国人民航海私往诸番国互市，及严格管制出口的货品。②

　　明朝政府对于国外贸易过度统制的政策，事实上中外商人都没有切实遵行。外国商人中，尤其是日本商人，对于明成祖（1403—1423年）规定十年一贡，即每隔十年才准派遣贡船来华贸易一次的办法，当然感到不便。③ 在中

---

①　《明史》（百衲本）卷八一，页二二，《食货志》；梁方仲前引文。
②　梁方仲前引文。
③　李剑农《宋元明经济史稿》，北京，1957年，页164—165。

国方面,到了明朝中叶左右,许多地方的工业生产都突飞猛进,产量增加①,除在本国出售以外,有输往海外,开辟国外市场的必要。② 同时,在东南沿海区域繁殖起来的大量人口,因为耕地有限,单靠农业不能养活,不得不就近利用海洋交通的便利,前往海外贸易,以解决生计问题。③ 因此他们常常乘船出海,私往各番国做买卖,或与外商——尤其是日本人——互相勾结,在东南沿海从事大规模的走私贸易。④

---

① 以丝织业为例,江苏南部的吴江县,在洪武二年(1369年)种桑18 033株,到了宣德七年(1432年)增加至44 746株,(陈莫缨等修《乾隆吴江县志》卷五,页一○下)为明初的两倍多。桑树种的多了,蚕丝产量便跟着增加,从而刺激丝织业的发展。吴江县的盛泽镇,"明初(1368年)以村名,居民止五六十家。嘉靖(1522—1566年)间倍之,以绫、绸为业,始称为市"(同书卷四,页一至二;又参考仲虎腾修《光绪盛湖志补》卷一,页一)。就整个吴江县来说,"绫、绸之业,宋、元以前,惟郡人为之。至明(洪)熙(1425年)、宣(德,1426—1435年)间,邑民始渐事机丝,犹往往雇郡人织挽。成(化,1465—1487年)、弘(治,1488—1505年)以后,土人亦有精其业者,相沿成俗。于是盛泽、黄溪四五十里间,居民乃尽逐绫、绸之利。有力者雇人织挽,贫者皆自织,而令其童稚挽花。女工不事纺绩,日夕治丝。故儿女自十岁以外,皆蚤暮拮据,以糊其口。而丝之丰歉,绫、绸价之低昂,即小民有岁无岁之分也"。此外,关于明代其他工业发展情况,参考吴晗《明初社会生产力的发展》《历史研究》(科学出版社出版),1955年,第3期,页53—83。
② 在明朝以前,以宋代(960—1279年)为例,中国对外贸易的出口货,只限于金、银、缗钱、铅、锡、杂色帛及瓷器。(《宋史》,百衲本,卷一八六,页一九,《食货志》。)其后,到了明朝中叶左右,出口工业品的种类、数量,都较前大增。当日浙江、江西、福建及江苏的各种工业制品,单是日本一国,因为能够满足社会大众的消费需要,销路已经很大。例如姚士麟《见只编》(《丛书集成》本)卷上,页五○至五二说:"大抵日本所须,皆产自中国。如室必布席,杭(州)之长安织也。织女须脂粉、扇、漆,诸工须金、银箔,悉武林造也。他如饶(州)之磁器,湖(州)之丝、绵,漳(州)之纱、绢,松(江)之绵布,尤为彼国所重。海商至彼,则必以货投岛主。岛主犹中国郡县官。先以少物为费。……其货悉岛主议之,低昂既定,然后发市,售价更不易也。"
③ 徐孚远等辑《皇明经世文编》(台北市国联图书出版有限公司影印明崇祯间平露堂刊本)第二四册(卷四○○),页六二八至六二九,许孚远《疏通海禁疏》(撰于万历二十二年,1594年,参考和田清编《明史食货志译注》,东京东洋文库,1957年,下卷,页908)说:"东南滨海之地,以贩海为生,其来已久,而闽为甚。闽之福(州)、兴(化)、泉(州)、漳(州),襟山带海,田不足耕,非市舶无以助衣食。其民恬波涛而轻生死,亦其习使然,而漳为甚。"又同书第二六册(卷四三三),页六三三,徐学聚《报取回吕宋囚商疏》(上于万历三十二年,1604年,参考《明史》卷三二三,页一四,《吕宋传》)说:"漳、泉滨海居民,鲜有可耕之地,航海商渔,乃其生业,往往多至越贩诸番,以窥厚利。"
④ 张燮《东西洋考》(成于万历四十五年,《惜阴轩丛书》本)卷七,页一,《饷税考》说:"成(化,1465—1487年)、弘(治,1488—1505年)之际,豪门巨室,间有乘巨舰贸易海外者。奸人阴开其利窦……渐享奇赢……至嘉靖(1522—1566年)而弊极矣。"又《皇明经世文编》第一三册(卷二○五),页七一七,朱纨《双屿填港工完事》(约撰于嘉靖二十六年,参考《明史》卷二○五,页一,《朱纨传》)说:"浙江定海双屿港,乃海洋天险。叛贼纠引外夷深结巢穴,名则市贩,实则劫房。有等嗜利无耻之徒,交通接济。有力者自出货本,无力者转展称贷。……双桅三桅,连樯往来。愚下之民,一叶之艇,送一瓜,运一罇,率得厚利。驯致三尺童子,亦知双屿之为衣食父母。"又同书第一八册(卷二八三),页五九至六○,王忬《倭夷容留叛逆纠结入寇疏》(约撰于嘉靖三十一年,参考《明史》卷二○四,页一九,《王忬传》)说:"我朝备倭,北自山东,南抵闽、广……且严通番下海之禁,(转下页)

明季中国与菲律宾间的贸易

明中叶前后国内外商人对于政府严格管制国际贸易的反抗，自 15、16 世纪之交欧人东来以后，势力更为雄厚。葡萄牙人于弘治十一年（1498 年）航海经好望角到达印度西岸，于正德十一年（1516 年）驾船抵达广州，此后继续不断在广东、福建、浙江沿海要求互市。再晚一些，其他欧洲国家如西班牙、荷兰的势力，也伸展到东方来。这些欧洲国家的商人，挟有强有力的组织和雄厚的资本，当然不像过去南洋诸国那样肯屈居臣属的地位，往往用武力强迫中国互市，或勾引内应叛乱，弄到中国没有办法，只好多开口岸来满足他们通商的要求。在广东方面，广州的市舶司，大约因为要防御倭寇，曾经在正德年间（1506—1521 年）移往高州府电白县。及嘉靖十四年（1535 年），指挥黄庆受贿（多半是受葡人的贿赂），再把市舶司移往壕镜（又称壕镜澳，即澳门），葡人便乘机到那里从事贸易。其后到了嘉靖三十六年（1557 年），葡人更正式得到中国官方许可，岁输地租银五百两，获准在那里筑屋居住及存贮货物。① 在福建方面，漳州府的月港，由于海道交通的方便，在海禁期内早已成为走私贸易的中心，许多人从那里私自出洋，前往吕宋诸岛做买卖。② 月港既然因走私贸易而繁荣到有"小苏杭"之称，到了嘉靖二十七年（1548 年），当地政府官员便依照人民的请求，建议把它升级为县。其后到了嘉靖四十五年（1566 年），政府终于承认既成事实，把月港改为漳州府海澄县治。第二年，

（接上页）明十年一贡之规。……但数十年来，事皆废弛。番商海寇，俱至浙洋。宁（波）、绍（兴）、苏（州）、杭（州）奸宄射利之徒，接济交通，勾引贸易。自嘉靖二年（1523 年）……之后……闽、广、徽、浙无赖亡命，潜匿倭国者，不下千数，居成里巷，街名大唐。有资本者则纠倭贸易……巨室为之隐护……"又同书第一七册（卷二六七），页一七〇至一七一，胡宗宪《广福浙兵船当会哨论》（约撰于嘉靖三十三至三十六年间，参考《明史》卷二一五，页八至一一、《胡宗宪传》）说："又有一种奸徒，见本处禁严，勾引外省。在福建者，则与广东之高（州）、潮（州）等处造船，浙江之宁、绍等处置货，纠党入番。在浙江、广东者，则与福建之漳、泉等处造船置货，纠党入番。此三省之通弊也。"参考陈文石《明嘉靖年间浙福沿海寇乱与私贩贸易的关系》，"中央研究院"历史语言研究所集刊》第三十六本（台北，1965 年），页 375—418。

① 《明史》卷三二五，页一九至二三，《佛郎机传》；梁方仲前引文；李剑农前引书，页 172—174。
② 梁兆阳等修《海澄县志》（乾隆二十七年，1762 年）卷一五，页二，"风土"说："饶心计者，视波涛为阡陌，倚帆樯为未艋。盖冢家以财，贫人以躯，输中华之产，驰异域之邦，易其方物，利可十倍。故民乐轻生，鼓枻相继，亦既习惯。……成（化，1465—1487 年）、宏（弘治，1488—1505 年）之际，称'小苏杭'者，非月港乎？"又贺长龄辑《皇朝经世文编》（文海出版社印行）卷八三，页二四，姜宸英《日本贡市入寇始末拟稿》说："所谓商舶，乃西洋贡使载货至广东之私澳，官税而市之民。既而欲避抽税，省陆运，闽人导之改泊海仓、月港……"

即隆庆元年(1567年),更正式开放海禁,准人民自那里航海前往东洋、西洋贸易①,而由海防同知征收引税(向商船征收)及关税。②

第三个因素是西班牙人统治菲律宾时对于中国货物的倚赖。当西人刚刚占领菲律宾的时候,"菲岛经济虽已脱离原始粗笨之产业阶段……但其生产仍未足以应付西班牙之殖民地经营所需要之消费。于是远离本国之西班牙人,不得不将所需物资之供应仰赖于菲岛近邻之地。此实为我国商贾之菲岛贸易突飞猛进之客观原因"③。中国向菲岛输出的货物,最重要的有三类,即①粮食及其他生活必需品,②军需品,③丝货,都和西班牙人占据菲岛有密切的关系。关于第一类,陈荆和先生说:"至于华贾为与西班牙人贸易而载来之商货……其种类颇多,包括日常生活之必需品;同时亦可推想西班牙人在菲岛生活之各方面均仰赖于华舶之来航。致使莫伽(Antonio de Morga)曾发出如下感慨:倘无中菲间之贸易,菲岛则无法维持!"④复次,西班牙人占领菲岛后,一方面必须经常防御外来敌人的侵袭,他方面又须镇压各岛土人的叛乱,因此对于各种军需品的需要非常之大。可是,菲岛和他们在美洲的基地距离很远,接济不易,故有赖于中国商人的输入,以维护菲岛的安全。⑤

---

① 沈均定等增修《漳州府志》(光绪三年,1877年)卷四四,页三四下,吕旻《新建海澄县城碑记》说:"海澄,旧月港也。……一水中堑,回环如偃月……自昔号为巨镇。顾其地滨海,潮汐吐纳,彝艘鳞集。游业奇民,捐生竞利,灭没风涛,少抵牾,辄按剑相视,剽悍成俗,莫可禁遏。当道者忧之。嘉靖戊申(二十七年,1548年),中丞秋厓朱公循百姓之请,疏立邑于兹土。……既报可,海澄乃得自为县,时嘉靖丙寅(四十五年,1566年)岁也。"《东西洋考》卷七,页二说:"(嘉靖)四十四年(1565年),奏设海澄县治。其明年,隆庆改元(1567年),福建巡抚涂泽民请开海禁,准贩东、西二洋。"又《皇明经世文编》第二四册(卷四〇〇),页六二九至六三〇,许孚远《疏通海禁疏》说:"隆庆初年(1567年),前任抚臣涂泽民……请开市舶,易私贩而为公贩……通东、西二洋……奉旨允行。"按东洋与西洋的划分,以婆罗洲(Borneo)北岸的文莱(Brunei)为界,文莱以东,以菲律宾为中心的海洋叫东洋,以西叫西洋。《明史》卷三二三,页一八,《婆罗传》说:"文莱,东洋尽处,西洋所自起也。"
② 何乔远《闽书》(明刊本)卷三一九,页三四说:"成化八年(1472年),市舶司移置福州,而比岁人民往往入番商吕宋国矣。其税则在漳之海澄,海防同知掌之。"
③ 陈荆和前引书,页4。
④ 同书,页4—5。按莫伽(Morga)于1595—1603年在菲任最高法院院长及代理总督,参考 Schurz,前引书,pp.31,67.
⑤ 当隆庆元年(1567)中国政府开海禁,准贩东、西二洋时,本来规定"禁不得以硝(石)、黄(硫磺)、铜、铁违禁之物,夹带出海"(《皇明经世文编》第二四册,页六二九至六三〇,许孚远《疏通海禁疏》)。可是,事实上,这项禁令似乎没有切实执行,因为在16、17世纪间菲律宾输入中国货物中,有钢、铁、铅、锡、硝石、火药、铜炮及其他军需品。(陈荆和前引书,页5及56;Antonio de Morga, *The Philippine Islands, Moluccas, Siam, Cambodia, Janpan, and China, at the Close* (转下页)

此外,菲岛资源有限,而且尚未开发,并没有什么重要产品,可以由大帆船大量运往美洲出售获利。因此,"中国往往是大帆船贸易货物的主要来源。就新西班牙(墨西哥及其附近的广大地区)的人民来说,大帆船就是中国船,马尼拉就是中国与墨西哥之间的转运站,作为大帆船贸易的最重要商品的中国丝货,都以它为集散地而横渡太平洋。在墨西哥的西班牙人,当谈及菲律宾的时候,有如谈及中国的一省那样。就马尼拉方面说,每年航经中国海到达的商船,着实是它繁荣的基础"[①]。

由此可知,在明季七十余年的时间内,中国与菲律宾间贸易之大规模的发展,并不是偶然,而是有它的历史背景的。它的发展,表示中、菲对各种物产供需的不同,而有互通有无的必要。中国到了明代,因为白银普遍用作货币,需要大增,而本国银矿生产不能满足需要,故亟须对菲输出大量货物,以换取西班牙人自美洲运来的银子。在另外一方面,到菲律宾从事殖民事业的西班牙人,因为和美洲基地距离太远,而菲岛物产有限,又不能满足需要,故不得不倚赖中国货物的输入。恰巧在西班牙人抵达菲岛的前后,明朝政府对于国外贸易的管制,由于客观形势的要求,不得不予以放宽。这些因素交互发生作用的结果,自16世纪60年代开始,中菲贸易遂向前发展,进入一个新的时代。

三

当西班牙人抵达菲律宾,在那里与中国商人交易的时候,他们发现自中国运来的各种货物,售价都非常低廉。在1575年左右,有一位西班牙官员自马尼拉写信给国王腓力伯二世(Felipe Ⅱ),谈及自中国输入各种货物的时候,说:"各种货物的价格,低廉到几乎等于不用货币购买那样。"[②]在1587年

(接上页)*of the Sixteenth Century*,London:Hakluyt Society,pp.337—339;"Letter from Juan Pacheco Maldonado to Felipe Ⅱ"(1575?),*Phil. Isls.*,vol.3,p.229.)关于此事,顾炎武《天下郡国利病书》(广雅书局本)卷九六,页九,沈鈇《上南抚台暨巡海公祖请建彭湖城堡将屯兵永为重镇书》也说:"一伙豪右奸民,倚借势官,结纳游总官兵,或假给东粤高州、闽省福州及苏、杭买卖文引,载货物出外海,径往……吕宋等夷买卖觅利,中以硝、磺、器械违禁接济更多,不但米粮饮食也。"(秦炯纂《诏安县志》卷一二,页一三下至一四,沈鈇《上南抚台经营彭湖六策书》略同。)

① Schurz,前引书,p.63.
② "Letter from Juan Pacheco Maldonado to Felipe Ⅱ"(1575?),*Phil. Isls.*,vol.3,p.299.

6月26日，菲律宾总督维拉(Santiago de Vera)，自马尼拉给国王腓力伯二世上书说："他们（中国商人）把各种货物卖得这样便宜，以致我们只好作这样的想法，要不是在他们国家里不需要什么劳力来生产这些东西，那便是他们不用花费什么本钱便可得到这些东西。"①

这是不难理解的。和菲律宾比较起来，中国资源丰富，人口众多，技术进步，故各种货物的生产成本都要低廉得多。不独如此，在明代的中国，普遍作为货币来流通的白银，因为求过于供，价值高昂，故以银表示的物价水准更为低下。至于在菲殖民的西班牙人，他们来自银产丰富，银被人看成像街上的石头那样低贱②的美洲，本来习惯生活于高物价水准的社会中。怪不得他们在抵达菲岛，与中国商人交易的时候，要特别惊讶中国各种货物价格的低廉了。

尽管从西班牙人的眼光中看来，在菲律宾市场上中国货物的售价是这样便宜，事实上这些货物在菲出卖的价格要比在本国高昂得多③，故从事中、菲贸易，利润非常之大。1590年，有一位西班牙主教在马尼拉报道说："因为在中国市场上各种货物的售价都非常低廉，故不管他们（中国商人）在那里获利如何微薄，当把货物运到这里出卖的时候，他们便都获得巨额的利润。"④由

---

① Santiago de Vera, "Letter to Felipe" (Manila, June 26, 1587), *Phil. Isls.*, vol.6, p.302.
② 拙著《明代的银课与银产额》。
③ 孙承泽《春明梦余录》（光绪九年刊）卷四二，页三五，载崇祯十二年（1639年）给事中传元初《论开洋禁疏》说："东洋则吕宋，其夷佛郎机也。其国有银山，夷人铸作银钱独盛。中国人……若贩吕宋，则单得其银钱。是两夷（指东洋及西洋）者，皆好中国绫、缎、杂缯。其土不蚕，惟借中国之丝到彼，能织精好缎匹，服之以为华好。是以中国湖（州）丝百斤，值银百两，若（一作者）至彼，得价二倍。而江西磁器，福建糖品、果品诸物，皆所嗜好。……"（又见于《天下郡国利病书》卷九六，页二九至三〇，郭造卿《防闽山寇议》，及黄叔儆《台海使槎录》，《丛书集成》本，卷二，页四二至四三。）
④ Domingo de Salazar, "The Chinese, and the Parián at Manila" (June 24, 1590), *Phil. Isls.*, vol. 7, p.225. 又《闽书》卷三一九，页三四说："民初贩吕宋，得利数倍。其后四方贾客丛集，不得厚利，然往者不绝也。"又《皇明经世文编》第二八册（卷四六〇），页三三六，李廷机《报徐石楼》（约撰于万历三十一年，参考《明史》卷二一七，页三，《李廷机传》说："弟生长海陬，少时尝见海禁甚严。及倭乱后，始弛禁。民得明往，而稍收其税以饷兵。……而所通乃吕宋诸番，每以贱恶什物，贸其银钱，满载而归，往往致富。"又谢肇淛《五杂俎》（上海中央书店刊）卷四，页一四四至一四五说："海上操舟者，初不过取捷径，往来贸易耳。久之渐习，遂之夷国……旅（吕）宋……彼此互市，若比邻然。……所得不赀，什九起家。于是射利愚民，辐辏竞趋，以为奇货。"又《云间杂志》（明华亭撰人阙，《奇晋斋丛书》本）卷中，页二〇下说："近来中国人都从海外商贩至吕宋地方，获利不赀。松（江）人亦往往从之。万历三十七年（1609年）……"

明季中国与菲律宾间的贸易

于巨额利润的吸引,中国商人自然要努力发展中、菲贸易了。①

关于16、17世纪间中、菲贸易发展情况,我们首先可以根据福建漳州府海澄县的饷税(又称舶税,或洋税)收入,来加以考察。上文说过,因走私贸易而发展起来的漳州月港,于嘉靖四十五年(1566年)升为海澄县治,并于第二年,即隆庆元年(1567年),开海禁,准贩东、西二洋。海禁开后,政府规定,凡华船下番,于出口前应先请引,回时缴销。请引时须缴纳一种特许金,名曰引税。除此以外,政府又征收三种具有关税性质的税:① 水饷;② 陆饷;③ 加增饷。水饷相当于今日海关征收的船钞(Tonnage dues),由船商缴纳,税率"以船广狭为准",即按照船的容积量的大小来征收。陆饷就是货物进口税,"以货多寡计值征输,其饷出于铺商。又虑间有藏匿,禁船商无先起货,以铺商接买货物应税之数,给号票,令就船完饷,而后听其转运"。此外,加增饷是一种特加税,专向自菲律宾回来的船舶来课征。因为"东洋吕宋,地无他产,夷人悉用银钱易货。故归船自银钱外无他携来,即有货亦无几。故商人回澳,征水、陆二饷外,属吕宋船者,每船更追银百五十两,谓之加税。后诸商苦难,万历十八年(1590年)量减至百二十两"②。以上各种税收,漳州府海澄县在明季数十年中,每年收到的款项,约如第一表所述。

第一表　明季漳州海澄每年饷税收入

年　　代	每年饷税收入(单位:两)
隆庆年间(1567—1572年)	3 000
万历初(1573年)	6 000
万历四年(1576年)	10 000
万历十一年(1583年)	20 000(＋)
万历二十二年(1594年)	29 000(＋)

---

① 例如上引《闽书》说贩吕宋的人民,后来虽然因为贾客丛集而不得厚利,仍然"往者不绝"。又《五杂俎》说赴吕宋贸易的"射利愚民,辐辏竞趋,以为奇货"。
② 《东西洋考》卷七,页二至三;《天下郡国利病书》卷九三,页二一下至二二,《洋税》。

续表

年　　代	每年饷税收入（单位：两）
万历二十七年（1599年）后	27 000（＋）
万历四十三年（1615年）	23 400
崇祯元年（1628年）	23 400

资料来源：《东西洋考》卷七，页二至五及页一一；《明清史料》（"中央研究院"历史语言研究所编）戊编第一本，页四下，《兵部题行"兵科抄出福建巡抚朱题"稿》（崇祯元年二月十三日）。又参考《天下郡国利病书》卷九三，页二一下至二二；《皇朝经世文编》卷八三，页二五下至二六，姜宸英《日本贡市入寇始末拟稿》；周凯等修《厦门志》（道光十二年序）卷七，页二；陈寿祺等纂《福建通志》（同治七年版）卷二七〇，页八下。

自隆庆元年（1567年）开海禁，准贩东、西二洋后，由漳州海澄出发的商船，并不以贩东洋吕宋为限。可是，因为菲律宾群岛中的吕宋岛，和漳州海澄距离较近，交通较便，后者的对外贸易，显然以吕宋为主要对象。因此，第一表记载的海澄饷税收入，很可能大部分与中、菲贸易有关。假如这种判断没有多大错误的话，我们便可根据那里历年饷税收入数额，来推想明季数十年中、菲贸易的发展情况。根据第一表，我们可知，海澄在万历二十二年（1594年）的饷税收入，增加到将近等于二十余年前的十倍，其后稍为减少，但也为隆庆年间（1567—1572年）每年平均收入的八倍上下。由此可以推知，漳州海澄与菲律宾间的贸易，在隆庆元年以后的数十年内，增加八至十倍左右。

除漳州以外，广东对外贸易发展的历史更为长久。据万历三十年（1602年）刊的《广东通志》所载，广东市舶提举司收入的舶税，据该司揭称每年饷银四万余两。[1] 自然，这些饷银并不全部与中、菲贸易有关，不过当日闽、粤商人经常来往于吕宋、广州之间从事贸易[2]，故自这种贸易课征到的饷银可能要占其中相当大的百分比。

以上我们参考中国的记载来研究明季数十年间中、菲贸易发展情况。复

---

[1] 《广东通志》（日本宫内省图书寮藏）卷七，《藩省志》七，"税课"；卷六九，"番夷"。原书未见，兹引自梁方仲前引文。
[2] 屈大均（卒于康熙三十五年，1696年）《广东新语》（康熙三十九年刊）卷一五，页五下至六，"货语"说："闽、粤银多从番舶而来。番有吕宋者，在闽海南，产银，其行银如中国行钱。西洋诸番银多转输其中，以通商。故闽、粤人多贾吕宋银至广东。揽头者就舶取之，分散于百工之肆；百工各为服、食、器物偿其值。……"

次,对于这个时期的中、菲贸易,我们又可根据菲律宾方面的纪录来加以考察。菲律宾的港口马尼拉,在16、17世纪间,每年除由墨西哥开来大帆船两艘(有时三艘)以外,其进港船舶数量,约如第二表所述。

第二表　16、17世纪间马尼拉每年进港船数①

年代	总　数	中国船数	来自中国大陆船数	来自中国澳门船数	来自中国台湾船数
1577	15	9	9		
1578	33	9	9		
1580	50	21	19	2	
1581	?	9	9		
1582	?	24	24		
1588	?	48	46	2	
1591	?	21	21		
1596	?	40	40		
1597	?	14	14		
1599	29	19	19		
1600	30	25	25		
1601	33	29			
1602	21	18	18		
1603	?	16	16		
1604	26	20	15	5	
1605	23	20	18	2	
1606	30	27	26	1	
1607	42	39	39		

---

① 除表中所列菲律宾记载历年抵达马尼拉的船数以外,另据荷兰文献的记载,抵达马尼拉的中国船数,在1615年为20～30艘,1622年为8艘,1625年为30～50艘(自20吨至100吨的小船),1626年为100艘(小船),1631年为70～80艘。(Ts'ao Yung-ho, "Chinese Overseas Trade in the Late Ming Period," in International Association of Historians of Asia, *Second Biennial Conference Proceedings*, Taipei, 1962, p.444.)头四年的船数,可补表中的不足;1631年的船数,与表中的数字不符,可能因为是估计。(同书,p.434。)

续表

年代	总数	中国船数	来自中国大陆船数	来自中国澳门船数	来自中国台湾船数
1608	?	39	39		
1609	44	41	41		
1610	?	41	41		
1611	?	21	21		
1612	53		46		
1620	41	28	23	5	
1627	33	28	21	6	1
1628	17	12	9	2	1
1629	15	6	2	2	2
1630		27	16	6	5
1631	46	39	33	3	3
1632	32	22	16	4	2
1633	36	34	30	3	1
1634	37	29	26		3
1635	49	47	40	4	3
1636	36	32	30	1	1
1637	57	54	50	3	1
1638	20	20	16	4	1
1639	39	37	33	3	4
1640	11	11	7	3	1
1641	16	11	8	2	1
1642	41	36	34	1	1
1643	32	30	30		
1644	12	9	8		1

资料来源：Pierre Chaunu, *Les Philippines et le Pacifique des Ibériques*, Paris, 1960, pp.148—160。本书由美国 Kansas 大学魏安国（Edgar Wickberg）教授远道寄赠，谨此致谢！

根据第二表，我们可知在明季数十年中，每年开抵马尼拉港的船舶，除自墨西哥航来的大帆船以外，中国商船要占绝大多数，有时甚至要等于进港船数的全部。

在16、17世纪间每年抵达马尼拉的船只，既然大部分是中国商船，菲律宾的入口货物自然以来自中国为主了。关于此点，我们可以根据马尼拉海关每年向中国货物课征的入口税额，及其在入口税总额中所占的百分比，来加以考察。请看第三表。

第三表　16、17世纪间马尼拉每年平均征收的入口税（单位：西元）

年　　代	入口税总额	向华货课征的入口税	华货入口税在入口税总额中所占的百分比(%)
1586—1590	13 383	4 909	36.68
1591—1595	36 155.5	22 065	61
1596—1600	43 104.5	24 155.5	56.04
1601—1605	42 982.9	30 304.2	70.5
1606—1610	59 066	46 390.6	78.52
1611—1615	70 355	64 482	91.5
1616—1620	51 337	37 843	73.5
1626—1630	25 720	18 623.5	72.4
1631—1635	42 194	34 283.8	81.1
1636—1640	31 037	27 483.8	88.6
1641—1642	31 425	28 930	92.06
1641—1645	22 075	18 599.4	84.06

资料来源：Chaunu, 前引书, pp.200—205. 按表中所列由马尼拉海关课征入口税的中国货物，大部分来自中国大陆各港口，小部分来自中国澳门（但1641—1642年例外）及中国台湾。

根据第三表，可知在16、17世纪之交的数十年内，马尼拉海关向中国货物课征的入口税，在入口税总额中每年都占很高的百分比，有时高至百分之九十以上。由此我们可以推知，在马尼拉每年输入外国货物的总值中，中国货物价值所占的百分比，一定非常之大。不特如此，输入菲律宾的中国货物，并不都要缴纳关税，例如粮食（甚至各种食物）、军需品等的输入，自 1589 年起都得到免税的优待。① 而这些货物，和菲岛多数人的日常生活及军事上的防卫都有密切关系，输入量可能很大。因此，如果把这些免税进口的货物也包括在内，价值当然更大了。

复次，马尼拉海关因华货输入而征收到的关税，依照第三表所述，在 1586—1590 年每年平均为 4 909 西元，及 1611—1615 年增加到 64 482 西元，为二十余年前的十三倍有多。其后华货入口税额虽然下降，但都远较 1586—1590 年为高。由此我们可以推想到，在 16、17 世纪间，中国货物在菲律宾扩展市场的速度着实很快。

此外，根据当日马尼拉海关向华货课征到的入口税额，我们又可估计出这个港口每年输入华货的价值。曾经于 1595—1603 年在菲律宾服务的莫伽（Antonio de Morga），于 1609 年在墨西哥发表一本有关菲律宾的著作，内说："向中国商船输入华货课征的百分之三的入口税，每年平均收入四万西元。"②这可能指的是 17 世纪初期的情形。由此推算，我们可以知道，菲律宾每年自中国输入货物的价值，除免税物品以外，约为 1 333 333 西元。③ 这种百分之三的入口税率，依据 1606 年 11 月 20 日颁布的法令，增加到百分之六。④ 但这种新税率究竟实行多久，一时找不到记载，故不便把第三表所述各年华货入口税额都折算成华货入口价值。

---

① 1589 年 8 月 9 日，西班牙国王腓力伯二世向菲律宾总督训令说："该城市（马尼拉）曾请朕下令，准自外国前往菲岛各港贸易的人——例如中国人、葡萄牙人、日本人、暹罗人、缅甸人，及其他国家人民——免缴入口税，尤其对于食物、军需品及制造军需品的原料的输入，更应如此。因为对这些物品课税以后，常常发生骚扰（例如对中国商人的骚扰），以致正常贸易途径受阻，从而其他麻烦也跟着到来。在听取桑哲士（Alsonso Sanchez）神父的详细报告以后，朕认为对粮食及军需品的入口税应予以取消，因此汝须立即停止征收这些入口税，直至朕再有其他决定为止。"("Instructions to Gomez Perez Dasmarinas," August 9, 1589, in *Phil. Isls.*, vol.7, p.147.) 又在同日颁布的法令中说："兹规定中国人、日本人、暹罗人、婆罗洲人，及其他外国人，凡向菲律宾各港口输入食物、军需品，及制造军需品的原料，均免纳关税。"(同书，vol.16, p.181, footnote.) 又参考陈荆和前引书，页 61—64。
② Antonlo de Morga, "Sucesos de las Islas Filipinas" (Nexico, 1609), *Phil. Isls.*, vol.16, p.191.
③ Bal Krishna, *Commercial Relations between India and England (1601 to 1757)*. London, 1924, p.34.
④ 在 1606 年 11 月 20 日颁布的法令说："兹规定中国人向菲岛输入货物所纳的百分之三的关税，再增加百分之三。"(*Phil. Isls.*, vol.16, p.182, footnote.) 参考陈荆和前引书，页 142。

四

在15、16世纪之交欧人向外拓展运动声中,哥伦布自西班牙向西航海,发现了美洲新大陆,后来西班牙人更由美洲再向西航海,占领了菲律宾。当菲律宾与美洲共同隶属于西班牙帝国之内,太平洋成为西班牙湖的时候,中国向海外寻求发展的商人,以及在菲殖民的西班牙人,因为双方对各种物产的供给与需要各有不同,大家都感觉到有互通有无的必要,因而共同把中、菲贸易发展起来。

中菲贸易的发展,使中西两方各蒙其利。中国的工业品及农产品在菲扩展销路的结果,使国内的工农业者能够为国外市场而生产,商人能够为国外贸易而服务,无形中增加不少就业的机会,从而有助于国内过剩人口的生计问题的解决。而中国商人向菲大量输出,赚取西班牙人自美运菲的银子,使它源源流入中国,满足明中叶以后因普遍用银作货币而引起的对于银的大量需求。

在西班牙人方面,中、菲贸易的发展,使菲律宾的日常生活必需品得到充分的供应,同时菲岛防务所亟须的各种军需品也因此而得到补给。不特如此,以马尼拉为转运中心,中国丝货大量运销于西属美洲,使太平洋上的大帆船贸易有利可图,从而加强了美洲基地与菲律宾间的联系。

由此看来,在16、17世纪间的中、菲贸易,既然互有利益,可说是在当日客观形势下,中、西双方都深切感觉到互通有无的迫切需要,而共同努力发展起来的。可是,尽管中西双方在经济上需要这样密切的互相倚赖,这两个民族在菲律宾交互接触以后,并不能长期保持和谐友好的关系。当中、菲贸易开展以后,前往菲律宾经商谋生的华人数目激增以后,双方便常常发生严重冲突。在万历二十一年(1593年),菲律宾总督及其部属,于远征摩鹿加(一作美洛居,Moluccas)途中,为华人潘和五等所杀。万历三十一年(1603年),马尼拉华侨暴动,被西人杀死二万余人。其后到了崇祯十二年(1639年),中、西双方又复在菲冲突,各有伤亡,被杀的华侨也超过二万人。[①] 每次不愉

---

① 陈荆和前引书,页138,140,及145。

快事件发生以后,中菲贸易在短期内当然不免蒙受影响,但在客观形势下中、西双方既然都感觉到有互通有无的必要,不久以后中、菲贸易又复照常进行了。

由于中菲贸易的发展,再加上墨西哥与马尼拉间的大帆船贸易,美洲白银与中国丝货,自16世纪最后的三分之一时间开始,便长期交流于太平洋东西两岸。由此可见,美洲新大陆发现的影响,并不限于西班牙一国,而是具有世界性的,连远隔太平洋的中国,在经济上也大受影响。不过,关于这些问题,因为篇幅所限,恕作者不在本文详细论述了。

1968年2月1日于香港九龙

明清间美洲白银的输入中国

一

位于太平洋两岸的中国与美洲，自 16 世纪中叶后，以西班牙统治下的菲律宾作媒介，双方已经发生相当密切的经济关系。因为西班牙本土与菲律宾的直接交通，为最先发现好望角新航道的葡萄牙人所阻挠，故该国政府须以西属美洲作基地来从事对菲岛的统治与殖民。为着要加强美洲与菲律宾间的联系，自 1565 年起至 1815 年止，共达两个半世纪之久，西班牙政府每年都派遣 1～4 艘（通常以 2 艘为多）载重由 300～1 000 吨（有时重至 2 000 吨）不等的大帆船（galleon）横渡太平洋，来往于墨西哥阿卡普鲁可（Acapulco）与菲律宾马尼拉（Manila）。[1] 因为太平洋上有这些大帆船来回航运，美洲与菲律宾间的贸易自然要发展起来。双方贸易的商品，当然有种种的不同，但美洲对菲的输出以白银为主，菲岛对美的输出，则以中国丝货（生丝及丝织品）为最重要。由于中国丝货及其他商品输往菲岛，自美洲运抵菲岛的银子，便长期大量流入中国。关于中国丝货输往菲律宾，再向美洲输出的问题，将来有机会当加以讨论。本文拟先探讨 16、17、18 世纪间，即自明朝（1368—1644 年）末叶至清朝（1644—1911 年）中叶，美洲白银自菲输入中国的情形。

中国在明初洪武八年（1375 年）开始发行大明宝钞，初时流通情况还算良好。可是，过了十九年以后，到了洪武二十七年（1394 年），由于发行额的激剧增加，宝钞的价值已经下跌到只等于初发行时的 5%～16%。其后宝钞价值越来越低跌，以致废弃不用，故到了明朝中叶，白银便普遍用作货币，代

---

[1] William Lytle Schurz, *The Manila Galleon*, New York, 1939, pp.15, 193—194.

替宝钞来流通。当社会上对银的需求激增的时候,明代政府曾经努力在各地开采银矿,以增加银的供应,但事实上因为我国银矿的蕴藏并不怎样丰富,故每年银产量非常有限。求过于供的结果是,明代白银的价值非常之大,据粗略估计,其购买力为宋、元时代的两倍左右。[1]

在 16 世纪中叶左右,当中国白银供不应求的时候,西班牙人在美洲却发现了蕴藏丰富的银矿,从事大规模开采和冶炼。其中光是秘鲁南部(Upper Peru,今属 Bolivia)的波多西(Potosi)银矿,于 1581—1600 年每年平均产银多至 254 000 公斤,占同时期世界银产额 60％多。[2] 这许多在美洲出产的银子,一方面由西班牙人大量运回本国,另一方面又有不少由大帆船载运往菲律宾来从事贸易。大帆船自墨西哥开往菲律宾,要在广阔的太平洋上航行,在 16、17 世纪航海技术远不如现代进步的情形下,风险和困难当然很多[3],从而运费非常昂贵。在当日美洲出产的各种物品中,只有白银因为本身价值相对大,体积、质量相对小,能够负担得起高昂的运费,从而成为美洲出口的主要商品。在菲律宾的西班牙人,因为拥有这么多银子,自然会引起把白银视为至宝的中国商人的兴趣,故后者要扩展对菲出口贸易,以便把西人自美运菲的银子,大量赚回中国。[4] 因此,早在 1784 年(清乾隆四十九年),美国商船"中国皇后"号来华以前的 200 多年内,美洲白银已经通过马尼拉,长期源源流到中国来了。

二

在研究美洲白银经由菲律宾输入中国以前,我们先要把美洲白银输入菲岛的情形探讨一下。

作者在拙著《明季中国与菲律宾间的贸易》一文中,曾经指出,到达菲岛

---

[1] 拙著《宋明间白银购买力的变动及其原因》,《新亚学报》(香港九龙,1967 年)第 8 卷第 1 期,页 157—186;《明代的银课与银产额》,《新亚书院学术年刊》(香港九龙,1967 年)第 9 期,页 245—267。
[2] 拙著《明季中国与菲律宾间的贸易》,香港中文大学《中国文化研究所学报》(香港九龙,1968 年)第 1 卷,页 30。
[3] Schurz,前引书,pp.251—283。
[4] 拙著《明季中国与菲律宾间的贸易》,香港中文大学《中国文化研究所学报》(香港九龙,1968 年)第 1 卷,页 30。

的西班牙人,因为和在美洲的基地距离太远,非常需要中国各种商品的接济。而向中国商人购买货物,非用银子不可。当第一艘大帆船于1565年抵达菲岛的时候,"西人早已知悉与华人之交易需用银钱。……据1565年(嘉靖四四年)5月28日由财务官拉维撒里(Guido de Lavezares)(后为第二任总督)等人连署致墨西哥最高法院主席要求补给之品目名单中,列有'在中国沿海可用之大型镀金货币一箱'以及'为中国贸易可用之良质银货或银条'等项目"①。及1573年7月1日,公证官力克尔(Hernando Riquel)等,自马尼拉把报告寄给西班牙政府,说去年(1572年)中国商船把货物运抵马尼拉港后,"这些货物很容易卖出。因为我们在这里有许多银币,而他们很需要这些银币"②。同年12月5日,新西班牙(以墨西哥为中心,包括中美洲、西印度群岛及现在美国的一部分)都护(Viceroy)在写给西班牙国王腓力伯二世的信中,也说与中国贸易必须用银,因为中国商人对于银的重视,远在任何其他物品之上。③ 此外,曾于1595—1603年在菲律宾居住的莫伽(Antonio de Morga),于1609年在墨西哥发表一本记载菲律宾大事的著作,其中也说:"购买中国货物的代价,必须用白银及银币来支付,因为中国商人既不要黄金,也不收受任何其他物品作代价,而且也不把其他货物自菲岛输入中国。"④西班牙人既然了解白银在中、菲贸易中所扮演的重要角色,便每年自美洲把巨额白银运往菲岛来与中国商人交易,以取得生活必需品、军用品及其他各种物资的充分供应,同时又用银来收购中国丝货,转运往美洲出卖,从中取利。

说到美洲白银每年运往菲律宾的数量,官方的记载(例如船舶上的登记、海关的记录)多半偏低,因为他们没有把超过规定限额的数字包括在内。另

---

① 陈荆和先生《十六世纪之菲律宾华侨》,香港九龙新亚研究所,1963年,页22;《林凤袭击马尼拉事件及其前后》,《学术季刊》第2卷第1期(台北市,1953年),页56—71。
② Hernando Riquel and others, "News from the Western Islands" (Manila, July 1, 1573), in E.H. Blair and J.A. Robertson, des., *The Philippine Islands*, 1493—1898 (以下简称 *Phil. Isls.*, 55 vols, Cleveland, 1903—1909), vo.l.3, p.245.
③ Martin Euriquez, "Letter from the Viceroy of New Spain to Felipe II" (Mexico, December 5, 1973), in *Phil. Isls.*, vol.3, p.212.
④ Antonio de Morga, "Sucesos de las Islas Filipinas" (Mexico, 1609), in *Phil. Isls.*, vol.16, p.182.又参考 Antonio de Morga, *The Philippine Islands, Moluccas, Siam, Cambodia, Japan and China, at the Close of the Sixteenth Century*, Eng. trans, 1867, p.390; Geo, Philips, "Early Spanish Trade with Chin Cheo (Chang Chow)," in *China Review*, vol. XIX, no.4, Shanghai, 1891, pp.243—255; J.B. Eames, *The English in China*, London, 1909, pp.62—63.

外一些外国作家(非西班牙人),没有与大帆船贸易直接接触,只凭个人的想象或水手的故事来加以推测,则未免过于夸大。① 我们现在只根据比较确实可靠的记载,把西班牙人每年自美洲运银赴菲的数目,列表如下:

第一表　16、17、18 世纪美洲白银每年运菲数额

年　代	数额(单位:西班牙银元)②	根　据　材　料
1598 年	1 000 000	"Letter from Fray Ygnacio, Archbishop of Manila, to Felipe Ⅱ"(Manila, June 24, 1598), in *Phil. Isls.*, vol.10, p.145.
1602 年及以前	2 000 000	Alonso Fernandez de Caslto, "Principal Points in Regard to the Trade of the Filipinas"(undated; 1602?), in *Phil. Isls.*, vol.12, pp.44—47; Fray Martin Ygnacio de Loyola, "Various Documents Rolating to Commerce"(c. 1602), in *Phil. Isls.*, vol.12, p.59.
1604 年	2 500 000(＋)	"Decree Regulating Commerce with Nueva Espana"(December 1, 1604), in *Phil. Isls.*, vol.13, p.257.
约 1620 年	3 000 000	Hernando de Los Rios Coronel, "Memorial and Relation of the Filipinas"(Madrid, 1621), in *Phil. Isls.*, vol.19, pp.239—240.
1633 年	2 000 000	"Letter from Juan Cerezo de Salamanca to Felipe Ⅳ"(Manila, August 14, 1633), in *Phil. Isls.*, vol.24, p.292.
1688 年及以前	2 000 000	Schurz,前引书,p.189.
1698—1699 年	2 070 000	同上。
1712 年及以前	2 600 000(＋)	Antonio Alvarez de Abreu, "Commerce of the Philippines with Nueva Espana, 1640—1736"(Madrid, 1736), in *Phil. Isls.*, vol. 44, pp. 240—241.

---

① Schurz,前引书,pp.188—189.
② 即 peso,以下简称"西元"。按每一个西班牙银元的购买力,在 16 世纪及 17 世纪初期,约为 20 世纪初期的十倍;在 18 世纪中叶,约为 20 世纪初期的五倍。参考拙著《明代的银课与银产额》,注二五。

续表

年　代	数额(单位：西班牙银元)	根　据　材　料
1714 年以前	3 000 000～4 000 000	Abreu,前引文,in *Phil. Isls.*, vol.44, p.256.
1723 年	4 000 000	Abreu,前引文,in *Phil. Isls.*, vol.44, pp.239—240.
1729 年及以前	3 000 000～4 000 000	John Forman, F.R.G.S., *The Philippine Islands*, New York, 1906, p.248.
1731 年	2 434 121	Abreu,前引文,in *Phil. Isls.*, vol.45, pp.29—30.
1740 年前后	3 000 000	George Anson, *A Voyage round the World in the Years M, DCC, XI, I, II, III, IV*, Kilmarnock, 1785.原书未见,兹引自 T.R. McHale and Mary C. McHale, ed, *Early American-Philippine Trade*, New Haven, 1962, p.10.
1746—1748 年	4 000 000	Schurz,前引书,p.189.
1762 年	2 309 111(+)	同书,p.339.
1764 年	3 000 000(+)	同书,p.189.内言超过规定限额(此时为 100 万西元) 200 万西元以上。
1768—1773 年	1 500 000～2 000 000	同上。
1772 年	2 000 000～3 000 000	同上。
1784 年	2 791 632	同上。

根据第一表,我们可知在 16、17、18 世纪间,每年由大帆船自美洲运往菲律宾的银子,有时多达 400 万西元,有时只有 100 万西元,但以二三百万西元的时候为多。① 当然,有时因为遭受敌人的劫掠,或在海洋中航行失事,大帆船运往菲岛的银子不免要大受损失。不过无论如何,到了 1765 年 2 月 10 日,马尼拉最高法院检察长向西班牙国王上奏说:"自从菲律宾群岛被征服

---

① Schurz,前引书,pp.190,275,381.

(1565年)以来,运到这里的银子已经超过二万万西元。"①其后,依照德科民(De Comyn)的计算,在由 1571—1821 年的 250 年中,自西属美洲运抵马尼拉的银子,共为 4 亿西元。②

对于美洲白银大量运往菲岛,西班牙政府曾经加以限制。早在 1593 年 1 月 11 日,及 1595 年 7 月 5 日和 9 日,西班牙国王都先后发布敕令,规定每年自墨西哥运菲的银子,以 50 万西元为限。③ 可是,因为把美洲白银运菲购买中国丝货,再运往美洲出售,可获巨额的利润,西班牙国王这种规定限额的敕令,事实上并没有好好实行。1633 年 8 月 14 日,菲律宾总督萨拉孟加(Juan Cerezo de Salamanca)向腓力伯四世(Felipe Ⅳ)上奏说:"虽然陛下禁止把银币自新西班牙运到这里(马尼拉,再运往他国),虽然陛下只准许这里的居民每年自新西班牙输入五十万'笃卡'(ducados)④,事实上他们已经发现每年要秘密运多少(银)便多少的办法。……在我以前的各任总督都知道这种弊端,可是因为如果要干预这早已经是牢不可破的陋规,便要引起许多烦恼,同时几乎所有陛下的臣民都要被牵连在内,故他们不敢加以纠正。"⑤其后,到了 1636 年 6 月 1 日,另外一位总督也自马尼拉写信给西班牙国王说:"陛下关于限制丝货输入的命令,在美洲并没有被严格遵守;这或者因为没有诚实官员来执行命令,或者因为如果依法严格执行,陛下的臣民便要因违法受罚而濒于毁灭。在各最重要的条例中,有一项规定准许菲律宾臣民每年把价值 25 万西元的丝货运往新西班牙出卖,同时在新西班牙出卖所得的银子,运回菲岛,以 50 万西元为限。可是,这种规定从来没有被遵守过,而现在也没有人遵守它。因为如果官员们真的严格不准超过限额的丝货出口,商人们往往能

---

① Francisco Leandro de Viana, "Memorial of 1765" (Manila, February 10, 1765), in *Phil. Isls.*, vol.48, p.278.
② Eames,前引书, p.63; "Sketch of Spanish Colonial Intercourse in Eastern Asia," in *Chinese Repository*, vol.Ⅷ, no.4 (Canton, August 1839).
③ Alonso Fernandez de Castro,前引文, in *Phil. Isls.*, vol.12, pp.46—47; Hernando de los Rios Coronel,前引文, in *Phil. Isls.*, vol.19, pp.239—240.
④ 每一"笃卡"(ducados)约等于中国银一两,每一西元则约等于中国银七钱二分。参考拙著《明代的银课与银产额》。
⑤ "Letter from Juan Cerezo de Salamanca to Felipe Ⅳ" (Manila, August 14, 1633), in *Phil. Isls.*, vol.24, pp.291—292.

够设法在城（马尼拉）外秘密走私，这种弊端是无从纠正的。当商人们把贩卖丝货所得的银子自新西班牙运回的时候，同样的情形又复出现。"①文中所说的"陛下的臣民"，事实上连西班牙政府派往美洲及菲律宾的最高行政主管长官也包括在内。根据1691年6月19日一位神父的报道，当日新上任的菲律宾总督，在由美洲乘大帆船赴马尼拉上任的时候，曾自新西班牙都护那里领取大量银子，带往菲岛，以便投资于丝货贸易，赚取巨额的利润。② 此外，因为利之所在，新西班牙的其他官员，也经常把白银运往菲岛，在18世纪中叶左右，每年约占超过规定限额的200万西元的1/10。③ 因此，西班牙国王限制美银向菲输出的敕令，事实上并不生效。

三

明了了16—18世纪间美洲白银长期输入菲律宾的情况以后，我们现在可以进一步看看这些银子由菲岛转运往中国的情形。

到达菲岛的西班牙人，因为和在美洲的基地距离太远，他们生活及防卫所需的各种物资，都有赖于中国商人的供应。在中国商人方面，因为国内白银供不应求，价值高贵，眼看着西班牙人手中持有那么多的银子，自然要设法推广输出贸易，把银赚取回国。当日中国的货物，一方面因为生产成本比较便宜，他方面因为白银价值昂贵，以银表示的物价水准非常低下，故在菲岛出卖，价格非常低廉④，从而销路非常之好。1607年，在西班牙的一个集会中，有一位官员报告："银子之所以自菲岛大量流出，主要因为自中国运到那里的货物，售价低廉，同时银的购买力又很大，故西班牙人都把银投资于中国货物以取利。"⑤其后，在1628年，另外一位西班牙人说："中国人有的是大量而过

---

① "Letter from Governor Hurtado de Corcuera" (Manita, June 1, 1636), in *Phil. Isls.*, vol.26, pp.136—137.
② "A Letter by Father Juan de Zarzuela" (June 19, 1691), in *Phil. Isls.*, vol.41, p.34.
③ Schurz，前引书，p.189.
④ 拙著《明季中国与菲律宾间的贸易》。
⑤ "Trade of the Philippines with Mexico" (Report from the Council of State, Medrid, December 18, 1607), in *Phil. Isls.*, vol.14, p.214.

剩的货物,他们从不向我们购买任何物品,只是把物品卖给我们,而专门索取银币作代价。为着获得银币,他们出卖货物的价格非常便宜,故我们向他们买的东西特别多,要比假如价格较贵、利润较低时为多。"①

把货物运往菲岛贸易的中国商人,既然因为采取降低售价政策而扩展销路,偌大的菲岛市场便为他们所控制。当每年大帆船把美洲白银大量运到,西班牙人急于进货回航的时候,中国商人便乘机操纵市场,抬高售价,以赚取更多的银子。1633 年 8 月 14 日,菲律宾总督萨拉孟加向国王腓力伯四世上奏说:"以臣所知,每年自新西班牙运抵马尼拉的银子,多达二百万西元,结果因银币增多而物价上涨,对伟大的中国最为有利……"②及 1637 年,菲律宾检察总长孟法尔坤(Grau y Monfalcon)也报道说:"除了菲岛西人自墨西哥运往马尼拉的银子以外,其他超过规定限额的银子,多由墨西哥出口商运往。这些银子用来购买货物,由同一艘船于归航时运载,因此负责经管这些银子的人,船一抵达便争着购货。因为希望缩短在马尼拉的滞留时间,他们竞争搜购的结果,便刺激该地物价上涨,以致由中国商人运来出卖的货物,原来只值一百西元的,马上便上涨至二百西元。……"③

16 世纪中叶以后菲律宾的经济情势,既然有助于中国货物扩展销路和中国商人控制市场,西班牙人每年自美洲运抵菲岛的大量白银,自然不能长期保留得住,而大部分甚至全部给中国商人赚回本国去了。关于此事,记载甚多,现在按照时间先后列举如下:

(1) 1586 年,一位西班牙官员(没有署名)给国王腓力伯二世的信中说:"许多白银和银币运到那里(马尼拉)去交换中国货物。这些银子虽然有若干仍然留在菲岛,但其余全部为中国大陆运货到那里出售的华商所运走。"④

---

① Juan Velazquez Madrco, "Economic Reasons for Suppressing the Silk Trade of China in Spain and its Colonies" (October 7, 1628), in *Phil. Isls.*, vol.22, pp.282—283.
② "Letter from Juan Cerezo de Salamanca to Felipe Ⅳ" (Manila, August 14, 1633), in *Phil. Isls.*, vol.24, p.292.
③ "Grau y Monfalcon's Informatory Memorial" (Madrid, 1637), in *Phil. Isls.*, vol.27, pp.204—205.
④ "Letter to Felipe Ⅱ" (June 17, 1586), in *Phil. Isls.*, vol.Ⅵ, p.280.

(2) 1590年,葡萄牙人(没有署名。按1580年葡萄牙王室男嗣绝,腓力伯二世因婚姻关系,身并葡国;自此至1640年,葡为西所统治。)给腓力伯二世的信中说:"如果准许西印度与中国通航,则王国中的银币将全部流入中国,而不输往西班牙;因为中国是这样大,有这许多货物出售,所以无论运多少银币前往,那个国家都将把它全部吸收了去。"①

(3) 1597年6月28日,菲律宾总督达斯摩利那(Luis Perez Dasmarinas)在给腓力伯二世的信中说,因为中国货物运菲出售获利,"所有的银币都流到中国去,一年又一年留在那里,而且事实上长期留在那里"②。

(4) 1598年6月24日,马尼拉大主教写信给腓力伯二世说:"每年由新西班牙运来的一百万西元的银币,都违反陛下的命令,全部转入中国异教徒之手。"③

(5) 约1602年,一位律师记载:"这批(指一般大帆船运往菲岛的银子)及所有由其他船只载运的银子,都作为支付中国商品的代价,落入异教徒之手。"④又约在同一年内,一位南美洲的主教也说:"……菲律宾每年输入二百万西元的银子;所有这些财富,都转入中国人之手,而不运往西班牙去。"⑤

(6) 1604年12月1日,西班牙国王腓力伯三世发布敕令说:"所有这些银子(指每年运抵菲岛的二百余万西元的银子),最后都流到异教国家(中国)去。"⑥

(7) 一位奥古斯丁教派(Order of St. Augustine)的教士,曾经长期在菲律宾传教,其后于1630年开始撰写一本有关在菲传教历史的著作,其中说:"在这个异常庞大的国家(中国)中,任何生活所需的物产都非常丰富……那里大小不同的船只,几乎数不清那么多,每年都装运各种食物和商品,驶往邻

---

① "Letter from Portugal to Felipe Ⅱ" (1590), in *Phil. Isls.*, vol.7, p.202.
② "Letter from Luis Perez Dasmarinas to Felipe Ⅱ" (June 28, 1597), in *Phil. Isls.*, vol.9, p.316.
③ "Letter from Fray Ygnacio, Archbishop of Manila, to Felipe Ⅱ" (Manila, June 24, 1598), in *Phil. Isls.*, vol.10, p.145.
④ Alonso Fernandez de Castro (Lawyer), "Principal Points in Regard to the Trade of the Pilipinas" (1602?), in *Phil. Isls.*, vol.12, p.50.
⑤ Fray Martin Ygnacio de Loyola, "Various Documents Relating to Commerce" (c. 1602), in *Phil. Isls.*, vol.12, p.59.
⑥ "Decree Regulating Commerce with Nueva Espana" (December Ⅰ, 1604), in *Phil. Isls.*, vol.13, p.257.

近各国交易。其中光是驶往马尼拉的,每年经常有四十艘,或四十艘以上。……这些商船又往暹罗、柬埔寨等国贸易。……它们把世界上所有的银子都运回去……因此,中国可说是世界上最强盛的国家,我们甚至可以称它为全世界的宝藏,因为银子流到那里以后便不再流出,有如永久被监禁在牢狱中那样。即使中国的银子并不比在过去 66 年贸易中自墨西哥运出来的为多,它也已经能使那里的商人变成最为富有;何况事实上中国的银子更多于这个数目,因为除来自墨西哥的银子以外,中国商人又自其他地区把银子运回本国。在世界上已知的各民族中,中国人着实是最渴望取得银子和最爱好银子的一个民族。他们把银子当做是最有价值的东西来保有它,因为他们甚至输出黄金来换取白银,也在所不惜。当他们看见银子的时候,他们总是很喜欢地看着它。我这样叙述,绝不是出于道听途说,而是多年来亲眼看见和亲身经验的结果。"①

(8) 1637 年,菲律宾检察总长孟法尔坤向西班牙国王报告说:"美洲白银运往菲律宾后,由那里转入我们宗教及王室的敌人(回教徒及其他异教徒)之手,而最后则流到中国去。如我们所周知,中国是欧、亚两洲银子的总汇。这些银子往往因在各处流通而使人获利和增长价值,可是等到运抵这个伟大的王国以后,(因为在那里价值特别昂贵)如果再把它运输出口,便要蒙受损失,故银子到达中国以后,便不再流出国外,而永远为中国人民所有。"②

(9) 1727 年,由菲律宾西班牙人及土人推选出来的七名代表,向西班牙国王申诉说:"中国商人几乎把自新西班牙运来的银子,全部运走。"③

根据上述的记载,我们可以推知,在 16 世纪中叶以后的长期间内,即自明季至清中叶左右,西班牙人每年自美洲运往菲律宾的银子,主要由于贸易关系,大部分或甚至全部给中国商人赚回本国。现在根据各种记载,把明、清间中国自菲输入的美洲白银数字,列表如下:

---

① Fray Juan de Medina, O.S.A., "History of the Augustinian Order in the Filipinas Islands" (Manila, 1893; but written in 1630), in *Phil. Isls.*, vol.23, pp.192—194.
② "Grau y Monfalcon's Informatory Memorial of 1637," in *Phil. Isls.*, vol.27, pp.148—149.
③ Schurz,前引书,pp.96—97.

第二表　明、清间美洲白银每年经菲输华数额

年　代	数额 （单位：西元）	根　据　材　料
1586 年以前	300 000	"Letter of Pedro de Rojas to Felipe Ⅱ" (Manila, June 30, 1586), in *Phil. Isls.*, vol.6, p.269.
1586 年	500 000(+)	同上。
1598 年及以前	800 000～ 1 000 000(+)	"Letter from Don Francisco Tello to Felipe Ⅱ" (Manila, June 24, 1598), in *Phil. Isls.*, vol.10, p.179; "Letter from Fray Ygnacio, Archbishop of Manila, to Felipe Ⅱ" (Manila, June 24, 1598), in *Phil. Isls.*, vol.10, p.145.
1602 年及以前	2 000 000	Fray Martin Ygnacio de Loyola, 前引文, in *Phil. Isls.*, vol.12, p.59.
1604 年	2 500 000(+)	"Decree Regulating Commerce with Nueva Espana" (December 31, 1604), in *Phil. Isls.*, vol.13, p.257.
1633 年及以前	2 000 000	"Letter from Juan Cerezo de Salamanca to Felipe Ⅳ" (Manila, June 24, 1598), in *Phil. Isls.*, vol.10, p.145.
1729 年及以前	3 000 000～ 4 000 000	Antonio Alvarez de Abrcu, 前引文, in *Phil. Isls.*, vol.45, pp.29—30.文中说这些银子流入外国人及异教徒之手。这里说的"外国人及异教徒"可能不单指中国商人来说，但以中国商人为主，是没有疑义的。
1815 年	1 550 000	Schurz, 前引书, p.59.

看了第二表以后，我们可知自 16 世纪下半叶西班牙人抵达菲律宾以后，每年由菲输入中国的美洲白银，初时为数十万西元，其后越来越增加，到了 16 世纪末叶已经超过 100 万西元；到了 17 世纪，增加至 200 万或 200 余万西元；到了 18 世纪，增加更多，可能达三四百万西元；到了 19 世纪初期，又下降至 150 余万西元。[1]

---

[1] Schurz，前引书，p.59.陈荆和先生在他的大著（前引书，页 6）中，曾根据日本成田节男《华侨史》的记载，说 1637 年，中国自菲输入的墨西哥银货多至 1 000 万西元；这个数字，因为并没有确实可靠的证据，疑有误。

不过，在 16 世纪中叶以后的长期间内，菲律宾与中国间运输白银的航线，并不是完全畅通无阻。当西班牙与荷兰因为参加三十年战争（1618—1648 年），在欧洲互相攻击的时候，两国在东方也不时发生冲突。荷兰向东方拓展，于 1624 年（明天启四年）入侵台湾，在台南建立基地。再过两年，西班牙也于 1626 年侵台，占领台湾北部。两国在台湾互相对峙，经过 16 年以后，荷人于 1642 年（明崇祯十五年）击败西人，把他们驱逐出台湾。因为台湾的地理位置，居于中菲之间，荷人遂以台湾为基地来骚扰中菲贸易，直至 1648 年 30 年战争结束时才告终止。① 当菲律宾的对外交通受到荷人骚扰的时候，每年由大帆船运抵菲岛的美洲白银，有时少至不足 100 万西元；在这种情形之下，中国输入白银的数额自然也要锐减了。② 台湾于清顺治十八年（1661 年）为郑成功收复。在此以前，郑成功已经在东南沿海与清军对抗，故清政府于顺治十三年（1656 年）实施禁海令，禁止对外贸易；到了郑氏入台的顺治十八年，清廷更实施迁界令，把沿海二十或三十华里内的居民全体迁入内地，立石或筑境墙为界；禁止出界贸易，或在界外居住耕种。直至康熙二十二年（1683 年），清军平定台湾，翌年这些限制才告废除。③ 在这时期内，由于中国东南沿海在军事上的特殊形势，中菲贸易及银的输入当然也不免要受影响。

明、清之际，或 17 世纪中叶前后，美洲白银的流入中国，虽然曾经遭受到若干阻碍，但就自 16 世纪中叶以后，至 19 世纪初叶的时间来说，中国由菲律宾输入美洲白银的趋势，在基本上并没有多大的改变。到了 1765 年 2 月 10 日，马尼拉最高法院的检察长说："自从菲律宾群岛被征服（1565 年）以来，由新西班牙运来的银子共达二万万西元以上，可是现在仍然存留在这里的现银还不到八十万西元。"④根据上述中国商人每年把菲律宾银子大量运回本国的记载，我们可以推知，在西班牙人到达菲岛的头两个世纪中，自美洲输入又复输出的共约 2 亿西元的银子，大部分运往中国了。另据德科民的估计，自

---

① Schurz，前引书，pp.350—357.
② Schurz，前引书，p.190.
③ 陈绍馨纂修《台湾省通志稿》（台北市，1964 年）卷二，《人民志·人口篇》，页 112—114。
④ Francisco Leandro de Viana, "Memorial of 1765" (Manila, February 10, 1765), in *Phil. Isls.*, vol.48, p.278.

1571年(明隆庆五年)至1821年(清道光元年)的250年中,由西属美洲运往马尼拉的银子共约4亿西元,其中约四分之一或二分之一流入中国。① 德科民说的四分之一,显然估计得太低;他所估计的二分之一,即2亿西元或更多些,可能比较接近事实。有感于美洲白银由菲大量流入中国,在1638年一位西班牙上将说:"中国国王(按应作"皇帝")能够用来自秘鲁(Peru)的银条来建筑一座宫殿!"②因为中国自西班牙帝国中输入这许多银子,根据17世纪一位意大利旅行家的记载,中国皇帝曾经称呼西班牙国王为"白银之王"(King of Silver)。③

四

在上文中,我们主要根据西班牙方面的记载来研讨美洲白银由菲输入中国的情形。自明季至清中叶,中国既然由菲输入这许多银子,自然会吸引中国人士的注意,故我们又可以根据中国文献的记载来对这个问题进行考察。

西班牙人于明嘉靖四十四年(1565年)占领菲律宾后,自万历年间(1573—1620年)开始,每年都有不少银子由美洲运菲,再转运往中国。那时位于中国东南沿海的福建,因为耕地有限,人口过剩,有不少人须以海为田,即航海前往国外谋生或贸易。而菲律宾北部的吕宋岛,位于美、菲间大帆船航线的西端,是美洲白银的集散中心,故由福建向外航海的中国商人,多前往贸易,把银子赚取回国。万历三十一年(1603年)左右,李廷机说:"弟生长海陬,少时尝见海禁甚严。及倭讧后,始弛禁。民得明往,而稍收其税以饷兵,自是波恬。或言弛禁之便,盖贫民藉以为生,冒禁阴通,为患滋大;而所通乃吕宋诸番,每以贱恶什物,贸其银钱,满载而归,往往致富。"④又徐学聚说:

---
① "Sketch of Spanish Colonial Intercourse in Eastern Asia," in *Chinese Repository*, vol.Ⅷ, no.4.
② 拙著《宋明间白银购买力的变动及其原因》。
③ 拙著《明季中国与菲律宾间的贸易》。
④ 徐孚远等辑《皇明经世文编》(台北市国联出版有限公司影印明崇祯间平露堂刊本)第二八册(卷四六〇),页三三六,李廷机《报徐石楼》。按李廷机,福建晋江人,万历十一年(1583年)进士,约于万历三十一年撰写此文。参考《明史》(百衲本)卷二一七,页一三,《李廷机传》。

"今番船……漳(州)人但知彼有银,银可欲……我贩吕宋,直以有佛郎(机,指西班牙)银钱之故。……货于险远之吕宋,而得佛郎之银钱。……吕宋诸洋,与我商民习,彼此贸易,久已相安。"①再过一些时候,郭造卿说:"东洋则吕宋,其夷佛郎机也。其国有银山,夷人铸作银钱独盛。中国人若往贩……吕宋,则单得其银钱。"②因为运货前往吕宋贸易的福建商船,于回航时只运载银钱,不输入任何货物,故政府向其课征一种特加税,名叫增饷,等于对输入白银课征一种进口税。关于此事,张燮记载说:"加增饷者,东洋吕宋,地无他产,夷人悉用银钱易货。故归船除银钱外,无他携来,即有货亦无几。故商人回澳,征水、陆二饷外,属吕宋船者,每船更追银百五十两,谓之加税。后诸商苦难,万历十八年(1590年)量减至百二十两。……自万历四年(1576年)饷溢额至万金,刊入章程录。至十一年(1683年),累增至二万有余。……二十二年(1594年),饷骤溢至二万九千有奇。"③

除却明人的记载以外,清朝初叶及中叶的人士,也常常在写作文字中提及吕宋白银输入福建的情况。例如周亮工《闽小记》(《丛书集成》本)下卷,页三三说:"……度闽海而南,有吕宋国。国度海而西,为西洋,多产金、银。行银,如中国行钱。西洋诸国金、银,皆转载于此以过(通?)商,故闽人多贾吕宋焉。"又王沄《闽游纪略》(《小方壶舆地丛钞》第九秩,页一〇四下)说:"其曰番钱者,则银也。来自海舶。上有文如城堞,或有若鸟兽之人物形者。泉(州)、漳(州)通用之。闻往时闽中巨室,皆擅海舶之利,西至欧罗巴,东至日本之吕宋、长崎(此句疑有误),每一舶至,则钱货充牣。"又康熙二十二年(1683年)六月二十二日,中书舍人郑德潇说:"吕宋者,南海之外国也。……闽、广人数

---

① 《皇明经世文编》第二六册(卷四三三),页六三〇至六三一,徐学聚《初报红毛番疏》(约万历三十一年或稍后)。
② 顾炎武《天下郡国利病书》(广雅书局本)卷九六,页二九至三〇,《福建》六,郭造卿《防闽山寇议》。又见于孙承泽《春明梦余录》(光绪九年刊)卷四二,页三五傅元初《论开洋禁疏》(崇祯十二年,1639);朱东观辑《祯朝诏疏》卷五,页三〇至三一;黄叔璥台海使槎录《丛书集成》本,有乾隆元年序)卷二,页四二至四三;《重纂福建通志》卷八七,页一四下至一五,海禁。
③ 张燮《东西洋考》(成于万历四十五年,《惜阴轩丛书》本)卷七,页二下至三。关于此事,《天下郡国利病书》卷九三,页二一下至二二,《福建》三,《洋税》,亦有记载,但文字略有不同,兹抄录如下:"加增饷者,东洋中有吕宋,其地无出产,番人牵用银钱(钱用银铸造,字用番文,九六成色,漳人今多用之。)易货。船多空虚回,即有货亦无几。故商贩回澳,征抽水、陆二饷,属吕宋船者,每船另追银百五十两,谓之加增。……"又参考拙著《明季中国与菲律宾间的贸易》。

贸易其地……惟有大小银钱,亦佛郎机酋从其祖家干系腊(Castile,指西班牙)载以来用也。"又说:"吕宋初无重宝,故不炫于外国。自干系腊舶银至,而后贸贩富饶甲于诸国。"①又雍正八年(1730年)陈伦炯说:"吕宋大山……漳、泉人耕种营运者甚盛。……东、南洋诸番,惟吕宋最盛,因大西洋干丝腊(Castile)是班呀番舶运银到此交易,丝、绸、布帛、百货尽消。"②

明、清间自吕宋输入中国的白银,不仅运往福建,又有由于贸易关系而运往其他沿海地区的。上述康熙二十二年郑德潇说闽、粤人赴吕宋贸易,以赚取银钱,可见除福建以外,由于白银的吸引,广东商人也把货物运往吕宋出售。关于此事,屈大均(1630—1696年)也说:"闽、粤银多从番船而来。番有吕宋者,在闽海南,产银,其行银如中国行钱。西洋诸番银多转输其中,以通商。故闽、粤人多贾吕宋银至广州。揽头者就舶取之,分散于百工之肆;百工各为服、食、器物偿其值。承平时,商贾所得银皆以易货,度梅岭者不以银捆载而北也;故东粤之银,出海岭者十而三四。今也关税繁多,诸货之至吴、楚、京都者,往往利微,折资本,商贾多运银而出。所留于东粤者,银无几也。"③文中所说的"承平时",当指明季而言。由此可知,自吕宋输入广州的银子,又转运往中国国内各地,在明、清之际有继续增加的趋势。因此,到了清中叶以后,周腾虎也说:"江、浙行用佛头洋银,制自大西洋之西班牙国。西班牙灭小西洋之吕宋国,故俗又呼为大吕宋。乾(隆,1736—1795年)、嘉(庆,1795—1820年)之时,其国在广东贸易颇盛,故其洋银流入中国最广。中国因习用之。"④

根据上引中国方面有关吕宋白银运入中国的文献,我们只知道中国商人到吕宋"贸其银钱,满载而归""单得其银钱""归船自银钱外,无他携来""每一舶至,则钱货充牣"……但到底输入多少银子,没有任何记载。到了清朝中

---

① 江日昇《台湾外纪》(序于康熙四十三年;台北市,1960年刊本)第三册,卷一〇,页四二四至四二六。
② 陈伦炯《海盐闻见录》(台北市刊,雍正八年自序),页一二,《东南洋记》。
③ 屈大均《广东新语》(康熙三十九年重刊本)卷一五,页五下至六,"货语"。又同书同卷,页二八下至二九,载《广州竹枝词》说:"洋钱争出是官商,十字门开向二洋(东洋及西洋);五丝、八丝、广缎好,银钱堆满十三行。"
④ 周腾虎《铸银钱说》(盛康辑《皇朝经世文续篇》卷五八)。

叶,当菲律宾派遣商船来华贸易的时候,我们却知道在乾隆二十年(1755年)抵达厦门的吕宋番船,输入番银一十五万圆,或十余万两。①

五

综括上文,我们可知在16世纪中叶以后的长时间内,即自明季至清中叶左右,中国与美洲虽然有太平洋的阻隔,但是双方经济已经发生密切的关系。当日的美洲和菲律宾,同属西班牙帝国的一部分,双方有大帆船航线的连接,而中国商船又不断向菲岛航行,故以菲岛作媒介,中、美物产的交流已经不绝于道。西班牙人以美洲作基地来占领菲岛,但他们到达菲岛以后,因为和美洲基地距离太远,体积、重量大而价值小的物品不宜于远道运输,故在那里的一切给养都有赖于中国商人的接济。在当日美洲各种物产中,只有自秘鲁、墨西哥各银矿采炼出来的白银,因为体积、重量比较小而价值比较大,总能够负担得起高昂的运费,由大帆船大量运往菲律宾。在另外一方面,明代的中国,因为普遍用银作货币,白银求过于供,价值特别大,故中国商人乐于向菲岛销售各种货物,以便把白银赚回本国。

说到自美洲运往西太平洋白银的数量,我们在本文中曾经引述德科民的估计,说在由1571—1821年的两个半世纪中,约共有4亿西元自美洲运往菲律宾,其中约有2亿西元(可能更多)转运入中国。这个数目虽然不如自美洲运往西班牙的银数②那么多,但为数已相当可观。不独如此,自美洲长期大量运往西班牙的银子,因为要影响到西班牙的物价水准远在其他欧洲国家之

---

① 《史料旬刊》第一二期《钟音折》(乾隆二十年)说:"福建巡抚钟音谨奏:……吕宋夷商夹板船一只……来厦(门)贸易。……所带米粮、货物之外,尚有番银一十五万圆……"又第一八期《李有用折》(乾隆二十年)说:"福建水师提督奴才李有用谨奏:……厦门口外,有吕宋夹板夷船一只来厦……该番船载来……番银十余万两……"又周凯等纂《厦门志》(序于道光十二年)卷五,页三五下说:"按吕宋夷船,每次载番银十四五万来厦贸易……非特有利于厦门,闽省通得其益。故乾隆四十七年(1782年)奏准外夷商船到闽海关货物,照粤海关例征收。"

② 自1503—1660年150余年中,美洲金、银输入西班牙的总额,据官方记载,共为447 820 923.3西元。此外,走私入口的数目为这个官方登记数字的10%~50%左右。在输入的金、银中,除1503—1530年以金为较重要以外,其余年份银占输入总额的85%~99.1%。参考 Earl J. Hamilton, *American Treasure and the Price Revolution in Spain*, 1501—1650, Cambridge, Mass, 1934, pp.34, 37—38, 40.

上,银在西班牙的购买力远较其他欧洲国家为低,故多半由于对外贸易的长期入超而流到其他欧洲国家去。其他欧洲国家(如葡萄牙、荷兰、英国)的商人,在16、17、18世纪间都先后东来贸易,也因要偿付中国出口货价而把大量银子运入中国。[①] 不过,因为本文的主要目的为研究美洲白银经菲流入中国的情形,故对于美洲白银运往欧洲,再辗转运来中国的问题,不拟详加讨论。

1968年8月21日于香港九龙

[①] 拙著《美洲白银与十八世纪中国物价革命的关系》,《"中央研究院"历史语言研究所集刊》第二十八本(台北,1967年),页517—550。

自明季至清中叶西属美洲的
中国丝货贸易*

一

西班牙政府于1492年(明孝宗弘治五年)派遣哥伦布发现美洲新大陆,于1519年征服墨西哥,然后自墨西哥出发,于1565年征服菲律宾群岛。因为西班牙人以墨西哥为基地来从事菲律宾的统治与殖民,故自1565年开始的两个半世纪内,每年都派遣大帆船来往于墨西哥阿卡普鲁可(Acapulco)与菲律宾马尼拉(Manila),以加强双方的联系。自美洲开往菲岛时,船上所载运的货物,虽然有种种的不同,但以白银为最重要;由菲向美输出的货物,则以中国丝货(生丝及丝织品)为主。

中国和美洲间的直接贸易,始于美国独立革命成功后的翌年(1784年,即清乾隆四十九年),当美国商船"中国皇后号"(Empress of China)在纽约与广州之间航行的时候。但中国货物运销于美洲,并不迟至此时才开始,因为在此以前的200多年内,以马尼拉为转运口岸,中国丝货已经长期大量运销于西属美洲了。由于中国丝货的大量输入,在17世纪前后,墨西哥有不少人把这些丝作原料来加工织造,因此增加了就业的机会。每年银产量占当日世界总额60%以上的秘鲁(Peru),因为购买力特别强大,更成为中国丝织品的好主顾。不独如此,秘鲁虽然是西班牙的殖民地,在那里市场上中国丝织品和西班牙产品互相竞争,因为售价远较后者低廉,给予后者以严重的威胁。西班牙国内的丝织工业家,为着要保护在美洲殖民地的权益,对于中国丝货的输入自然表示不满,从而要求政府加以限制或禁止。可是,在菲律宾从事

---

* 本文资料的搜集,曾蒙哈佛燕京学社给予财政上的补助,谨此致谢!

统治与殖民的西班牙人,他们的所得以中国丝货贸易的利润为主要来源,当然极力反对政府限制或禁止丝货贸易的政策。由此可见,自明季至清中叶,即在16世纪末叶以后的长时间内,我国广大民众辛勤劳动生产出来的蚕丝和织造好的丝绸,由菲律宾居中作媒介,已经大量横渡太平洋,而称霸于新大陆市场之上了。这一事实告诉我们,在近代西方国家工业化成功以前,中国若干工业的发展和他国比较起来,其成绩是并不逊色的。

二

在15、16世纪间,葡萄牙人经南非洲好望角航海东来,把大批香料运回欧洲市场出卖,结果获得巨额的利润。因为这条航线为葡人所独占,故西班牙人自欧洲出发,向西航海,发现美洲新大陆,再以美洲为基地继续西航,来到东方,希望借此分享香料贸易的利益。可是,西班牙人到达菲律宾以后,发现那里并不像摩鹿加群岛(Moluccas,又称香料群岛)那样大量种植丁香,而只出产肉桂。但自菲向美航行的大帆船,如果以肉桂为主要出口货,因为价值微小,是赚不到多少利润的。如果把胡椒运往美洲出卖,由于市价低下,更要大亏其本。[1] 除此以外,当日菲岛天然资源非常贫乏,只有少数黄金及棉、蜡、绳索等物可供出口;但这些货物合起来价值太小,如果只把它们运美出卖,所获利润过于微薄,既不足以维持大帆船横越太平洋的航运,也不能使殖民地政府税收充裕,以满足防卫菲岛费用开支的需要。[2] 在另外一方面,16、17世纪的美洲,因为银矿生产丰富,人民购买力增大,自然要讲求生活上的享受,争着购用华贵的丝绸来做衣服穿。在这种情况之下,如果大帆船把中国商人运往菲岛的丝货大量运美,那么,由于商品本身价值的高昂和在美洲市场上需求的增大,自然可以赚取巨额的利润;同时,随着丝货贸易的发展,政府的税入也可增加。

---

[1] William Lytle Schurz, *The Manila Galleon*, New York, 1989, pp.22—23; Antonio Alvarez de Abreu, "Commerce of the Philippines with Nueva España, 1640—1736" (Madrid, 1736), in E. H. Blair and J.A. Robertson, eds., *The Philippine Islands*, *1493—1898* (以下简称 *Phil. Isls.*, 55 vols., Cleveland, 1903—1909), vol.45, pp.73—75.
[2] Schurz,前引书,p.46;Abreu,前引文,in *Phil. Isls.*, vol.44, pp.287—288.

关于中国丝货向美洲输出的背景，上文我们从美洲及菲律宾方面来观察；复次，我们又可以从中国方面来加以探讨。明代(1368—1644年)中国的情形，很有利于丝货向美洲输出。明初政府曾经发行大明宝钞，但经过60余年以后，由于宝钞发行激增，价值低跌，全国各地开始普遍用银代替宝钞来作货币，对银的需求特别增大。可是，因为当日国内银矿产量非常有限，故求过于供的结果，银的价值便急剧增加。这样一来，眼看着美洲这许多银子运往菲律宾去，中国商人自然要努力对菲输出各种货物，尤其是大帆船亟须运美的丝货，以便把那里的银子赚回本国了。①

复次，明中叶以后中国丝货大量输往美洲之所以成为可能，是由于当日中国蚕丝生产事业的发展。我国蚕桑生产和丝织工业的历史已经非常悠久，但到了明代特别发达起来。明初政府下令，凡农民有田五亩到十亩的，须栽桑半亩，十亩以上的加倍；不种桑的，须出绢一匹。各地地方官须亲自督视，不执行命令的处罚。原来没有种桑的地方，派人把桑种运往，并教以种植之法。种桑的，自洪武二十六年(1393年)以后，不论多少，都免征赋。② 明初政府在全国各地提倡栽桑的结果，蚕丝生产当然大量增加。

当明代全国各地栽桑面积普遍增加的时候，以太湖为中心的江苏、浙江间的广大地区，尤其是浙江湖州、嘉兴、杭州三府及江苏苏州府，丝织工业特别发展，因此而致富的人非常多。③ 根据明中叶以后的记载，位于太湖南岸的湖州，"尺寸之堤，必树之桑。……富者田连阡陌，桑麻万顷"④。因为栽桑面积广大，故"惟湖(州)以蚕(为岁计)。……丝绵之多之精，甲天下"。同时因为"湖(州)多一蚕……故势家大者产百万，次者半之，亦埒封君"⑤。例如茅垦(双泉)于嘉靖(1522—1566年)、万历(1573—1620年)间在湖州种桑数

---

① 拙著《明季中国与菲律宾间的贸易》，香港中文大学《中国文化研究所学报》(香港九龙，1968年)第1卷，页27—49；《明代的银课与银产额》，《新亚书院学术年刊》(香港九龙，1967年)第9期，页245—267。
② 拙著《宋明间白银购买力的变动及其原因》，《新亚学报》(香港九龙，1967年)第8卷第1期，页169—170。
③ 张瀚《松窗梦语》(序于万历二十一年，1593年)卷四，页二二说："余尝总览市利，大抵东南之利莫大于罗、绮、绢、纻，而三吴(除苏州、湖州以外，一说包括常州，另一说包括会稽)为最。即余先世亦以机杼起，而今三吴之以机杼致富者尤众。"
④ 谢肇淛《西吴枝乘》。原书未见，兹引自傅衣凌《明代江南市民经济试探》，上海，1963年，页37。
⑤ 王士性《广志绎》(万历二十五年序)卷四，页五。

十万株，他努力除草施肥，整治病虫害，结果因生产成绩优良而发了大财。①湖州及附近出产的蚕丝，及织造好的绫、罗、纱、绸、缎，先集中于双林镇，然后转运往海内外出卖，明、清(1644—1911年)之际每年约有110万两银子的收益。② 在湖州以东，嘉兴府的濮院、王江泾及石门，到了明中叶以后，都由于蚕丝生产的发达，织造技术的进步，及产品销路的扩展，而人口增加，发展成为重要的市镇。③ 除湖州、嘉兴以外，杭州附近的塘栖镇，在明朝末叶，"徽(州)、杭(州)大贾，视为利之渊薮，开典顿米，贸丝开车者，骈臻辐凑"④。明

---

① 茅坤《茅鹿门文集》卷二三《亡弟双泉墓志铭》说："君讳艮，起田家子，少即知田。年十余岁，随府君督农陇亩间。……已而树桑，桑且数十万树，而君并能深耕易耨，辇粪畚以饶之。桑所患蚕与蛾，君又别为剔之。故府君之桑首里中。……君之田倍乡之所入，而君之桑则又什佰乡之所入。故君既以田与桑佐府君起家，累数千金而羡。而其继也，君又能以田与桑自为起家，累数万金而羡。"原书未见，兹引自傅衣凌前引书，页64—65。
② 顾炎武《日知录》（同治十一年，湖北崇文书局本）卷一〇，页二一下至二二，"纺织之利"说："唐氏曰：吴丝衣天下，聚于双林。吴、越、闽、番，至于海岛，皆来市焉。五月载银而至，委积如瓦砾。吴南诸乡，岁有百十万之益。是以虽赋重困穷，民未至于空虚，室庐、舟楫之繁庶，胜于他所。此蚕之厚利也。"（又见于贺长龄辑《皇朝经世文编》卷三七，页三，唐甄《教蚕》。）又胡承谋辑《湖州府志》（乾隆四年序）卷四一，页二三下，"物产"引《双林志》说："隆(庆)、万(历)以来，机杼之家相沿比业，巧变百出。有绫有罗，有花纱，绉纱，斗绸，云缎，有花有素。有重至十五六两，有轻至二三两。有连为数丈，有开为十方，每方三尺、四尺、五尺长，至七八尺。其花样有四季花、西湖景至、百子图、八宝龙凤，大小疏密不等。各直省客商云集贸贩，里人贾鬻他方，四时往来不绝。"
③ 关于濮院因织制纱绸而自草市发展成镇的经过，徐志鼎等纂嘉庆《桐乡县志》卷二，页三九说："濮院在梧桐乡，县东北一十八里。……宋建炎（1127—1130年）以前，特御儿一草市耳。……淳熙（1174—1189年）以后，树桑蚕织，轻纨素锦，日工月盛。元大德（1297—1307年）间，名永乐市，召民贸易，构屋开街，镇遂以名。明万历（1573—1620年）中，改土机为纱绸，制造尤工，擅绝海内。"又黄洪宪等纂《秀水县志》（万历二十四年修，民国十四年铅字重印本）卷一，页三四，"市镇"说："濮院镇……元至正（1341—1367年）间，右族濮鉴一姓。追本朝，濮氏流徙，他卜居者渐繁，人可万余家，因以濮院名镇。……民务织丝纻，颇著中下声。亦业农贾，商旅辐辏，与王江泾相亚。"又夏辛铭辑《濮院志》（民国十六年）卷一四，页一二下说："考吾乡机织之变迁，……在明万历以后，由土机改良而为纱绸。……清初号称日出万绸，固由织户之多，而其绸之轻者日一匹，则以幅窄匹短而工省也。"又引《濮川志略》说："明隆(庆)、万(历)间，改土机为纱绸，制造绝工。濮绸之名，遂著远近。"又嵇曾筠等纂修《浙江通志》（雍正九至十二年修）卷一〇二，页一八，"物产"说："濮院所产纺绸……一镇之内，坐贾持衡，行商麇至，终岁贸易，不下数十万金。"此外，关于王江泾及石门蚕丝生产及绫绸织造的情况，王穉登《客越志》（序于隆庆元年，《戊寅丛编》本）卷上，页一说："王江泾千家巨市，地产吴绫。……石门地饶桑田，蚕丝成市。四方大贾，岁以五月来贸丝，积金如丘山。"又《秀水县志》卷一，页三四，"市镇"说："王江泾镇……多织绸，收丝缟之利，居者可七千余家。"又明天然痴叟《石点头》（台北市世界书局本）第四卷，页五九《瞿凤奴情愆死盖》说："话说嘉府去城三十里外，有个村镇，唤做王江泾。这个地方北通苏、松、常、镇，南通杭、绍、金、衢、宁、台、温、处，西南即福建、两广，南北往来，无不从此经过。近镇村坊，都种桑养蚕织绸为业。四方商贾，俱至此收货。所以镇上做买做卖，挨挤不开，十分热闹。"
④ 胡元敬《栖溪风土记》。原文未见，兹引自藤井宏《新安商人的研究》（日文），《东洋学报》第36卷第2号，页193—194。

中叶以后，杭州丝织工业特别发达，有不少人因此致富。①

除浙江外，江苏苏州和南京的丝织工业，到了明中叶左右也特别发达，有不少人因经营得法而发了大财。② 在嘉靖年间(1522—1566年)，苏州出产"绫、锦、纻、丝、纱、罗、绸、绢……比屋皆工织作，转贸四方"③。苏州的丝织工业既然要为广大的市场而生产，那里自然有许多人因此而获得就业的机会。在万历二十九年(1601年)，因为苏、杭等处提督织造兼理税务司礼监太监孙隆与苏州本地棍徒勾结，擅自向机户加征税银，以致机户杜门罢织，结果"染坊罢，而染工散者数千人，机房罢，而织工散者又数千人"④。苏州、南京以外，江苏南部各地的蚕丝生产事业，在明中叶前后也非常发达。以苏州府吴江县为例，"明洪武二年(1369年)，诏课民种桑，吴江境内凡一万八千三十三株。宣德七年(1432年)，至四万四千七百四十六株"⑤。随着种桑株数的增加，蚕丝的产量当然较前增大，从而把丝加工织造成绫、绸的人也越来越多。⑥ 由于绫、绸织造工业的发达，吴江县盛泽镇在明初本来只是一个乡村，到了嘉靖年间(1522—1566年)因为人口增加，便发展成为重要的市镇。⑦ 其

---

① 例如《松窗梦语》卷六，页一一记载杭州张瀚的先世经营丝织工业，织机自一张扩充至二十余张，资金自银五十两(一锭)增加至数万两，内说："毅庵祖家道中微，以酤酒为业。成化末年(1487年)……有人……授以……白金一锭。……因罢酤酒业，购机一张，织诸色纻币，备极精工。每一下机，人争鬻之。计获利当五之一。积两旬，复增一机。后增至二十余。商贾所货者常满户外，尚不能应。自是家业大饶。后四祖继业，各富至数万金。"
② 例如沈德符《万历野获编》(《元明史料笔记丛刊》，中华书局)卷二八，页713，"守土吏狎妓"条说万历间苏州潘氏"起机房织手。至名守谦者，始大富，至百万"。按万历《长洲县志》卷一《风俗》说："以织造为业，俗曰机房。"(原书未见，兹引自经君健《校对一条史料》，《历史研究》1962年第6期，页168。)又例何良俊《何翰林集》卷二三《李松村生圹志铭》记载南京李松村因丝织致富，内说："夫建康旧都，东南一大都会也。……'松村'遂徙居于都城之武定桥。里中工组训，凡绵、绮、缯、谷之属，上供之外，率衣被天下。君……蚕织……收其赢利，不三四年，果大饶裕。"(原书未见，兹引自傅衣凌前引书，页四七。)
③ 嘉靖《吴邑志》卷一四《土产物货》。原书未见，兹引自经君健前引文。
④ 《明神宗实录》("中央研究院"历史语言研究所校印本)卷三六一，页五至七，万历二十九年七月丁未。
⑤ 陈荁纕等修乾隆《吴江县志》卷五，页一〇下。
⑥ 同书卷三八，页一二下说："绫、绸之业，宋、元以前，唯郡人为之。至(洪)熙(1425年)、宣(德，1426—1435年)间，邑民始渐事机丝，犹往往雇郡人织挽。成(化，1465—1487年)、弘(治，1488—1505年)以后，土人亦有精其业者，相沿成俗。于是盛泽、黄溪四五十里间，居民乃尽逐绫、绸之利。有力者雇人织挽，贫者皆自织，而令其童稚挽花。女工不事纺绩，日夕治丝。故儿女自十岁以外，皆蚕桑拮据，以糊其口。而丝之丰歉，绫、绸价之低昂，即小民有岁无岁之分也。"
⑦ 同书卷四，页一至二说："盛泽镇在二十都，去(吴江)县治东南六十里。明初以村名，居民只五六十家。嘉靖间倍之，以绫、绸为业，始称为市。"又参考仲廷机修同治《盛湖志》卷一，页一，及仲虎腾修光绪《盛湖志补》卷一，页一。

后镇上的丝织业更为发达,其中绸丝牙行多至1 100余家。附近村坊织成的绸匹都先在那里集中,然后运往各地出卖。①

当太湖沿岸居民大规模种桑养蚕的时候,因原料供应充裕而产量增加的丝织工业,并不以江、浙各地为限,就是距离较远的福建、广东,也因能够大量利用品质优良的湖丝或吴丝,而织造出更多更好的绸、绢、纱、缎等物。福建南部漳州一带,自古号称为"善蚕之乡",每年养蚕多至5次,在诏安建有蚕王庙②,故那里的丝织工业已经有很久的历史。但自明中叶左右开始,随着海内外市场需求的增大,扩展中的福建丝织工业,除以本地产丝加工织制外,还要利用大量湖丝或吴丝来作原料。③ 例如福州府、兴化府出产的纱帛,都以吴丝来织造。④ 泉州织绢,以用湖州头蚕丝为上,其他如纱及丝布也以湖丝作原料。⑤ 漳州的丝织工业,不仅要用湖丝,而且要"学吴中机杼织成",以便产品工巧而耐久。⑥ 因此我们可以推知,当日闽、浙间的蚕丝贸易一定很大,

---

① 明末冯梦龙《醒世恒言》卷一八说:"(盛泽)镇上居民稠广,土俗淳朴,俱以蚕桑为业。男勤女馌,络纬机杼之声,通宵彻夜。那市上西岸绸丝牙行,有千百余家。远近村坊织成绸匹,俱到此上市。四方商贾来收买的,蜂攒蚁集,挨挤不开,路途无仃足之隙。乃出产锦绣之乡,积聚绫罗之地。江南养蚕所在甚多,唯此镇处最盛。"

② 许俊人等修《福建通志》(民国十一年),《福建物产志》卷一页,页四说:"按《(八闽通)志》,漳州古称善蚕之乡,岁五蚕,吴、越皆不能及。诏安有蚕王庙。"又参考林茂春补修《漳州府志》(乾隆四十一年)卷五,页三,《民风》,及卷四五,页八下至九,《纪遗》;沈定均等增修《漳州府志》(光绪三年刊)卷三八,页三,引旧志,及卷四八,页八下,《纪遗》上;Geo. Philips, "Two Medieval Fuh-kien Trading Ports, Chuan-chow and Chang-chow", in T'oung Pao, Vol.Ⅵ, 1895, pp.449—469.

③ 王世懋《闽部疏》(万历十四年序,大东书局本)页一七说:"凡福(州)之绸、丝,漳(州)之纱、绢……无日不走分水岭,及浦城小关,下吴、越如流水。其航大海而去者,尤不可计。皆衣被天下。所仰给他省,独湖丝耳。红不逮京口,闽人货湖丝者,往往染翠红而归织之。"又徐光启《农政全书》(北京,1956年)第一册(卷三一),页616引郭子章《蚕论》(撰于隆庆年间)说:"东南之机,三吴、闽、越最夥,取给于湖丝。"

④ 郝玉麟等修《福建通志》(乾隆二年)卷一○,页二,"物产"引《闽中记》说:"此地(福州府)蚕桑差薄,所产者(丝)多颣。民间所须织纱帛,皆资于吴航所至。"又弘治《兴化府志》卷一二说:"每岁所须(丝)以织纱帛,皆资吴、杭(航?)而至者。"又万历《兴化府志》卷一说:"民间所织纱帛,(丝)皆资于吴中。"后两书原书未见,兹引自藤井宏前引文,《东洋学报》第36卷第1号,页27—28。

⑤ 万历《泉州府志》卷三说:"(绢)用湖州头蚕丝为上,柘蚕次之。有素织、花织、云织、金线织,出郡城。"又说纱"亦用湖丝。好者有素纱、花纱、金线纱,出郡城"。又说丝布"用湖丝。今织者少。出郡城"。原书未见,兹引自藤井宏前引文。

⑥ 万历《漳州府志》卷二七"物产"说:"漳纱旧为海内所推。今俱学吴中机杼织成者,工巧足复相当,且更耐久。"又说绮罗"漳制亦学步吴中,第不如纱为精"。又说䌷绸"所织用湖丝矣"。原书未见,兹引自藤井宏前引文,《东洋学报》第36卷第1号,页28—29。

故做这种买卖的商人都因此而获利。① 除就近利用江、浙产丝以外，福建仿效日本织制倭缎（即天鹅绒）所用的丝，更老远的来自四川。② 以上是福建丝织工业发展的情况，此外福建以南的广东也出产蚕丝，但丝质不佳，故那里丝织工业也以吴丝来织造甲于天下的纱、缎。③

综括上述，可知自 16 世纪中叶以后，太平洋东西两岸的情况，都有利于中国丝货大量运销于美洲。西班牙帝国自由美洲扩展至菲律宾后，为着要加强双方的联系，不得不发展大帆船贸易。可是，当日菲岛的天然资源尚待开发，并没有生产什么重要商品可供对美大量输出之用。幸而菲岛位于中国大陆与西属美洲之间，可作中国货物向美输出的转运口岸。在另外一方面，16、17 世纪西属美洲银矿生产丰富，大帆船每年自美运抵菲岛的巨额白银，对于因国内求过于供而把银视为至宝的中国商人具有很大的吸引力，故自闽、粤沿海赴菲贸易的商人自然要努力增加对菲输出，以便把西班牙人手中的银子赚取回国。在当日运往菲岛的各种货物中，体积、重量较小而价值较大的生丝和丝织品，更为西班牙人所急需。而明代的中国，以江、浙间的太湖为中心而扩展至东南沿海的广大地区，蚕丝生产事业特别发达，产量越来越多的生丝和丝织品，除供应国内各地消费以外，还有大量剩余可供出口④，故能长期成为菲、美间大帆船贸易的主要商品。

三

在研究菲律宾与美洲间的中国丝货贸易以前，我们先要看看这些货物自

---

① 《松窗梦语》卷四，页二二说："浙江……桑麻遍野，茧、丝、棉、苎之所出，四方咸取给焉。……宁（波）、绍（兴）、温（州）、台（州），并海而南，跨引汀（州）、漳（州），估客往来，人获其利。"
② 宋应星《天工开物》（台北市，1955 年）卷上，页 67，"倭缎"说："凡倭缎制起东夷，漳（州）、泉（州）海滨效法为之。丝质来自川蜀，商人万里贩来。……其织法亦自夷国传来。"按倭缎即天鹅绒，参考薮内清等作，苏芗雨等译，《天工开物之研究》（台北市，1956 年），页 141。
③ 沈廷芳等修乾隆《广州府志》卷四八，页二一至二二引明修《广州府志》说："粤缎之质密而匀，其色鲜华光辉滑泽，然必吴蚕之丝所织。若本土之丝，则黯然无光，色亦不显，止可行于粤境，远贾所不取。粤纱，金陵、苏（州）、杭（州）皆不及，然亦用吴丝，方得光华，不褪色，不沾尘，皱折易直。故广纱甲于天下，缎次之。"
④ 拙著《明季中国与菲律宾间的贸易》，页三二；Ts'ao Yung-ho, "Chinese Overseas Trade in the Late Ming Period," in International Association of Historians of Asia, *Second Biennial Conference Proceedings*, Taibei, 1962, pp.429—458.

华输菲的情形。因加强美、菲间的联系而发展起来的大帆船贸易,既然要倚赖中国生丝及丝织品大量运往美洲出卖,才能获利,在大帆船航线西端的马尼拉市场上,对于中国这些出口货的需求自然非常之大。这样一来,再加上西班牙人每年把美洲白银大量运菲,购买力特别强,中国丝货运到那里,自然不愁没有销路了。

当西班牙人抵达菲岛(1565年)不久以后,明朝政府于嘉靖四十五年(1566年)把福建月港改为漳州府海澄县治,复于翌年(隆庆元年,1567年)正式准许人民自那里航海前往东洋及西洋贸易。所谓东洋,指的是以菲律宾群岛为中心的海洋,故往贩东洋的人大部分往菲律宾北部的吕宋岛,或其中的马尼拉港。他们自国内运到那里的货物,以生丝及各种丝织品为主。当日在中国每担值银一百两的湖(州)丝,运到那里出售,起码得价2倍。① 除西班牙人外,有时日本商人也到那里搜购湖丝。当大家在市场上争着购买的时候,湖丝价格更急剧上涨,每斤售银5两,即每担500两。② 由于国内和吕宋售价的悬殊,把丝货运到那里出卖的中国商人,往往获得巨额的利润③,从而把赚

---

① 顾炎武《天下郡国利病书》(广雅书局本)卷九六,页二九至三〇,《福建》六,郭造卿《防闽山寇议》说:"海外之夷,有大西洋,有东洋。……东洋则吕宋,其夷佛郎机也。其国有银山,夷人铸作银钱独盛。中国人若往贩……吕宋,则单得其银钱。是二夷者,皆好中国绫、罗(《春明梦余录》作缎)、杂缯。其土不蚕,唯借中国之丝到彼,能织精彩缎匹,服之以为华好。是以中国湖丝百斤,值价百两者,至彼得价二倍。……若洋税一开……听闽人以其土物往,他如浙、直(南直隶,即今江苏及安徽)丝客,江西陶人,各趋之者,当莫可胜计,即可复万历(1573—1620年)初年二万余金之饷以饷兵……"这段记载,又见于孙承泽《春明梦余录》(光绪九年刊)卷四二,页三五,傅元初《论开洋禁疏》(崇祯十二年,1639年);朱东观《祯朝诏疏》卷五,页三〇至三一;黄叔璥《台海使槎录》(丛书集成本,有乾隆元年序)卷二,页四二至四三。按文中说"中国湖丝百斤,值价百两",可能是指最好生丝的售价来说,因为另据西班牙人的记载,约在1620—1621年间(自万历四十八年或泰昌元年至天启元年),广州最好的生丝每担售银一百两,至于普通生丝的价格,每担不过值银八两而已。参考"Memorandum of the Retailing Selling Prices of Wares in Canton"(about 1620—1621), in *Phil. Isls.*, vol.19, p.314.
② 徐孚远等辑《皇明经世文编》(台北市国联图书出版有限公司影印明崇祯年间平露堂刊本)第三〇册(卷四九一),页三一七至三一八,徐光启《海防迂说》(约万历末天启初)说:"于是有西洋番舶者,市我湖丝诸物,走诸国贸易。若吕宋者,其大都会也。而我闽、浙、直商人,乃皆走吕宋诸国。倭所欲得于我者,悉转市之吕宋国矣。倭去我浙、直路最近;走闽稍倍之;吕宋者在闽之南,路迂回远矣。而市物又少,价时时腾贵,湖丝有每斤价至五两者。"(又见于徐光启《增订徐文定公集》,上海,民国二十二年,卷二,页八三。)
③ 何乔远《闽书》(明刊本)卷三一九,页三四说:"……比岁人民往往入番商吕宋国矣。其税则在漳(州)之海澄,海防同知掌之。民初贩吕宋,得利数倍。其后四方贾客丛集,不得厚利,然往者不绝也。"又张燮《东西洋考》(成于万历四十五年,《惜阴轩丛书》本)卷七,页一七说:"(海)澄之商舶,民间酿金发餘艎,与诸夷相贸易。以我之绮、纨、瓷、饵,易彼之象、玳、香、椒,射利甚捷,是以人争趋之。"又参考拙著《明季中国与菲律宾间的贸易》,页三七。

到的银子大量运回本国。① 吕宋的马尼拉港既然成为湖丝的交易中心,我们可以推知,当日以太湖为中心的江、浙蚕丝产区是对菲输出的丝货的主要来源,故有不少浙、直(南直隶,指江苏及安徽)丝客参加吕宋贸易。除此以外,在东南沿海方面,福建、广东出产的丝货,也运往吕宋出卖。福建一方面出产蚕丝和丝织品,另一方面又有港口从事东、西洋贸易,故由于地理位置的便利,那里生产的丝货自然大量运销于吕宋。② 复次,福建以南的广州及其附近,蚕丝生产事业也相当发达,经常有番船把丝、绵(其中有来自外省的)及其他货物转运出口。③ 到了明、清之际,在那里出产及自江、浙等地运到的生丝及丝织品,更大量运往吕宋及其他国家出卖。④ 因为利之所在,中国丝货对菲出口贸易,自明季到清中叶,即约自16世纪末叶至18世纪的长时间内,除其中有若干年因特殊情况而受到阻碍以外,可说历久不衰。⑤

---

① 《皇明经世文编》第二六册(卷四三三),页六三〇至六三一,徐学聚《初报红毛番疏》(约万历三十一年或稍后)说:"丝缕布帛,我所用也。……我贩吕宋,直以有佛郎银钱之故。……货于险远之吕宋,而得佛郎之银钱……吕宋诸洋,与我商民习,彼此贸易,久已相安。"又同书第一七册(卷二八〇),页七一七,冯璋《通番舶议》(隆庆年间)说:"又有奸猾商人,将带中土丝、绵、段(缎)、布、瓷、铁贵货到彼番国,不换货物,止卖金银。……"这里说的"番国",可能不限于吕宋,但吕宋当包括在内。

② 上引《闽部疏》页一七说:"凡福(州)之绸、纱,漳(州)之纱、绢……其航大海而去者,尤不可计。皆衣被天下。"又清王沄《闽游纪略》(《小方壶舆地丛钞》第九秩。页一〇四下)说:"泉(州)人自织丝,玄光若镜。先朝士大夫恒贵尚之,商贾贸丝者大都为海航互市。"这里作者虽然没有明说福建泉州的丝货运往吕宋出卖,但在同一段记载中作者又说:"闻往时闽中巨室,皆擅海舶之利,西至欧罗巴,东至日本之吕宋、长崎(长崎、吕宋),每一舶至,则钱货充物。"故这里说出口的丝货,有不少运往吕宋出卖,是没有疑问的。

③ 《皇明经世文编》第二三册(卷三六八),页一〇至一一,霍与瑕《上潘大巡广州事宜》(约隆庆年间)说:"近日一番夷市易,皆趋广州。番船到岸,非经抽分,不得发卖。而抽分经抚巡海道行移委官,动逾两月。番人若必俟抽分,乃得易货,则饿死久矣。故令严则激变之祸生,令宽则接济之奸长。近来失之宽……广东隔海,不五里而近,乡名游鱼洲,其民专驾多橹船只,接济番货。每番船一到,则通同濠畔街外省富商,搬瓷器、丝、绵、私钱、火药违禁等物,满载而去……"

④ 屈大均(1630—1696年)《广东新语》(康熙三十九年重刊本)卷一五,页二八下至二九,《货语》说:"广之线纱,与牛郎绸、五丝、八丝、云缎、光缎,皆为岭外、京华、东西二洋所贵。予《广州竹枝词》云:洋船争出是官商,十字门开向二洋;五丝、八丝、广缎好,银钱堆满十三行。"又页五下至六说:"番有吕宋者……西洋诸番银多转输其中,以通商。故闽、粤人多贾吕宋银至广州。揽头者就舶取之,分散于百工之肆;百工各为服、食、器物偿其值。承平时,商赏所得银皆以易货,度梅岭者不以银捆载而北也;……"文中所说的"承平时",当指明季而言;又说"百工各为服、食、器物偿其值",丝织品当然包括在内。

⑤ 关于清朝中叶左右中国丝货对菲输出的情形,陈伦炯《海国闻见录》(台北市刊,序于雍正八年,1730年),页一二,《东南洋记》说:"吕宋大山……漳、泉人耕种营运者甚盛。……东、南洋诸番,惟吕宋最盛,因大西洋干丝腊(Castile)是班呀(西班牙)番舶运银到此交易,丝、绸、布帛、(转下页)

关于 16、17 世纪中、菲间丝货贸易的情况，除见于中国方面的记载以外，我们又可以根据西班牙及其他方面的资料来加以探讨。当西班牙人抵菲律宾不久的时候，中国商人已经把丝货运往出售，不过初时运往的货色，并不如运往马六甲的那么好和那么多。① 其后，大约发现西班牙买主有许多银子，购买力非常之大，才把品质优良的货色大量运往出卖。② 他们运销于菲岛的生丝，品质有精细的，有较粗的，颜色有白的，有其他颜色的。此外，他们又对菲输出各种天鹅绒、锦、缎、绫、绸，及其他丝织品。③ 为着要迎合主顾们的消费习尚，他们把西班牙产品的图样带回国内，很巧妙地模仿制成各种丝织品，外表看来和在西班牙南部织造的简直一模一样。在输往菲岛的丝织品中，有一种据说白到连雪也没有它那么白，更被重视，为欧洲制品所望尘莫及。④ 这些运往菲岛的丝货，在菲岛输入华货总值中，每年都占有最大的百分比。例如在 1588 年及以前，马尼拉每年自中国输入总值二十万西元（pesos）的货物中，各种食物如面粉、糖、饼干、奶油、香橙、胡桃、板栗、菠萝、无花果、李子、石榴、梨、其他水果、咸猪肉及火腿等，一共只值 1 万西元，其余绝大部分为丝货，其中包括花缎、黑色及带有彩色的缎子、金银线织成浮花锦缎，以及其他丝织品。⑤ 中国商人到马尼拉后，在市东北部集中居住和贸易的地方，称为

（接上页）百货尽消。"又《朱批谕旨》第一七函第四册，《郝玉麟》下，页六一至六二（文源书局本，第十本，页五八九四）说："雍正十一年（1733 年）二月二十日，福建总督臣郝玉麟、福建巡抚臣赵国麟谨奏：……无照客民方成等……所带之货，丝边、番袜等物，原系服卖吕宋，非内地适用之物。虽有缎、绸、绫机（？）、概系粉浆，必仍卖给出洋商人，方可得价。……"又《史料旬刊》第一二期《钟音折》（乾隆二十年，1755 年）说："福建巡抚钟音谨奏……吕宋夷商夹板船一只……来厦（门）贸易。……所带米粮、货物之外，尚有番银一十五万圆，欲在内地置买绸、缎等物。该道（兴、泉、永道白瀛）细加译讯，因何不赴广东采办。据称夷船赴广的多，货难采买，是以来至厦门交易。……已择殷实铺户林广和、郑得林二人，先领番银五万圆，带往苏、广购办货物……谨奏。"

① Guido de Lavezaris, "Affairs in the Philippines after the Death of Legazpi" (Manila, June 29, 1573), in *Phil. Isls.*, vol. 3, pp. 181—182.
② "Letter from Gomez Perez Dasmarinas to the King" (Manila, May 31, 1591), in *Phil Isls.*, vol. 8, p. 237.
③ Antonio de Morga, *The Philippine Islands, Moluccas, Siam, Cambodia, Japan, and China at the Close of the Sixteenth Century*, London, Eng. trans., 1867, pp. 337—339.
④ Diego de Bobadilla, S. J., "Relation of the Filipinas Islands" (1640), in *Phil. Isls.*, vol. 29, pp. 306—307；Schurz，前引书，p. 72；Geo Phillips, "Early Spanish Trade with China Cheo (Chang Chow)," in *China Review*, vol. XIX, no. 4, Shanghai, 1891, pp. 243—255.
⑤ Domingo de Salazar, and others, "Relation of the Philippine Islands" (Manila, 1586—1588), in *Phil. Isls.*, vol. 7, pp. 34—35.

"生丝市场"，可见丝货在中、菲贸易中所占地位的重要。① 这些丝货在运抵马尼拉后，价格由熟悉行情的西班牙人及中国人从容决定，由买主以白银及银币来支付。一切交易必须在五月底以前完成，以便中国商船返航，同时西班牙人也可因此把货物预备好，装载上大帆船，于六月底以前开船运往美洲出卖。② 各种生丝和丝织品的售价，从有的是银子的西班牙人看来，可说非常低廉。③ 可是，有时当大帆船已经自美洲驶抵马尼拉，而运载丝货的商船还没有自华到达的时候，中国商人往往乘机提高售价，一下子便增加一倍。④ 他们经营丝货贸易，经常获利在百分之一百以上，有时多至百分之二百。⑤ 由于利润优厚，中国商人把赚到的白银运回本国之多，多到一位西班牙上将于1638年说："中国国王（按应作皇帝）能够用来自秘鲁（Peru）的银条来建筑一座宫殿！"⑥

16、17世纪中国丝货对菲输出贸易，因为利之所在，不独由中国商人经营，葡萄牙人以中国澳门为根据地，也大量收购中国丝货，转运往菲岛出卖。当15世纪末叶，欧人向外探寻新航路的时候，葡人最先绕航好望角到东方来。到了嘉靖三十六年（1557年），他们正式得到中国官方许可，每年输地租银五百两，获准在澳门筑屋居住及存贮货物。⑦ 八年后，西班牙人由美洲基地出发，占领菲律宾，此后中国商人赴菲贸易，便越来越多。有鉴于中菲贸易利润之大，早在1573年，以澳门为贸易根据地的葡人，已经设法劝阻华商不要前往马尼拉做买卖，以便居中取利。自此以后，他们有时自澳门前往广州，收购是年市上所有的丝货，运往马尼拉出售；他们或者为中国货主把丝货运销于马尼拉，而从中抽收佣金。他们曾试向中国商人散放谣言，说马尼拉的

---

① 陈荆和先生《十六世纪之菲律宾华侨》，香港九龙新亚研究所，1963年，页58；Bartholomé de Letona, O.S.F., "Description of Filipinas Islands" (La Puebla, Mexico, 1662), in *Phil. Isls.*, vol.36, pp.204—205.
② Antonio de Morga，前引书，p.340；"Sucesos de la Islas Filipinas" (Mexico, 1609), in *Phil. Isls.*, vol.16, p.182.
③ 拙著《明季中国与菲律宾间的贸易》，页三六至三七。
④ Schurz，前引书，p.67.
⑤ "Letter from Francisco Tello to Felipe II" (Manila, June 19, 1598), in *Phil. Isls.*, vol.10, p.179.
⑥ 拙著《宋明间白银购买力的变动及其原因》，页一五八。
⑦ 拙著《明季中国与菲律宾间的贸易》，页三三至三四。

西班牙人将要财政破产,不能偿付货款,以阻止华商赴菲贸易。他们又把海盗对于航运的危害夸大其词,以免华船出海航行。此外,在马尼拉的中国人,每隔一个时期便被逐一次,也给葡人以居中取利的机会。① 由于这些特殊情况,在明季数十年内,尤其是 1619 年以后,葡萄牙商船经常来往于中国澳门和马尼拉之间。在 1626 年,一艘自澳门开往马尼拉的葡萄牙船,载运货物价值在 50 万西元以上。到了 1630 年前后,每年自澳门运往马尼拉的货物,值 150 万西元左右。这些货物,以中国出产的生丝及丝织品为最大宗。② 事实上,中国的棉布及其他货物,为菲岛大多数贫穷人民所急需,但因价格低贱,体积、重量较大,利润微薄,故运往的数量非常之小。③ 当葡人垄断中、菲贸易的时候,他们固然赚到不少的钱,可是在菲岛的西班牙人却大为吃亏。例如菲律宾检察总长孟法尔坤(Juan Grau y Monfalcon)于 1635 年说:"去年曾经向国王禀告,因中国澳门葡人到中国广州市上购买货物,运往马尼拉出售,而使那里居民(西班牙人)蒙受到的损失和伤害。他们在马尼拉市上垄断中国货物的贸易,而不像从前中国商人运货来卖那样,使马尼拉的居民(西班牙人)也能够赚钱。中国商人出卖货物,只索取非常适当的价格,而且准买方信用赊账,等到下次再来时才收取现款。因此,马尼拉的居民,不用预备多少资金,便可买到大批货物,把它运往新西班牙(墨西哥及其附近的广大地区)出售,赚取巨额的利润。这种情形,到了葡人运货前来贸易以后,便不再存在,因为他们不但不准买方信用赊账,而且索价奇昂。如果在马拉尼不能按照所定价格卖出,他们便自己投资,把货物运往墨西哥出售。因为他们定居于马尼拉,他们一年又一年把货物保管住,而不减价出卖。中国商人并不这样做,因为希望能够再来买卖,他们以非常合理的价格把货物卖与马尼拉居民,或准他们信用赊账,因此后者赚到巨额的利润。由于葡人前来贸易而使马尼拉居民不再获利,后者便越来越贫穷,没有资本营生,而且无法想象。原来为他

---

① Schurz,前引书,pp.130—131;C.R. Boxer, *The Great Ship from Amacon*, Lisboa, 1963, pp.5—6,12—13.由于英国文化委员会(British Council)的安排,汉昇于 1971 年夏在英伦访问 Boxer 教授时,蒙他以这本大著相赠,谨此致谢!
② Schurz,前引书,p.132;Boxer,前引书,pp.7,135.
③ Joseph de Navada Alvarado, and others, "Discussion Regarding Protuguese Trade at Manila" (1632), in *Phil. Isls.*, vol.25, p.121.

们所赚的钱,现在为葡人所赚;葡人现在自马尼拉运走的银币,有过去中国商人运走的三倍那么多。……"① 按葡人自取得中国澳门作根据地后,他们在东方的商业网,西起印度果亚(Goa),东至日本长崎,在 16 世纪下半叶获利很大。但到了 17 世纪,由于荷兰海上势力的兴起,葡船航经马六甲海峡,往往受到骚扰,而在日本又不再能立足,澳门葡商势将面临窘境。在这种情势之下,他们便自然而然另行设法,以澳门作媒介来经营中国与菲律宾间的贸易,借以维持澳门在商业上的地位。② 当日葡人运销于马尼拉的丝货,既然购自广州,他们自西班牙人那里赚到的银子,自然有不少流入中国了。

四

由中国商人或澳门葡人运往菲律宾的丝货,在到达马尼拉后,除一小部分在当地消费,或向日本输出③以外,绝大部分或几乎全部由大帆船转运往西属美洲出卖。

来往于美、菲之间的大帆船的载重量,西班牙政府于 1593 年规定为 300 吨,但事实上早在 1589 年有些船已经载重 700 吨,在 1614 年以前载重 1 000 吨,此外有些船载重量更多至 2 000 吨。每年航行的船只,由 1~4 艘不等,但在 16、17 世纪以 2 艘或 3 艘的时候为最多。④

自马尼拉开往墨西哥港口阿卡普鲁可的大帆船,除却某几年以外,都可

---

① Joseph de Navada Alvarado, and others, 前引文, in *Phil. Isls.*, vol.25, pp.135—136;又参考同书同卷, pp.111—112,137—138.
② C.R. Boxer, 前引书, pp.6,17—18;同著者, *The Portuguese Seaborne Empire*, London, 1969, pp.63—64; J.H. Perry, *The Spanish Seaborne Empire*, London, 1966, pp.131—132.
③ 《皇明经世文编》第三〇册(卷四九一),页三一七至三一八,徐光启《海防迂说》说:"自时(嘉靖年间,1622—1666 年)衅后,倭自知衅重,无由得言贡市。我边海亦真实戒严,无敢通倭者;即有之,亦渺小商贩,不足给其国用。于是有西洋番舶者,市我湖丝诸物,走诸国贸易。若吕宋者,其大都会也。而我闽、浙、直商人,乃皆走吕宋诸国。倭所欲得于我者,悉转市之吕宋诸国矣。倭去我浙、直路最近;走闽稍倍之;吕宋者在闽之南,路迂回远矣。"(又见于《增订徐文定公集》卷二,页八三。)关于 16、17 世纪间中国政府因为沿海倭患严重,厉行海禁,以致日本商人须在马尼拉购买中国生丝运回本国的情况,当日马尼拉大主教及其他西班牙人士也各有记述。参考 Schurz 前引书, p.115; Antonio de Morga, "Report of Conditions in the Philippines" (Manila, June 8, 1598), in *Phil. Isls.*, vol.10, p.84.
④ Schurz, 前引书, pp.193—194.

以说是丝船,因为船中载运各种货物,以中国生丝及丝织品的价值为最大。①在 1636 年以前,每艘大帆船登记载运的各种丝织品,约为三四百箱(chest)至 500 箱,但在 1636 年出发的船,其中一艘登记载运的丝织品超过 1 000 箱,另一艘则多至 1 200 箱。② 每一箱的容量,以在 1774 年启航的大帆船为例,内有珠色广州光缎(pearl-colored Cantonese taffeta)250 匹,深红色的纱 72 匹,约共重 250 磅;另外有些箱子专门装载长筒丝袜(中国人称为番袜),每箱 1 140 双,重 230 磅。③ 这许多运销于美洲的中国丝织品,有些西班牙人认为没有像他们本国出产的那么好,但事实上有好些是品质优良的。西班牙和英国间的战争,始于 1584 年。到了 1587 年 11 月 4 日,一艘西班牙大帆船在由马尼拉驶往墨西哥途中,与由英人加文迪士(Thomas Cavendish)统率的希望号(Desire)船,在加利福尼亚(California)附近的海洋上相遇,发生冲突。双方交战结果,西船战败,船中载运的黄金(数量不大)、中国丝绸等物,便成为英人的战利品。英船于翌年(1588 年)9 月 9 日驶回本国,于 11 月 5 日招待女皇伊丽莎白一世登船参观。据说女皇对于掠夺得来的中国丝绸和金银一样,留有非常深刻的印象。④

除却各种丝织品以外,自马尼拉出发的大帆船,又把中国生丝大量运往墨西哥出售。西班牙议会于 1727 年开会时宣称:大帆船自菲运美的货物(以生丝为主),虽然以 4 000 包为最高限额,但通常多至 1 万包或 12 000 包。⑤ 西班牙人占领墨西哥后,自 1522 年开始,曾设法发展蚕桑生产事业,但在 16 世纪终了以前,成绩并不很好。⑥ 及中国生丝大量输入,墨西哥人利用来加工织造,有不少人因此而得到就业的机会。(见下文)因此,中国

---

① Schurz,前引书,p.32.
② Sebastian Hurtado de Corcuera, "Letter to Felipe IV" (Cavite, July 11, 1636), in *Phil. Isls.*, vol.27, pp. 269—270; Percy A. Hill, "The Old Manila Galleons," in Zoila M. Galang, ed., *Encyclopedia of the Philippines*, Manila, 1957, vol. XV, p.101.
③ Schurz,前引书,p.182.又据 Percy A. Hill,前引文,在 1731 年自马尼拉开往墨西哥的大帆船,其中所载货物,包括有六万双长筒丝袜。
④ Schurz,前引书,pp.308—313.
⑤ 同书,p.189.按清代浙江北部南浔、震泽等产丝区域,以一百两丝为一经,十五经为一包。参考施敏雄《清代丝织工业的发展》,台北市,1968 年,页 41。
⑥ "Silk and Sericulture," in *Encyclopaedia Britannica*, Chicago, 1962, vol.20, p.662.

生丝的输入美洲,虽然蒙受种种限制或阻挠,在长期内事实上仍有增加的趋势。

由大帆船运往美洲的中国丝货及其他货物,以上述在1587年为英人掠夺的那一艘为例,在马尼拉值100余万西元,据估计如能运抵墨西哥,在那里出售,可得银200余万西元。① 西班牙政府因为要保护本国丝织工业,把美洲殖民地保留作为它的市场之用,于1593年规定中国丝货输往美洲,每年以价值25万西元为限;在美出卖后,以银子运回菲岛,每年以50万西元为限。其后又于1604年及1619年,重申此项命令。② 可是,对于这种规定,殖民地官员事实上并没有严格执行,商人因为利之所在,当然把超过限额的丝货大量运往出卖。③ 1701年,马尼拉大主教说,大帆船自菲运往墨西哥的丝货,通常约值200万西元。另据其他记载,在贸易特别兴旺时期,每年运销美洲的丝货总值,更多至300万西元、300余万西元,或甚至400万西元。④

运抵墨西哥的中国丝货,其中生丝多半在那里加工织造,然后运往秘鲁出卖。根据1637年菲律宾检察总长孟法尔坤的报告,在墨西哥以中国生丝作原料来加工织造,有14 000余人因此而获得就业的机会。⑤ 至于输入的中国丝织品,主要由西班牙移民及其子孙,以及富有的西班牙人与印第安人的混血儿来消费。除墨西哥外,有一小部分运往西班牙出售,此外又有不少运销于中、南美洲及西印度群岛。自智利至巴拿马,西班牙人穿着的服装,无论是僧侣的法衣,或是利马(Lima,秘鲁首都)居民的斗篷和长筒丝袜,都以中国

---

① Schurz,前引书,p.308;又 John Lynch, *Spain under the Habsburgs*, Oxford, 1969, vol. Ⅱ, p.226.也说,由马尼拉运到墨西哥及秘鲁的中国货物,其价值约为在马尼拉时的2倍或3倍。
② Schurz,前引书,p.155;"Decree Regulating Commerce with Nueva Espana" (December 1, 604), in *Phil. Isls.*, vol. 13, pp. 258—259;同书, vol. 17, p. 31; Benito Legarda, Jr., "Two and a Half Centuries of the Galleon Trade," in *Philippine Studies*, Manila, December 1955, vol. 3, no. 4, pp.345—372.
③ *Phil. Isls.*, vol.13, p.257.
④ Schurz,前引书,pp.189—190.
⑤ Juan Grau y Monfalcon, "Informatory Memorial Addressed to the King" (Madrid, 1637), in *Phil. Isls.*, vol. 27, pp. 199, 201—203; Antonio Alvarez de Abreu, "Commerce between the Philippines and Nueva Espana" (Madrid, 1736), in *Phil. Isls.*, vol. 30, p. 75; E.G. Bourne, *Discovery, Conquest, and Early History of the Philippine Islands*, Cleveland, 1907, p.69; Schurz,前引书,p.365。

的丝绸来缝制,或以生丝来织造。① 在这个广大地区中,秘鲁于16、17世纪间每年产银占世界产额百分之六十多点②,人民购买力特别大,更成为中国丝货的大好市场。位于秘鲁南部银矿产区的波多西(Potosi),在17世纪初,由于财富大得惊人,有一位葡萄牙籍的犹太人,称它为世界上最幸运和最快乐的城市。③ 1602年5月15日,新西班牙都护(viceroy)向西班牙国王上书,内说:"在过去二十年中,秘鲁的西班牙人口——包括在当地出生的和自西班牙前往的——大大增加,现在至少为以前的三倍那么多。这许多人过着非常奢侈的生活。他们用品质最上等、最奢华的丝织品来做衣服穿。妇女们穿着的华丽服装,是这样繁多而毫无节制,实在是世界上其他国家所看不到的。……因为西班牙船要隔很久时间才抵达一次,所以人们都利用新西班牙货及中国货来缝制衣服。"④这里说的"新西班牙货",指的是墨西哥人用输入的中国生丝作原料来制成的丝织品,其特点为品质优美而售价较贵,正好适合因采炼银矿而大发其财的秘鲁人士的消费需要。⑤

中国丝货输入美洲,不但使少数富有人士的物质欲望得到满足,而且由于供应增加,价格下降,又可刺激大多数人民的消费。例如秘鲁的印第安人、黑人及其他穷人,原来因为丝织品稀少、昂贵而无力购买,及中国丝织品大量输入,售价低廉,自然买得起来缝衣服穿了。不特如此,根据上述新西班牙都护在1602年的报道,在秘鲁,"印第安人的教堂也多用中国丝绸来加以装饰,以便看起来比较庄重。在过去,因为买不起昂贵的西班牙丝织品来装饰,这些教堂都是非常简陋朴素的。现在只要中国丝货大量运来,秘鲁的供应便不虞缺乏,同时货价也比较低廉。"⑥除秘鲁外,住在美洲其他炎热低地的印第

---

① William Lytle Schurz, "Mexico, Peru, and the Manila Galleon," in *The Hispanic American Historical Review*, vol.1, no.4 (November, 1918), pp.339—402;前引书,p.362;J.H. Perry,前引书,pp.132—133;John Lynch,前引书,vol.Ⅱ, p.185。
② 拙著《明季中国与菲律宾间的交易》,页30。
③ 前引文;Schurz,前引书,p.366。
④ "Letter from the Conde de Monterey (Viceroy of Nueva Espana) to His Majesty" (May 15, 1602), in *Phil. Isls.*, vol.12, pp.63—64.
⑤ Abreu,前引文,in *Phil. Isls.*, vol.30, pp.71—72;Schurz,前引书,pp.365—366.
⑥ "Letter from the Conde de Monterey (Viceroy of Nueva Espana) to His Majesty" (May 15, 1602), in *Phil. Isls.*, vol.12, pp.63—64.

安人,因为西班牙法律规定必须穿着衣服,对于售价便宜的中国丝织品也非常欢迎。①

运销于美洲各地市场上的中国丝货,在拥有大量银子的西班牙人看来,售价虽然低廉,事实上已经远较原来成本为高。再加上需求增大,销路扩展,丝货贸易的利润自然非常之大。在1640年,一位耶稣会士于叙述菲律宾情况时说:"所有这些货物(以中国丝货为主),都运往墨西哥,在那里就地出售,利润非常之大。我不相信世界上还有比这种买卖更可以令人致富的贸易。"②虽然当日美洲是西班牙的殖民地,可是把西班牙货物运销于美洲市场上,利润却远在中国丝货贸易之下。③ 就大体上说,在菲、墨间经营丝货贸易的净利润,约为投资额百分之一百至百分之三百,其大小要因时间的不同而有差异。④ 早在1599年,一位在马尼拉的西班牙官员对国王上书,说如果禁止西班牙臣民贩运中国生丝,只许他们贩运其他货物,那么,只要自华来菲的商船,每艘输入生丝五担,由政府收购,运往墨西哥出售,政府便可获得百分之四百的利润。⑤ 及1638年,一位西班牙海军将官也说,自马尼拉把品质低下的中国生丝运往墨西哥出卖,获得四倍的利润。⑥ 在17世纪初期,一位南美洲的主教甚至说,在过去二十年,当中国丝货贸易只由菲岛西班牙人经营的时候,往往赚取百分之一千的利润。⑦ 这里说丝货贸易的利润,高到等于

---

① Schurz,前引书,p.362.
② Diego de Bobadilla, S.J., "Relation of the Filipinas Islands" (1640), in *Phil. Isls.*, vol.29, p.308;又参考 Perry,前引书,p.132;Chester Lloyd Jones, "The Spanish Administration of Philippine Commerce," in *Proceedings of the American Political Science Association at Its Third Annual Meeting*, Lancaster, Pa., 1907, p.185; Conado Benitez, "Philippine Commerce of Long Ago," in Zoilo M. Ganlang, ed., *Encyclopedia of the Philippines*, Manila, 1950, vol. V, p.44.
③ Schurz,前引书,p.370.
④ 同书,p.190;又参考 Fedor Jagor, *Travels in the Philippines*, Manila, 1965, p.15; "History of Philippine Commerce," in Zoilo M. Ganlang, ed., 前引书, vol. V, p. 187; Nicolas Zafra, *Readings in Philippine History*, Manila, 1956, p.278.
⑤ Hieronimo de Salazary Salcedo, "Letters from the Royal Fiscal to the King" (Manila, July 21, 1599), in *Phil. Isls.*, vol.11, p.111.
⑥ Admiral Don Hieronimo de Banuelosy Carrillo, "Relation of the Filipinas Islands" (Mexico, 1638), in *Phil. Isls.*, vol.29, p.77;又参考 Giovanni Francesco Gemelli Careri, *A Voyage to the Philippines*, Manila, 1963, p.58.
⑦ "Opinion of Fray Martin Ynacio de Loyola, bishop of Rio de la Plata" (c.1602), in *Phil. Isls.*, vol.12, p.60;又参考 Percy A. Hill, "The Old Manila Galleons," in Zoilo M. Ganlang ed.,前引书,vol. XV, pp.97—98.

投资的 4 倍,以至 10 倍,可能只是一种非常特殊的例外,而不是常例。有一位菲律宾检察官,曾经于 1620—1621 年间,搜集马尼拉及利马(Lima,秘鲁首都)的丝货价格资料,加以比较,说如果由国王特许,派遣一艘载重 200 吨的大帆船,自马尼拉载运各种生丝及丝织品至利马出售,则净获利润将近为投资额的两倍。兹将当日马尼拉及利马的丝货价格,及马尼拉买货成本与利马卖货收入比较,分别列表如下:

第一表　1620—1621 年马尼拉及利马丝货价格

货　名	单　位	马尼拉价格（西元）	利马价格（西元）
生丝	担	200	1 950
广州缎子	匹	5	50
织锦	匹	4	40
gorgoran*	匹	1.5	10
天鹅绒(倭缎)	vara**	0.5	4

　*　一种丝、毛交织品。
　**　西班牙的量度单位,长约 32 寸至 43 寸,因地而异。
资料来源:"Buying and Selling Prices of Oriental Products," in *Phil. Isls.*, vol.19, pp.304—306.

第二表　1620—1621 年马尼拉购买丝货
成本与利马卖价收入比较

货　名	数　量	马尼拉购买成本(西元)	利马卖价收入(西元)
生丝	1 000 担	200 000	1 950 000
广州缎子	10 000 匹	50 000	500 000
织锦	10 000 匹	40 000	400 000
gorgoran	20 000 匹	30 000	200 000
天鹅绒	30 000varas	15 000	120 000
总共		335 000	3 170 000

资料来源:同前表。

根据当日的计算,除购买成本 335 000 西元以外,把上述生丝及丝织品自马尼拉运往利马出售，还要支付运费、代理商佣金及其他杂项用费 835 000 西元。换句话说，贸易的投资额共为 1 170 000 西元。因此，在 3 170 000 西元的卖价收入中，扣除了这些开支，净利润为 200 万西元，即将近为投资额的 2 倍。①

美、菲间丝货贸易的利润既然很大，在大帆船航线两端的西班牙人，自然都要争着经营来大发其财。菲律宾的西班牙人，因为该岛位于中国与美洲之间，地点适中，当然要乘机经营来居中取利。可是，美洲的西班牙人，尤其是墨西哥、秘鲁的居民，初时虽然只在墨西哥港口阿卡普鲁可购买由大帆船运到的丝货，后来却亲自前往马尼拉收购，以免中间人剥削来赚取更多的利润。这样一来，在马尼拉市场上，自美洲新来的墨西哥人及秘鲁人，带来大量银子，与菲岛西班牙人互相竞争购买的结果，中国丝货的价格便急剧上涨。因此，当美、菲间丝货贸易只由菲岛西人经营的时候，利润曾经高至等于投资的十倍；及墨西哥人与秘鲁人前往竞争以后，利润却锐减至不及一倍。对于这些自美洲前来争购丝货的人，菲岛西人当然痛恨入骨。早在1586年，他们已经说："墨西哥有钱的人们，把银子大量运到这里来购买丝货，是毁坏这个殖民地的一个重要因素。"七年后，西班牙政府乃发出禁令，不许墨西哥人赴菲经营丝货贸易。可是，事实上这个禁令并没有生效，故菲岛西人继续诉苦。在1602年，他们主张只让墨西哥人及秘鲁人在美洲方面经营丝货贸易，不准到马尼拉来侵入他们的地盘；否则他们要放弃菲岛，不使它作为西班牙的殖民地。到了1604年，为维护菲岛西人的商业权益起见，新西班牙政府对于亲自到马尼拉购买丝货，而于下一班船即行返美的商人，明令加以取缔。该政府规定：任何人申请前往菲岛，须有人担保他将名副其实地成为殖民地公民，并承诺在那里居留八年。虽然有这种种限制，但墨西哥人仍然可以与在马尼拉的代理商密切联系来贩运丝货，故在这种贸易中仍然占有重要的地位。②

美、菲间的中国丝货贸易，在美洲和在菲律宾的西班牙人，虽然因为竞争

---

① "Buying and Selling Prices of Oriental Products." in *Phil. Isls.*, vol.19, pp.304—306.
② Schurz，前引文；"Letter from Governor Don Francisco Tello to the King"（Manila July 12, 1599），in *Phil. Isls.*, vol.10, pp.265—266。

经营而发生利害冲突,但对他们都是非常有利的。可是,在另外一方面,西班牙国内(以在南部为主)的丝织工业家,原来以产品销售于美洲殖民地市场上,及大帆船自马尼拉把中国丝货大量运往出售,却要因为后者售价的低廉而感到严重的威胁。早在1586年11月15日,新西班牙都护已经向国王腓力伯二世报告说:"这些有花纹的中国丝织品,虽然通常不如西班牙货那么好,可是有些是优良的;如果不是优良的丝织品,其价格的低廉,西班牙产品简直不能和它相比,因为中国的织锦(damask)照例比西班牙的线缎(taffeta)为好,但前者的售价还不及后者的一半那么多。其他各种丝织品的情况,也都是这样。"① 其后到了1640年左右,在秘鲁市场上,差不多一样的丝织品,中国货的价格便宜到只为西班牙货的三分之一。② 在这种情形之下,西班牙丝织品自然不能和中国货竞争,价格下跌,销路锐减,以致国内丝织工业因不景气而陷于衰落的命运。可是,在美洲这个西班牙殖民地的市场上,西班牙的丝织品居然要受到中国货的排斥,国内的丝织工业家当然绝不甘心,故屡次要求政府对中国丝货输入美洲加以限制或禁止。因此,在广大的西班牙帝国内,一方面为从事海外殖民的人士,另一方面为国内的丝织工业家,以美、菲间中国丝货贸易为问题的核心,曾经长期互相攻击和争论。③

五

中国自明季至清中叶的对外贸易,并不以与菲律宾贸易为限,可是菲律

---

① "Letter from Marques de Villamanrique, Viceroy of Nueva Espana, to Filipe II" (November 15, 1586), in *Phil. Isls.*, vol.6, pp.286—287.
② Antonio Alvarez de Abreu, "Commerce between the Philippines and Nueva Espana" (Madrid, 1736), in *Phil. Isls.*, vol.30, p.77.按西班牙的物价,自16世纪初至17世纪中叶,由于美洲金、银(尤其是白银)的大量流入,曾经发生长期的波动,经济史学者称它为"物价革命"。当西班牙物价激剧上涨的时候,货币工资也跟着上涨;在1600至1650年间,由于16世纪末疾疫流行,人口减少,再加上生活费用昂贵,工资上涨速率更远较物价为大。(Earl J. Hamilton, *American Treasure and the Price Revolution in Spain, 1501—1650*, Cambridge, Mass., 1934, pp.273, 281.)因此,西班牙工业的生产成本和其他受物价波动影响较小的欧洲国家比较起来要昂贵得多,以致就是在西属美洲的市场上,也竞争不过其他欧洲国家的工业品。(John Lynch, *Spain under the Habsburgs*, Oxford, 1965, vol.I, pp.106—107)在这种情况下,我国具有悠久历史的丝织业,其产品虽然要远渡太平洋,售价自然要比西班牙丝织品低廉,从而使后者不能与之竞争了。
③ Schurz,前引书,pp.44,72—73,404—405.

宾于1565年为以美洲为基地的西班牙人占领以后，因为美洲白银源源流入，购买力激增，自然而然成为中国出口货的重要市场。在中国方面，自明中叶左右开始，因为银普遍用作货币来流通，由于求过于供而价值增大，故中国商人要努力扩展对菲贸易，以便把那里的银子大量赚回本国。中国输出的货物，并不以生丝及丝织品为限，但这些丝货因为价值大而体积、重量小，宜于远道运输，故以马尼拉为转运口岸，每年都由大帆船大量运往美洲出卖。经营大帆船贸易的西班牙人，因为中国丝货运销美洲，给他们带来巨额的利润，故在1565年以后的200余年内，自菲运美的商品，以这些中国货的价值为最大。不特如此，中国的丝织工业，因为具有长期发展的历史背景，技术比较进步，成本比较低廉，产量比较丰富，故各种产品能够远渡太平洋，在西属美洲市场上大量廉价出卖，连原来在那里独霸市场的西班牙丝织品也要大受威胁。因此，当西班牙帝国自欧洲本部扩展至美洲和菲律宾后，中国丝货输入美洲，竟引起西班牙国内丝织业者与海外殖民者间的严重冲突。这一事实告诉我们：在近代西方工业化成功以前，中国工业的发展，就它的产品在国际市场上的竞争能力来说，显然曾经有过一页光辉灿烂的历史。

中国的蚕丝产区，遍于各地，但以江苏、浙江间的太湖区域为最重要。自明至清，这一地区经济特别繁荣，人口特别增多而富有，故有"上有天堂，下有苏杭"这句俗语的流行。苏州、杭州及其附近地区之所以特别富庶，原因固然有种种的不同，但海外市场——尤其是美洲市场——对于中国丝货需求的增大，从而刺激这个地区蚕丝生产事业的发展，人民就业机会的增加，当是其中一个重要的因素。

1971年9月14日于九龙